es 1260
edition suhrkamp
Neue Folge Band 260

Neue Historische Bibliothek
Herausgegeben von Hans-Ulrich Wehler

Die Geschichte der DDR hat – ungeachtet der immer wieder bestehenden Möglichkeit alternativer Entwicklungen – ihre innere Folgerichtigkeit. Diese wird im vorliegenden Band vor dem Hintergrund der zentralen innen- und außenpolitischen Entscheidungen und Prozesse erfaßt. Außenpolitisch beginnt die Entwicklung mit der Aufnahme der DDR in den »Rat für gegenseitige Wirtschaftshilfe« (Comecon) im Jahr 1950 und dem Eintritt in den »Warschauer Pakt« sowie der Anerkennung der DDR als souveränem Staat durch die Sowjetunion 1955. 1972 wurde der Grundvertrag mit der Bundesrepublik unterzeichnet, seit 1973 schließlich ist die DDR Mitglied der Vereinten Nationen.

Im Zentrum der Untersuchung interner Entwicklungen stehen Fragen nach den wechselnden gesellschaftspolitischen Entwürfen und ihrer Verwirklichung, nach dem Zusammenhang zwischen SED-Strategien und denen der ost- und südosteuropäischen Kommunisten, nach dem Einfluß des »deutschen Erbes« sowohl auf die Politikgestaltung der SED als auch auf die Loyalitätsbereitschaft der Deutschen in der DDR.

Dietrich Staritz ist Hochschullehrer am Fachbereich Politische Wissenschaft der FU Berlin und geschäftsführender Leiter des Arbeitsbereichs »Geschichte und Politik der DDR« der Universität Mannheim.

Dietrich Staritz
Geschichte der DDR
1949–1985

Suhrkamp

edition suhrkamp 1260
Neue Folge Band 260
Erste Auflage 1985
© Suhrkamp Verlag Frankfurt am Main 1985
Erstausgabe
Alle Rechte vorbehalten, insbesondere das der Übersetzung,
des öffentlichen Vortrags
sowie der Übertragung durch Rundfunk und Fernsehen,
auch einzelner Teile.
Satz: Hümmer, Waldbüttelbrunn
Druck: Nomos Verlagsgesellschaft, Baden-Baden
Umschlagentwurf: Willy Fleckhaus
Printed in Germany

1 2 3 4 5 6 – 90 89 88 87 86 85

Inhalt

Vorwort 7

I. Auf dem Wege zur DDR
1948/1949

1. Kurs auf ganz Deutschland oder Integration in den Block? 10
2. Die Staatsgründung 24

II. Konturen der Deutschen Volksdemokratie
1949–1953

1. Die DDR – Ein Staat auf Widerruf? 37
2. Die Wirtschaft: Wachstum durch Planung und Konsumverzicht 39
3. Die Konzentration der Macht 50
4. Neue Kultur durch neue Eliten 54
5. Das politische System: Die Avantgarde und ihre Legitimation 60
6. Das ganze Deutschland oder Sozialismus in einem halben Lande? 66
7. Die »Schaffung der Grundlagen des Sozialismus« 73
8. Der Weg in die Juni-Krise 78

III. Zwischen Krise und Konsolidierung
1953–1961

1. Der 17. Juni – Ein Lernerlebnis? 87
2. Erste Reformdiskussionen 96
3. Der XX. Parteitag der KPdSU: Anstoß zur Modernisierung 101
4. Die Intellektuellen, die Partei, die Grenzen des Wandels 107

5. Zeichen sozialer Konsolidierung   119

6. Neue Offensiven   126

7. Der 13. August 1961 – Eine kalkulierte Krise?   131

IV. Industriegesellschaft zwischen Modernität und Beharrung 1961–1970

1. Im Schatten der Mauer   139

2. Auf der Suche nach einem neuen Konzept   147

3. Das Neue Ökonomische System   151

4. Wirtschaftspartei oder Avantgarde? – Der späte Ulbricht und die SED   157

5. Sozialstruktur und Lebensweise   165

6. Neue und alte Herrschaftsformen   175

7. Eigeninteresse und Solidaritätsbedarf: Die DDR im Block   182

8. Das Ende der Ära Ulbricht   192

V. Der real existierende Sozialismus 1971–1985

1. Vom Morgen zum Heute   198

2. Die Einheit von Sozial- und Wirtschaftspolitik   203

3. Staat, Nation, Nationalität   209

4. Die Partei und die Intellektuellen   214

5. Die DDR in der Weltwirtschaftskrise   221

6. DDR-Gesellschaft im Umbruch?   226

7. Herausforderungen der achtziger Jahre   229

Abkürzungsverzeichnis   242
Anmerkungen   244
Auswahlbibliographie   267

Vorwort

Der vorliegende Band soll einen Überblick über die Geschichte der DDR bieten, der an kritischen Stationen, bei alten oder neuen sozialen, wirtschaftlichen und politischen Problemlagen verweilt und, durchaus wertend, zu erfassen versucht, was in der DDR selber gern als das »Werden und Wachsen« von Staat und Gesellschaft apostrophiert wird. Auf die Analyse mancher Aspekte mußte dabei verzichtet werden, zum einen der gewählten Darbietungsform, zum anderen des begrenzten Raumes wegen. Das gilt vor allem für die Vorgeschichte der DDR (für die Jahre von 1945 bis 1949), die zwar bereits von mir behandelt worden ist, hier aber nur gestreift und im Rückblick nicht voll erfaßt werden konnte. Ebenso konnte die Entwicklungsgeschichte des politischen Systems, etwa der Funktionsweise der SED, des Staatsapparates oder der verschiedenen Parteien und Organisationen nicht intensiv verfolgt werden. Konzentrieren soll sich diese Skizze vielmehr auf die durchaus wechselnde Stoßrichtung der politischen Zielsetzungen, auf die Wirkungsmechanismen und sozial-ökonomischen Determinanten politischen und gesellschaftlichen Handelns. Um sich ihrer Konsequenzen zu vergewissern, ist wiederholt (und notwendig hypothetisch) danach zu fragen, ob, wie oder wie weit Staat und Gesellschaft in den verschiedenen Entwicklungsstadien aufeinander eingingen, wie mächtig die Konfliktlagen, wie kräftig oder schwach die Arrangements waren, wie fern oder nah eine Chance zum Konsens. Präzise und eindeutige Antworten können meist nicht gegeben werden.

Das ist vor allem auf die Quellenlage zurückzuführen, die von allen beklagt wird, die sich – sei es als Historiker, Ökonomen, Politologen oder Soziologen – um eine historisch angelegte DDR-Analyse bemühen. Diese Situation wird sich voraussichtlich auch dann nicht ändern, wenn das fällige Kulturabkommen zwischen den deutschen Staaten abgeschlossen wird. Denn nach der geltenden Benutzerordnung haben in der DDR Zugang zu Akten über die DDR-Geschichte zunächst und nahezu ausschließlich die DDR-Historiker. Sie helfen zwar in jüngerer Zeit durch zahlreiche, zuweilen breit angelegte und problemorientierte Publikationen, die Lücken ein wenig zu schließen. Vollen Ersatz aber bieten diese Arbeiten nicht. Was auf die Zeitgeschichte generell zutrifft, gilt für die neuere Geschichte der DDR verschärft: Je näher der Untersuchungszeitraum, desto schwieriger die Quellenlage. Das betrifft vor allem die Rekonstruktion von Entscheidungsprozessen in den politikbestimmenden Gremien. Zwar werden die wesentlichen Gesetze und Verordnungen, die Partei- und Staatsbeschlüsse usw. zumeist veröffentlicht. Sie bedürfen aber wegen der nur kargen Mitteilungen über ihr Zustandekommen in aller Regel der Deutung, und dies verlangt nach einem breiten methodischen Instrumentarium, zu dem vor einigen Jahren Peter C. Ludz, einer der Anreger und »Motoren« der wissenschaftlichen DDR-Analyse in den sechziger und siebziger Jahren, zu Recht auch die »politische Phantasie« rechnete, von ihr allerdings verlangte, daß sie sich »immer wieder von neuem am *Material* zu bewähren« habe. Selbst wenn die Phantasie am Material bisweilen verzweifeln mag oder das Material nicht hinreicht, sie positiv zu widerlegen, bleibt dieser Weg schon deshalb notwendig, weil er manchmal der einzige ist.

Die Fragestellung legte eine Gliederung nahe, die von herkömmlichen Periodisierungsversuchen abweicht. Wenig sinnvoll ist es z.B., der in der DDR lange Zeit gültigen Unterscheidung zwischen zwei Revolutionen zu folgen oder der momentan herrschenden Version vom »einheitlichen revolutionären Prozeß« mit gleitenden Übergängen zwischen den verschiedenen Entwicklungsetappen. Wenig reizvoll schien es auch, die von Parteitagen immer wieder programmatisch fixierten Sozialismus-Phasen als Darstellungs- und Reflexions-Folie zu nutzen. Das hätte im Zweifel zur theoretischen Diskussion sehr theoretischer Konstrukte geführt, mehr zur Ideologiekritik als zu einem Versuch, politisch-soziale Zusammenhänge zu beleuchten. Auf ihren Wert als Indiz für das Ziel- und Tempobewußtsein der SED, ihre Traditionsverhaftung oder die Nähe bzw. Distanz der DDR zum Entwicklungskontext des sozialistischen Lagers wird freilich immer wieder verwiesen.

Mit dem Blick auf das eigene Erkenntnisinteresse scheint Skepsis auch gegenüber den in der Bundesrepublik unternommenen Versuchen angebracht, DDR-Geschichte in markante Entwicklungsabschnitte zu unterteilen. Sie zu bilden ist sicher dann unerläßlich, wenn etwa intensiver nach dem sich wandelnden Legitimationsrahmen der Parteiherrschaft gefragt wird, wenn Machterwerb und Machterhalt im Mittelpunkt der Untersuchung stehen oder eine kritisch-immanente Analyse unternommen werden soll. Bei einer Annäherungsweise wie der hier versuchten ist auf derlei Bemühungen zu verzichten. Wo nach Konflikten, nach politischen, ökonomischen und sozialen Arrangements oder nach Konsensstrukturen gefragt wird, bieten sich eher die augenfälligen Zäsuren an, die von den politischen Akteuren wie von der Gesellschaft auch als solche empfunden wurden. Dabei mag es freilich durchaus sein, daß sich Wahrnehmungen im Rückblick wandeln, daß z. B. die Mitte der siebziger Jahre in der DDR künftig als deutlicher Einschnitt bewertet werden wird. Dies als sicher zu prognostizieren, scheint jedoch verfrüht.

Geschaut wurde mit kritischem Interesse; gesucht wurde dennoch die verstehende Distanz, geschrieben wurde, meinten kritische Freunde, in zuweilen zu großer Entfernung vom etablierten Wissenschaftsstil. Zu mancher Aussage dieser Art forderte jedoch der Gegenstand manches Mal heftig heraus.

Zu danken habe ich vor allem den Mitarbeitern des Mannheimer »Arbeitsbereichs Geschichte und Politik der DDR«, die mir während der Monate der Niederschrift zahlreiche Arbeiten abnahmen, wie Manfred Koch, Hermann Schwenger und Siegfried Suckut, die mir mit Anregung und Kritik halfen, oder wie (vor allem) Gabriele Thomeier und Marion Karpp, die die manchmal schwierige Schreibarbeit übernahmen. Thomas Schönknecht erarbeitete die Auswahlbibliographie. Besonderen Dank schulde ich Christel Dowidat, die durch immer fundierten Widerspruch einige »Schnitzer« vermeiden half, trotz eigener Belastung stets störbar war und dennoch freundlich blieb. Die restlichen eventuellen Irrtümer und Fehler sind wie der ganze Text von mir zu verantworten.

Mannheim, im März 1985 *Dietrich Staritz*

I. Auf dem Wege zur DDR 1948/1949

1. Kurs auf ganz Deutschland oder Integration in den Block?

Daß Deutschland nach dem Zweiten Weltkrieg eine »Stunde Null« durchlebte, ist oft behauptet worden. Gründlich gestritten aber wurde über diese Metaphorik nicht. Denn selbstverständlich nahm niemand jemals ernsthaft an, mit dem Nazisystem sei etwa dessen Vorgeschichte oder gar sein Erbe verschwunden, habe tabula rasa geherrscht im Lande, sei ein geschichtsloser Neubeginn möglich gewesen. Niemand auch hat bislang behaupten wollen, die Geschichte der Deutschen seit 1945 sei allein die Geschichte der Deutschen und nicht auch die ihrer Nachbarn oder wenigstens der Mächte gewesen, die dem deutschen Expansionismus widerstanden und ihn schließlich besiegten.

Verwiesen haben vielmehr alle[1] – gleich, ob sie die Chiffre gebrauchten oder nicht – auf den schwierigen Anfang, auf die Konflikte mit den Siegern, auf die Vielzahl und den Widerstreit der deutschen Konzeptionen und damit immer wieder darauf, daß eben nicht alle Weichen gestellt, alle Wege vorgezeichnet, alle Strukturen schon ausgeprägt waren. Und diese Sicht ist sicher richtig.

Leider gilt sie hierzulande bislang vor allem für den westdeutschen Weg zur Bundesrepublik. Der andere deutsche Staat, die DDR, erscheint dagegen häufig noch als Planprodukt, als Ergebnis eines Epochenkalküls, das – noch im Kriege in Moskau entworfen – unbeirrt verfolgt, schrittweise verwirklicht wurde.[2] Die Langlebigkeit dieser Deutung ist wohl auch eine Folge der anhaltend schlechten Quellenlage: Bis auf wenige Ausnahmen fehlen Informationen über die Entscheidungsprozesse in der Sowjetunion und in der DDR; die zugänglichen Daten sind in aller Regel interpretationsbedürftig; sie stammen aus meist schwer zugänglichen Partei- und Staatsarchiven und werden von Historikern mitgeteilt, die – parteilich – eher Plan und Kontinuität als Offenheit und Wandel betonen. Zum anderen aber rührt die im Westen häufig anzutreffende Annahme weithin starrer Determinanten auch aus dem offenbar stabilen Legitimationsrahmen, in dem sich die Entstehung der Bundesrepublik vollzog: aus der Rechtfertigung von Staatsbildung und Westintegration mit der Abwehr der vermeintlichen permanenten sowjetischen Expansion, der drohenden »Sowjetisierung« auch des deutschen Westens.[3] Aus der Betrachtung geriet dabei, daß der Ost-Option der SED die West-Option der politischen Eliten Westdeutschlands entsprach, daß die Entscheidung, die Bundesrepublik zu gründen, durchaus in dem Wissen getroffen wurde, die Einheit auf diese Weise – zumindest mittelfristig – nicht zu fördern, daß, schließlich, am Beginn der doppelstaatlichen Entwicklung Deutschlands der Weststaat stand.

Dennoch ist die Betonung der Dominanz sowjetischer Interessen im Prozeß der Staatswerdung der DDR grundsätzlich angebracht. Tatsächlich waren die Spielräume für deutsche Politik im Osten des Landes erheblich schmaler als im Westen, und die deutsche Politik folgte dort, freiwillig oder nicht, der Vormacht ergebener als hier. Der bloße Verweis auf die sowjetische Hegemonie erschwert jedoch den Blick auf ihren politischen Inhalt und dessen Wandel, blendet ihren West-Ost-Zusammenhang aus und lädt nicht dazu ein, nach möglichen Interessendivergenzen in der sowjetisch-ostdeutschen Zusammenarbeit zu fragen. Unberücksichtigt bleibt in diesem Bild von der »Sowjetisierung« des Landes zwischen Elbe und Oder aber auch das soziale, wirtschaftliche, politische und kulturelle Erbe, die Rolle, die es im Prozeß der Staatswerdung möglicherweise spielte, und die Erscheinungsform, in der es noch heute wirkt. Tendenziell also verkürzt dieser analytische Blickwinkel die DDR-Geschichte um ihre deutsche Dimension, speziell um ihren Zusammenhang mit der Entstehung und Entwicklung der Bundesrepublik, zudem aber um die Wirkung der Triebkräfte, die aus den spezifischen Interessenlagen der SED-Führung herrühren, aus den Konflikten in ihren eigenen Reihen etwa oder aus dem Legitimationsbedarf auch ihrer Politik.

Zu betonen, daß die gesamte DDR-Geschichte von innergesellschaftlichen, ostblockinternen, Ost-West- und deutschlandpolitischen Entwicklungsfaktoren bestimmt und von ihrer oft widerspruchsvollen Wirksamkeit beeinflußt wurde, erscheint vielleicht banal und deshalb erläßlich. Dieser Hinweis soll aber schon deshalb nicht unterbleiben, weil dieser komplexe Entwicklungsrahmen in vielen der folgenden, stärker systematisierten Abschnitten häufig bloß erwähnt, jedoch nicht immer nachgezeichnet werden kann. Wenigstens beim Versuch der Rekonstruktion der DDR-Gründung aber soll er stärker ausgeleuchtet werden – insbesondere der ostblock- und deutschlandpolitische Zusammenhang, aber auch die innergesellschaftlichen Bedingungen, die selbst die nur wenigstens formale Legitimierung dieses Prozesses erschwerten.

Aus dem Blick bleiben dabei vorerst die neuen sozialstrukturellen Daten der SBZ, die in der Umbruchphase zwischen 1945 und 1949 gesetzt wurden und nachhaltigen Einfluß auf die Ausgestaltung des politischen Systems und seiner Willensbildungsprozesse hatten: etwa die ökonomische und politische Entmachtung des Besitzbürgertums und der Großgrundbesitzer, der Aufstieg systemloyaler Funktionseliten in die zunehmend zentralisierten Apparate der Verwaltungsbürokratien infolge der rigorosen Entnazifizierung oder der (auch dadurch bedingte) Einflußverlust der neben der SED existierenden politischen Kräfte. Diese Umbrüche hatten schon sehr früh zu einer Sonderentwicklung der SBZ geführt, hatten die Ausprägung von Machtverhältnissen und Administrationsstrukturen begünstigt, die mit politischen Mitteln auf die Westzonen augenscheinlich nicht zu übertragen waren. Die neue politisch-soziale Dynamik drängte deutlich auf eine eigene staatliche Form.[4]

Daß in der Sowjetunion dennoch lange gezögert wurde, auf die Anstrengungen zur Bildung eines westdeutschen Staates und seines Einbaus in das westliche Bündnis mit der Staatsgründung im Osten zu antworten, ist offenkundig. Zunächst hoffte die Sowjetführung noch, den westdeutschen Beitritt zur antisowjetischen Allianz stoppen zu können: agitatorisch durch die ostentative Betonung ihres Interesses an der deutschen Einheit, organisatorisch durch eine von den Deutschen in Ost und West getragene nationale Massenbewegung gegen eine Separatstaatsbildung, quasi-militärisch durch massiven Druck auf Westberlin, den Schwachpunkt der westlichen Präsenz in Deutschland.

Die nationale Kampagne war bereits Ende 1947 gestartet worden. Am 6. und 7. Dezember trat in Ostberlin ein »Volkskongreß für Einheit und gerechten Frieden« zusammen. 664 der 2215 Teilnehmer kamen aus den westlichen Besatzungszonen; ebenso wie die ostdeutschen »Delegierten« verfügten sie jedoch nur über fragwürdige Mandate. Sie waren in öffentlichen Versammlungen, welche die KPD arrangiert hatte, gewählt oder (speziell in der SBZ) von Parteien und Verbänden nominiert worden. Das kurzfristige Ziel dieses Kongresses war die Wahl einer Delegation, die den im

November/Dezember in London tagenden Außenministern der Siegermächte ein gesamtdeutsches Votum für die Einheit des Landes präsentieren sollten. Die Delegierten wurden gewählt, der Gruppe aber die Einreise verweigert. Was der Volkskongreß im einzelnen mitteilen wollte, hatte er in einem »Manifest« niedergelegt, in dem u. a. zentrale gesamtdeutsche Verwaltungsorgane, die Enteignung der Großindustrie in den Westzonen und die Bildung einer gesamtdeutschen Regierung noch vor Abschluß eines Friedensvertrages mit Deutschland gefordert wurden. Zugleich war von der Versammlung ein »Ständiger Ausschuß« gewählt worden, der für Mitte März 1948 zum 2. Deutschen Volkskongreß nach Berlin einlud.

SBZ-Initiativen zur Bildung gesamtdeutscher Gremien hatte es bereits seit 1945 gegeben. Sie waren zunächst von den Liberaldemokraten (LDPD) ausgegangen, die damals den Alliierten vorgeschlagen hatten, einen deutschen »Generalbevollmächtigten« als Verbindungsmann zwischen den (in Potsdam verabredeten, aufgrund des französischen Widerstands aber nicht gebildeten) deutschen Zentralverwaltungen einzusetzen oder zu gleichen Zwecken eine »Kontrollkommission der Parteien« zu bilden. 1946 trat die LDPD für einen »Deutschen Zonenrat« ein, und Anfang 1947 schlug sie vor, einen Ausschuß aus den Führern sämtlicher deutscher Parteien zu bilden. Dieses Gremium sollte Sachverständige benennen, die den Außenministern bei ihrer Moskauer Tagung (März/April 1947) zur Verfügung stehen sollten. Im März 1947 plädierte die Ost-CDU für die Schaffung einer »Nationalen Repräsentation«, welche die »erste Stufe einer gesamtdeutschen Vertretung des Volkes« bilden sollte.

In den Westzonen hatten Liberale und Christdemokraten die Anregungen stets begrüßt; die westliche CDU, mit ihrer östlichen Schwesterorganisation in einer »Arbeitsgemeinschaft« verbunden, förderte insbesondere die Idee einer »Nationalen Repräsentation«. Auch die SPD-Führung war grundsätzlich zu einer Mitwirkung bereit, verweigerte aber die Kooperation mit der SED, solange ihre Partei in der SBZ nicht wieder zugelassen sei. Der Alliierte Kontrollrat indes versagte seine Zustimmung. Durch das beständige Veto Frankreichs gegen alle Regungen einer überzonalen Zusammenarbeit der Deutschen blockiert, war Hilfestellung von ihm auch nicht zu erwarten.[5] Keiner der Pläne war also realisiert worden. Doch in allen Diskussionen, selbst in der Haltung der SPD war deutlich, daß die Einheit Deutschlands für alle Parteien ein Thema von hohem Rang war.

Auch die SED hatte alle Anstrengungen unterstützt und war mit eigenen hervorgetreten. Sie konnte deshalb hoffen, ihr neuer Anstoß werde zumindest von den SBZ-Parteien aufgenommen und mitgetragen. Im Block aber, in der seit 1945 bestehenden »Einheitsfront der antifaschistisch-demokratischen Parteien« der SBZ, stieß sie am 24. November 1947 mit ihrem Ansinnen, eine »gesamtdeutsche Willenserklärung zur Londoner Konferenz« herbeizuführen, auf die Ablehnung der CDU. Ihr Vorsitzender, Jakob Kaiser, berief sich auf die Haltung der SPD, aber auch auf Gespräche mit westdeutschen Parteifreunden, die ihm signalisiert hatten, daß eine gemeinsame Erklärung aller deutschen Parteien nicht zu erzielen sei.[6] Da Blockbeschlüsse gemäß der Geschäftsordnung nur einstimmig gefaßt werden konnten, war der Vorstoß gescheitert. Die SED war gezwungen, allein zum Volkskongreß aufzurufen. Zwar beschloß die LDP kurz darauf ihre Mitwirkung, und auch die CDU der SBZ stellte ihren Mitgliedern die Teilnahme anheim; gleichwohl fehlte der Bewegung aufgrund der CDU-Haltung von vornherein jene Minimallegitimation, derer sie bedurft hätte, um die im Westen ohnehin starke Skepsis gegenüber einer Ost-Initiative zumindest zu mildern und vielleicht doch die erhoffte Massenwirksamkeit zu erreichen. Problematisch war freilich schon das Konzept. Denn anders als die zuvor gescheiterten Initiativen zielte der Volkskongreß nicht auf eine Kooperation von Parteien, sondern sah in ihr nur die Basis für die Mobilisierung des ganzen Volkes; er sollte eher eine Massenbewegung als eine institutionalisierte Zusammenarbeit bewirken.

Die Idee für eine Massenkampagne hatte die SED-Spitze wahrscheinlich nach Gesprächen mit der sowjetischen Parteiführung entwickelt. Im Juli 1947 war eine SED-Delegation (die Parteivorsitzenden Wilhelm Pieck und Otto Grotewohl und ihre Stellvertreter Walter Ulbricht und Max Fechner) in Moskau von Stalin, Außenminister Molotow, Innen- und Sicherheitsminister Berija sowie von den Politbüro-Mitgliedern Suslow und Shdanow empfangen worden. Stalin hatte sich unzufrieden über die gesamtdeutsche Politik der SED geäußert. Zwar ging auch er davon aus, die sowjetische Politik werde »in der Frage der Einheit Deutschlands« nur »schrittweise« vorankommen, und dieser Prozeß könne fünf, sechs oder gar sieben Jahre dauern. Die SED jedoch müsse »den

Kampf von innen her führen« und erreichen, »daß die reaktionären Kräfte in der Wirtschaft und der Verwaltung ausgeschaltet, daß echte demokratische Reformen durchgeführt werden«.[7]

Dieses Ziel hatte die Resolution des 1. Volkskongresses denn auch genannt. Die Hoffnung auf Kämpfe aber, auf Massenkämpfe gar, erfüllte die Kampagne nicht. Die Volkskongreß-Bewegung wurde in den westlichen Besatzungszonen verboten und konnte sich zum 2. Volkskongreß nur insofern formieren, als es ihr gelang, auf wiederum inszenierten Versammlungen »Delegierte« für die Berliner Tagung zu benennen. Immerhin waren unter den knapp 2000 Teilnehmern, die sich am 17. und 18. März 1948 in Ostberlin versammelten, noch etwa 500 aus den westlichen Besatzungsgebieten. Stärker hingegen als beim 1. Volkskongreß war das Gewicht der SED und ihrer Massenorganisationen. Als Parteimitglieder stellten SED- und KPD-Anhänger zwar zusammen nur 25% der Delegierten (1947 etwa 40%). Zusammen mit den Abgesandten der Massenorganisationen (z. B. der Gewerkschaften, der Freien Deutschen Jugend) lag ihr Anteil aber bei ca. 65%. Die Quote der CDU- und LDP-Vertreter sank gegenüber 1947 von einem Viertel auf ein Fünftel. Der Kongreß berief einen ständigen Ausschuß, den »Deutschen Volksrat« (300 Ost-, 100 Westdeutsche), und dieser wählte Fachgremien, u. a. einen Verfassungsausschuß, der kurz darauf mit der Diskussion über die Verfassung für eine gesamtdeutsche Demokratische Republik begann. Einen entsprechenden Entwurf hatte die SED schon 1946 vorgelegt. Zur unmittelbaren Aufgabe des Volksrates aber wurde die Organisierung eines Volksbegehrens. Mit ihm sollte geklärt werden, »ob das deutsche Volk die Durchführung einer Volksabstimmung über die Einheit Deutschlands verlangt«. Für diese Volksabstimmung wurde ein Zwei-Paragraphen-Gesetz vorgeschlagen, das – im Falle seiner Billigung – vom Alliierten Kontrollrat in Kraft gesetzt werden sollte. § 1 definierte Deutschland als »unteilbare demokratische Republik«, in der den Ländern ähnliche Rechte zustehen sollten wie nach der Weimarer Reichsverfassung; § 2 bestimmte: »Dieses Gesetz tritt mit seiner Verkündung in Kraft.« In der französischen und amerikanischen Zone wurde die Unterschriftensammlung verboten. Die amerikanische Militärregierung erklärte, die Volkskongreß-Bewegung sei vom Kontrollrat nicht anerkannt, und über die Einheit Deutschlands sei ein Volksentscheid nicht erforderlich. Die britische Behörde, welche die Sammlung duldete, nannte die

Aktion »nutzlos, unnötig und unerwünscht«. Von den knapp 13 Millionen Zustimmungen, die die Initiatoren im Frühjahr 1948 nach eigenen Angaben registrierten, kamen deshalb rund zwölf Millionen aus der SBZ, wo Parteien, Massenorganisationen und auch die sowjetische Militärregierung die Kampagne kontrollierten.[8]

Doch als der Volksrat am 14. Juni 1948 diese Zahlen veröffentlichte, gab es für das ohnehin chancenlose Volksbegehren faktisch keinen Adressaten mehr. Der Kontrollrat, der die Volksbefragung hätte billigen und das Gesetz verkünden müssen, war am 20. März zum letztenmal zusammengekommen. Den turnusmäßigen Vorsitz hatte Marschall Wassili D. Sokolowski geführt, der Chef der »Sowjetischen Militäradministration in Deutschland« (SMAD). Er forderte die Vertreter der Westmächte auf, den Kontrollrat über Beschlüsse zu informieren, die von einer Sechs-Mächte-Konferenz gefaßt worden waren, an der die Außenminister der USA, Großbritanniens, Frankreichs und der Beneluxstaaten teilgenommen hatten. Die Konferenz war am 23. Februar 1948 in London zusammengetreten und hatte sich am 6. März vertagt. Sie hatte Fragen des westeuropäischen Zusammenschlusses diskutiert und dabei auch nach Wegen gesucht, die Westzonen in das von den USA finanzierte Westeuropäische Wiederaufbauprogramm (Marshall-Plan) einzubeziehen. Schon zu diesem Zeitpunkt war deutlich geworden, daß die Westmächte die Bildung eines westintegrierten separaten Staatsgebildes anstrebten.

Die Sowjetunion hatte gegen die Konferenz protestiert und sich auch bei ihrem Informationsverlangen im Kontrollrat auf die Absprache der Siegermächte berufen, Fragen, die »Deutschland als Ganzes betreffen«, nur gemeinsam zu entscheiden. Sie bewertete das isolierte Vorgehen der einstigen Partner als Bruch dieser Vereinbarung. Als sich die Vertreter der Westmächte im Kontrollrat weigerten, die gewünschten Berichte zu geben, sah Sokolowski »keine Veranlassung, die heutige Sitzung weiterzuführen«, vertagte sie und verließ mit seiner Delegation das Kontrollratsgebäude. Zuvor hatte er jedoch erklärt, daß der Kontrollrat aufgrund der westlichen Haltung »in Wirklichkeit nicht mehr als Organ der höchsten Gewalt in Deutschland besteht«.[9]

Das entsprach den Tatsachen – nicht erst seit dem Frühjahr 1948. Schon zuvor war der Kontrollrat – ebenso wie die Regierungen der Siegermächte – außerstande gewesen, sich über eine gemeinsame

Politik gegenüber Deutschland zu verständigen. Beide Seiten hatten in ihren Besatzungsgebieten Strukturentscheidungen forciert oder geduldet, welche die Chance einer einheitlichen Entwicklung Nachkriegsdeutschlands schon sehr früh reduzierten. Je deutlicher die Gegensätze zwischen West und Ost aufbrachen, desto unfähiger und unwilliger zeigten sich beide Seiten gegenüber einem Kompromiß. Seit der Verkündung von Truman-Doktrin und Marshall-Plan im Jahr 1947 meinte man in der Sowjetunion endgültig zu wissen, der »amerikanische Imperialismus« setze auf Konfrontation. Mit der Ausschaltung der bürgerlichen Partner aus der Prager Regierung im Februar 1948 schien sich dem Westen die These vom »sowjetischen Expansionismus« endgültig zu bewahrheiten. Als schließlich – eine Konsequenz der zweiten Londoner Konferenz (20. April bis 1. Juni) – den Ministerpräsidenten der westdeutschen Länder die Bildung eines Weststaates empfohlen und bereits am 18. Juni beschlossen wurde, am 20. Juni in den Westzonen eine separate Währungsreform durchzuführen, war die Spaltung Deutschlands faktisch vollzogen.

Zwar kamen die Siegermächte der Währungsreform wegen am 22. Juni noch einmal im Finanzausschuß des Kontrollrates zusammen, aber nur, um über deren Folgen für Berlin zu sprechen. Die sowjetischen Vertreter sperrten sich sowohl gegen den Umlauf der neuen Westwährung in ganz Berlin als auch gegen die westliche Erwägung, eine östliche Währung in allen Sektoren für den Fall zuzulassen, daß Emission und Umlauf unter Kontrolle der Alliierten stehe. Diese Variante könne, fürchteten sie offenbar[10], den Westmächten ein Mitspracherecht über die ostzonale Wirtschaftspolitik geben, das die Sowjetunion in den Westzonen nicht hatte. Die gleichfalls von den Westmächten erwogene Zulassung einer Sonderwährung für ganz Berlin lehnten sie als »Utopie«, als »Albernheit« ab und fragten, ob es »vernünftig« sei (was die Sowjetregierung zehn Jahre später für Westberlin forderte), »aus Berlin einen besonderen Staat zu machen«.[11] Sie bestanden statt dessen auf der Zugehörigkeit aller vier Sektoren Berlins zum Wirtschafts- und Finanzsystem der SBZ und verlangten deshalb die Einbeziehung der ganzen Stadt in die von ihnen nun angekündigte eigene Währungsreform. Die Westmächte dagegen gaben bekannt, was zuvor bereits intern mit führenden westdeutschen und Westberliner Politikern verabredet, in der deutschen Öffentlichkeit aber keineswegs unstrittig war: die Einführung der D-Mark in ihren

Sektoren. Die Spaltung Deutschlands zog die der Viermächte-Stadt nach sich.

Schon am 20. Juni 1948[12] hatte Sokolowski den westlichen Militärregierungen mitgeteilt, die schwierige Lage zwinge die SMAD dazu, »sofortige und notwendige Maßnahmen zu ergreifen, um die Interessen der deutschen Bevölkerung und der Wirtschaft der sowjetischen Besatzungszone Deutschlands zu schützen«. Diese Maßnahmen, bereits seit Anfang des Jahres erprobt, traten in der Nacht zum 20. Juni in Kraft. Die Sowjets begannen mit der Sperrung des Personenzugverkehrs, blockierten schließlich seit Anfang Juli die Straßen-, Schienen- und Wasserwege nach Berlin und schnitten die Westsektoren von der Ostberliner Strom- und Gasversorgung ab. Verhindert wurde auch der Fußgängerverkehr über die Zonengrenze zwischen den östlichen und westlichen Besatzungsgebieten. Militärkonvois sicherten das westliche Zugangsrecht nach Berlin.

Die von der SMAD gegebene und von den SBZ-Behörden repetierte Begründung, die Absperrung sei nötig, um »das massenhafte Einströmen riesiger Beträge wertlosen Geldes in die sowjetische Besatzungszone zu verhindern«[13], erwies sich als fadenscheinig. Schon am 21. Juni hatten SMAD und Deutsche Wirtschaftskommission, die oberste Wirtschaftsbehörde der SBZ, für den 26. Juni eine eigene Währungsreform angekündigt. Vorerst wurde sie durch Aufkleber (Kupons) auf den alten Banknoten sichtbar gemacht. Seit dem 25. Juli aber waren die neuen Geldscheine im Umlauf.[14] Seither bestand also die beschworene Gefahr nicht mehr, das alte Geld könne die SBZ-Wirtschaft stören.

Die Blockade aber dauerte an. Begründet wurde sie nun zuweilen mit »technischen Problemen« bei der Verkehrsabwicklung oder mit notwendigen Reparaturen an Straßen, Schleusen und Schienen. Daß diese nur vorgeschoben waren, war allen bekannt. Und auch Sokolowski, so erinnerte sich der amerikanische Militärgouverneur Lucius D. Clay, machte daraus Anfang Juli seinen westlichen Kollegen gegenüber kein Hehl, als er sagte, »die technischen Schwierigkeiten würden so lange anhalten, bis die Westmächte ihre Pläne für eine westdeutsche Regierung begraben hätten«.[15]

Ob die Sowjetunion wirklich meinte, die Westmächte mit dieser Aktion verhandlungsbereit stimmen zu können, oder ob ihre Führung hoffte, auf diese Weise die Kontrolle über die ganze Stadt zu erlangen, läßt sich nicht eindeutig beantworten. Sicher dagegen scheint, daß sie mit der von Clay initiierten und sich als erfolgreich erweisenden Luftbrücke, über die die Westsektoren nahezu ein Jahr lang versorgt wurden, ebensowenig gerechnet hatte wie mit den emotionalen und politischen Folgen ihrer Blockade: Nicht nur in Westberlin, auch in Westdeutschland festigte sich das Negativbild von der sowjetischen Politik, erneuerte sich der traditionelle Antikommunismus und wurde zum zentralen Moment des Massenbewußtseins. Es entstand das Bedrohungstrauma, das der Bildung des westlichen Separatstaates und seiner Eingliederung in das amerikanische Bündnissystem die bis dahin fehlende Massenlegitimation verschaffte, das zudem dafür sorgte, daß alternative Konzepte für die Innen- und Außenpolitik in dieser Zeit nicht mehrheitsfähig waren.

Auch angesichts dieser Lage hielt die SED nach außen jedoch an ihrem Einheitskonzept fest: angesichts von Währungsspaltung und Staatenbildung in West und Ost, der Konfrontation der Sowjetunion und der Westmächte in Berlin, des rapiden Einflußverlusts kommunistischer Politik im Westen und der nur bedingten Unterstützung ihrer Politik durch die Blockparteien in der SBZ. Intern aber war ihr bewußt, daß alle Versuche, die Deutschen in West und Ost für eine Massenbewegung zu gewinnen, wohl endgültig illusorisch geworden waren. Am 10. Juli 1948 hatten die Ministerpräsidenten der westdeutschen Länder in Koblenz akzeptiert, was die Westmächte in London beschlossen und die Militärgouverneure am 1. Juli in den »Frankfurter Dokumenten« niedergelegt hatten: den Beginn der Arbeit an einer Verfassung für einen deutschen Weststaat. Zwar hatten sich die Ländercheſs – um das Provisorische dieses Unternehmens zu betonen – nicht für eine Verfassung, sondern für ein »Grundgesetz« entschieden, die erste Zusammenkunft des aus Landtagsabgeordneten gebildeten verfassunggebenden Organs, des Parlamentarischen Rates, aber wunschgemäß für den 1. September einberufen.

Auch die SED-Politik hatte seit dem Frühjahr 1948 immer stärker dem Ausbau einer Staatlichkeit gegolten, die ganz offenkundig auf die Integration der SBZ in den sich formierenden Ostblock zielte. Im Juni war eine Doppelentscheidung gefallen. Die Parteiführung hatte beschlossen, in der SBZ einen Zweijahrplan für die Jahre 1949 und 1950 in Kraft zu setzen, und zugleich angekündigt, die Einheitspartei in eine »Partei neuen Typus«, in eine kommunistische Partei nach dem Bilde der KPdSU, umzuwandeln. Dieser Politikentwurf wies in die gleiche Richtung, für die auch die anderen in Osteuropa herrschenden Parteien in eben dieser Zeit die Weichen stellten. Alle hatten mit der längerfristigen Wirtschaftsplanung begonnen, und alle schickten sich an, im dort beginnenden Prozeß ihrer Verschmelzung mit den jeweiligen sozialdemokratischen Parteien ihr Organisationsgefüge dem der sowjetischen Partei anzupassen. Diese Vereinheitlichung der politischen und wirtschaftlichen Strukturen in Ost- und Südosteuropa war Anfang 1948 eingeleitet und durch den Konflikt zwischen der Sowjetunion und den auf nationale Selbständigkeit bedachten jugoslawischen Kommunisten forciert worden. Die programmatisch-ideologische Chiffre, die sie begleitete und mit der das Ziel umrissen werden sollte, hieß: »Volksdemokratie«. Diese Vokabel, schon seit Kriegsende gängige ideologische Münze, hatte bisher auf einen gesellschaftlichen Zustand verweisen sollen, der nicht mehr kapitalistisch, aber auch noch nicht sozialistisch war. Seit Mitte 1948 wurde sie jedoch zunehmend zur Interpretation einer Entwicklung benutzt, an deren Ende das Modell der Sowjetgesellschaft stand. Das wurde insbesondere dadurch deutlich gemacht, daß alle Parteiführungen demonstrativ von einem programmatischen Begriff abrückten, den sie bis dahin zumindest zeitweilig propagiert hatten: den »eigenen«, nationalen Weg zum Sozialismus.[16]

Diese Wendung vollzog die SED-Führung erst im September 1948. Schon Ende Juni aber bekannte sie sich zum Weg der Bruderparteien. Otto Grotewohl, bis 1933 sozialdemokratischer Karrierepolitiker in Braunschweig, nach 1945 Führer der SPD in der SBZ, jetzt zusammen mit Wilhelm Pieck (seit 1919 in der Führung, aber erst seit 1933 führend in der KPD) Vorsitzender der Einheitspartei, machte es deutlich. Und ostentativ betonte er auch, worauf die nationale Politik seiner Partei bis dahin stets gerichtet war: »Die Spaltung Deutschlands«, erklärte er auf einer Tagung des SED-Parteivorstandes, der am 30. Juni über den Zweijahrplan und die Umwandlung der Organisation in eine Partei neuen Typus beriet,

»läßt kein Streben der sowjetischen Besatzungszone zu, etwa das Wohlwollen der westlichen Besatzungsmächte zu erringen, dafür ist jetzt kein Platz mehr. Wäre die Möglichkeit vorhanden, daß die phantasievollen Vorstellungen der bürgerlichen Parteien durchfühbar sind, die immer davon reden, wir müssen uns als eine Brücke zwischen Ost und West ansehen, dann ließe eine solche Kompromißlösung bestenfalls für uns die Ausrichtung auf den Kapitalismus zu und bestenfalls die Wiedererrichtung einer gewöhnlichen bürgerlichen Republik (Sehr richtig!). Das aber, Genossen, ist kein politisches Ziel, das wir vor Augen haben. Das wollen wir nicht. Also ergibt sich aus der durch London geschaffenen Situation die klare Beantwortung unserer Frage so, daß die Ausrichtung unserer Partei bei der Durchführung dieses Wirtschaftsplanes *sich eindeutig und ohne jeden Rückhalt nach dem Osten zu orientieren hat*! Davon bleibt unsere Forderung nach der Einheit Deutschlands unberührt.«

Der Osten, das waren bei Grotewohl die Volksdemokratien, die sich »ideologisch klar und eindeutig auf den Weg des Marxismus-Leninismus ausgerichtet« hatten, auf eine Sozialordnung, deren »politische Gestaltung in allen diesen Ländern fast übereinstimmt«, und in ihrem Weg sah er »die *einzige* Entwicklungsmöglichkeit, die uns ... in unserer Zone geblieben ist, und die wir als marxistisch-leninistische Partei ... klar erkennen müssen«.[17]

Die Blockparteien widersprachen diesem Programm. Die LDP monierte speziell den Führungsanspruch der SED. Das Parteiblatt *Der Morgen* schrieb: »Grotewohls Anspruch ... schwitzt Alleinherrschaft aus allen Poren.«[18] Die *Neue Zeit* der CDU nahm sich auch seiner deutschlandpolitischen Aussagen an. Er habe in seinem Plädoyer für die Ost-Orientierung der Ostzone »fertige Tatsachen« angedroht, »die der Einheit Deutschlands ins Gesicht schlagen würden«. Sie warnte davor, die »Fehler in der einen Zone mit den gleichen Fehlern in einer anderen« zu erwidern, und verlangte, »noch überzeugter als bisher allein für Deutschland und nur für das ganze Deutschland zu optieren«.[19] Auch mit den bislang in der Sowjetunion verlautbarten deutschlandpolitischen Zielen hatte diese Konzeption jedoch nur wenig gemein. Dennoch hielt die SED-Führung bis zum Jahresende an ihr fest. Ihre Mitglieder betonten immer wieder die volksdemokratischen Entwicklungsmomente ihrer Zone und deren Nähe zu den osteuropäischen Ländern. Im Dezember wurden ihre Repräsentanten nach Moskau gebeten. Sie fuhren am 12., kamen Heiligabend zurück[20], und kurz vor Sylvester dementierte Wilhelm Pieck in einem Interview[21] den ostdeutschen Weg zur Volksdemokratie: »Die SED sieht ihre Aufgabe nicht darin, zur Volksdemokratie überzugehen, sondern vielmehr darin, die bestehende neue demokratische Ordnung zu festigen.« Die nationale Frage rückte er wieder in den Mittelpunkt, »die Verstärkung des Kampfes gegen die Kriegshetzer, für den Frieden und die Einheit Deutschlands«.

Und auf die Frage, ob im »Deutschen Volksrat« die Absicht bestehe, »für die Ostzone eine selbständige Regierung zu schaffen«, antwortete er: »Eine solche Absicht besteht nicht.«

Wahrscheinlich war der Kurswechsel der Einheitspartei durch kritische Worte Stalins eingeleitet worden. Trifft zu, was ein sowjetischer Teilnehmer an der Moskauer Dezember-Begegnung einem SED-Funktionär berichtete[22], dann waren sie schroff, galten aber wohl eher der Taktik als der Strategie der SED. Stalin, vom Hörensagen:

»Ihr deutschen Kommunisten seid wie Eure Vorfahren, die Teutonen. Ihr kämpft immer mit offenem Visier. Das ist vielleicht mutig, aber oft sehr dumm. Man diskutiert bei Euch unter den unerhört schwierigen Verhältnissen... über eine volksdemokratische Ordnung, diskutiert über Diktatur des Proletariats oder bürgerlich-demokratische Ordnung. Die Diskussion ist äußerst dumm und schädlich. Man muß sie beenden. Die Analyse, was für eine Ordnung in Deutschland war, kann man hinterher machen, wenn man in Deutschland gesiegt hat, jetzt soll man besser arbeiten.«

Gearbeitet wurde. Zunächst widerrief Otto Grotewohl seine Äußerungen. Auf der I. Parteikonferenz der SED, einem Ersatzparteitag, der ihren Wandel zur Partei neuen Typs beschleunigte, nannte er am 25. Januar 1949 ein »einheitliches, fortschrittliches und demokratisches Deutschland« die »strategische Aufgabe unserer Partei«; noch im November 1948 hatte er in der *Einheit*, dem Theorieblatt der SED, verlangt, die Partei in ihrer »Gesamtpolitik... eindeutig und ohne jeden Rückhalt nach Osten zu orientieren«.[23] Zugleich aber trieb die SED die Zentralisierung der Wirtschaftsplanung und die Arbeit mit der Volkskongreß-Bewegung voran. Mitte März rief der Volksrat den »nationalen Notstand« aus, verlangte »nationale Selbsthilfe« und beschloß Wahlen für einen 3. Deutschen Volkskongreß, der Ende Mai in Berlin zusammentreten und die Verfassung abschließend beraten sollte.

Die Wahlen zum Volkskongreß stellten die SED jedoch vor erhebliche Probleme. Anders als im Herbst 1946, als die Partei bei den Landtagswahlen knapp die Hälfte der Stimmen gewann, drohte ihr nun – darin stimmten alle Zeitgenossen überein – eine Niederlage. Bereits im Herbst 1948 waren die fälligen Kommunalwahlen verschoben worden, und für Oktober 1949 standen gemäß der Wahlordnung von 1946 neue Landtagswahlen an. Zu Listenverbindungen oder gemeinsamen Listen waren die Blockpartner nicht zu gewinnen. Aber einer Einheitsliste für die Wahlen zum Volkskongreß stimmten sie zu – angesichts des »nationalen Notstands« und nachdem die SED versichert hatte, die anstehenden regulären Wahlgänge würden nach herkömmlichen Verfahren stattfinden. Bei den Verhandlungen über die Quoten trat die SED formal zurück. Sie beanspruchte für sich nur ein Viertel und billigte CDU und LDP zusammen ein knappes Drittel der Kandidaten zu. Für die 1948 gebildeten neuen, loyalen Parteien jedoch, für die Nationaldemokratische (NDPD) und die Demokratische Bauernpartei (DBD), verlangte sie zusammen 15 %, für die Gewerkschaften ein Zehntel und für andere Massenorganisationen, wie die Freie Deutsche Jugend (FDJ), den Kulturbund, den Demokratischen Frauenbund (DFD), und Einzelkandidaten zusammen noch einmal ein Fünftel. CDU und LDP akzeptierten und schufen damit ein Fait accompli, das sie später außerstande setzte, ihre Forderungen nach Wahlen mit getrennten Listen durchzusetzen. Denn: Der »nationale Notstand« dauerte an, forderte Gemeinsamkeit, und die SED ließ nicht nach, ständig auf sie zu verweisen. Warum jedoch die Blockpartner mitspielten, bleibt unklar. Sicher war der Druck, unter dem sie standen, groß, blieben die werbend-drohenden Gespräche mit den Offizieren der SMAD und den Spitzenvertretern der Einheitspartei nicht ohne Wirkung. Illusionär aber war das Argument, mit dem etwa die Parteiführung der CDU den Mitgliedern ihre Entscheidung zu erklären versuchte: Nach den nächsten Landtagswahlen werde sich ohnehin vieles ändern – infolge eines Sieges der Union.[24]

Zunächst jedoch hatte die kooperationsbereite CDU-Führung Mühe, einen Erfolg der Einheitsliste zu sichern. Für die Wahlen, die am 15. und 16. Mai stattfanden, hatte der Volksrat Stimmscheine drucken lassen, die ein Bekenntnis erleichtern, ein Nein aber erschweren sollten. Der Text lautete: »Ich bin für die Einheit Deutschlands und einen gerechten Friedensvertrag. Ich stimme darum für die nachstehende Kandidatenliste zum 3. Deutschen Volkskongreß.« Daneben zwei Kreise für das Ja- bzw. Nein-Kreuz. Dennoch schien der Erfolg ungewiß. Am Abend des ersten Abstimmungstages erging von der Berliner Zentralverwaltung für Inneres an die Innenminister der Länder die Order, die bisherige Auszählung zu wiederholen und dabei die ungültigen Stimmen daraufhin zu überprüfen, ob sie nicht doch als zustimmende Äußerungen zu werten seien. Das galt sowohl für weiße Stimmscheine als auch für solche, die mit Kommentaren versehen oder auf denen Kandidaten gestrichen worden waren.[25] Nach überschlägigen Schätzungen im Berliner Parteienblock wurden auf diese Weise höchstens 1 bis 2%, nach Ermittlungen der CDU-Führung 7 bis 10% positive Voten hinzugewonnen.[26] Das veröffentlichte Resultat erwähnte noch 6,7% ungültige Stimmen, und von den gültigen wurden 66,1% als Ja- und 33,9% als Nein-Entscheidungen registriert.[27] Das war weit weniger, als die SED erwartet hatte, reichte in ihrer Sicht aber aus – und so bewerteten in ihren öffentlichen Stellungnahmen auch die Blockpartner das Ergebnis –, den Volkskongreß demokratisch eindeutig zu legitimieren, zumal dessen Aufgabe sich ja darauf beschränkte, Willenserklärungen gegen die Spaltung Deutschlands zu formulieren und den Entwurf einer Verfassung für eine einheitliche deutsche demokratische Republik zu verabschieden.

2. Die Staatsgründung

Das jedenfalls war das Programm, das den 1441 gewählten SBZ-Delegierten und den 528 Teilnehmern aus den westlichen Besatzungszonen vorlag, als der Kongreß am 29. Mai 1949 in Ostberlin zusammentrat: drei Wochen nach der Verabschiedung des Grundgesetzes durch den Parlamentarischen Rat, sechs Tage nach seiner Bestätigung durch die westlichen Besatzungsmächte und sechs Tage nach dem Beginn eines Außenminister-Treffens der Siegermächte in Paris, bei dem schon nach den ersten Sitzungen erkennbar war, daß eine Verständigung nicht erzielt werden würde. Zwar waren durch das Anfang Mai erzielte Abkommen zwischen dem amerikanischen Sonderbotschafter Philip C. Jessup und dem sowjetischen UN-Delegierten Jakob A. Malik über das Ende der Westberlin-Blockade und die Einstellung westlicher Gegenmaßnahmen die Ost-West-Beziehungen entspannt worden. Zu einer Annäherung in der Deutschlandfrage aber kam es nicht. Die Westmächte boten den ostdeutschen Ländern den Beitritt zum Grundgesetz an und lehnten den sowjetischen Vorschlag ab, einen gesamtdeutschen »Staatsrat« aus Vertretern der in West (Zwei-Zonen-Wirtschaftsrat) und Ost (Deutsche Wirtschaftskommission) bestehenden Wirtschaftsverwaltungen zu bilden. Dieses Gremium sollte – unter Aufsicht des wiederzubelebenden Kontrollrates –

Regierungsfunktionen übernehmen und bei der Ausarbeitung eines Friedensvertrages mitwirken.

Am 30. Mai stimmte der Volkskongreß bei einer Gegenstimme dem Verfassungsentwurf zu und verabschiedete ein *Manifest an das deutsche Volk*, in dem er zur Bildung einer »nationalen Front für Einheit und gerechten Frieden« aufrief. Diese Front sollte, so die Erwartung, »alle nationalgesinnten« Kräfte zusammenschließen und für die Bildung einer »vorläufigen zentralen demokratischen Regierung« aus Vertretern der Parteien und Organisationen und deren Teilnahme an einer Friedenskonferenz der Siegermächte kämpfen. Das Ziel: ein Friedensvertrag »auf der Grundlage der Beschlüsse von Jalta und Potsdam«.[28]

Das Konzept der nationalen Front stammte aus dem bündnispolitischen Arsenal der kommunistischen Weltbewegung. Es war seit 1941 überall in Europa praktiziert worden und hatte dazu beigetragen, die Kommunisten im Widerstand gegen die deutsche Okkupation bündnisfähig zu machen. Seit 1949 wurde es von den kommunistischen Parteien erneut als bündnispolitisches Instrument eingesetzt, jetzt in der Hoffnung, speziell in den westeuropäischen Ländern gegen die Westblockbildung mobilisieren zu können.[29] Im Mai 1949, auf dem 3. Deutschen Volkskongreß, wurde dieser Gedanke aber nicht von der SED-Spitze, sondern von einem Bündnispartner vorgetragen: von Otto Nuschke, bis 1933 sozialliberaler Landtagsabgeordneter (DDP), seit 1948 Nachfolger Jakob Kaisers im Amt des CDU-Vorsitzenden. Er dankte der Sowjetunion für ihre deutschlandpolitischen Initiativen, appellierte an »alle Deutschen, die guten Willens sind«, in »nationalen Grundfragen« zusammenzustehen, und forderte »im Einklang mit dem deutschen Volkswillen«, »eine Form der deutschen Einheit zu finden, eine deutsche Zentralregierung in irgendeiner Form herzustellen«.[30]

Inspiriert worden war Otto Nuschke wohl von der SED-Führung. Sie hatte bereits Ende 1947 darüber diskutiert, »ob die Kraft des Blocks«, die Kooperation der SBZ-Parteien, noch ausreiche, um den »Anschlägen« gegen die »demokratische Einheit« Deutschlands wirkungsvoll zu begegnen. Unter Hinweis auf »überparteiliche Sammlungsbewegungen in anderen Ländern« war angeregt worden, eine »breite Volksbewegung ohne feste Organisationsformen« ins Leben zu rufen, die über den Rahmen der traditionellen Bündnistypen hinausreiche.[31] Der erste Versuch, diese

Bewegung zu initiieren, waren die Volkskongresse gewesen, und im Juli 1949 machte es der SED-Vorstand der Partei zur »Pflicht«, »mit allem Ernst an das Studium der nationalen Frage ... heranzugehen ..., an die Schaffung einer nationalen Front des demokratischen Deutschland gegen die Unterdrückung der deutschen Nation durch den amerikanischen Imperialismus«. Erreicht werden sollte die »Einreihung des deutschen Volkes in das antiimperialistische Lager, dessen stärkste Kraft die Sowjetunion ist«.[32] Statt der Westintegration also die Ostintegration Deutschlands, ganz Deutschlands, nota bene – so wenigstens die Agitation. Zur Ausarbeitung eines Programms setzte die Parteiführung eine Kommission ein, wartete aber im übrigen die Entwicklung im Westen ab.

Diese freilich machte alle Hoffnungen auf einen breiten nationalen Protest zunichte. Bei den Bundestagswahlen am 9. August erreichten die Parteien, die sich grundsätzlich für Staatsbildung und Westintegration ausgesprochen hatten, die absolute Mehrheit; der SPD fiel die Rolle der Opposition zu, und die KPD, jene Partei, die als einzige ihren Wahlkampf mit vaterländischen Parolen nach SED-Vorstellungen geführt hatte, erreichte mit einem Stimmenanteil von 5,7 % nur einen schmalen Achtungserfolg an der nationalen Front. Am 7. September konstituierte sich der Deutsche Bundestag, und am 15. September schließlich wählte das Parlament mit Konrad Adenauer einen Politiker zum Regierungschef, dessen eindeutige Westorientierung den SPD-Führer Kurt Schumacher später veranlaßte, ihn den »Kanzler der Alliierten« zu nennen. Zwar hatte er nur mit einer, seiner Stimme die Mehrheit erreicht, und eigentlich ungültige Stimmzettel (auf ihnen stand freilich sein Name) hatten zuvor vom Plenum als gültig bewertet werden müssen – doch die Verhältnisse in Bonn waren damit eindeutig.

Vielleicht war die Kanzlerwahl vom 15. September auch für die Sowjetführung ein Signal: Am 16. September jedenfalls traf eine SED-Delegation (Pieck, Ulbricht, Grotewohl und der Partei-Theoretiker Fred Oelßner) in Moskau ein, um – wie ein DDR-Historiker 26 Jahre später erstmals mitteilte – »mit den Repräsentanten des Politbüros der KPdSU [also auch mit Stalin] über die mit (der) Bildung des westdeutschen imperialistischen Staates entstandene Lage« zu beraten und die »notwendigen gemeinsamen Schritte zur Gründung der DDR« zu planen.[33] 13 Tage waren die Spitzenfunktionäre in Moskau. Worüber sie dort im einzelnen berieten, wurde bislang nicht mitgeteilt. Sicher aber wurde auch über die Weltlage gesprochen. Sie war aus sowjetischer Sicht keineswegs ungünstig: In China hatte Mao-Tse Tungs Volksarmee nahezu das ganze Land unter Kontrolle, die chinesischen Kommunisten schickten sich an, die »Volksrepublik« auszurufen – gegründet wurde sie am 1. Oktober –, und damit schien das »Lager der Volksdemokratie« auf Dauer gestärkt. Am 25. September freute sich die sowjetische Nachrichtenagentur TASS, den amerikanischen Präsidenten Harry S. Truman korrigieren zu können, der am 23. September erklärt hatte, es gebe Beweise für eine erste Atombombenexplosion in der Sowjetunion. TASS erinnerte, Außenminister Molotow habe schon am 7. November 1947 eine Erklärung über »das Geheimnis der Atombombe« abgegeben und damals gesagt, daß die Sowjetunion »über diese Waffe verfügt«. Sorgen bereitete der Sowjetführung jedoch Jugoslawien, dessen regierende Kommunisten sich trotz heftiger Pressionen der Sowjetunion und der Volksdemokratien weigerten, ihre Verurteilung durch das Kominform (im September 1947 ohne SED und KPD vollzogener Zusammenschluß von neun der wichtigsten kommunistischen Parteien Europas in einem »Kommunistischen Informationsbüro«) vom Sommer 1948 zu akzeptieren und in das östliche Lager zurückzukehren. Um diese zentrifugale Tendenz zu unterbinden, hatte die Sowjetunion in den osteuropäischen Ländern, zunächst in Albanien, dann in Ungarn und Bulgarien Schauprozesse gegen einstige Parteiführer mit vermeintlichen Neigungen zu nationaler Selbständigkeit arrangiert, den Angeklagten absurde Schuldgeständnisse abpressen und sie schließlich erschießen lassen: wegen Zusammenarbeit mit westlichen Geheimdiensten, Trotzkisten und – vor allem – mit den jugoslawischen Kommunisten. Wohl auch angesichts dieser Lage sprachen die Sowjetführer mit den deutschen Abgesandten über die »Entwicklung der Zusammenarbeit mit der UdSSR und den volksdemokratischen Ländern« sowie über die »Vorbereitung des ersten Fünfjahrplanes« für Ostdeutschland – über die weitere Ostintegration also.

Diese Perspektive erwähnte nach dem 28. September in der Öffentlichkeit keiner der Heimkehrer. Auch parteiintern wurde sie nicht diskutiert. Die SED versuchte vielmehr den Eindruck zu vermitteln, als sehe sie noch immer eine Chance, die Einheit Deutschlands zu erhalten. Der Parteiapparat wurde angewiesen, überall im Lande für eine nationale Politik zu agitieren, und auch die Sowjetische Militäradministration schaltete sich ein. Speziell in

SAG-Betrieben (ehemals deutsche Werke, die seit 1946 in der Rechtsform von »Sowjetischen Aktiengesellschaften« [SAG] für sowjetische Reparationsforderungen produzierten) fanden Massenversammlungen statt, von denen einschlägige Resolutionen verabschiedet wurden. Begonnen hatte die Kampagne am 1. Oktober, und schon am 4. Oktober konnte *Neues Deutschland* melden: »Forderung der Massen: Deutsche Regierung.« Damit war, wie die Redaktion erläuterte, eine provisorische, gesamtdeutsche Regierung gemeint, deren Aufgabe es sei, »die Auflösung des von Deutschland losgerissenen Weststaates und seine Wiedereingliederung in Deutschland anzustreben«. Propagiert wurde mithin nicht der separate Oststaat, sondern eine Regierung mit gesamtdeutscher Kompetenz, die angesichts des nationalen Notstands, angesichts des westdeutschen Separatismus legitimiert sei, interimistisch die Sache ganz Deutschlands zu vertreten. Diese Stoßrichtung hatte am 3. Oktober besonders Erich Honecker betont. Der damalige Vorsitzende der FDJ bat den »Deutschen Volksrat« um die »sofortige Einleitung von Schritten zur Bildung einer gesamtdeutschen Regierung... mit dem Sitz in Berlin, der Hauptstadt Deutschlands«.[34]

Die Kampagne folgte der Beweisführung der Sowjetdiplomatie. Am 1. Oktober hatte die Sowjetregierung anläßlich der Regierungsbildung in Bonn (20. September) den Westmächten Protestnoten überreicht. Sie nannte das Adenauer-Kabinett eine »volksfeindliche Separatregierung«, die auch den Potsdamer Beschlüssen über die Demokratisierung und Entmilitarisierung Deutschlands feindlich gegenüberstehe. Sie bestritt ihre Legitimität, behauptete, das Grundgesetz und insbesondere die föderative Struktur der Republik seien der Mehrheit der Deutschen oktroyiert worden, und die Westmächte stützten sich »lediglich auf eine kleine Gruppe eigens ausgewählter alter reaktionärer Politiker«, die »in enger Verbindung mit ausländischen Finanzkreisen stehen und von diesen Kreisen abhängig sind«. In Deutschland sei eine »neue Lage« entstanden, die – und hier formulierten die Außenpolitiker sibyllinisch, »der Erfüllung der Aufgaben, die Einheit Deutschlands als eines demokratischen und friedliebenden Staates wiederherzustellen und zu gewährleisten, daß Deutschland die ihm durch das Viermächteabkommen von Potsdam auferlegten Verpflichtungen einhalte, besonders große Bedeutung verleiht«.[35] Auf die Ankündigung eigener Schritte, etwa in Gestalt einer Oststaatsgründung, verzichteten sie. Mit dieser Lesart war dem Westen die Schuld an der Teilung zugesprochen, der Kampf der nationalen Bewegung in der SBZ gegen die Separatisten in der Bundesrepublik formal legitimiert und die Sowjetunion als die Wahrerin der deutschen Einheit gewürdigt. Zugleich aber standen der sowjetischen Politik alternative Handlungsmöglichkeiten offen. Ein Stück Stalinschen Politikverständnisses wurde deutlich, und sicherlich hatte er sich in der deutschen Frage auch das letzte Wort vorbehalten und die deutschen Genossen zu einer Taktik veranlaßt, die deren Interessen, die rasche Bildung eines Staates zur Sicherung der eigenen Macht, zunächst verleugnete und statt dessen die Einheit des Landes betonte.

In ihren veröffentlichten Stellungnahmen hielt sich die SED-Führung an diese Vorgaben. Am 3. Oktober tagte das Politbüro und ließ ein Kommuniqué herausgeben, in dem als »Antwort des deutschen Volkes auf die in der Note der Sowjetregierung angeprangerte Vollendung... der Spaltung Deutschlands« für den »Zusammenschluß in der Nationalen Front des demokratischen Deutschland« geworben und der Kampf für »die Wiederherstellung der Einheit Deutschlands« gefordert wurde.[36] Am nächsten Tag trat der Parteivorstand zusammen. Auch er publizierte ein Kommuniqué, in dem u. a. ein Referat Piecks erwähnt wurde, das seine Aussagen zur Lage so zusammenfaßte:

»Er stellte fest, daß sich das deutsche Volk niemals mit der Bonner Separatregierung abfindet und daher immer energischer die Forderung nach Schaffung einer provisorischen Regierung des demokratischen Deutschlands erhebt. Genosse Pieck unterbreitete... den Vorschlag, mit anderen demokratischen Parteien und Massenorganisationen in Beratungen über die Bildung einer provisorischen Regierung der Deutschen Demokratischen Republik einzutreten.«[37]

Das klang noch immer nach einer gesamtdeutschen Politikvariante. Intern aber hatte Pieck deutlich gemacht, daß der Oststaat gemeint war. Denn provisorisch werde, so der Parteivorsitzende, diese Regierung nur insofern sein, »als für das zu schaffende gesetzgebende Organ noch keine Wahlen durchgeführt werden können und wir dazu den Deutschen Volksrat als Grundlage nehmen müssen, indem er sich zu einer provisorischen Volkskammer umbildet, und zwar unter Berufung auf die Lage, wie sie sich jetzt aufgrund der Maßnahmen in Westdeutschland ergeben hat«.[38] Dieses

Verfahren war mit der Sowjetführung und auch mit der SMAD abgesprochen worden. Pieck:

»Wir haben die Hoffnung, daß die SMAD nicht nur damit einverstanden sein wird und das durch eine entsprechende Erklärung zum Ausdruck bringen wird, sondern daß sie auch ihre Funktion in Deutschland grundlegend ändern und auf die Verwaltungsarbeit verzichten wird, daß sie sich lediglich auf die Kontrolle der Durchführung der Maßnahmen in Zukunft beschränken wird, die im Potsdamer Abkommen vorgesehen sind, und die sich auf die Beschlüsse stützen, die durch die vier Mächte gefaßt worden sind.«

»Lange«, behauptete er, habe sich die Parteiführung »überlegt«, ob sie »mit einem Vorschlag zur Bildung einer Regierung der Deutschen Demokratischen Republik hervortreten« solle. Nun aber sei die Lage »so ernst«, daß man »um einen solchen Schritt nicht mehr herumkommen« könne.[39] Noch vor der Konsultation ihres Parteivorstandes hatte die SED-Spitze mit den Führern der Blockparteien und Massenorganisationen Kontakt aufgenommen. Sie akzeptierten die Staatsbildungsprozedur offenbar ohne ernsthaften Widerstand, äußerten Postenwünsche, verlangten aber baldige Wahlen.[40]

Am 5. Oktober tagte auf Anregung der SED das Präsidium des Volksrates gemeinsam mit den Repräsentanten des Parteienblocks. Diese rund 50 Personen zählende Versammlung beschloß einstimmig, den Volksrat aufzufordern, sich »im Wege der nationalen Selbsthilfe« zur provisorischen Volkskammer der Deutschen Demokratischen Republik umzubilden und eine verfassungsmäßige Regierung der Deutschen Demokratischen Republik zu schaffen. Die Wahlen zur Volkskammer sollten zusammen mit denen zu den Gemeindevertretungen und den Kreis- und Landtagen erst am 15. Oktober 1950 stattfinden. Diese Zeit brauche man, hatte Pieck gesagt, um der Regierung die Chance zu geben, »durch ihre Arbeit vor der Masse des Volkes darzulegen, daß sie sich nicht nur grundsätzlich in ihrer Zusammensetzung und in ihrem Zustandekommen von der Westregierung unterscheidet, sondern daß sie wirklich eine Regierung des deutschen Volkes ist...«.[41] Otto Nuschke war freilich »von höchster Stelle... bedeutet« worden, daß die Sowjetunion Bedenken gegen einen früheren Wahltermin habe. Ob diese Bedenken allein dem Abschneiden der SED galten oder dem sowjetischen Kalkül folgten, mit einer formellen Oststaatsgründung im Interesse der Glaubwürdigkeit ihrer gesamtdeutschen Argumentation möglichst lange zurückzuhalten, ist ungewiß. Nuschke erwähnte gegenüber CDU-Funktionären allein »außenpolitische Gründe«.[42]

Wie die Einstimmigkeit von Volksrat-Präsiden und Blockspitzen zustande kam, ist nicht überliefert. Tatsächlich war es auf der Sitzung zu Auseinandersetzungen gekommen. Vertreter von CDU und LDP, die noch einen Tag zuvor den SED-Plänen grundsätzlich zugestimmt hatten, bezweifelten nun die Legitimation des Volksrates, sprachen von einem sowjetischen Oktroy und wollten vor allem nicht akzeptieren, die Wahlen um mehr als ein Jahr zu verschieben.[43] Wahrscheinlich ist, daß die erhoffte Wende nach den Wahlen sie bewog, dem Provisorium DDR zuzustimmen, möglich auch, daß sie unbemerkt Gefangene ihrer eigenen Notstands-Rhetorik geworden waren und deshalb glauben wollten, was Pieck als Zweck der Staatsbildung nannte: ein »Zentrum« zu schaffen, das »wirklich auf die Verteidigung der elementarsten Rechte des deutschen Volkes eingestellt ist...«, ein Zentrum, das »unter den gegebenen Verhältnissen in Deutschland nur in unserer Zone geschaffen werden« könne.[44] Nicht auszuschließen ist, daß sie – angesichts der mit der Staatsgründung geschaffenen und gut dotierten Posten – auch an ihr eigenes Fortkommen in der Deutschen Demokratischen Republik dachten. Denn am Ende der Beratung hatte der SED-Chef auch über den »Plan zur Regierungsbildung und zur Konstituierung der Regierung berichtet«, und dann war über Minister- und Staatssekretärs-Positionen gesprochen worden.[45]

Bei ihren Parteivorständen trafen die CDU- und LDP-Führer nur vereinzelt auf Widerspruch. Beide billigten schließlich deren Verhandlungstaktik.[46] Bei den Mitgliedern und Funktionären stieß ihre Nachgiebigkeit aber auf massive Kritik und bei der CDU sogar auf Widerstand. Funktionäre aus den Kreisen mißbilligten am 9. Oktober vor allem die Verschiebung der Wahlen, aber auch die Methode der Staatsbildung und beklagten den Gesichtsverlust der Partei.[47] Ändern konnten sie aber auch nichts mehr. Der Staat war bereits gebildet, die Zustimmung der Führungen hatte die Parteien gelähmt, und die (schwindende) Mitgliederschaft hatte letztlich hinzunehmen, was die Parteispitzen verabredet hatten. Und die hatten sich auf einen genauen Ablauf festgelegt, in dem die SED alles Notwendige präzise geregelt hatte. Der DDR-Historiker Neef: »Alles war klar durchdacht; nichts blieb dem Zufall überlassen.«[48] Schnell sollte gehandelt werden, um – wie Pieck schon am 4. Oktober vor der SED-Führung erklärt hatte – »die Störungsmanöver, wie sie von den Westparteien und der Westpresse hier betrieben werden, auf einen möglichst kleinen Raum zu beschränken und sie vor vollendete Tatsachen zu stellen, die nicht mehr geändert werden«.[49]

Unmittelbar nach der konzertierten Aktion von Volksrats-Präsidium und Parteienblock am 5. Oktober lief die Massenkampagne wieder an. Erneut kamen aus allen Landesteilen Entschließungen, die den Volksrat aufforderten, »alle Schritte zur Bildung einer deutschen Regierung einzuleiten«; wiederum waren es vor allem die Belegschaften Sowjetischer Aktiengesellschaften, diesmal mit einer Sammelresolution die sieben größten SAG-Betriebe des Landes Sachsen-Anhalt, die eine »zentrale demokratische deutsche Regierung in Berlin« verlangten und versprachen, der neuen »deutschen Regierung« durch Mehrproduktion die »materielle Basis« und »Schwungkraft« zu geben.[50] Am 7. Oktober trat der Volksrat zusammen. Seine 330 Mitglieder, alle aus der SBZ, hatten sich im Gebäude der Deutschen Wirtschaftskommission versammelt, gleich neben dem einstigen Preußischen Abgeordnetenhaus, wo – wie Gründungs-Chronist Neef bewegt anmerkt – zur Jahreswende 1918/19 die Kommunistische Partei Deutschlands gegründet worden war, »deren Programm das sozialistische Deutschland als Ziel proklamierte«.[51] Eröffnet wurde die Sitzung von Wilhelm Pieck, dem Präsidenten des Gremiums. Er verlas den Delegierten – Tagesordnungspunkt eins – das Manifest *Die Nationale Front des demokratischen Deutschland*, dessen Grundzüge der SED-Parteivorstand drei Tage zuvor in einer langen Entschließung formuliert hatte.[52] Erstes Ziel der Nationalen Front sei, so Pieck, die »Wiederherstellung der politischen und wirtschaftlichen Einheit Deutschlands durch: Beseitigung der Konstruktion eines westdeutschen Eigenstaates, Aufhebung des Ruhrstatuts, Aufhebung der Saarautonomie, Errichtung einer gesamtdeutschen Regierung der Deutschen Demokratischen Republik«. Ihr wesentliches Mittel: die Deutsche Demokratische Republik, die »den Kampf um den Frieden, die Einheit und Souveränität Deutschlands an die Spitze ihrer Bemühungen setzen« werde. Sie werde ein »mächtiges Bollwerk« sein – im »Kampf um die Verwirklichung des Programms der Nationalen Front«.[53] Vom Bollwerk hatte Pieck schon zuvor – intern – gesprochen, jedoch mit dem Blick auf die eben ausgerufene Bundesrepublik. Damals bewertete er ihre

Gründung als Versuch, ein »Bollwerk gegen den Sozialismus« zu schaffen und zugleich eine »Aufmarschbasis« zu errichten für »aggressive Handlungen gegen die sowjetische Besatzungszone und die volksdemokratischen Länder Südost- und Osteuropas«.[54] Intern also diente die Notwendigkeit der Defensive zur Legitimation der DDR-Gründung, in der Öffentlichkeit der Wille zur nationalen Offensive: Stalinsche Taktik.

Die Widerspruchskraft der Blockpartner war verbraucht. Für die Liberaldemokraten stimmte Hermann Kastner, LDP-Mitbegründer und später Kontaktmann des Bundesnachrichtendienstes (BND), zu und behauptete: »Alles, was wir tun, geschieht mit dem einzigen Ziel vor Augen, ein einiges, freies deutsches Vaterland zu schaffen.« Otto Nuschke war überzeugt, das Manifest werde »in alle deutschen Länder hinausleuchten« und Anklage erheben gegen die »Kräfte, die Deutschland gespalten haben«. Und so wie sie billigten auch die übrigen Repräsentanten der Blockpartner das Gründungs-Szenarium.[55] Einstimmig verabschiedete der Volksrat das Einheitsmanifest und konstituierte sich – Tagesordnungspunkt zwei – als Provisorische Volkskammer der Deutschen Demokratischen Republik. In ihr stellte die SED mit 96 Abgeordneten die stärkste Fraktion. Ihr stand nach der neuen Verfassung das Amt des Ministerpräsidenten zu, sie hatte jedoch an der Regierung auch die anderen Parteien zu beteiligen. LDP und CDU verfügten über je 46 Abgeordnete, die NDPD über 17, die DBD über 15 Mandatsträger. 105 Sitze fielen an die Massenorganisationen, die meisten von ihnen (30) an den FDGB. Fünf Mandate waren an die »SPD/Berlin« gegangen, an jene Vertreter der Ostberliner SPD-Reste, die sich nach der KPD-SPD-Fusion nicht der Gesamtberliner SPD angeschlossen hatten, sondern mit der SED kooperierten.

Am 10. Oktober erklärte die SMAD ihr Einverständnis mit der Staatsgründung. Sie teilte mit, ihre Verwaltungsfunktionen künftig an die DDR-Regierung übertragen und sich – fortab unter der Bezeichnung »Sowjetische Kontrollkommission« (SKK) – auf die Kontrolle der Einhaltung des Potsdamer Abkommens und der Deutschland betreffenden Viermächtebeschlüsse beschränken zu wollen. Wassili I. Tschuikow, bisher Oberster Chef der SMAD, wurde Vorsitzender der SKK. Am 11. Oktober wählten die Provisorische Volkskammer und die Provisorische Länderkammer in gemeinsamer Sitzung Pieck zum Staatspräsidenten. Zu den ersten

Gratulanten gehörte die jüngste Volkskammer-Abgeordnete, die Leiterin der FDJ-Kinderorganisation »Junge Pioniere«, Margot Feist, später Frau Honecker. Für den Abend hatte Erich Honecker einen Fackelzug durch die Ostberliner Innenstadt arrangieren lassen. Unter den Linden, am August-Bebel-Platz, zwischen Humboldt-Universität und St.-Hedwigs-Kathedrale, waren Hunderttausende zusammengekommen, unter ihnen, wie sich Honecker erinnerte, rund 200 000 FDJler, die der Zentralrat der Jugendorganisation angesichts der immer noch schwierigen Verkehrsverhältnisse nur mit Mühe aus der ganzen Republik nach Berlin geholt hatte.[56] Im Namen der FDJ sprach Honecker, 37 Jahre, ein »Gelöbnis der deutschen Jugend«. Er, der noch am 3. Oktober den Volksrat aufgefordert hatte, für eine gesamtdeutsche Regierung zu sorgen, versprach nun der »Deutschen Demokratischen Republik Treue, weil in ihr die Selbstbestimmung des deutschen Volkes zum erstenmal im ganzen Umfang hergestellt sein wird«.[57]

Am 12. Oktober stellte Ministerpräsident Grotewohl sein Kabinett vor. Neben Nuschke und Kastner war Walter Ulbricht (KPD-Funktionär seit 1919) Stellvertretender Ministerpräsident geworden, von den 14 Fachministern gehörten acht den Blockparteien an, einer war parteilos. Sie leiteten das Außenministerium und die Ministerien für Finanzen, Land- und Forstwirschaft, Handel und Versorgung, Gesundheitswesen, Post- und Fernmeldewesen und Aufbau. Drei der nichtsozialistischen Kabinettsmitglieder jedoch, der Agrarminister Ernst Goldenbaum (DBD), der Aufbauminister Lothar Bolz (NDPD) und der Gesundheitsminister Luitpold Steidle (CDU) hatten früher der KPD angehört (Goldenbaum), ihr bzw. der KPdSU sehr nahegestanden (Bolz) oder waren in der Sowjetunion Bündnispartner der KPD im »Nationalkomitee ›Freies Deutschland‹« gewesen (Steidle). Die entscheidenden Ressorts hatte sich die SED vorbehalten: die Ministerien für Inneres, Planung, Industrie, Volksbildung und Justiz.

In seiner Regierungserklärung vom 12. Oktober knüpfte Grotewohl zunächst an die herkömmliche Legitimationsrhetorik an. Er nannte die Staatsgründung einen »Ausdruck des unerschütterlichen Willens der demokratischen Kräfte des deutschen Volkes, seine nationale Not zu überwinden und sein Schicksal in die eigenen Hände zu nehmen«. Dann aber setzte er neue Akzente – sowohl im Hinblick auf die künftigen internationalen Beziehungen als auch hinsichtlich der nationalen Frage. Als »Grundlage der Außenpolitik der Regierung« bezeichnete er die »Freundschaft mit der Sowjetunion, den Volksdemokratien und allen anderen friedliebenden Völkern«, und diese gebe der DDR auch »die Kraft zur Erfüllung der großen nationalen Aufgaben, die sich die Regierung gestellt hat«.[58] Damit hatte Grotewohl beinahe zu den Positionen zurückgefunden, die er schon ein Jahr zuvor propagiert hatte, aufgrund der sowjetischen Intervention aber nicht vertiefen durfte. Die Sowjetführung indes blieb bei ihrer doppelschichtigen Argumentation. Für sie war die Staatsbildung, wie Stalin am 13. Oktober telegrafierte, sowohl der »Grundstein für ein einheitliches, demokratisches und friedliebendes Deutschland« als auch »ein Wendepunkt in der Geschichte Europas«, denn es unterliege »keinem Zweifel, daß die Existenz eines friedliebenden demokratischen Deutschland neben dem Bestehen der friedliebenden Sowjetunion die Möglichkeit neuer Kriege in Europa ausschließt, das Blutvergießen in Europa beendet und die Versklavung der europäischen Völker durch die Weltimperialisten unmöglich macht«. Er wünschte Erfolge auf dem »neuen, glorreichen Wege«. Dieser Text war der SED eine Sonderausgabe ihres Zentralorgans *Neues Deutschland* wert. Sie wurde am 14. Oktober kostenlos verteilt.

Als Farben der Republik hatte die Verfassung das traditionelle Schwarz-Rot-Gold bestimmt, als ihre Hauptstadt Berlin. Ein Staatsemblem wurde nicht festgelegt. Zunächst bürgerte sich ein Hammer im Ährenkranz ein, später kam der Zirkel hinzu. An eine Hymne aber war schon früh gedacht worden. Trotz der drängenden Geschäfte der Gründertage fand Pieck die Zeit, mit Johannes R. Becher über sie zu sprechen; und schon einen Tag vor seiner Wahl zum DDR-Präsidenten, am 10. Oktober, teilte er dem Lyriker, seit 1954 DDR-Kulturminister, das Gesagte noch einmal handschriftlich mit[59] und erinnerte an die Stichworte: Demokratie, Kultur, Arbeit, Wohlstand des Volkes, Völkerfreundschaft, Frieden und Einheit Deutschlands. Sein besonderer Wunsch war es, »›die Einheit Deutschlands‹ in den wiederkehrenden Versen jeder Strophe zu behandeln«.[60] Und er schloß: »Überleg Dir mal diesen Gedanken, wenn Du einen besseren hast, um so besser.«[61]

»Von Anbeginn«, erinnerte sich Bechers Sekretärin, Erika Wiens, »verfolgte er die Konzeption, daß eine neue Hymne von allen Schichten unseres Volkes mit leidenschaftlicher Anteilnahme gesungen werden müsse, auch von der Gemüsefrau!«[62] Am 12. Oktober war die erste Fassung geschrieben und wurde an den Komponisten Ottmar Gerster geschickt, der die Melodie schaffen und am 4. November in Berlin vorspielen sollte. Ende Oktober aber, bei polnischen Goethe-Tagen in Warschau, traf Becher den Wiener Komponisten und Brecht-Freund Hanns Eisler und zeigte ihm den Hymnen-Text. Kurz darauf hatte Eisler eine Melodie gefunden und spielte sie Becher bei einem gemeinsamen Besuch des nahe Warschau gelegenen Chopin-Hauses auf dem alten Flügel Chopins vor.[63] Becher fand sie großartig. Die Entscheidung aber fällte das Politbüro. Das kam am 5. November in der Wohnung Piecks zusammen, ließ sich von zwei Opernsängern die musikalischen Versionen vortragen und entschied sich für die Becher-Eisler-Fassung.[64]

Auch ein Brecht-Text (ebenfalls von Eisler vertont) hatte zeitweilig zur Debatte gestanden, eine Deutschlandlied-Travestie in Passagen wie: »Und nicht über und nicht unter andern Völkern wolln wir sein«, unterkühlt in Zeilen wie: »Anmut sparet nicht noch Mühe, Leidenschaft nicht noch Verstand, daß ein gutes Deutschland blühe, wie ein andres gutes Land«. Bechers Pathos hatte offenbar besser gefallen, zumal er sich im ganzen an Piecks Ratschläge gehalten hatte. Der Refrain war zwar nicht auf die Einheit zugespitzt, in den ersten Zeilen aber: »Auferstanden aus Ruinen und der Zukunft zugewandt, laß uns Dir zum Guten dienen, Deutschland, einig Vaterland« der Hinweis doch bedacht. Die DDR-Regierung stimmte am selben Tag zu, und zwei Tage später wurde die Hymne in der Staatsoper uraufgeführt – am 7. November, anläßlich eines Festaktes zum 32. Jahrestag der Oktoberrevolution in Rußland.[65]

Für mehr als 20 Jahre ging der Becher-Wunsch, das Lied möge gesungen werden, mit leidenschaftlicher Anteilnahme gar, in Erfüllung. Seit dem Beginn der siebziger Jahre aber ist es in der DDR nur noch ohne Text zu hören. Das Ziel des »einig Vaterland« – schon 1949 eher Agitprop-Hoffnung – hatte dem »unwiderruflichen Bündnis mit der Sowjetunion« – seit 1974 Element der DDR-Verfassung, 1949 aber schon Kern der Staatsräson – Platz gemacht.

II. Konturen der Deutschen Volksdemokratie
1949–1953

1. Die DDR – Ein Staat auf Widerruf?

Der Wendepunkt in der Geschichte Europas, den Stalin schon im Oktober 1949 in der DDR-Gründung erkannt zu haben meinte, wurde von den Europäern meist erst Jahre später wahrgenommen. Auch in der DDR selber galt der neue Staat zunächst vor allem als Provisorium. Seine Repräsentanten suchten den Anschein zu erwecken, als sei ihnen nichts wichtiger als die rasche Auflösung der Republik zugunsten eines einheitlichen Deutschlands. Seine Bürger glaubten wohl mehrheitlich, die Entwicklung zur Einheit werde auch ihnen bundesdeutsche Lebensverhältnisse bringen. Zwar war auch für sie erkennbar, daß weder Ost noch West die deutsche Einheit ernsthaft zu ihrer Sache machen würden. Da beide Seiten aber nicht müde wurden, das Gegenteil zu beteuern, blieb dieser Glaube über Jahre stark, verfestigten sich derweilen jedoch im Schatten der nationalen Erwartung die Fundamente der Eigenentwicklung.

Grundsätzlich neue Züge gewann diese nach der Staatsgründung zunächst nicht. Gewiß, das politische Establishment, die SED, die Blockparteien, die Massenorganisationen und auch die Sowjetische Kontrollkommission betonten strikt die neue Staatlichkeit, achteten auf entsprechende Verfahren und suchten die problematische innere durch einen Zugewinn an äußerer Legitimation auszugleichen. Schon am 15. Oktober 1949 erkannte die Sowjetunion die DDR an und nahm diplomatische Beziehungen zu ihrer provisorischen Regierung auf. Es wurden »Diplomatische Missionen« ausgetauscht. Die Volksdemokratien folgten – als letzte die Mongolische Volksrepublik am 13. April 1950. Volle innere Souveränität aber erlangte die DDR nicht. Die Sowjetunion behielt sich die Ausübung aller Rechte vor, die aus den interalliierten Abkommen über Deutschland rührten, u. a. auch das Recht zur Kontrolle jener staatlichen Funktionen, die der Verwirklichung des Potsdamer Abkommens dienen sollten.[1] Ein gleicher Vorbehalt galt für die DDR-Hauptstadt, die in der Verfassung ganz allgemein »Berlin« genannt worden war. Im Ostteil amtierte zwar die DDR-Regierung, beide Teile der alten Reichshauptstadt aber standen formalrechtlich wie politisch-inhaltlich unter Viermächte-Kontrolle. Die Kontrollrechte der SKK wurden sowohl gegenüber der Regierung als auch in den Landeshauptstädten ausgeübt. Die dort bislang bestehenden Länderverwaltungen der Sowjetischen Militäradministration wandelten sich zu Regionalbehörden der Kontrollkommission, und auch in anderen großen DDR-Städten bestanden die sowjetischen Kontrolleinrichtungen fort.

In ihren außen- und deutschlandpolitischen Erklärungen hielt die Regierung am Konzept der nationalen Einheit fest. Ende Februar 1950 nannte Außenminister Georg Dertinger (CDU) in einer Regierungserklärung zu den außenpolitischen Zielen der DDR die Forderung nach dem »unverzüglichen Abschluß eines Friedensvertrages mit Gesamtdeutschland« ein »Grund- und Naturrecht« und definierte die DDR als »Sachwalter des gesamten deutschen Volkes«, der sich »unbeirrbar um die Durchsetzung dieses Rechtsanspruchs bemüht«.[2] Im Zeichen dieser Ziele formierte sich auch die Massenorganisation der Nationalen Front. Sie umfaßte intentional alle DDR-Bürger, ihren organisatorischen Kern bildeten die Parteien und Verbände. Seit Anfang Januar firmierte das Sekretariat der Volkskongreß-Bewegung als Sekretariat der Nationalen Front; Anfang Februar konstituierte es sich als »Nationalrat« und proklamierte das Programm der »Nationalen Front des demokratischen Deutschland«, in dessen Mittelpunkt die »Stärkung« der DDR und die »Einheit und Unabhängigkeit Deutschlands« standen. Politische Bedeutung – vor allem als Träger der Einheitslistenwahlen und als Instrument der politischen Agitation – erlangte die Nationale Front aber nur in der DDR. In der Bundesrepublik führte sie ein Schattendasein. Getragen allein von der KPD, konnte sie hier weder die Konturen einer Organisation entwickeln noch politischen Einfluß erringen. Interessant war sie hier vor allem für die Strafverfolgungsbehörden, denn die Front war 1950, unter dem Eindruck des Korea-Kriegs, auf die Liste der verfassungsfeindlichen Organisationen gesetzt und die Tätigkeit für sie unter Strafe gestellt worden. Diese Reaktion bot der SED jedoch die Möglichkeit, in ihrer Agitation die Zugkraft ihrer Kampagne zu behaupten und sich – wie bisher – als die einzige Wahrerin der nationalen Einheit darzustellen.

Auch die Verfestigung der staatlichen Administration brachte keinen grundsätzlichen Wandel. Die bis 1948 im wesentlichen in den Hauptverwaltungen der Deutschen Wirtschaftskommission zentralisierten Verwaltungsapparate wurden in Ministerien umgewandelt, die – gemäß der DDR-Verfassung – Kompetenzen an sich zogen, die bisher bei den Ländern gelegen hatten. Das führte dazu, daß im Oktober 1950 die regionalen Verkehrs- und Justizministerien aufgelöst, daß die Befugnisse der Länderinnenministerien zugunsten zentraler Weisungsrechte beschnitten wurden. Auch der DDR-Innenminister hatte bald nach der Staatsgründung einen Machtverlust hinzunehmen. Schon im Februar 1950 entstand aus der bisher seinem Hause eingegliederten »Hauptverwaltung für den Schutz des Volkseigentums« das Ministerium für Staatssicherheit, das sich neben dem Staatseigentum fortan vor allem den Bürgern widmete.

2. Die Wirtschaft:
Wachstum durch Planung und Konsumverzicht

Folgenreicher als der staatliche Ausbau waren die wirtschaftlichen Weichenstellungen dieser Zeit. Im Juli 1950 ließ die SED-Führung vom dritten Parteitag den ersten Fünfjahrplan (für die Jahre 1951 bis 1955) beschließen. Sie reihte die DDR damit auch ökonomisch langfristig in die Entwicklung der Volksdemokratien ein. In Bulgarien und der CSSR waren bereits 1949, in Ungarn und Polen im selben Jahre entsprechende Entscheidungen gefallen. Albanien und Rumänien folgten 1951.[3] Damit waren die Grundlagen für einen den Ostblock umfassenden ökonomischen und politischen Verbund gelegt, dessen organisatorischer Rahmen schon 1949 mit der Bildung des »Rats für Gegenseitige Wirtschaftshilfe« (RGW) geschaffen worden war. Die DDR trat dem RGW 1950 bei und fügte sich damit in die seither keineswegs immer erfolgreichen Versuche ein, im Rahmen des Bündnisses auch über wirtschaftliche Arbeitsteilung und Zusammenarbeit den Zusammenhalt des sozialistischen Lagers zu festigen. Mit dem Beginn der Fünfjahrpläne und ihrer multilateralen Abstimmung im RGW übernahmen die Mitgliedsländer die Grundzüge des sowjetischen Wirtschaftssystems. Das führte auch in der DDR zum Ausbau des bis dahin schon starken Zentralismus, zu einer Planung, welche die Außenwirtschaft strikt auf den Block ausrichtete, zu Lenkungsmethoden, die zwar quantitatives Wachstum anregten, dessen qualitative

Seite aber vernachlässigten. Die Zentralisierung der Planungs- und Lenkungskompetenz ging nicht ohne Komplikationen vonstatten. Immer wieder, bis in die siebziger Jahre, stand die Parteiführung vor dem Problem, die Volkswirtschaft so zu organisieren, daß der Führungsanspruch der SED auch und gerade in allen volkswirtschaftlichen Belangen außer Frage stand, Industrie- und Landwirtschaft zugleich aber auch ökonomisch sinnvoll funktionierten, d. h. die Machtverhältnisse institutionell sicherten und materiell legitimierten. In den frühen DDR-Jahren stand die Machtsicherung im Vordergrund. Hier ging es zunächst darum, die Kontrolle über die Volkswirtschaft zu erlangen, die Privatwirtschaft zurückzudrängen und Eigentumsverhältnisse durchzusetzen, die Produktion, Investitionen und Verteilung planbar machten.

Der nichtprivate Wirtschaftssektor war seit Beginn der Enteignungen im Jahre 1945 beständig gewachsen. Bereits 1948 lieferten die Volkseigenen Betriebe (VEB) zusammen mit den Sowjetischen Aktiengesellschaften (SAG) 61%, 1949 knapp 69% und 1950 76% der Industrieproduktion. Banken und Versicherungen waren verstaatlicht; die Enteignung des Großhandels stand kurz vor ihrem Abschluß; die privaten Industriebetriebe – zumeist kleine oder mittlere – waren seit dem Beginn des Zweijahrplanes (1949 bis 1950) ebenso wie das produzierende Handwerk durch staatlich gelenkte Materialzuteilungen und langfristige Verträge an die VEB gebunden. Der private Einzelhandel – 1950 noch mit knapp 53% am Einzelhandelsumsatz beteiligt – hatte infolge der andauernden Rationierung der meisten Lebensmittel, einer strikten Kontingentierung vieler Konsumgüter sowie angesichts von Festpreisen keine Entwicklungschancen mehr und stand zudem unter der Konkurrenz der 1948 gegründeten Staatlichen Handelsorganisation (HO) und der staatlich geförderten Konsumgenossenschaften.

Komplizierter war die Situation in der Landwirtschaft. Hier waren durch die Bodenreform von 1945, in deren Verlauf der Großgrundbesitz (Betriebe über 100 ha landwirtschaftliche Nutzfläche) entschädigungslos enteignet worden waren und die Flächen an Umsiedler aus den ehemaligen Ostgebieten, an landarme Bauern oder Landarbeiter verteilt wurden, Besitzverhältnisse entstanden, die sich einem planenden Zugriff nur schwer erschlossen. Über große Flächen von mehr als 100 ha verfügten nun allein »Volkseigene Güter« (VEG), die von der Enteignung nicht betroffenen

Kirchen und z. B. staatliche Saatzuchtbetriebe. Das waren 1951 insgesamt aber nur 4,4% (1939: 28,3%) des landwirtschaftlich nutzbaren Bodens. Es dominierten kleine und mittlere Betriebe zwischen 5 und 20 ha, die zusammen ca. 59% des Landes bewirtschafteten. Die in der DDR seit 1948 offiziell sogenannten »Großbauern« (Wirtschaften zwischen 20 und 100 ha) kontrollierten 26% (1939: 31%), die Besitzer von Höfen mit mehr als 50 ha aber nur knapp 5% der Nutzfläche. Gewachsen war gegenüber 1939 der Anteil der Nebenerwerbswirtschaften in der Größenklasse 0,5–1 ha (von rund 118 000 auf rund 172 000) und der Betriebe zwischen 5 und 10 ha (von ca. 94 000 auf ca. 250 000).[4] Zwar war versucht worden, durch ein System von Ablieferungsauflagen (»Soll«) zu festen Niedrigpreisen und höheren Preisen für Übersollprodukte (»freie Spitzen«) die Landwirtschaft planbar zu machen und zur Leistungssteigerung anzuregen. Noch aber waren die Produktionsbedingungen zu unterschiedlich, litt das Land unter dem Mangel an Vieh, Düngemitteln und landwirtschaftlichem Gerät; und die Landreform hatte in den Dörfern den bäuerlichen Individualismus eher gestärkt. Die seit 1946 unternommenen Versuche, über die »Vereinigung der gegenseitigen Bauernhilfe« (VdgB) insbesondere die Nutznießer der Enteignung zu genossenschaftlicher Kooperation anzuregen, hatten zwar zu hohen Mitgliederzahlen dieser Organisation (1950 ca. 566 000), selten aber zu Produktionsgemeinschaften geführt. Und auch der seit 1948 auf dem Lande ausgerufene Klassenkampf[5] gegen die Großbauern – er äußerte sich vor allem in höheren Steuern und Ablieferungssätzen – förderte weder die Agrarproduktion noch eine systempositive Politisierung der übrigen Landbevölkerung. Jedoch nicht deshalb verschob die SED zunächst die Kollektivierung, die in den östlichen Nachbarländern bereits 1948 begonnen hatte. Noch galt es in der DDR, der nationalen Rhetorik wenigstens nicht gröblich zuwiderzuhandeln.

Der staatliche Zugriff auf die Industrie war dagegen leichter zu rechtfertigen gewesen. Hierbei war es – wie Ulbricht schon während der Enteignungen 1945 taktisch betont hatte – nicht um die Entmachtung der kapitalistischen Eigner gegangen, sondern um die Bestrafung von »Naziaktivisten und Kriegsverbrechern«.[6] Dieser Begründung, die sich auf die Rolle der Wirtschaftseliten während des Krieges stützen konnte, waren die entsprechenden Verordnungen der Länderbehörden gefolgt; auch die Volksabstimmung in Sachsen (30. Juni 1946) hatte in ihrem Zeichen gestanden, und 77,6% der Sachsen hatten sie ebenso wie 71,9% der Hessen, die bald darauf über einen Sozialisierungsartikel der hessischen Landesverfassung abstimmten, offenbar als zutreffend empfunden.

Die seit 1945 durch die Enteignung der Großindustrie entstandenen Volkseigenen Betriebe (VEB) hatten zunächst den Wirtschaftsverwaltungen der Länder unterstanden. Sie wurden 1948 in größeren, nach Branchen bzw. Produktionsketten gegliederten zonalen Verwaltungen, »Vereinigungen Volkseigener Betriebe« (VVB) zusammengefaßt und diese den Hauptverwaltungen der Deutschen Wirtschaftskommission unterstellt, deren Wirtschaftsleitungskompetenz nach der DDR-Gründung zunächst an das Ministerium für Planung, dann (1950) an die »Staatliche Plankommission« überging. Noch im selben Jahr aber wurden Industrieministerien gebildet[7], die VVB aufgelöst und die volkswirtschaftlich bedeutsamen Betriebe den Hauptverwaltungen der Ministerien direkt zugeordnet. Für die wirtschaftspolitische Konzeption war fortab die Parteiführung verantwortlich, für den Plan und die Lenkungsmethodik die Staatliche Plankommission, für die unmittelbare Leitung waren es die Ministerien. Sie gaben den Betrieben detaillierte Produktionsauflagen, schrieben vor, mit welchem finanziellen und materiellen Aufwand das Produktionssoll zu erfüllen sei, bestimmten die Zahl der notwendigen Arbeitskräfte und waren befugt, ja angehalten, »operativ«, d. h. vor Ort, in die betrieblichen Entscheidungen einzugreifen. Dem Betriebsmanagement blieb mithin nur die technisch-organisatorische Realisierung eines Planes, der vor allem in Mengen- oder Gewichtseinheiten abgerechnet wurde, für deren Übererfüllung Prämien zur Verfügung standen. Für technologische Innovationen bot diese Planungsmethodik keinen Anreiz; Abnehmerwünsche an Qualität und Sortiment standen zurück; und für eine betriebliche Mitbestimmung der Produzenten und Gewerkschaften war schon deshalb kein Platz, weil die Betriebsleitungen selber kaum etwas zu bestimmen hatten.

Auch an volkswirtschaftlichen Entscheidungen hatten die Gewerkschaften kaum noch nennenswerten Anteil. Mit dem ersten Fünfjahrplan war die Summe aller zwischen 1951 und 1955 in der DDR zu zahlenden Löhne und Gehälter festgeschrieben worden – sowohl die gewünschten Steigerungsraten als auch die Einkommensunterschiede zwischen den Wirtschaftsbereichen (Industrie, Landwirtschaft usw.) und den Industriezweigen (Leichtindustrie und Bergbau z. B.). Für die seit 1948 wieder üblichen Tarifverhandlungen zwischen den Gewerkschaften und den damals wiederbelebten Industrie- und Handelskammern bestand mithin kaum noch Spielraum. Seit 1951 konnten die Tarifpartner (an die Stelle der Kammern waren nun die Industrieministerien getreten) nur noch »Rahmenkollektivverträge« abschließen, in denen wegen der feststehenden Lohnhöhe allenfalls Zuschläge, Urlaubszeiten oder Einkommensdifferenzierungen nach Lohn- und Gehaltsgruppen geregelt werden konnten. Zudem hatten die Gewerkschaften seit der Auflösung der VVB ihre Mitspracherechte auf der »mittleren« Entscheidungsebene verloren. Solange diese Instanzen existierten, hatten bei ihren Spitzen »Verwaltungsräte« bestanden, in denen Gewerkschafter weitreichende, aber selten genutzte Mitspracherechte geltend machen konnten.

Die intensive Mitbestimmung im Betrieb war schon Ende 1948 verlorengegangen. Damals wurde das sowjetische »Einzelleitungs«-Prinzip dekretiert, d. h. der leitende Direktor als der dem Staat in seinem Wirkungsbereich allein Verantwortliche eingesetzt, und kurz darauf wurden die 1945 entstandenen, dann jährlich gewählten Betriebsräte aufgelöst. Sie hatten in vielen Betrieben über Jahre als Selbstverwaltungsorgane gewirkt, in anderen Mitspracherechte in allen Personal-, Sozial- und Produktionsentscheidungen ausgeübt. Die an ihre Stelle getretenen Betriebsgewerkschaftsleitungen (BGL) fungierten zunehmend – wenn auch häufig widerwillig – als Organe der Gewerkschaften, die sich, gleichfalls seit 1948, unter dem Druck der SED-Funktionäre in ihren Führungen zu Verbänden wandelten, die eher dem Plan als der Interessenvertretung verpflichtet waren. Dieses Selbstverständnis als Massenorganisation zur Mobilisierung der Arbeiter prägte auch die Mitwirkung der Gewerkschaftsführungen bei der Beratung der Planziele in der Parteiführung: Sie diente eher der Rechtfertigung der Pläne als der Kontrolle der Planer oder der Durchsetzung von Mitgliederforderungen.

Und hier lag ein dichtes Konfliktpotential: Denn der Plan[8] sah vor, binnen fünf Jahren die Industrieproduktion nahezu zu verdoppeln, das Wachstum im wesentlichen durch den Aufbau einer eigenen Schwerindustrie zu erreichen (Steigerung auf 208% gegenüber 1950), ihr gegenüber die Entwicklung der Nahrungsgüterwirtschaft zurückzustellen (Steigerung auf 187%), und die Investitionsmittel vor allem durch die Erhöhung der Arbeitsproduktivität in der Industrie um 72% sowie durch zurückhaltende Lohn- und Gehaltserhöhungen (31%) zu erwirtschaften. Anders als durch Leistungssteigerung und Konsumverzicht war Wirtschaftswachstum in dieser Zeit wohl nicht zu erreichen. Fraglich blieb dabei jedoch, ob unter diesen Voraussetzungen die hohen Wachstumsziele realistisch veranschlagt worden waren, ob die Produzenten bereit sein würden, ein solches Programm mitzutragen. Noch herrschte überall Mangel in der DDR, noch gab es zu erschwinglichen Preisen nur die kargen Lebensmittelrationen, und HO-Waren waren überteuert; noch war das Konsumgüterangebot dürftig. Zwar hatte sich die Lebensmittelversorgung gegenüber den unmittelbaren Nachkriegsjahren verbessert. Noch immer aber mußte zu höheren Preisen hinzugekauft werden – auf schwarzen oder grauen Märkten oder in der HO.

Die ab Februar 1949 auf Lebensmittelkarten zugeteilten Tagesrationen verdeutlicht Tabelle 1 (S. 45).[9] Hinzu kamen allerdings die lebensmittelkartenfreie Versorgung durch Werksküchen und zusätzliche Warenbezugsscheine für Arbeiten mit körperlich schwerer Tätigkeit. Angehörige der Intelligenz bezogen zudem Sonderrationen in Form von Lebens- und Genußmittelpaketen. Diese Privilegierung der Intelligenz war 1945 von der Besatzungsmacht eingeführt worden, um Wissenschaftler, Künstler und Ingenieure zum Verbleib in der Besatzungszone zu bewegen. Von September 1950 bis zur Aufhebung der Rationierung im Jahre 1958 galten die in Tabelle 2 (S. 46) aufgeführten Sätze.[10]

In Anbetracht der seit 1948 nur langsam gestiegenen Löhne – bis dahin waren sie wie die Preise auf dem Niveau des Jahres 1944 gestoppt worden – hatten Arbeiter und kleine Angestellte die HO-Preise zunächst kaum bezahlen können. Das monatliche Durchschnittseinkommen lag 1950 bei 256,– DM und stieg bis 1955 langsam auf 354,– DM.[11] Ein Kilo Mehl jedoch kostete in der HO 1950 noch 6,– DM, ein Kilo Butter 36,– DM und ein Kilo Schweinekamm 40,– DM. Die HO-Preise wurden zwar kontinuierlich gesenkt – Butter von 110,– DM (1948) auf 20,– DM (1958), Schweinekamm von 82,50 DM (1948) auf 11,20 DM (1958). Die Lohnerhöhungen aber reichten lange Zeit nicht aus, um die einkommensschwachen Bevölkerungsteile tatsächlich an diese Waren gelangen zu lassen.[12] Der Reallohnindex, die Kaufkraft des Lohnes,

Tabelle 1: Tagesrationen in Gramm ab Februar 1949

Lebensmittelkartengruppe	Brot	Nährmittel	Milch	Zucker	Fleisch	Fett	Marmelade
Grundkarte							
Grundkarte + A	750	88,3	–	45	70	45	30
Grundkarte + B	575	85	–	45	50	40	30
Grundkarte + C	575	75	–	45	50	33,3	30
Grundkarte + D	475	68,3	–	35	40	18,3	30
Grundkarte	400	35	–	25	30	15	30
Kinderkarte							
0 – unter 5	300	25	500	35	20	20	30
5 – unter 9	350	30	250	35	20	20	30
9 – unter 15	400	50	250	35	20	20	30

Erläuterungen: In den Genuß der A-Rationen kamen Untertagearbeiter; zur Gruppe B gehörten Schwerarbeiter und Angehörige der Intelligenz in leitenden Positionen, die übrige Intelligenz wie die übrigen Arbeiter wurden nach Kategorie C versorgt; die Mehrzahl der Angestellten ohne Leitungsfunktion bezog ebenso wie Rentner und Hausfrauen die Grundkarte; Staats- und Wirtschaftsfunktionäre mit Leitungskompetenzen wurden differenziert in die höheren Gruppen eingestuft.

Tabelle 2: Tagesrationen in Gramm von September 1950 bis zur Aufhebung der Rationierung 1958

Lebensmittelkartengruppe	Fleisch	Fett	Zucker	Vollmilch	Magermilch
Grundkarte	45	30	40	–	–
Grundkarte + A	85	60	60	–	–
Grundkarte + B	65	55	60	–	–
Grundkarte + C	65	48	60	–	–
Grundkarte + D	65	43	50	–	–
Grundkarte + E	48	31	40	–	–
Kinder 0– 5 Jahre	30	30	55	500	–
Kinder 5– 9 Jahre	30	30	55	250	250
Kinder 9–15 Jahre	35	35	55	–	250

Erläuterungen: Die Rationierung von Nährmitteln und Brot wurde zum Jahresende 1950 aufgehoben; der Kartoffelbezug blieb bis 1958 kontingentiert.

lag 1950 nach Berechnungen von DDR-Ökonomen bei höchstens 73,1%, nach anderen (gleichfalls aus der DDR stammenden) bei nur 51% im Vergleich zu 1936.[13] Die Ernährung hatte überdies – wie ein DDR-Autor anmerkte – »ausgesprochen vegetarischen Charakter«: Gegenüber dem Durchschnitt der Jahre 1934/38 war 1950 der Pro-Kopf-Verbrauch von Fleisch und Speisefett auf etwa die Hälfte, von Fisch auf ein knappes Drittel gesunken. Und auch der Besitz von Textilien und Schuhwerk lag weit unter dem Vorkriegsniveau. Nach denselben Berechnungen verfügten 1949 nur wenige Männer über mehr als einen Anzug, die Frauen über ca. zwei Kleider, Männer wie Frauen besaßen etwa drei Paar Strümpfe, und nur wenige hatten mehr als ein Paar Schuhe.[14]

Materielle Anreize in Form von Lohnerhöhungen und steigender Konsumgüterproduktion hätten in dieser Lage einen Produktivitätsaufschwung sicher begünstigt. Der Plan aber sah sie nur bedingt vor. Er zielte vor allem auf den Ausbau der Schwer- und Investitionsgüterindustrie und folgte damit der sowjetischen Wachstumsprogrammatik, dem Grundsatz vom »vorrangigen Wachstum« der Produktionsmittel- gegenüber den Konsumgüterzweigen im Interesse eines späteren, gesicherten Wohlstandes. Diese Doktrin war in der Sowjetunion unter Stalin während der Industrialisierungsphase zum wirtschaftspolitischen Dogma erhoben worden: zur Rechtfertigung von wirtschaftlicher Autonomie (tendenziell: Autarkie) und der immensen Opfer des Industrialisierungsprozesses. In der DDR konnte dieses Programm eine gewisse Plausibilität beanspruchen. Einerseits war das Land von den traditionellen schwerindustriellen Zulieferern in der Bundesrepublik weitgehend abgeschnitten: Westdeutsche Stahllieferungen etwa fielen aufgrund der politischen Spannungen (1948: Beginn der Berlin-Blockade, 1950: Beginn des Korea-Krieges) nahezu gänzlich aus. Andrerseits war die Sowjetindustrie infolge des Wiederaufbaus des zerstörten Landes nicht in der Lage, diesen Ausfall zu kompensieren. Im Gegenteil: Bis 1948 hatte sie aus der SBZ nach eigenen Angaben 676 (nach westlichen Berechnungen sogar 1125) Industriebetriebe demontiert, und noch 1950 kam beinahe ein Viertel der in der DDR erzeugten Industriewaren aus den in SAG umgewandelten Betrieben, darunter mehr als die Hälfte der Chemieproduktion, ein Drittel der elektrotechnischen Erzeugnisse und mehr als ein Viertel der Produktion des Maschinenbaus. Der größere Teil dieser Güter ging als deutsche Wiedergutmachungsleistung in die Sowjetunion; nur der kleinere stand in der DDR zur Verfügung.[15] Auch in den Jahren zuvor hatte ein erheblicher Teil der Industrieproduktion für Reparationsleistungen aus der »laufenden Produktion« hergegeben bzw. zur Finanzierung der Besatzungstruppen verwendet werden müssen. 1949 und 1950, so sah es der Zweijahrplan vor, waren jeweils 17% der Nettoproduktion für Reparationen und 8% für »Besatzungsleistungen« aufzubringen.[16]

Erst 1946 war der erste Hochofen angeblasen worden, wiederaufgebaut nach der Demontage. Schon damals zeigten sich die Probleme für die schwermetallurgische Produktion in einem Lande, das weder über Erze noch zu ihrer Verhüttung über hinreichend Kohle verfügte: 1936 waren auf dem späteren DDR-Gebiet 2,9% der deutschen Steinkohle- und 5,4% der deutschen Eisenerzförderung registriert worden. Die Rohstahlerzeugung in diesem Gebiet (SBZ-Anteil 1936: 7,6%) beruhte im wesentlichen auf »Importen« bzw. auf dem Schrottaufkommen der Region. Der Auf- und Ausbau einer eigenen Schwerindustrie war deshalb von vornherein auf Zulieferungen aus sicheren Bezugsländern angewiesen. So gesehen war der 1950 in Aussicht genommene Oder-Standort für ein »Eisenhüttenkombinat«, zeitgemäß »J. W. Stalin« genannt, gut gewählt: Über die Oder konnte oberschlesische Kohle billig angeliefert werden. Da jedoch auch in Polen der Primat der Schwerindustrie galt, war – wie sich zeigen sollte – die kontinuierliche Versorgung des Kombinats letztlich nur dann gewährleistet, wenn außer den Erzen auch die Steinkohle aus der Sowjetunion bezogen wurde.

Der auf den ersten Blick sinnvolle Ausbau der Schwerindustrie wurde daher von Anfang an auch zu einem erheblichen Kostenproblem. Das Programm beanspruchte den größten Teil der knappen Investitionsmittel. Sie fehlten speziell für Ersatzinvestitionen in anderen Produktionsbereichen. Der angestrebte Produktivitätszuwachs war deshalb in den übrigen Industriezweigen nur mit einem im Kern überalterten, häufig notdürftig reparierten Maschinenpark zu erreichen, also durch verlängerte Arbeitszeit oder höhere Arbeitsintensität. Diesem Ziel hatten die Anstrengungen der Partei und der Wirtschaftsbehörden schon seit 1947 gegolten. Seither war wieder im Akkord gearbeitet worden, hatten die Betriebsleitungen versucht, durch Arbeitsnormen (Vorgabezeiten für Stückzahlen oder Arbeitsgänge) und leistungsabhängige Löhne zur Produktionssteigerung anzureizen. Auch die nach sowjetischem Vorbild initiierte »Aktivistenbewegung«, in der besondere Produktionstaten öffentlich gewürdigt und die »Aktivisten« mit Orden und Prämien ausgezeichnet wurden, sollte den Aufschwung bewirken. Berühmt, freilich von Kollegen auch gescholten, wurde damals der Bergmann Adolf Hennecke. Er hatte 1948 in der Zwickauer Steinkohlengrube »Karl Liebknecht« (Schacht »Gottes Segen«) nach sorgfältiger Vorbereitung seine Norm mit 387% übererfüllt.

Seit 1948 hatte es Versuche gegeben, das Leistungslohnsystem durch verbindliche, »technisch begründete« Arbeitsnormen abzusichern und die Übererfüllung der Norm mit überproportionalen Lohnzuwächsen und Prämien zu honorieren. Diese häufig nur nach Auseinandersetzungen durchgesetzte Rückkehr zu traditionellen Leistungsanreizen und zu entsprechenden Formen der betrieblichen Arbeitsorganisation folgte vor allem ökonomischen Zwängen. 1948 war die Arbeitsproduktivität auf etwa 50% des Vorkriegsstandes gesunken – infolge des technologischen Niveaus der meisten Arbeitsplätze, aber auch aufgrund der Versorgungslage und des häufig eher kollegialen als effizienzorientierten Betriebsklimas in vielen Unternehmen. Diese betrieblichen Produktionsverhältnisse zu überwinden, an die Stelle der damals sogenannten »Gleichmacherei« einen leistungsfördernden Wettbewerb zu setzen, war das erklärte Ziel von Partei, Staatsapparat und Gewerkschaften. Als Mittel auch zu diesem Zweck – im Vordergrund stand der Abbau von Subventionen zugunsten steigender Investitionen – wurden kurz nach der DDR-Gründung zusammen mit Preissenkungen der HO die Preise für rationierte Lebensmittel erhöht, der Kilopreis für Butter z. B. von 3,60 DM auf 4,20 DM, für Schweinekotelett von 2,20 DM auf 2,75 DM, für Schweineschmalz von 2,08 DM auf 2,60 DM. Das war zwar kein rasanter Preisauftrieb, in Anbetracht der Durchschnittseinkommen aber durchaus eine Belastung. Der Ausweg, den *Neues Deutschland* wies, zeigte einen Teil der Intention dieses Manövers: »Durch verstärkten Übergang zum Leistungslohn besteht für die breiten Massen der Werktätigen die Möglichkeit, ihren Verdienst zu steigern, gleichzeitig aktiv an der Überwindung der noch bestehenden Engpässe mitzuarbeiten und zur schnelleren Erreichung des Friedensstandards beizutragen.«[17]

Mit dem Beginn der langfristigen detaillierten Wirtschaftsplanung wurden diese Ansätze zur Leistungssteigerung konzentriert und zentral durchgesetzt. Im März 1950 verpflichtete die Regierung alle Betriebe, Betriebspläne aufzustellen und in ihnen alles zur Erfüllung und Übererfüllung der Planauflagen Notwendige verbindlich festzuschreiben. Auf der Grundlage dieser Pläne waren »Betriebskollektivverträge« (BKV), zunächst »Betriebsverträge« genannt, zwischen Werkleitungen und Belegschaften (repräsentiert durch die Betriebsgewerkschaftsleitungen) abzuschließen. In ihnen wurden Lohndifferenzierungen, Zuschläge, Urlaubsregelungen, Sozialleistungen sowie Absprachen etwa über kulturelle Vorhaben fixiert, vor allem aber wurde die Verpflichtung der Produzenten niedergelegt, das vorgegebene Produktionssoll tatsächlich zu erfüllen. Zugleich forderten die Ministerien, in die Verträge Regelungen über Lohneinbußen etwa bei Ausschußproduktion aufzunehmen, und regten an, Lohnzuschläge für Sonntags-, Nacht- und Schichtarbeit zu kürzen sowie auf einzelne Erschwerniszulagen zu verzichten.

Insbesondere dieser Forderungen wegen kam es in vielen Industriebetrieben 1950 und 1951 wiederholt zu Auseinandersetzungen, in denen sich die Betriebsgewerkschaftsleitungen (BGL) weniger als Interessenvertreter ihrer Mitglieder denn als Sachwalter der Planung verhielten. 1951 etwa lehnten Betriebsdelegierten-Konferenzen in den Halleschen Leuna-Werken, in einem SAG-Betrieb, dreimal einen von ihrer BGL mit der Werkleitung ausgehandelten Kollektivvertrag ab, weil in ihm statt des geforderten 15%igen Nachtzuschlages nur 10% vereinbart worden waren. Ein DDR-Autor führte dieses Verhalten der Belegschaft auf Machenschaften des »Feindes« und seiner »Subjekte« zurück, verdeutlichte aber auch den Scheincharakter der Verträge: Was angeblich zur Verhandlung stand, teilte er mit, war zuvor bereits gesetzlich festgelegt: ein Nachtzuschlag von 10%.[18]

3. Die Konzentration der Macht

Gleichwohl kritisierte die SED das Verhalten der Gewerkschaften, doch die Kritik zielte auf die Symptome einer Entwicklung, die von ihr selber vorangetrieben worden war: Die Einzelgewerkschaften wie der FDGB hatten sich seit 1948 zu Massenorganisationen im Stalinschen Sinne, zu »Transmissionen« der Partei entwickelt. Seit 1950 zeigte sich das auch in ihren Satzungen. In ihnen hieß es einerseits noch traditionell: »Die Freien Deutschen Gewerkschaften sind eine Massenorganisation, die parteipolitisch nicht gebunden ist«; andrerseits aber wurde die Bindung an die SED schon deutlich betont und marxistisch-leninistisch formuliert: »Der Freie Deutsche Gewerkschaftsbund (FDGB) erblickt in der Sozialistischen Einheitspartei die Partei der Arbeiterklasse, sie ist ihr bewußter organisierter Vortrupp. Sie ist die Schöpferin ... der Volkswirtschaftspläne.«[19] Zugleich wurden die Organisationsprinzipien des FDGB denen der SED angepaßt: Die Gewerkschaften bekannten sich zum Demokratischen Zentralismus, d. h. zu Verfahren der Willensbildung, die eher die Position der Führung als die Mitwirkungschance der Mitglieder stärken.

Auch mit dieser Entwicklung folgte der FDGB der SED. Sie hatte 1948 damit begonnen, sich in eine »marxistisch-leninistische Partei neuen Typus« umzuwandeln, d. h. sich programmatisch wie organisatorisch der KPdSU anzugleichen. Dieser Prozeß entsprach den Entwicklungen in Ost- und Südosteuropa, und er wurde beschleunigt durch den Konflikt der Sowjetunion mit Jugoslawien. Bis 1948 noch eine Partei, die organisatorisch, aber auch ideologisch deutlich von ihrer Herkunft, dem Zusammenschluß von Kommunisten und Sozialdemokraten, geprägt war, setzten sich in ihr seither rasch die zentralen Momente des kommunistischen Politikverständnisses durch: Sie berief sich auf den Marxismus-Leninismus Stalinscher Prägung, erkannte die umfassende Führungs-Kompetenz der Sowjetunion an, bejahte deren Gesellschaftsmodell und paßte sich auch organisatorisch dem hierarchischen Zentralismus sowjetischer Provenienz an. 1948 hatte die Parteiführung erstmals die Parteimitgliederschaft »gesäubert«. Damals waren vor allem Mitglieder betroffen, die sich ihres Fortkommens wegen der Partei angeschlossen hatten (»Karrieristen«), oder solche, denen es gelungen war, ihre frühere NSDAP-Mitgliedschaft zu verschweigen. Zur gleichen Zeit aber waren zunehmend die ehemaligen Sozialdemokraten aus der Partei entfernt worden, die sich dem Umbau der SED in eine kommunistische Kaderpartei widersetzten. Bereits im Januar 1949 – auf der I. Parteikonferenz der SED – war die 1946 vom Vereinigungsparteitag beschlossene paritätische Besetzung der Parteileitungen auf allen Ebenen mit ehemaligen SPD- und KPD-Mitgliedern abgeschafft worden. Statistisch war diese Entscheidung zu rechtfertigen. Denn ein großer Teil der zwischen 1946 (ca. 1,3 Millionen) und 1948 (ca. 2 Millionen) geworbenen Mitglieder hatte keiner der alten Parteien angehört. Zweck der Statutenänderung aber war es, die Leitung politisch zu vereinheitlichen, und das bedeutete in aller Regel, den Einfluß des »Sozialdemokratismus« zurückzudrängen.

Bereits unmittelbar vor der Parteikonferenz hatte der SED-Parteivorstand aus seiner Mitte ein Politbüro, das klassische Führungsgremium kommunistischer Parteien, gewählt. In ihm arbeiteten vier ehemalige KPD-Mitglieder (Pieck und Ulbricht, der 1950 als »Werkzeug des Klassenfeindes« aus der SED ausgeschlossene Paul Merker und Franz Dahlem) und drei frühere Sozialdemokraten (Grotewohl, Otto Meier und Friedrich Ebert). Die zwei Kandidaten dieses Zirkels kamen, noch paritätisch, aus beiden Parteien (Anton Ackermann/KPD und Karl Steinhoff/SPD). Zugleich entstand ein »Kleines Sekretariat des Politbüros«, dem unter Vorsitz Ulbrichts vier weitere Mitglieder angehörten. In diesem Gremium war ein Großteil der Parteimacht konzentriert, hier wurden die Beschlüsse des Politbüros vorbereitet und ihre Durchführung kontrolliert. Diese Umformung der Parteispitze leitete den Bedeutungsverlust des Parteivorstandes (60 Mitglieder) und seines Zentralsekretariats (14 Mitglieder) ein. Von nun ab war es wie in der KPdSU auch in der SED-Führung üblich, daß das jeweils kleinere Spitzengremium dem nächstgrößeren die Richtlinien der Politik vorgab und von ihm nur noch formal bestätigen ließ. An die Stelle des Parteivorstandes trat 1950 das Zentralkomitee; das Zentralsekretariat wurde aufgelöst, und neben dem Politbüro, zuständig für alle Fragen von politischem Gewicht, wurde mit dem Sekretariat eine Institution gebildet, die sowohl für die parteiinterne Arbeit wie für die Anleitung des Staatsapparates und der Massenorganisationen zuständig ist. Das reale Machtgefälle zwischen den Spitzengremien ist auch aus späteren Statuten ablesbar. Selten wurde es aber so deutlich gefaßt wie 1949 bei der ersten Umbildung der Parteiführung: Dem »Kleinen Sekretariat« oblag die Aufgabe, Beschlüsse des Politbüros vorzubereiten und zu kontrollieren; das Politbüro »unterbreitet(e) dem Zentralsekretariat politisch wichtige Vorlagen«, und dem Zentralsekretariat blieb »das Recht, sich mit Anträgen und Vorlagen an das Politbüro zu wenden«.[20] Dem Parteivorstand war es vorbehalten, diese Entscheidungen zu akzeptieren. Daß er dies jemals verweigerte, ist nicht überliefert.

Die Funktionsfähigkeit dieses hierarchischen Führungssystems sicherten zum einen die Kernstücke des Demokratischen Zentralismus, die 1950 ins Statut aufgenommen wurden und bis heute gültig sind. Sie verpflichteten alle untergeordneten Parteigremien, die der Länder (später Bezirke), Kreise, Städte, Gemeinden, Ministerien, Behörden oder Betriebe, die Beschlüsse der ihnen jeweils übergeordneten Leitungen als verbindlich anzuerkennen; sie banden jedes Parteimitglied an eine strikte Parteidisziplin, verlangten von eventuell unterlegenen Minderheiten die Unterordnung unter die Mehrheit und verboten innerparteiliche Gruppenbildungen (»Fraktionen«) zur Durchsetzung von Teilinteressen oder alternativen Politikkonzeptionen. Zum anderen sorgte seit dem Beginn der fünfziger Jahre eine sorgsam geplante Personal-(»Kader-«)Politik dafür, daß innerhalb von Partei, Staat und Massenorganisationen führungsloyale Kader in Schlüsselstellungen gelangten. Diesem Ziel dienten die Einführung einer Kandidatenzeit vor der Mitgliedschaft, langfristig angelegte Kaderentwicklungspläne, ein tiefgestaffeltes System von Parteischulen und immer wiederholte fachlich-sachliche oder politische Bewährungsproben. Nicht zuletzt aber bot die Beförderung der Kader[21], der mit der Position verbundene soziale Auf- oder Abstieg, der Parteiführung eine gewisse Loyalitätsgarantie. Sie gewährleistet im übrigen auch das widerspruchsfreie Abstimmungsverhalten der Mitgliederschaft bzw. ihrer Delegierten, wenn, formal demokratisch, über die Vorschläge der Leitungen für die Zusammensetzung der Führungsgremien oder die Richtlinien der künftigen Politik entschieden wird.[22] Auf der formell höchsten Parteiebene, auf Parteitagen, hat es in der SED-Geschichte bisher nur einmal, beim Vereinigungsparteitag, Gegenstimmen gegeben. Seither wurden alle Entscheidungen einstimmig getroffen. Auf den unteren Delegierungsstufen dauerte es wahrscheinlich bis zur Mitte der fünfziger Jahre, ehe sich die Partei neuen Typs auch dort als der »Monolith« darstellte, als den Stalin die kommunistische Partei gern beschrieb.

Auch in den höchsten Führungsrängen der SED herrschte, scheint es, noch lange Zeit Vielstimmigkeit. Nicht gerade bei Grundsatzfragen, wohl aber in Debatten über die Taktik. 1948/49 plädierten offenbar einige Parteiführer für eine ostentative Ostintegration und damit für klare Verhältnisse in der Deutschlandpolitik; andere wollten – wie Stalin – die deutsche Frage zunächst noch offenhalten – entgegen den Anstrengungen im Westen, sie abzuschließen. Auch über die Kulturpolitik wurde zuweilen gestritten. Und das lag nahe. Denn Kulturpolitik wollte Vieles und wohl auch Unvereinbares auf einmal. Zum einen hoffte man, die Deutschen nach ihrer politisch-moralischen Lethargie, die dem nationalistischen Extremismus gefolgt war, zu Antifaschisten läutern zu können, die – indem sie mit ihrer Vergangenheit brachen – Motive für ein neues Engagement gewannen. Zum anderen war die Ostintegration der DDR intellektuell und emotional zu vermitteln. Dabei war von der per definitionem »fortschrittlichen« Sowjetunion zu lernen, dort sollten die Konturen des »neuen Menschen« studiert werden: sein Arbeitsethos, seine Kampfbereitschaft, seine Kollektivität. Die enge Anlehnung an den Osten wiederum hatte die schroffe Abgrenzung vom Westen zur Folge, von westlicher Politik ebenso wie von westlicher Kultur. Um diesen Zielen näherzukommen, galt es, tradierte Werthaltungen aufzubrechen, durch neue Orientierungen zu ersetzen und schließlich eine politische Kultur auszuprägen, welche zwar die gesellschaftlichen Verkehrsformen des terroristischen Obrigkeitsstaates überwand, zugleich aber die neue autoritäre Obrigkeit akzeptieren half.

4. Neue Kultur durch neue Eliten

Das war ein kompliziertes Unterfangen. Zwar hatte es 1945 nicht wenige »Aktivisten der ersten Stunde« gegeben, doch sie stammten aus den Resten der alten Arbeiterbewegung. Mehr als die Hälfte der SBZ-Deutschen aber gehörte 1945/46 zu den Jahrgängen, die 1932 und 1933 durch ihr Wahlverhalten der NSDAP zur Macht verholfen hatten; und noch 1950[23] stellten jene DDR-Bürger, die im Kaiserreich, in der Weimarer Republik oder im NS-Staat sozialisiert worden waren, mehr als zwei Drittel der Bevölkerung. Lediglich bei einem Drittel, bei der Generation der unter Zwanzigjährigen, war zu erwarten, daß sie sich dem Neuen relativ rasch öffnen könne. Zwar hatte nur knapp die Hälfte der älteren Generationen für Hitler gestimmt, die anderen – gerade in den mitteldeutschen und Berliner SPD- und KPD-Hochburgen – waren damals ihren Parteien treu geblieben. Gleichwohl entstand zwischen der nationalsozialistischen Machtergreifung und der Wende im Kriegsverlauf die »Volksgemeinschaft«, die, schließlich zusammengehalten durch Terror und Furcht vor der Niederlage, es möglich machte, daß der Krieg bis 1945 geführt werden konnte. Der Antibolschewismus war seither wohl schwächer geworden, verschwunden aber keineswegs. Auch in den fünfziger Jahren wirkte die Erinnerung an die Tage des Sieges der Roten Armee, an Vergewaltigungen und Beuteaktionen, an die rigorose Entnazifizierung nach, und auch die nahezu drei Millionen Umsiedler, die aus Ostpreußen, Pommern, Schlesien, Oberschlesien und den Randgebieten der CSR aufgenommen werden mußten, hatten ihre Erinnerungen mitgebracht.

Den unmittelbar politischen Einfluß der so geprägten Generationen auf den Umbau der Gesellschaft gering zu halten, speziell aber jene zu isolieren, die sich mit dem Nazisystem eingelassen hatten, war angesichts der Machtverhältnisse seit 1945 nicht schwergefallen. Gestützt auf die Sowjetische Militäradministration, waren zunächst die alten Besitzeliten entmachtet, enteignet worden. Und den Zugang von NS-Sympathisanten zu Staat, Verwaltung und öffentlicher Kultur hatte die Entnazifizierung beendet: Bis 1948 waren mehr als eine halbe Million Menschen aus den Schul-, Justiz-, Wirtschafts- und allen übrigen öffentlichen Verwaltungen entlassen worden. Grundsätzlich war es weder Universitäten noch Kindergärten erlaubt, ehemalige Parteigenossen der NSDAP oder leitende Angehörige ihrer Gliederungen zu beschäftigen. Und nur selten wurde ihnen – damit überhaupt gearbeitet werden konnte – dennoch Einlaß gewährt.

In die neuen Apparate kamen mehrheitlich junge Menschen, die meist aus sozial und kulturell unterprivilegierten Schichten stammten. Sie stellten, ebenso wie die Neulehrer, Volksrichter, Volksstaatsanwälte, neuen Betriebsleiter usw., den Kern der neuen Bürokratie. In deren Schaltstellen arbeiteten Mitglieder der SED, und schon 1948 waren knapp 44% der Angestellten aller Zweige des Staatsapparats Mitglieder der Einheitspartei, etwas mehr als 5% kamen jeweils aus CDU und LDP; den Nationaldemokraten und der Bauernpartei gehörten zusammen noch nicht einmal 1% an. Unter Schichtungsaspekten dominierten Mitarbeiter aus dem Arbeitermilieu (46,4%). Aus der Angestelltenschaft (rund 14%) und Beamtenfamilien (rund 11%) kam etwa ein Viertel.[24] In den fünfziger Jahren hatte sich diese Entwicklung fortgesetzt. Der Mehrzahl der neuen Staatsdiener brachte der soziale Aufstieg kaum unmittelbare Vorteile. Das Berufsbeamtentum war samt seinen Privilegien abgeschafft, die Gehälter in den neuen Ämtern lagen in der Regel unter denen der Industrie, Zugang zu den knappen Konsumgütern auf schwarzen oder grauen Märkten war durch die Bindung an das strenge Disziplinarrecht noch schwerer zu erlangen, nennenswertes Sozialprestige mit der neuen Position nur selten verbunden. Chancen zu Aufstieg und Einfluß boten sich vor allem durch politische Akkuratesse und Disziplin, durch Fähigkeiten also, die schon die alte politische Kultur wesentlich bestimmt hatten und die nun dazu beitrugen, die Funktionstüchtigkeit der neuen obrigkeitlichen Strukturen zu sichern. Verlangt waren wieder Subalternität, förmlicher Vollzug, strikte Regelhaftigkeit, gefördert wurde das Klima der Bürokratie. Gewiß, der Prozeß vollzog sich unter anderen politischen Vorgaben und auf neuer sozialer Grundlage, doch er prägte eine vergleichbare Mentalität: verantwortungsscheu, subaltern und machtbewußt in einem – und dies umfassender als jemals zuvor in Deutschland. Denn nun beherrschte sie außer dem klassischen öffentlichen Dienst auch die gesamte Volkswirtschaft. Doch sie stützte die politische Hegemonie der SED.

Die kulturelle Dominanz sollte durch die Bildungspolitik fundiert werden. Auch sie setzte auf die junge Generation und folgte demselben Umschichtungsansatz, der dem Aufbau der neuen Administration zugrunde gelegen hatte. Ihr Ziel war eine »neue Intelligenz«, die insbesondere aus der Arbeiter- und Bauernschaft stammen sollte. Diesem Zweck hatten seit Beginn der fünfziger Jahre Verordnungen über einen zumindest 60%igen Anteil von Arbeiter- und Bauernkindern unter den Schülern der Oberschulen und den Erstsemestern an den Hochschulen und Universitäten gegolten. Schon 1946 waren Sonderkurse, die späteren »Arbeiter- und Bauernfakultäten« (ABF), eingerichtet worden, die junge Erwachsene aus diesen Schichten zur Hochschulreife und zum Studium führen sollten. Speziell ihre Absolventen stellten einen Großteil der Kaderreservoirs, aus dem die SED jene Kräfte gewann, die seit dem Ende der fünfziger Jahre immer stärker die politischen und kulturellen »Kommandohöhen« (Lenin) dominierten. Sie, wie die anderen Aufsteiger der Umwälzungsphase, prägen seither das Sozialprofil der DDR-Gesellschaft, ihren sozialen und politischen Stil. Zwar weit vom Ziel der Arbeiter- und Bauernherrschaft entfernt, sind es eben doch Menschen aus dem Arbeiter- und Bauernmilieu, die auf allen Rängen der Hierarchie die Politik verwalten, ist es die Summe ihrer Erfahrungen, ihrer alten und neuen

Werthaltungen, die das DDR-Klima zumindest ebenso bestimmen wie die politischen und ideologischen Richtlinien des Kerns der Machtelite in der Partei- und Staatsspitze, die – im übrigen – zumeist demselben Milieu entstammt.[25] Zu Beginn der fünfziger Jahre war im ZK von dieser neuen Intelligenz jedoch nur zu träumen. Damals hatte sich die Politik noch mit der alten Intelligenz auseinanderzusetzen, sie – sofern nicht deutlich durch den Nationalsozialismus belastet – zum Bleiben in der DDR zu bewegen, dazu materiell zu begünstigen (Lenin hatte das »auskaufen« genannt) und – wenn möglich – vom Neuen zu überzeugen.

Daß dies schwer sein werde und Geduld brauchte, lag auf der Hand. Speziell das Einwilligen in die Ostorientierung der DDR war – wenn wenigstens Teilerfolge erzielt werden sollten – nur durch Behutsamkeit zu erreichen. Seit dem Ausbruch des Kalten Krieges aber ließ sich die SED dafür keine Zeit. Statt wie bisher noch werbend, appellativ[26], sollten Bündnis und Freundschaft mit der Sowjetunion nun vor allem durch »Schulung« gefestigt werden. Parteiintern schon früher verbindlich, wurde die Losung »Von der Sowjetunion lernen, heißt Siegen lernen« Ende der vierziger Jahre zur Maxime auch der Kulturpolitik. Sie hatte dazu beizutragen, das Normensystem des sowjetischen Marxismus-Leninismus zu verankern und als Leitidee aller Wissenschaften und Künste durchzusetzen. Der Stalin-Kult griff auf die DDR über. Kaum ein Parteibeschluß, kaum eine sozialwissenschaftliche Publikation, die auf ein erkenntnisleitendes Stalin-Zitat verzichtete, nur selten deshalb auch ein Text, der zu neuen Ergebnissen fand. In allen literarischen Genres begünstigte die Veröffentlichungspolitik Autoren, die dem sozialistischen Realismus verpflichtet waren, sich (mit Stalin) als »Ingenieure der menschlichen Seele« begriffen und ihre Aufgabe darin sahen, die Politik der Partei zu unterstützen.

In der gegenwärtigen Literaturgeschichtsschreibung der DDR wird diese Phase durchaus kritisch reflektiert: Die damalige »Autor-Leser-Beziehung« lasse sich, heißt es, »eher als ein Verhältnis von Erzieher zu Erzogenem definieren«. Das sei das Resultat einer politisch dominierten Verflechtung von Kulturpolitik, Literaturorganisation (Verlags- und Bibliothekswesen) und Literaturtheorie gewesen, und diese wiederum habe im Zusammenhang von »Eroberung und Sicherung der politischen Macht« gestanden. Denn man war überzeugt, eine geplante und kontrollierte »ideologische Umwälzung« werde das »Gelingen der sozialistischen Umwälzung« insgesamt sichern. Ohne Berücksichtigung dieser Situation, so der Schluß und Zweck der Beweisführung, bleibe unverständlich, wie die Literaturtheorie überhaupt eine »organisierende Rolle« spielen, wie sie bis in die literarischen Formen hinein wirken konnte und wie die »zeitweise drastischen administrativen Maßnahmen« möglich waren.[27]

Betroffen war nicht allein die Literatur. Ähnliche Konzeptionen galten in der Musik, im Film, in den bildenden Künsten, und sie wirkten tief in den Alltag hinein. Im Glauben, die DDR auch kulturell rasch revolutionieren zu müssen, erlangte in dieser Zeit »die didaktische Funktion der Künste« nach dem Urteil eines DDR-Historikers »besonderes Gewicht«.[28] Ein Übergewicht wohl, denn der politische Zweck der Didaktik schlug sich nun unmittelbar nieder: Hatte das Werben für das »kulturelle Erbe«, speziell für die deutsche Klassik und die 1933 aus Deutschland verbannte Kunst, bisher dem Lernziel Antifaschismus gegolten, wurde es nun in den Dienst der nationalen Mobilisierung der Deutschen gestellt. Und neben sie trat der Kampf gegen den »Kosmopolitismus«, der ebenso wie der »Formalismus« (letztlich jedes Formexperiment) als Vehikel zum Transfer westlicher Dekadenz galt. Die Kritik an beidem verhinderte freilich die Akzeptanz des gesamten antifaschistischen Erbes, schloß vielmehr Kritik am »Formalismus« auch seiner Repräsentanten ein, am Komponisten und Schönberg-Schüler Hanns Eisler ebenso wie am Bühnendidaktiker Brecht oder am realistischen Maler Max Lingner.

Die Vermittlung dieses komplexen Lernstoffes fiel schwer und geriet zuweilen ins Absurde. Eine adäquate Rezeption Johann Sebastian Bachs z. B., behauptete die SED-Führung 1950, sei erst »mit der Zerschlagung des deutschen Faschismus durch die Armeen der Sozialistischen Sowjetunion« möglich geworden. Sie habe »den Weg zu einer wahrhaft objektiven Wertung und Würdigung Bachs freigemacht«.[29] Zum 125. Todestag Beethovens am 26. März 1952 wurde ein anderer Brückenschlag vom Erbe zur Gegenwart versucht:

»Die amerikanischen Kulturbarbaren und ihre Lakaien schänden das Andenken Beethovens, indem sie Bonn, seine Geburtsstadt, für die verderblichste nationale Entwürdigung mißbrauchen. Von Bonn aus werden die kosmopolitischen Zersetzungsversuche der großen deutschen Kulturwerte unternommen, um das Nationalbewußtsein des deutschen Volkes zu zerstören. Von Bonn aus ... werden Beethovens erhabene Forderungen nach Frieden und Völkerfreundschaft mit Füßen getreten.«[30]

Dem Kampf gegen die »Kulturbarbarei« fielen zeitweilig der Jazz, westliche Tanzmusik und abstrakte Malerei zum Opfer, und unter das Verdikt »westlicher Unkultur« gerieten auch weniger ernsthafte Kulturgüter, Kreppsohlen und Kaugummi etwa, die damals modischen »Ringelsocken« oder »Nietenhosen« (Blue jeans). Sie galten wie der Jazz als besonders subversive Exporte des Imperialismus, geeignet, die Kulturrevolution zu unterlaufen.

Als Kulturfunktionär – bis 1954 Präsident des Kulturbundes, dann Kulturminister – unterstützte Johannes R. Becher diesen Kurs offenbar nur mit Skrupeln. Als Poet begrüßte er die Entwicklung, gemeinsam mit vielen anderen, anscheinend aus vollem Herzen – insbesondere den Bund mit der Sowjetunion und ihrem Führer. Zu Stalins Tod noch hielt er in einer *Danksagung* sein partei- und deutschlandpolitisches Credo in Versen wie diesen fest[31]:

> Dort wird er sein, wo sich von ihm die Fluten
> Des Rheins erzählen und der Kölner Dom.
> Dort wird er sein in allem Schönen, Guten,
> Auf jedem Berg, an jedem deutschen Strom.
>
> Dort wirst Du, Stalin, stehn, in voller Blüte
> Der Apfelbäume an dem Bodensee,
> Und durch den Schwarzwald wandert seine Güte,
> Und winkt zu sich heran ein scheues Reh.
>
> ...
>
> Gedenke Deutschland, deines Freunds, des besten.
> O danke Stalin, keiner war wie er
> So tief verwandt dir. Osten ist und Westen
> In ihm vereint. Er überquert das Meer,
>
> Und kein Gebirge setzt ihm eine Schranke,
> Kein Feind ist stark genug, zu widerstehn
> Dem Mann, der Stalin heißt, denn sein Gedanke
> Wird Tat, und Stalins Wille wird geschehn.

Über Bechers deutsch-sowjetisches Pathos hatte Brecht bereits 1947 in seine Kladde geschrieben: »der rattenfänger von hameln muß aber zumindest pfeifen gekonnt haben«.[32] Einen Drucker für diese Sottise hätte er in der SBZ wohl schon damals kaum gefunden. Seit den fünfziger Jahren war das vollends ausgeschlossen.

Nicht allein des Sakrilegs wegen, sondern mehr noch aufgrund der nun geforderten Einheit und Geschlossenheit im Ost-West-Konflikt: 1949/50 erreichten die Nachkriegssäuberungen, die in Osteuropa bereits 1948 begonnen hatten, auch die DDR. Sie überschatteten und beendeten schließlich alle bis dahin noch geführten Diskussionen.

5. Das politische System: Die Avantgarde und ihre Legitimation

Wie überall im »Lager der Volksdemokratie« wurde nun auch in der DDR nach Abweichlern gesucht, nach potentiellen oder tatsächlichen »Titoisten« vor allem, nach Sympathisanten der »Verräterclique«, der »Agenten«, »Mörderbande« oder »faschistischen Henker«, wie die jugoslawische Parteiführung gern genannt wurde. Bereits im Herbst 1949 hatte das Kominform angeregt, in allen Parteien »bolschewistische Ordnung zu schaffen«.[33] Das zielte politisch auf die Festigung der Parteien in der Ost-West-Auseinandersetzung, in der die sowjetische Position durch die Haltung Jugoslawiens geschwächt worden war. Personell waren alle jene Parteimitglieder und -funktionäre gemeint, die im Verdacht standen, mit dem titoistischen »Feind« zu sympathisieren. Und das waren aus sowjetischer Sicht grundsätzlich alle, die während des Krieges nicht in der Sowjetunion Zuflucht gesucht, sondern die Zeit in westlichen Ländern oder in der Heimat im Widerstand verbracht hatten. Verdächtig waren speziell die Kommunisten, die damals mit dem Amerikaner Noel H. Field zusammengekommen waren.

Der KP-Sympathisant Field hatte während des Krieges in Frankreich und in der Schweiz für eine christliche Flüchtlingshilfeorganisation gearbeitet und in dieser Eigenschaft Hilfskontakte auch zu kommunistischen Emigrantengruppen gehabt. Er war 1949 in Budapest festgenommen und beschuldigt worden, während des Krieges für den amerikanischen Geheimdienst gearbeitet zu haben.[34] Allein der gegen ihn geäußerte Verdacht und nicht etwa sein Geständnis sowie die Bekanntschaft mit ihm bildete ein wesentliches Element des Anklagematerials gegen ungarische und (später) tschechoslowakische Parteiführer. Field hatte in der Schweiz und Frankreich auch KPD-Funktionäre getroffen und sich mit ihnen angefreundet. Sie waren, wie einige später gegenüber der Untersuchungskommission des SED-ZK zu Protokoll gaben, von Fields »Begeisterung für die Sowjetunion« angetan oder (wahrscheinlich zu Recht) überzeugt gewesen, in Field einen amerikanischen Genossen getroffen zu haben.[35] Aussagen wie diese wurden von den Inquisitoren der 1948 nach sowjetischem Vorbild gebildeten Zentralen Parteikontrollkommission (ZPKK), die diese »Fälle« zu untersuchen hatte, häufig als Ausflucht gewertet, die bestenfalls die mangelnde »Wachsamkeit« der Betroffenen, schlimmstenfalls ihre verräterische, geheimdienstliche Komplizenschaft mit Field kaschieren sollte. Die Beschuldigten der zweiten Kategorie waren meistens schon in Haft, als im August 1950 die Anklage veröffentlicht wurde. Andere wurden später inhaftiert, von sowjetischen Militärtribunalen abgeurteilt, wie der Chefredakteur des »Deutschlandsenders«, Leo Bauer, oder ohne Verfahren in DDR-Zuchthäusern inhaftiert, wie das SED-Politbüro-Mitglied Paul Merker. Zwei der Belangten, der ehemalige Chefredakteur des SED-Blattes *Neues Deutschland*, Lex Ende, und der ehemalige Chef der DDR-»Reichsbahn«, Willy Kreikemeyer, überlebten die Säuberung nicht. Der herzkranke Ende starb während der »Bewährung in der Produktion«, in der Verwaltung des sowjetisch gelenkten Uranbergbaus im Erzgebirge. Kreikemeyer ist im GULAG-System verschollen. Der Agenten- und Spionageverdacht griff schnell über den zunächst der Field-Freundschaft beschuldigten Kreis hinaus. Wie in Osteuropa wurde die Säuberung genutzt, allerlei alte, noch offene Rechnungen der Vergangenheit zu begleichen oder aktuelle Meinungsverschiedenheiten im Licht alter Abweichungen neu zu bewerten und entsprechend zu ahnden. So hieß es in einer ZK-Entschließung vom Mai 1953:

»In der deutschen Emigration in den kapitalistischen Ländern sind viele Genossen mit den als Unterstützungsorganisationen getarnten Spionageeinrichtungen in Berührung gekommen. Das heißt natürlich nicht, daß diese Parteimitglieder allein dadurch zu Feinden geworden sind. Wo sich jedoch in der Tätigkeit von Parteimitgliedern Erscheinungen feindlicher Arbeit zeigen, muß man alle Berührungspunkte aus der Vergangenheit besonders sorgfältig prüfen.«[36]

Diese Passage hat Franz Dahlem gegolten, dem neben Pieck und Ulbricht einflußreichsten ehemaligen KPD-Funktionär im Politbüro und Sekretariat der Parteiführung. Ihm, der nach 1945 intern abweichende Positionen behauptet hatte, wurde nun eine Entscheidung aus der Emigrationszeit in Frankreich zum Verhängnis. Die dortige Parteileitung unter Dahlem hatte nach Kriegsbeginn den deutschen Kommunisten empfohlen, sich den französischen Behörden zu stellen und internieren zu lassen. Hierin sah das ZK die Bereitschaft zur Kooperation mit der »sowjetfeindlichen« französischen Regierung, eine »falsche Einschätzung der imperialistischen Westmächte« und bescheinigte ihm zudem »völlige Blindheit« gegenüber »imperialistischen Agenten« nach 1945. Dahlem verlor alle Parteiämter, wurde aber 1956 rehabilitiert.

Härter traf die Säuberung den zweiten Vorsitzenden der westdeutschen KPD, Kurt Müller. Er war verschiedentlich für eine größere Unabhängigkeit der KPD von der SED-Politik eingetreten. Ein sowjetisches Gericht verurteilte ihn wegen Spionage. Erst 1955 kam er frei – zusammen mit deutschen Kriegsgefangenen, die nach den Verhandlungen zwischen Adenauer und Chruschtschow in die Bundesrepublik entlassen wurden. Ein ähnliches Schicksal erlitten zahlreiche andere, weniger prominente Parteifunktionäre.

Die Mitgliederschaft war im ersten Halbjahr 1951 einer allgemeinen Überprüfung unterzogen worden. Ziel der Aktion war es, die Partei qualitativ und personell zu straffen. Dazu sollten passive Mitglieder und parteifeindliche oder parteifremde »Elemente«, insbesondere Anhänger von einstigen Randgruppen der Arbeiterbewegung, der KPO und der SAP etwa, vor allem aber »Trotzkisten« und Sympathisanten der westdeutschen SPD aufgespürt werden. Jedes Parteimitglied hatte vor einer Überprüfungskommission zu erscheinen, Rechenschaft über Arbeit und Weltsicht zu geben, speziell aber seine einwandfreie Haltung zur Sowjetunion nachzuweisen. Wer die Prüfung bestand, bekam ein neues Mitgliedsbuch, das »Parteidokument«. Knapp 151 000 Genossinnen und Genossen bekamen es nicht. Sie wurden entweder wegen Inaktivität von den Mitgliederlisten »gestrichen« oder als »parteifremde« bzw. »parteifeindliche« Elemente aus der Partei ausgeschlossen. Etwa 30 000 Mitglieder hatten die SED während der Säuberungsphase freiwillig verlassen[37] – noch rechtzeitig. Drei Jahre später verabschiedete ein Parteitag ein neues Statut, das ein Ende der Mitgliedschaft in der Kaderpartei nur noch durch Ausschluß oder Tod vorsah. Der Avantgarde aus eigenem Entschluß den Rücken zu kehren, ist erst seit 1976 wieder möglich.

Am Ende der Säuberung an Haupt und Gliedern stand eine in

mancher Hinsicht andere Partei. Sie war, speziell in ihrem Funktionärskorps, bereit, die Weisungen der Führung umzusetzen; sie war personell gestrafft (Mitte 1951 zählte die SED statt der zwei Millionen [Mitte 1948] aufgrund eines Werbestopps nur noch 1,2 Millionen Mitglieder und Kandidaten); sie war diszipliniert und wohl auch eingeschüchtert worden. Die Verschüchterung hatten vor allem die Säuberungen bewirkt. Die Disziplin entsprach ihrem neuen Sozialprofil: Seit 1947 war infolge des stärkeren Zugriffs der SED auf Staat und Wirtschaft der Angestelltenanteil an der Mitgliederschaft beständig gewachsen, von 18% auf knapp 31% im Jahre 1951, die Zahl der Arbeiter unter den Mitgliedern dagegen kontinuierlich gefallen, von 47,9% auf 41,3% im Jahre 1950, und sie sank bis 1954 auf 39,1% ab.[38] Für die Angestellten, in ihrer Mehrzahl Angehörige der Staats- und Wirtschaftsverwaltung, war »Parteiergebenheit« – ein Begriff, der in diesen Jahren immer wieder bemüht wurde – eine entscheidende Karrierevoraussetzung und bedeutsamer als etwa für Arbeiter.

Parallel zum Umbau von Partei, Gewerkschaften und Verwaltungsapparat war die Wandlung der Blockparteien vorangetrieben worden. Bereits im Juni 1949 hatte die SED im Block einen Beschluß durchsetzen können, der die Partner, insbesondere CDU und LDP, verpflichtete, in ihren Organisationen konservative Kräfte auszuschalten. Betroffen waren vor allem die Funktionäre und Mitglieder, die eine »antisowjetische« Haltung gezeigt, sich gegen die Ostorientierung der DDR ausgesprochen hatten oder die »neue Grenze zwischen Polen und Deutschland«, die Oder-Neiße-Grenze, nicht akzeptieren wollten. Gegen diese »Elemente« aufzutreten, sei, hieß es im Blockbeschluß, für »jeden fortschrittlichen Deutschen« eine »nationale Verpflichtung«.[39] Damit war auch in diesen Parteien eine Säuberung eingeleitet. Die Mitgliederzahlen von LDP und CDU sanken aufgrund von Ausschlüssen und Austritten bis Mitte 1951 auf rund 155 000 bzw. 170 000, Ende 1948 noch hatten die CDU rund 212 000, die LDP knapp 198 000 Anhänger organisiert.[40]

Der Kampf gegen die »reaktionären« Kräfte in diesen Parteien förderte die Folgebereitschaft ihrer Führungen. Und sie war notwendig, wenn sich die SED bei den für 1950 in Aussicht genommenen Wahlen nicht einer Parteienkonkurrenz stellen, sondern statt dessen erneut eine Einheitsliste durchsetzen wollte. Gleichwohl blieben die ersten Versuche, die Spitzen von Christ- und Liberaldemokraten für dieses Unternehmen zu gewinnen, zunächst ohne positives Echo, und die Einheitspartei mußte einen Umweg gehen: Sie stellte ihr Thema im sächsischen Landesblock zur Diskussion. Dort erreichte sie am 13. März 1950 eine gemeinsame Erklärung über die gemeinschaftliche Wahlvorbereitung aller Blockpartner. Am 20. März sprach sich der Blockausschuß von Sachsen-Anhalt für ein Wahlprogramm der Gemeinsamkeit aus. An dieser Sitzung hatten – wie eine DDR-Chronik lapidar vermerkt – Delegierte aus Betrieben teilgenommen, »die insgesamt 1 102 736 Arbeiter und Angestellte« vertraten und diese Forderung vortrugen.[41] Am 24. März schließlich verabredeten die Blockausschüsse von Mecklenburg und Thüringen, gemeinsame Wahlprogramme auszuarbeiten. Mehr war zunächst nicht durchzusetzen. Es genügte aber, um im Zentralen Block eine Verständigung darüber herbeizuführen, daß alle Parteien und Organisationen bei den Wahlen über »ihre gemeinsame Arbeit« Rechenschaft ablegen und für die Weiterentwicklung ihres »gemeinsamen Werkes« eintreten werden. Schon am 16. Mai 1950[42] aber, unter dem Eindruck der Entwicklung in den Ländern, nach intensiven Spitzengesprächen und dem öffentlich beharrlich repetierten »nationalen Notstand«, war der Block bereit, einer gemeinsamen Kandidatenliste zuzustimmen. Verlangt hatte sie formell der FDGB-Vertreter, der sich, wie zuvor sein Kollege aus Sachsen-Anhalt, auf Resolutionen aus Betrieben berief. NDPD und DBD, die beiden 1948 entstandenen SED-loyalen Blockparteien, hatten zu keiner Zeit Einwände gegen Einheitslisten erhoben. In der CDU wie in der LDP mußten die Führungen dagegen Widerstand brechen, doch die zur gleichen Zeit unternommene Säuberung ihrer Organisationen verhalf ihnen zum Erfolg.

Es war ein Pyrrhus-Sieg, der sie endgültig zu Gefangenen der Notstands- und Gemeinsamkeits-Rhetorik machte, die sie nicht nur zur Hinnahme der realen Macht der SED, sondern schließlich auch zur Akzeptanz ihrer marxistisch-leninistischen Begründung führen sollte. Der »Schlüssel« für die Aufstellung von Kandidaten für die Einheitsliste zur Volkskammerwahl verschleierte das reale Gewicht der SED-Fraktion im Parlament. Sie stellte formal nur ein Viertel der Abgeordneten, während auf die übrigen vier Parteien – CDU und LDP je 15%, DBD und NDPD je 7,5% – zusammen knapp die Hälfte der Sitze entfielen. Da aber die restlichen 30% der Mandate den Massenorganisationen und damit in der Regel Abgeordneten zufielen, die z. B. neben ihrer FDGB-Mitgliedschaft zugleich das Mitgliedsbuch der SED besaßen, hatte etwa eine konzertierte Aktion der »bürgerlichen« Parteien im Parlament keine Chance. Ein ähnlicher »Schlüssel« wurde für die Landtags-, Kreis- und Gemeindewahlen vereinbart.

Der Wahlerfolg stand außer Frage: Auf den Wahlscheinen fehlten die Kreise für eine Ja- oder Nein-Entscheidung, und unmittelbar vor dem Wahltag am 15. Oktober 1950 – zu wählen waren alle Volksvertretungen auf einmal – forderte die Nationale Front zur offenen Stimmabgabe, zuweilen auch »offenes Wahlbekenntnis« genannt, auf. Im Süden wurde mitgeteilt, überall in Thüringen hätten sich »ganze Siedlungen und Straßenzüge verpflichtet, in offener Form ihr Bekenntnis zum Frieden bei den Volkswahlen abzulegen«.[43] Aus dem Norden berichtete ein Blatt: »Vor dem Boxkampf Anker Schwerin gegen Holstein Kiel (Resultat: 11:11, d.V.) gab der Mittelgewichtler Otto Kindt bekannt, daß die Boxsportler von Anker Rostock am 15. Oktober geschlossen für die Kandidaten der Nationalen Front stimmen werden.«[44] Am Wahltag selbst standen in den Wahllokalen zwar Wahlkabinen, überall aber war die Parole befolgt worden, dem »Klassenfeind« nicht auch noch den Bleistift hineinzulegen. Das Ergebnis mag jedoch manchen Wahlkämpfer nachdenklich gestimmt haben: Es bot kaum noch Wachstumsmöglichkeiten. Bei einer Wahlbeteiligung von 98,5% hatten sich 99,72% für die Einheitsliste entschieden und nur 34000 von ca. 12,3 Millionen Wahlberechtigten ihre Stimmscheine so gekennzeichnet, daß sie als Nein-Stimmen gewertet werden mußten. Wie viele der übrigen rund 13000 als ungültig bezeichneten Zettel eindeutig gemeint waren, kann nur vermutet werden. Auch bei diesem Urnengang hatten sich die Wahlkommissionen alle Mühe gegeben, als Ja-Stimme zu zählen, was irgendwie positiv zu bewerten war.[45]

Die Wahlen hatten die Legitimationslücke eher erweitert als verringert, in der Darstellung der SED aber bestätigt, was sie seit dieser Zeit als Grundlage ihrer Herrschaft immer stärker betonte: die grundsätzliche Übereinstimmung von individuellen und allgemeinen Interessen in einer Gesellschaft mit weithin einheitlichen Eigentumsverhältnissen und nahezu gleichen sozialstrukturellen Merkmalen ihrer Mitglieder. Die Werktätigen (in ihrem Kern die »Arbeiterklasse«) der volkseigenen Wirtschaft, geführt von der Partei der Arbeiterklasse, der SED, galten fortab (eher als statistische Summe denn als aktive Masse) als die Legitimationsbasis der Partei und die SED als ihr theoretisch vorbestimmter Sachwalter. So gesehen, war die DDR seit Beginn der fünfziger Jahre in ein Entwicklungsstadium gelangt, das, wie das der Volksdemokratien, nach seinem adäquaten theoretischen Ausdruck verlangte: Der Übergang zum Sozialismus drängte auf die Tagesordnung. Vor ihm aber stand noch immer die deutsche Frage.

6. Das ganze Deutschland oder Sozialismus in einem halben Lande?

Diese Frage in ihrem Interesse zu regeln, hatte die Sowjetunion und mit ihr die DDR seit 1950 immer wieder neue Anläufe unternommen. Die SED verstärkte die nationale Agitation. Auf ihrem 3. Parteitag im Juli 1950 verlangte Pieck: »Es muß Schluß gemacht werden damit, daß sich gewisse Kreise unserer Partei in ihrer Politik und Arbeit nur auf das Gebiet unserer Republik beschränken und die gesamtdeutschen Aufgaben vernachlässigen.«[46] Und Grotewohl verwies auf die internationale Verpflichtung der SED zu einer nationalen Politik. Er erinnerte an das »historische Telegramm Stalins« zur DDR-Gründung, in dem der Oststaat als »Grundstein für ein *einheitliches*, demokratisches und friedliebendes Deutschland« definiert worden war und schloß daraus: »Also es ist klar, daß wir uns nicht nur mit den Erfolgen der Deutschen Demokratischen Republik begnügen dürfen, sondern das *ganze* Deutschland muß es sein.«[47] Ulbricht betonte die guten Chancen dieses Kampfes: »In Westdeutschland«, behauptete er, »entwickelt sich eine Lage, in der alle Schichten der Bevölkerung in Gegensatz kommen zu den Kolonialisierungsmaßnahmen des USA-Imperialismus.«[48]

Daß diese Erwartung illusionär war, wird auch der SED-Führung bewußt gewesen sein. Es scheint jedoch, als habe sie sich erneut den Ratschlägen der Sowjetführung fügen müssen. Zur Vorbereitung des SED-Kongresses hatte zwischen dem 2. und 6. Mai eine Parteidelegation (Grotewohl, Pieck, Ulbricht und Oelßner) Moskau besucht und dort mit »führenden Persönlichkeiten der Sowjetregierung« Fragen »des Kampfes gegen den Imperialismus und für die Sicherung des Friedens« beraten.[49] Als sicher darf gelten, daß dabei vor allem die Taktik der kommunistischen Deutschlandpolitik beraten wurde, daß die Sowjetführer von der SED erneut verlangten, ihre Arbeit im Westen zu verstärken, um durch eine nationale Mobilisierung der Deutschen die Wiederbewaffnung der Bundesrepublik und ihren Beitritt zum westlichen Paktsystem zu verhindern. In einem Telegramm, das der Parteitag Stalin sandte, wurde jedenfalls deutlich formuliert: »Die Sozialistische Einheitspartei Deutschlands muß noch stärker als bisher eine gesamtdeutsche Politik des Kampfes für die Erhaltung und Sicherung des Friedens, für die einheitliche und unabhängige demokratische deutsche Republik entwickeln.« Man versprach eine »ernste Wendung«.[50]

Möglich ist auch, daß der Korea-Konflikt in Moskau auf der Tagesordnung gestanden hat. In Korea war es gerade in diesen Wochen an der Grenze zwischen der Volksdemokratie im Norden und der autoritär geführten Republik im Süden zu Zwischenfällen gekommen, an denen sich beide Seiten die Schuld gaben. Im Osten lag Krieg in der Luft, der, falls er ausbrach, auf den Westen des Lagers nicht ohne Auswirkungen bleiben konnte, zumal die Probleme beider Länder vergleichbar waren wie auch die Rhetorik (nicht die Politik) ihrer kommunistischen Parteien. Wie die SED-Agitatoren riefen die nordkoreanischen Kommunisten ihre Landsleute im anderen Landesteil zum Widerstand gegen die Obrigkeit auf. Sie konnten sich angesichts der fragwürdigen Legitimation des südkoreanischen Regimes unter Syngman Rhee dort bessere Chancen ausrechnen als die SED in der Bundesrepublik.

Nicht auszuschließen ist deshalb – dies wird in der kontroversen Bewertung der Ursachen des Korea-Krieges immer wieder behauptet –, daß Nordkorea hoffte, durch eine militärische Intervention im Süden einen Volksaufstand gegen Syngman Rhee auszulösen, der ohnehin gerade in Wahlen der Opposition unterlegen war.[51] Dieses Ziel unterstützte die SED zwar nicht ausdrücklich, doch der SED-Parteitag kabelte im Juli – der Krieg dauerte nun schon fast einen Monat – »dem heldenmütigen koreanischen Volk und seiner tapfer vorwärtsstürmenden Volksarmee brüderliche revolutionäre Grüße«, und die Delegierten verpflichteten sich, »ihre Anstrengungen im Kampf ... um die nationale Einheit Deutschlands gegen den gemeinsamen Feind, den beutegierigen amerikanischen Imperialismus, zu verdoppeln«.[52]

Der Kalte Krieg war zum heißen eskaliert, der Frontjargon wurde zur Sprache der Politik. Die USA, 1950 bloß »beutegierig«, galten

1951 schon als »Kriegsbrandstifter« und 1952 sogar als »Kannibalen«. Parallel entwickelte sich die Bundesrepublik zur »USA-Kolonie«, die Bundesregierung zum »Kolonialstatthalter«. Im Westen fiel zwar die Sprache nicht derart aus dem Rahmen, doch auch hier stand die Politik unter dem »Korea-Schock«. In der Bundesrepublik ergingen die ersten Radikalenerlasse. Betroffen waren speziell die KPD und ihre Nebenorganisationen, berührt aber auch jene, die sich den nun forcierten Erwägungen über Wiederbewaffnung und militärische Westintegration entgegenstellten oder verweigerten. In diesem Sog der Blöcke hatten deutschlandpolitische Initiativen keine Chance, am wenigsten dann, wenn ihr Inhalt unklar blieb oder dazu angetan schien, den Status quo des Adressaten zu verschlechtern.

Gleichwohl wurde die sowjetische Diplomatie aktiv. Im Oktober 1950 tagte – erstmals unter Teilnahme der DDR – in Prag eine Außenminister-Konferenz des Ostblocks. Sie protestierte gegen die geplante Remilitarisierung der Bundesrepublik und schlug vor, unverzüglich »unter Wiederherstellung der Einheit des deutschen Staates in Übereinstimmung mit dem Potsdamer Abkommen« mit Deutschland einen Friedensvertrag abzuschließen und innerhalb eines Jahres alle Besatzungstruppen abzuziehen. Bis dahin sollte ein aus ost- und westdeutschen Vertretern paritätisch zusammengesetzter »Gesamtdeutscher Konstituierender Rat« gebildet werden, dem die Aufgabe zugedacht war, die Bildung einer »provisorischen, demokratischen, friedliebenden, gesamtdeutschen souveränen« Regierung vorzubereiten, die von den Siegermächten bei der Ausarbeitung des Friedensvertrages zu konsultieren war.[53] Diese »Prager Deklaration« war an die Westmächte adressiert, die jedoch zunächst nicht reagierten. Erst am Vorabend der Brüsseler Konferenz des Atlantikrates und der drei westlichen Außenminister, auf der über die endgültige Gestalt der westlichen Allianz gesprochen wurde, kam eine Antwort. In ihr wurden gesamtdeutsche Wahlen verlangt und statt von der vom Osten angeregten Konferenz der Außenminister ein Treffen ihrer Stellvertreter offeriert. Diese Tagung kam im März 1951 zustande, endete aber im Juni nach 74 Sitzungen ergebnislos. Die Westmächte hatten sich geweigert, ihre Nato- und EVG-Planung zu diskutieren, und die Sowjetunion hatte neue Vorschläge nicht unterbreitet.

Die DDR hatte die Ostblock-Initiative mit eigenen Vorstößen unterstützt. Im Januar 1951 »appellierte« die Volkskammer an den Bundestag und schlug vor, der zu bildende Gesamtdeutsche Rat solle über die Bedingungen für freie, allgemeine, gleiche und direkte Wahlen beraten. Im September verzichtete sie auf eine paritätische Zusammensetzung dieses Gremiums. Die Bundesregierung bestand jedoch darauf, die Voraussetzungen von gesamtdeutschen Wahlen durch eine UN-Kommission überprüfen zu lassen, und dies wiederum lehnten Sowjetunion und DDR »als Einmischung in diese innere friedliche Angelegenheit der Deutschen« ab. Letztlich verdeutlichte der Disput nur, wie eng der Spielraum der deutschen Staaten seit ihrer Integration in die Blöcke war.

Dennoch hielt die SED programmatisch an ihrer gesamtdeutschen Zielrichtung fest. Sie stützte sich auf Stalin, der schon 1913 in einer auch von Lenin als nützlich bezeichneten Schrift auf die Stabilität von Nationen aufmerksam gemacht und sie als »historisch entstandene stabile Gemeinschaft(en) von Menschen, entstanden auf der Grundlage der Gemeinschaft der Sprache, des Territoriums, des Wirtschaftslebens und der sich in der Gemeinschaft der Kultur offenbarenden psychischen Wesensart« definiert hatte.[54] Diese Formel griff der Parteitheoretiker Oelßner 1951 erstmals politisch auf und konstatierte, wie es seit Beginn der siebziger Jahre auch die Regierungen der Bundesrepublik zu tun begannen, daß sich in Deutschland trotz der zwei Staaten weder etwas an der Gemeinschaft der Sprache und des Territoriums noch an der »psychischen Wesensart« geändert habe. »Etwas komplizierter« sah er die Wirtschaftseinheit infolge der »Behinderung und Unterbrechung des innerdeutschen Handels (durch) die amerikanischen Okkupanten«. Sie hätten zu Problemen in West und Ost geführt, die aber nur verdeutlichten, »daß die heute getrennten Gebiete Deutschlands die Teile eines zusammengehörenden Wirtschaftskörpers darstellen«. Sein Fazit: »Man soll nicht glauben, daß eine Nation in fünf oder zehn Jahren einfach von der Erde verschwinden könnte. Die Geschichte hat bewiesen, daß eine Nation so rasch nicht verschwinden kann.« Seine politische Begründung: »Wenn wir sagen, daß die deutsche Nation nicht mehr existiert, nehmen wir der Nationalen Front... den Boden, aus dem sie erwachsen ist.«[55] An dieser Lesart hielt die SED-Führung mit etlichen Modifikationen bis gegen Ende der sechziger Jahre fest. 1952 aber setzte sie ein neues Datum. Im Juli 1952 beschloß die II. Parteikonferenz, in der DDR mit dem »Aufbau des Sozialismus« zu beginnen. Diese Entscheidung verdeutlichte, daß sie jetzt mit einer positiven Antwort auf ihre nationale Frage nicht mehr ernsthaft rechnete.

Anlaß des Sozialismus-Beschlusses war eine neue deutschlandpolitische Initiative der Sowjetführung. Sie hatte am 10. März 1952 den Westmächten neue Vorschläge für einen Friedensvertrag mit Deutschland überreicht, zu einer Zeit, in der die Verhandlungen über die Bildung einer (West-)Europäischen Verteidigungsgemeinschaft (EVG) kurz vor ihrem Abschluß zu stehen schienen, und zu dem Zweck, so wurde der Vorstoß im Westen jedenfalls gewertet, die Deutschen im Westen mit einem Angebot der deutschen Einheit aus dem Integrationsprozeß herauszulösen. Der Form nach war die Sowjetunion einer Anregung der DDR-Regierung gefolgt. Diese hatte am 13. Februar alle Siegermächte um die »Beschleunigung« des Abschlusses eines Friedensvertrages gebeten. Eine Antwort war nur aus der Sowjetunion gekommen. Sie ließ schon am 20. Februar wissen, sie teile die Ansicht der DDR und versprach neue Anstrengungen. Kurz darauf trat das SED-Zentralkomitee zusammen und wurde von Ulbricht über die internationale Situation informiert, insbesondere über die »gegenwärtige Lage in Westdeutschland« und über den »Kampf um einen Friedensvertrag mit Deutschland«. Das ZK berief die II. Parteikonferenz ein, einen Ersatzparteitag, den die SED-Satzung für die Beratung von »dringenden Fragen der Politik und Taktik der Partei« vorgesehen hatte. Was dringlich war, wurde nicht mitgeteilt; der zeitliche Zusammenhang von DDR-Bitte und positiver Antwort aus Moskau deutete aber an, daß im Mittelpunkt der Konferenz eine Entscheidung von nationaler Bedeutung stehen werde.

Am 10. März löste die Sowjetunion ihr Versprechen ein. Sie schlug den Westmächten die »schleunigste Bildung« einer gesamtdeutschen Regierung vor und präsentierte »Leitsätze« für einen Friedensvertrag, die dazu beitragen sollten, daß sich Deutschland zu einem »einheitlichen, unabhängigen, demokratischen und friedliebenden Staat« in Übereinstimmung mit den Potsdamer Beschlüssen entwickle. Dazu gehörte nach sowjetischer Ansicht die Akzeptanz der Grenzen von 1945 und die Bereitschaft, sich »keinerlei Koalition anzuschließen« oder Militärbündnisse einzugehen, »die sich gegen irgendeinen Staat richten, der mit seinen Streitkräften am Krieg gegen Deutschland teilgenommen hat«. Es sollte Deutschland allerdings gestattet sein, eigene, für die Verteidigung des Landes notwendige »nationale Streitkräfte« aufzubauen, dafür eine begrenzte Rüstungsproduktion zu unterhalten, die Friedenswirtschaft unbegrenzt zu entwickeln und mit Unterstützung der Siegermächte Mitglied der Vereinten Nationen zu werden.

Grundsätzlich Neues enthielt die Offerte nicht. Sie folgte inhaltlich vielmehr der »Prager Deklaration« von 1950. Einerseits ihrer Geschlossenheit, andrerseits des Zeitpunkts während der laufenden EVG-Verhandlungen wegen erregte sie aber größeres Interesse als die vorangegangenen. Zudem: Deutlicher als zuvor wurde das Junktim von Einheit und Neutralität Deutschlands betont, das der sowjetischen Initiative zugrunde lag. Unklar blieb freilich noch immer, wie ein Land politisch und sozial beschaffen sein mußte, das den Grundsätzen des Potsdamer Abkommens gerecht werden wollte. In der Realität hatte sich kaum eine der Absprachen als konsensfähig erwiesen.

Unklarheiten über die sowjetischen Ziele mag es auch in der SED-Führung gegeben haben. Denkbar war immerhin, daß die Sowjetunion auf einen wirklichen Erfolg ihrer Note setzte und nicht bloß auf eine Störung der westlichen Bündnisverhandlungen. Gingen die Westmächte wider Erwarten auf die Moskauer Vorschläge ein, waren die deutschen Staaten aufzulösen, eine gesamtdeutsche Republik zu bilden und im Kalten Krieg zu neutralisieren. Wie sich ein solches Deutschland entwickeln würde, war sicher auch der Einheitspartei bewußt: entweder unter einer eher sozialkonservativen Regierung vom Charakter des »Adenauer-Regimes« oder unter Führung einer sozialreformerischen Partei nach dem Zuschnitt der Bonner Opposition, der SPD. Die SED war in jedem Falle ohne Chance. Ihr drohte sogar die Aufspaltung in ihre einstigen Bestandteile, in SPD und KPD. Ob Befürchtungen wie diese im SED-Politbüro diskutiert wurden, ist nicht bekannt, auch nicht, ob sie von Stalin oder Molotow zerstreut oder bestätigt wurden, als Pieck, Grotewohl und Ulbricht zwischen dem 29. März und dem 10. April 13 Tage lang in Moskau waren und dort mit der Sowjetführung sprachen.

DDR-Historiker berichten, daß mehrere Gespräche stattfanden und die sowjetischen Politiker ausführlich über die Note vom 10. März unterrichteten. Ob dabei deren tatsächliche Stoßrichtung besprochen wurde, ist ungewiß. Mitgeteilt wird lediglich: »Es galt den Gefahren zu begegnen, die sich aus der zunehmenden Remilitarisierung der BRD und der geplanten Einordnung Westdeutschlands in den aggressiven Nordatlantikpakt ergaben.«[56] Was das für die DDR bedeutete, ob die Herauslösung der Bundesrepublik aus der westlichen Integration der Sowjetunion möglicherweise die Aufgabe des ostdeutschen Staates wert war, bleibt – im Gegensatz zur nuancenreich spekulativen Westliteratur[57] – in DDR-Darstellungen völlig unerwähnt. Daß jedoch 1952 im Denken Stalins die deutsche Zweistaatlichkeit offenbar keine große Rolle spielte, die Bundesrepublik in seinem Kalkül dagegen zuweilen an die Stelle des zerschlagenen Deutschen Reiches trat, spiegelte sich in seiner letzten größeren Arbeit wider. Wie Ende 1943 in Teheran, als er zu Roosevelt und Churchill von seiner Sorge sprach, Deutschland werde für den Wiederaufbau eines expansionsfähigen wirtschaftlichen und militärischen Potentials nach dem Kriege höchstens 15 bis 20 Jahre benötigen, wenn es »durch nichts gehindert« sei, schrieb er 1952, es gebe keine Garantien, »daß Deutschland und Japan nicht erneut auf die Beine kommen«. Zwar führe (West-) Deutschland gegenwärtig »gehorsam die Befehle der USA aus«. Das könne sich jedoch rasch ändern, und es sei möglich, daß es versuchen werde, »aus der amerikanischen Knechtschaft auszubrechen und ein selbständiges Leben zu führen«.[58] War es den begabten, doch unheimlichen Deutschen, die nach einem russischen Sprichwort bereits den Affen erfunden haben, auch zuzutrauen, daß sie sich der Einheit und außenwirtschaftlicher Profite wegen mit den USA anlegen könnten? Folgte die Notendiplomatie dieser Vision? Glaubte Stalin tatsächlich an die Durchsetzungsfähigkeit einer nationalen deutschen Politik gegenüber den Westmächten?

Wie auch immer: Zunächst hatte die SED weder einen westdeutschen Nationalismus noch die Nachgiebigkeit der Westalliierten zu fürchten. Am 25. März, noch während des Moskau-Aufenthalts der Politbüro-Delegation, traf die westliche Antwort ein. Die USA, Großbritannien und Frankreich teilten mit, eine Erörterung der sowjetischen Vorschläge sei erst möglich, nachdem eine UN-Kommission bestätigt habe, daß in Deutschland die Voraussetzungen für freie Wahlen bestünden, und sie wiesen die Neutralitätsforderung zurück. In ihrer Antwort vom 9. April akzeptierte die Sowjetunion den westlichen Wunsch nach Wahlen, sie schlug aber vor, deren Voraussetzungen nicht von den Vereinten Nationen prüfen zu lassen, sondern von einem Viermächte-Ausschuß, beharrte jedoch im übrigen auf ihrem Verlangen nach deutscher Bündnisfreiheit. Am 13. Mai antworteten die Westmächte, an einen Friedensvertrag mit Deutschland sei erst zu denken, wenn eine gesamtdeutsche Regierung existiere, die aber nur durch freie Wahlen gebildet werden könne: Zunächst also müßten deren Voraussetzungen geprüft werden. Im übrigen sei einer deutschen Regierung das Recht einzuräumen, Verteidigungsabkommen zu schließen. In der Sache war man nur insofern vorangekommen, als der Westen einer Viermächte-Kommission zuzustimmen bereit schien. Gleichwohl verlangte die Sowjetunion am 24. Mai, unverzüglich mit Friedensvertragsverhandlungen zu beginnen.

Die Westmächte ließen sich vom sowjetischen Drängen nicht irritieren. Der Terminplan für den Abschluß der EVG und des Deutschlandvertrages wurde im Gegenteil gestrafft. Zwei Tage nach Eintreffen der dritten Sowjetnote unterzeichneten die Außenminister der USA, Großbritanniens, Frankreichs und der Bundesrepublik am 26. Mai in Bonn den Deutschlandvertrag, und einen Tag später wurde in Paris der EVG-Vertrag paraphiert. Damit war die grundsätzliche Entscheidung der Bundesregierung für den Wehrbeitrag und die Westintegration erneuert. Mit ihrer Antwortnote ließen sich die Westalliierten Zeit. Ihre Übergabe in Moskau wurde für den 10. Juli erwartet. Mit einer sensationellen Wendung rechnete niemand mehr.

Auch der Inhalt dieser Antwort war mit der Bundesregierung abgesprochen worden, und Konrad Adenauer hatte seinen ganzen Einfluß geltend gemacht, um jede Andeutung einer westlichen Konzessionsbereitschaft zu verhindern. Er fürchtete, neue West-Ost-Verhandlungen könnten den Integrationsprozeß verzögern, angesichts der innenpolitischen Situation Frankreichs womöglich gar verhindern. Sein Konzept, das auf die Westbindung (EVG) schon deshalb setzte, weil seiner Ansicht nach nur so ein westdeutscher Souveränitätsgewinn (Deutschlandvertrag) zu erzielen war, schien durch eine Entspannung gefährdet.

7. Die »Schaffung der Grundlagen des Sozialismus«

Auch im Konzept der Ostberliner Führung hatte Entspannung einen nur geringen Stellenwert. Eine Verständigung über Einheit und Neutralität mochte der Sowjetunion vorübergehend Entlastung bringen, der SED aber drohte der Machtverlust. Es mag diese Stimmung gewesen sein, die das Politbüro veranlaßte, noch am

9. Juli, einen Tag vor der Notenübergabe in Moskau, deutlich ihr Eigeninteresse anzumelden. An diesem Tage war die II. Parteikonferenz zusammengetreten, und ihr trug Ulbricht vor, daß »die demokratische und wirtschaftliche Entwicklung«, das »Bewußtsein der Arbeiterklasse und der Mehrheit der Werktätigen« nun so weit gediehen seien, daß man einen Schritt weiter gehen könne in der DDR. Das Zentralkomitee habe deshalb beschlossen, »der II. Parteikonferenz vorzuschlagen, daß in der Deutschen Demokratischen Republik der Sozialismus planmäßig aufgebaut wird«.[59] Begeistert stimmten die Delegierten zu und nahmen den Vorschlag einstimmig an. Ob ihnen die Tragweite ihrer Entscheidung bewußt war, ist nicht zu rekonstruieren. Daß die Parteiführung Zeichen setzen wollte, darf unterstellt werden. Schließlich markierte der Sozialismus-Beschluß das Ende einer Politik, die wenigstens verbal-programmatisch stets auf die Einheit des Landes gesetzt, die innere Entwicklung der DDR in stetem Bezug zu einer Wiedervereinigung definiert und nicht zuletzt deshalb auf die Verkündigung der Volksdemokratie verzichtet hatte. Nun bekannte sich die SED zum Sozialismus in nur einem halben Lande.

Formell korrigiert wurden die bisherigen deutschlandpolitischen Ziele jedoch nicht. Im Gegenteil: Die Parteiführung steigerte ihre bis dahin schon lautstarke Agitation und setzte neue, revolutionäre Akzente. Der Aufbau des Sozialismus in der DDR stärke, so Ulbrichts Argumentation, die Basis im Kampf für die Einheit des Landes. Er werde helfen, »den Bonner Blutsbrüdern des amerikanischen Monopolkapitals ... eine entscheidende Niederlage beizubringen«.[60] Die Konferenz beschloß: »Der Sturz des Bonner Vasallenregimes ist die Voraussetzung für die Wiederherstellung der Einheit Deutschlands.«[61]

Die KPD übernahm diese Deutung und sah ein »freies, einheitliches, demokratisches und friedliebendes Deutschland« auf den »Trümmern des Adenauer-Regimes« entstehen.[62] Die SED wiederum bestätigte ihre westdeutsche Sektion, versprach ihr die Hilfe der DDR, »der Völker der Sowjetunion und der ganzen friedliebenden Welt« und sah für die »deutschen Patrioten keinen anderen Weg als den unversöhnlichen und revolutionären Kampf zum Sturz des Adenauer-Regimes und die Errichtung einer Regierung der nationalen Wiedervereinigung«.[63] Sätze wie diese schienen die seit Beginn des Korea-Krieges in Bonn bestehende Furcht zu bestätigen, die DDR und mit ihr die westdeutsche KPD plane in

Deutschland ähnliches wie ihre Bruderpartei in Korea. Bereits Ende August 1950 hatte Adenauer dem amerikanischen Hochkommissar John McCloy in einem Memorandum von »Nachrichten« gemeldet, die besagten, daß die »in naher Zukunft zu lösenden Aufgaben« der DDR-Volkspolizei (die seit 1948 forciert aufgebaut worden war) »darin bestehen sollen, Westdeutschland von seinen alliierten Gewalthabern zu befreien, die ›kollaborationistische Regierung‹ der Bundesrepublik zu beseitigen und Westdeutschland mit der Ostzone zu einem satellitenartigen Staatengebilde zu vereinigen«.[64] Auch wenn diese Deutung eher politische Zwecke verfolgte und im übrigen das erneute Angebot eines »Wehrbeitrages« begründen sollte, sie konnte sich doch auf die martialische Sprache der kommunistischen Agitation berufen. Die Wendung zur revolutionären Phraseologie im Jahre 1952 schien zudem zu bestätigen, was die Bundesregierung bereits 1951 in ihrem Antrag auf ein Verbot der KPD dem Bundesverfassungsgericht gegenüber betont hatte: die Verfassungsfeindlichkeit dieser Partei und ihre Bereitschaft, die bestehende Ordnung notfalls auch gewaltsam zu beseitigen. Das neue KPD-Programm wurde dem Beweismaterial der Regierung angefügt, und speziell seine Würdigung führte 1956 schließlich zum Verbot der KPD.

Unzufrieden war vielleicht auch die KPdSU-Führung mit der II. Parteikonferenz. Auf der Tagung selbst hielt sie sich auffällig zurück. Statt wie bislang zu SED-Kongressen seit 1947 schickte sie diesmal keine Delegation, sondern nur ein Telegramm, und in ihm sprach sie nicht vom Aufbau des Sozialismus, sondern von den weiterhin notwendigen Anstrengungen im Kampf um das einheitliche, demokratische, friedliebende und unabhängige Deutschland. Trifft zu, was ein Informant eine Woche nach der Konferenz der SPD meldete, waren die Sowjets sogar erbost. Die Quelle berichtete über eine schroffe Kritik der Sowjetischen Kontrollkommission an den Beschlüssen der Parteikonferenz. Noch am 8. Juli sei das SED-Politbüro von Botschafter Semjonow eindeutig instruiert worden, auf alle Entscheidungen zu verzichten, die die Situation verschärfen könnten, und »abwartend zu verbleiben«. Die am 9. Juli verkündete neue Zielrichtung der SED, »in erster Linie die Proklamation zur Volksdemokratie« habe die Lage jedoch verschärft und – nach Informationen des sowjetischen Außenministeriums – dazu beigetragen, daß »bisherige Bereitschaft der westlichen Welt zu Viermächtebesprechungen stark zurückgegangen ist«.⁶⁵ Die SPD-Analytiker hielten die Information für »typisches Spielmaterial, infiltriert zur Irreführung und Spekulationen über angebliche Diskrepanzen zwischen Sowjets und SED«. Vielleicht hatten sie recht. Immerhin schrieb die *Tägliche Rundschau*, das Blatt der SMAD, am 22. Juli: »J. W. Stalin hatte die Gründung der friedliebenden Deutschen Demokratischen Republik einen ›Wendepunkt in der Geschichte Europas‹ genannt. Sein Wort gilt angesichts des planmäßigen Aufbaus des Sozialismus in der DDR noch viel mehr.« In der Sowjetunion aber verzichtete die Presse auf eine Würdigung des SED-Beschlusses, und erst im Oktober nahm die KPdSU die Mitteilung über den Sozialismus in der DDR mit offiziellem Applaus zur Kenntnis. Pieck hatte sie dem XIX. Parteitag überbracht, dem letzten, an dem Stalin für kurze Zeit teilnahm.

Die Aufgaben, die die Parteiführung formuliert hatte, und die Mittel, die sie wählte, entsprachen weithin dem, was auch in den anderen Ostblockländern als Ziel und als Weg zum Sozialismus definiert, dort freilich schon 1948 in Angriff genommen worden war. Die Bedingungen, unter denen sie die SED durchsetzen mußte, unterschieden sich jedoch in einem wesentlichen Punkt von denen ihrer Bruderparteien. Intensiver als diese hatte die SED-Führung Rücksicht zu nehmen auf die nationale Dimension ihres Konzepts. Das galt sowohl für dessen deutschlandpolitische Perspektive, die Einheit oder Teilung des Landes, mehr aber noch für die tagtäglichen Rückwirkungen der nationalen Problematik auf die eigenen Entscheidungen und die Folgebereitschaft der Partei, der Blockpartner, der ganzen Gesellschaft. Den Sozialismus Stalinscher Prägung in nur einem halben Lande aufzubauen, im Vorfeld des Blocks zudem, das war – angesichts des Gefälles im Lebensstandard von West nach Ost und der nationalstaatlichen Tradition – ein Experiment mit höchst ungewissem Ausgang. Es zu beginnen, setzte Umsicht, Flexibilität, zumindest taktisches Geschick voraus. Auf bloße Repression zu setzen, verbot sich schon beim Blick auf die offene Grenze, die damals in der DDR noch »Demarkationslinie« genannt wurde. Sie war zwar »sicherer«, seit im Mai 1952 eine fünf Kilometer breite Sperrzone gebildet worden war, die nur mit einer Sondergenehmigung betreten werden durfte. Noch aber lag Westberlin unvermauert inmitten der DDR.

Gefragt war schon deshalb eine stichhaltige Interpretation der innen- und deutschlandpolitischen Kräfteverhältnisse, eine – in der Parteisprache – präzise Klassenanalyse, die Auskunft geben konnte über die Widerstands- und Anpassungspotentiale in *den* sozialen Klassen, Schichten und Gruppen, die entmachtet, umgeschichtet oder nur »erzogen« werden sollten. Und benötigt wurden zugleich klare Aussagen darüber, auf wen sich die Partei bei ihrem Experiment würde stützen können. Auch wenn der Sozialismus-Beschluß nur für wenige Politikfelder gänzlich neue Daten setzte, letztlich berührte er aber die ganze Gesellschaft.

Neu war das Ziel, Landwirtschaftliche Produktionsgenossenschaften (LPG) zu bilden, mithin die Kollektivierung der Bauern »auf völlig freiwilliger Grundlage« zu beginnen. Neu war der mit diesem Beschluß ausgelöste gleiche Prozeß im Handwerk, die Schaffung von »Produktionsgenossenschaften des Handwerks« (PGH). Weitreichende Wirkungen aber sollte auch die Entscheidung zur »Stärkung der demokratischen Staatsmacht« haben. Sie hatte noch im Juli 1952 die Auflösung der Länder und die Gliederung der Republik in 15 Verwaltungsbezirke zur Folge. Die beschlossene »Festigung und Verteidigung der Landesgrenzen« durch »Organisierung bewaffneter Streitkräfte« forcierte das Entstehen einer de facto-Armee mit Land-, See- und Luftstreitkräften im Rahmen der schon seit 1948 bestehenden »Kasernierten Volkspolizei«. Der proklamierte »tägliche konsequente Kampf gegen die bürgerlichen Ideologien«, die verlangte »Entwicklung eines realistischen Kunstschaffens« programmierte den Konflikt mit Kirchen und Künstlern. Verlangt war zudem die »Überwindung der Überreste des kapitalistischen Denkens«. Das galt zwar expressis verbis der volkseigenen Wirtschaft, zielte aber auch auf die noch immer kräftige Privatindustrie, die 1952 noch mit ca. 19% am industriellen Bruttoprodukt beteiligt war, und auf den privaten Handel, der noch immer etwa 37% des Einzelhandelsumsatzes besorgte.

Beinahe der ganzen »alten Gesellschaft« hatte die SED den Kampf angesagt, und über dem Programm stand denn auch folgerichtig das Stalin entlehnte Motto: »Es ist zu beachten, daß die Verschärfung des Klassenkampfes unvermeidlich ist und die Werktätigen den Widerstand der feindlichen Kräfte brechen müssen.« Ob die »Werktätigen«, in der Terminologie des Marxismus-Leninismus vor allem die »Arbeiterklasse«, jedoch bereit sein würden, unter Führung der SED in den Kampf zu gehen, war eine auch parteiintern keineswegs beantwortete Frage. 1950 noch hatte die SED-Spitze, so jedenfalls bewertete es 16 Jahre später ein Politiker- und Historiker-Kollektiv unter Leitung des ersten SED-Sekretärs Walter Ulbricht, den Sozialismus-Beschluß aufgrund von Zweifeln zurückgestellt: Damals waren in ihrer Sicht weder »die kleinbürgerlichen und bürgerlichen Schichten ... in ihrer Mehrheit« davon überzeugt, »daß es ihnen im Sozialismus besser gehen würde«, noch hatten »die Arbeiterklasse und ihre Verbündeten« (vor allem die Klein- und Mittelbauern) durch ihre »eigenen Erfahrungen« gelernt, »daß der Sozialismus ihren Lebensinteressen entspricht«.[66] Daß diese post festum-Wertung zeitgenössische Einsichten wiedergab, darf bezweifelt werden.

8. Der Weg in die Juni-Krise

Stärker als das innergesellschaftliche Kräfteverhältnis hatte 1950 wohl Stalins Kritik am SED-Wunsch, in Ostdeutschland rasch vollendete Tatsachen zu schaffen, den Verzicht bestimmt. Und unerklärt bleibt in dieser Rückschau auch der Wandel, der den Handlungsspielraum der SED-Führung binnen zwei Jahren angeblich so veränderte, daß 1952 nicht mehr gelten sollte, was 1950 noch zur Vorsicht gemahnt hatte: Bis zur II. Parteikonferenz nämlich war nach der gleichen Lesart »die Arbeiterklasse« zur »anerkannten führenden Kraft« geworden, und das »Bündnis der Arbeiterklasse mit der werktätigen Bauernschaft hatte sich weiter gefestigt«.[67] Das deckte sich zwar mit der 1952 von Ulbricht mitgeteilten Version, die »politischen und ökonomischen Bedingungen sowie das Bewußtsein der Arbeiterklasse und der Mehrheit der Werktätigen« seien nun »so weit entwickelt«, daß mit dem Aufbau des Sozialismus begonnen werden könne. Auch diese Aussage befriedigte jedoch eher den Bedarf an ideologischer Legitimation als den an einer soliden innenpolitischen Kräftebilanz. Offenbar hatte sich die Parteiführung über diese seit jeher weniger Gedanken gemacht als über die nationalen und internationalen Voraussetzungen der Erhaltung und der staatlichen Verfestigung ihrer Macht. Im Zentrum ihrer internen Überlegungen stand dabei, scheint es, vor allem die Überzeugung, die Existenz des Halbstaates sei nur durch seine Integration in den Sowjetblock zu sichern. Erwägungen über Widerstands-, Anpassungs- oder Folgebereitschaft in der DDR-Gesellschaft traten hinter ihr zurück. In ihren öffentlichen Bekundungen aber setzte die SED auf die »Arbeiterklasse«.

Der neue revolutionäre Anlauf war nicht nur riskant, er war auch teuer. Der Aufbau nationaler Streitkräfte, die Reorganisation der regionalen Verwaltungen, die seit der II. Parteikonferenz erhöhten Investitionen in der Schwerindustrie, aber auch die Kollektivierung der Landwirtschaft, die mit Steuernachlässen für die Genossenschaften, geringeren Ablieferungsverpflichtungen und billigen Krediten gefördert werden sollte, kosteten Summen, die im laufenden Fünfjahrplan nicht vorgesehen waren. Unklar blieb, woher die Mittel kommen sollten. Einen Finanzierungsplan hatte die Parteikonferenz nicht verabschiedet, sondern nur bombastisch beschlossen: »Eine gewaltige Rolle im Kampf um die Erfüllung und Übererfüllung des Fünfjahrplanes müssen die Maßnahmen zur Steigerung der Arbeitsproduktivität... und zur Einführung eines strengen Sparsamkeitsregimes in allen Zweigen der Volkswirtschaft sowie in allen Gliederungen der wirtschaftlichen und staatlichen Verwaltungen spielen.«[68] Für die staatlichen Planer und Finanzexperten war die Situation kompliziert. Sie sollten Geld beschaffen, dabei den sozialrevolutionären Impuls fördern, also den »Feind« treffen, die reklamierten Bündnispartner, vor allem die Arbeiter, aber nicht belasten. Herausgefordert war insbesondere Willy Rumpf, gelernter Sozialversicherungsangestellter und KPD-Funktionär, zwischen 1949 und 1955 Staatssekretär im Finanzministerium, danach bis 1966 Finanzminister. Er folgte zunächst dem Klassenkampf-Konzept: Das Finanzministerium erhöhte die Einkommens- und die Handwerksteuer[69], schloß die Selbständigen aus der bis dahin allgemeinen Kranken- und Sozialversicherung aus und bot ihnen Versicherungsschutz nur noch zu den höheren Tarifen einer neugebildeten Versicherungsanstalt[70], schaffte zum 1. Mai die preisgünstigen »Sonderzuteilungen« von Konsumgütern für die »schaffende Intelligenz« ab[71] und entzog schließlich allen DDR-Bürgern mit Gewerbe oder Arbeitsplatz in Westberlin sowie allen Selbständigen und freiberuflich Tätigen in der DDR (einschließlich der Hausbesitzer mit mehr als 4800,– DM Jahreseinkommen) sowie ihren Angehörigen (bis auf Kinder unter 15 Jahren) die Lebensmittelkarten.[72] Die so gesparten Summen bzw. zusätzlichen Staatseinnahmen schufen »böses Blut«, die Finanzlücke aber schlossen sie nicht.

Das hatte auch die Finanzbürokratie erkannt und bezog deshalb, vorerst noch vorsichtig, auch die Lohnabhängigen ein. Zunächst wurde es den Industrieministerien untersagt, die geplanten »Lohnfonds« zu überschreiten, d. h. höhere Löhne und Gehälter zu zahlen, als im Plan festgelegt war. Zugleich aber erging die Order, bis zum 31. März »konkrete Maßnahmen zur Erhöhung der Arbeitsnormen festzulegen«[73], dann wurden die Branntweinsteuer erhöht[74], etliche rationierte Lebensmittel (wie Eier) teurer, und zusammen mit dem Ende der Rationierung von Textilien und Schuhen stiegen deren Preise.[75] Schließlich folgten Preiserhöhungen für Kunsthonig und Marmelade[76], und das Finanzministerium verfügte – um die Tarife »zu vereinfachen« – die Streichung von Subventionen für die bis dahin um bis zu 75 % ermäßigten Arbeiterrückfahrkarten.[77]

Finanzielle Entlastungen brachte auch diese Streichaktion nicht. Im Februar 1953 bilanzierte Fritz Selbmann, Minister für Schwerindustrie, intern, allein die Investitionen in seinem Industriebereich hätten die DDR an die »Grenze der volkswirtschaftlichen Leistungsfähigkeit gebracht«.[78] Nach dem Urteil eines Ostberliner Wirtschaftshistorikers waren die Grenzen damals »nicht nur erreicht, sondern überschritten« aufgrund der bereits zuvor unternommenen »äußersten Ausschöpfung der Ressourcen« und der »neuerlichen Anforderungen der II. Parteikonferenz«[79], und zu ihnen zählten die Kosten für Verwaltungsumbau und Armee ebenso wie die Aufwendungen für die Kollektivierung.

Angesichts dieser Lage entschloß sich die Parteiführung zu ihrem bislang riskantesten Manöver. Sie wies am 14. Mai den Ministerrat an, »eine Erhöhung der für die Produktion entscheidenden Arbeitsnormen um durchschnittlich mindestens 10% bis zum 1. Juni sicherzustellen«.[80] Der Ministerrat folgte der Weisung und beschloß am 28. Mai, entsprechend zu verfahren. Nur den Termin verlängerte er. Stichtag war nun der 30. Juni, der 60. Geburtstag des SED-Generalsekretärs Ulbricht. Das Motto hatte bereits das ZK vorgegeben: die »restlose Ausschöpfung aller zur Verfügung stehenden Akkumulationsquellen«.[81] Damit hatte sich die SED eine zweite Front geschaffen – zu einem Zeitpunkt, an dem sie an der ersten noch keineswegs Sicherheit erlangt hatte.

Unruhe und Widerstand hatte dort bereits der Beginn der Kollektivierung ausgelöst. Obwohl im Vorfeld dazu angehalten, die Genossenschaftsbildung zunächst unter den »Neubauern«, den Begünstigten der Bodenreform, voranzutreiben (schon vor der Parteikonferenz waren derartige LPG auf SED-Initiative verschiedentlich entstanden), begannen die Parteiorganisationen, den Beschluß im ganzen Land durchzusetzen. Druck war dabei nicht selten. So hatte im Februar der Ministerrat den Kreisbehörden gestattet, Landwirten, die »die Bestimmungen über die ordnungsgemäße Bewirtschaftung grob verletzt« oder »gegen die Gesetze der Deutschen Demokratischen Republik verstoßen« haben, die »Bewirtschaftung ihres Grundbesitzes« zu untersagen. Ihr Land sollte in staatliche Verwaltung genommen oder den LPG übergeben werden.[82] Auch die Parteiorganisationen mißachteten, jedenfalls gestand dies das ZK im Juli ein, das Prinzip der »strengsten Freiwilligkeit« beim Eintritt in die Genossenschaften immer wieder.[83] Zudem gingen die Werbeversuche für die LPG mit höheren Belastungen der Mittel- und Großbauern einher, und ähnlich verfuhren Partei und Staat gegenüber den Handwerkern. Zur selben Zeit wurde es den Kirchen untersagt, den Religionsunterricht wie bisher in den Schulen abzuhalten, und Schulleitungen und Rektorate relegierten auf Weisung ihrer Aufsichtsbehörden immer wieder Angehörige der »Jungen Gemeinde«, der Jugendgruppen der Evangelischen Landeskirchen, von Oberschulen und Universitäten, christliche Lehrer und Dozenten folgten. Pfarrer wurden verhaftet und z. B. wegen »falscher Auslegung der christlichen Lehre« verurteilt.[84] Den Betroffenen wurden Anpassungsleistungen abverlangt, die viele überforderten. Die Kirchen protestierten scharf, Bauern und Handwerker übten sich in Verweigerung, viele aber gingen »in den Westen«: Von Dezember 1952 bis März 1953 stieg die Zahl der Westwanderer von etwa 22 000 auf mehr als 58 000 an – mehr als jemals bis zum Zeitpunkt des Mauerbaus in einem Monat aus der DDR in die Bundesrepublik wechselten.[85]

Die Lage war ernst wie nie zuvor. An keiner der innenpolitischen Fronten war ein Erfolg in Sicht. Zwar hatte sich die Parteiführung bereits 1952 die Zustimmung der Blockpartner und der Massenorganisationen zu ihrem Kurs gesichert und so die Verantwortung für die Offensive formal breiter zu verteilen versucht. Die Anerkennung des Sozialismus-Konzepts und des Führungsanspruchs der SED durch die Organisations- und Parteispitzen brachte aber angesichts der Stimmung ihrer Mitglieder keine Unterstützung durch diese Organisationen. Auch außenpolitisch drohte Gefahr. Noch im Oktober 1952 schien der endgültige Durchbruch gelungen zu sein. Im Rechenschaftsbericht an den XIX. Parteitag der KPdSU war die DDR erstmals zu den »europäischen volksdemokratischen Staaten« gerechnet worden, und zu ihnen waren, wie Malenkow betonte, »die unverbrüchlichen freundschaftlichen Beziehungen... zu festigen und zu entwickeln«.[86] Am 5. März 1953 aber starb Stalin, und die neue Führung hatte offenkundig Orientierungsschwierigkeiten, wollte innenpolitische Lockerung und suchte außenpolitisch nach Auswegen aus der Konfrontation in Korea, aber auch nach neuen Wegen in Deutschland. Die deutsche Frage schien sich wieder zu öffnen und mit ihr auch die Machtlage in der DDR.

Schon im März hatte Grotewohl bei Gesprächen mit den Stalin-Nachfolgern erfahren, daß der SED-Kurs mit Rücksicht auf die sowjetische Westpolitik zu mildern sei und die DDR im übrigen versuchen müsse, ihre Krise aus eigener Kraft zu meistern. Im April kam der stellvertretende sowjetische Planungschef Nikitin nach Ostberlin und verlangte eine schroffe Wende in der Wirtschaftspolitik, einen »Neuen Kurs« nach dem Muster der Sowjetunion: die vorrangige Entwicklung der Konsumgüterproduktion zu Lasten der Schwerindustrie im Interesse eines höheren Lebensstandards.[87] Bereitwillig, doch ratlos folgten die DDR-Planer. Anfang Juni wurden sie zur Eile gedrängt. Der Ende Mai ernannte Hohe Kommissar der Sowjetunion in Deutschland, Botschafter Wladimir S. Semjonow (bis Ende April Politischer Berater der aufgelösten Sowjetischen Kontrollkommission), wollte rasche wirtschaftliche und politische Korrekturen. Unklar ist bis heute, ob diese allein dem Krisenmanagement in der DDR dienen oder auch eine neue deutschlandpolitische Weichenstellung einleiten sollten. Und unklar ist auch, ob diese Überlegungen von der gesamten Sowjetführung oder allein von Sicherheitsminister Berija befürwortet wurden. Ihm jedenfalls wurde nach seinem Sturz Ende Juni 1953 als »kapitulantenhafte Politik« angelastet, was seit Stalins Tod offenbar alle Nachfolger zu erreichen versucht hatten: eine schnelle innen- und außenpolitische Entspannung. Die Führungsmehrheit der SED sagte ihm zusätzlich nach, er sei »gegen den Aufbau des Sozialismus in Deutschland auf(getreten)« und habe sich »gegen die Landwirtschaftlichen Produktionsgenossenschaften« gewandt.[88] Wenn dies alle Vorwürfe waren, hatte Berija nur Stalins Position vertreten, aber eher konservativ als innovativ.

Gesichert scheint jedoch, daß es vor allem zwei Vertraute Berijas waren, der Chefredakteur des *Neuen Deutschland* und einstige Sowjet-»Kundschafter« Herrnstadt und der Staatssicherheitsminister Wilhelm Zaisser (der eine Kandidat, der andere Mitglied des Politbüros), die lebhaft für den gewünschten Kurswechsel eintraten, eine umfassende Erneuerung der Partei und ihrer Politik forderten und den Rücktritt Ulbrichts verlangten. Dabei fanden sie jedoch Unterstützung sowohl bei Anton Ackermann, einem der führenden Parteitheoretiker, als auch bei Elli Schmidt, der Vorsitzenden des Frauenbundes (beide waren Politbüro-Kandidaten), und bei Heinrich Rau, Mitglied des Politbüros und Wirtschaftskoordinator der DDR-Regierung.[89] Daß ein Zusammenhang bestand zwischen der Machtlage in Moskau und den Differenzen in der SED-Führung, war offenkundig. So hatte Zaisser seine Absicht, Ulbricht durch Herrnstadt zu ersetzen, das Staatssicherheits- mit dem Innenministerium zusammenzulegen und selbst Innenminister zu werden, von »anderen Stellen«, von Offizieren der Kontrollkommission, wie Ulbricht später übersetzte, bestätigen lassen, während die Ulbricht-Mehrheit in dieser Phase auf die üblichen Konsultationen – wohl des erwarteten Widerspruchs wegen – verzichtete.[90] Aus dieser Sachlage, fürchtete Grotewohl, »könnte so eine, wenn auch nur ganz fern gelegene Empfindung entstehen, als hätten wir unseren sowjetischen Freunden und Genossen gegenüber, die hier mit uns zusammen in Deutschland arbeiten, eine nicht ganz aufrichtige Linie vertreten«.[91] Diese »Empfindung« dementierte Grotewohl nicht, ordnete sie vielmehr der nun erledigten »Angelegenheit Berija« zu und räumte damit indirekt ein, daß die Führungsmehrheit zwischen April und Juni tatsächlich eine Politik auf eigene Faust gewagt hatte – offenbar um des Verbleibs im Schutzraum des Blocks und der Erhaltung der Macht willen.

Der Preis dieser Politik war hoch. Der Mai-Beschluß zur Normenerhöhung hatte die in den Betrieben schon seit April herrschende Unruhe verstärkt, führte zu ersten Kurzstreiks und signalisierte, daß die Folgebereitschaft der Industriearbeiter nur gering war, eine Tatsache, mit der offenbar weder die sowjetischen Berater noch Zaisser und Herrnstadt ernsthaft gerechnet hatten. Die Lage dort besserte sich auch nicht, nachdem das Politbüro am 9. Juni nach nochmaligem Drängen Semjonows den »Neuen Kurs« beschlossen hatte. In dem am 11. Juni veröffentlichten »Kommuniqué« des Politbüros waren alle bisherigen Aktionen gegen Bürgertum, Handwerk, städtische Mittelschichten, Bauern und Kirchen kritisiert und ebenso abgeblasen worden wie die bisherige Investitionspolitik, die Normen aber wurden nicht erwähnt. Über die Notwendigkeit ihrer Erhöhung bestand offenbar noch immer ein breiter Konsens in der Führung, und die Wirtschafts- und Gewerkschaftsfunktionäre folgten dieser Auffassung.

Zwar waren die Normen, die bis dahin galten, in aller Regel so niedrig angesetzt, daß sie in vielen Betrieben um 75% bis 100% überboten werden konnten[92], und die seit 1948/49 geforderten höheren »technisch begründeten Arbeitsnormen« (TAN) galten erst für etwa 40% der Industriearbeiter. Die Lebenshaltungskosten indes waren so hoch, daß die Beschäftigten auf die Zuschläge für Mehrleistung angewiesen waren. Besonders hart traf die Kampagne die Arbeiter, die ihre Normen auch bis dahin nur schwer erfüllen konnten. Besonders empfindlich aber reagierten jene, die – wie die Ostberliner Bauarbeiter am Prestigeobjekt Stalin-Allee – durch niedrige Normen und hohe Übererfüllung zu vergleichsweise hohen Einkommen gelangt waren: Sie waren die ersten, die am 15. Juni die Arbeit niederlegten und sich am 16. auf den Weg zum Ministerrat machten, um dort die Herabsetzung der Normen zu fordern – zusätzlich erbost durch die Mitteilung der Gewerkschaftszeitung *Tribüne* vom selben Tage, daß »die Beschlüsse über die Erhöhung der Normen in vollem Umfange richtig« seien. Dort erfuhren sie und die mit ihnen gezogenen Tausende von Arbeitern von Minister Selbmann (andere Spitzenfunktionäre hatten sich nicht aus dem Hause gewagt), die Regierung habe ihren Beschluß vom 23. Mai zurückgenommen, und das stand am folgenden Tag auch in den Zeitungen. Doch da hatte sich die Streikbewegung schon ausgeweitet, war für den 17. zu einer Versammlung auf dem Strausberger Platz aufgerufen worden, waren die Forderungen eskaliert, wurden der Rücktritt der Regierung und freie Wahlen verlangt. Was in Ostberlin geschah, erfuhr die DDR über den in Westberlin stationierten Sender RIAS. An dessen deutsche Redakteure war zwar die Weisung ergangen, die Situation nicht zu verschärfen, und Jakob Kaiser, der Bundesminister für gesamtdeutsche Fragen, hielt eine mäßigende Ansprache. Die Meldungen über Ostberlin jedoch sowie eine einmal ausgestrahlte Rede des Westberliner DGB-Vorsitzenden an die Arbeiter der DDR (ihre Wiederholung wurde von den amerikanischen Rundfunk-Chefs untersagt), überall ihre »Strausberger Plätze« aufzusuchen, bewirkten das Übergreifen der Streiks und Demonstrationen auf das Umland.

Träger der Bewegung waren Arbeiter. Sie lösten die Unruhen nicht nur aus, sie stellten auch die Masse der Demonstranten. Nach

DDR-Angaben beteiligten sich 5,5%, nach westlichen Schätzungen 6,8% der Industriearbeiter an Streiks und Demonstrationen. Die Mittelschichten und die Intelligenz standen abseits. Einerseits waren ihre Organisations- und Artikulationsmöglichkeiten schlechter als die der Arbeiter. Andrerseits aber hatte der »Neue Kurs« einen Teil der aktuellen Belastungen des alten Mittelstandes zurückgenommen. Die neue Mittelschicht, die Angestellten im öffentlichen Dienst, war aufgrund ihres eben erst vollzogenen sozialen Aufstiegs kein starker Rebellionsfaktor. Ähnliche Bedingungen bestimmten das Verhalten der Intelligenz: Alte Fachkräfte waren seit 1950 durch die »Einzelverträge« sozial derart begünstigt, daß ein materieller Rebellionsgrund für sie entfiel, die zahlenmäßig noch schwache »neue Intelligenz« tendierte eher zur Verteidigung als zur Kritik der Verhältnisse.

Gestreikt wurde zwar an vielen Orten zur gleichen Zeit, die Bewegung war jedoch unkoordiniert. Nach DDR-Angaben kam es in 272 Orten zu Streiks und Demonstrationen, nach westlichen Rechnungen waren es zwei mehr, die SED zählte 300000, der Westen 372000 Teilnehmer, davon allerdings etwa 100000 in Ostberlin, und unter diesen waren etliche Westberliner. Die Losungen, zunächst auf Löhne und Normen konzentriert, nahmen in dem Maße grundsätzliche Fragen auf (Rücktritt der Regierung, freie Wahlen), in dem die Herrschenden Rede und Antwort verweigerten und sich – vom Nachmittag des 17. Juni an im Ausnahmezustand – hinter Sowjetpanzern verbargen. Die Besatzungstruppen hatten offenbar Anweisung, ihre Macht zu demonstrieren; eingesetzt werden sollten sie nur im Notfall. Sie griffen meist erst ein, als die Bewegung – nach dem Urteil Arnulf Barings, der 1957 die auch heute immer noch zuverlässigste Untersuchung des 17. Juni vorlegte – ihren Höhepunkt überschritten hatte, und sie taten es »vorsichtig und zurückhaltend«. Gleichwohl gab es mindestens 21 Tote.[93]

Als »Volksaufstand« ist der 17. Juni in der DDR damals wohl auch führungsintern nicht gewertet worden, wohl aber als ein so heftiges Dementi des Vortruppanspruchs der SED, daß rasch verdrängt wurde, was unmittelbar nach den Juni-Tagen in der Parteispitze als Gemeinplatz galt: »Wenn Massen von Arbeitern die Partei nicht verstehen«, hatte Grotewohl im Juni gesagt, »ist die Partei schuld, nicht die Arbeiter.«[94] Und mit dieser selbstkritischen Formel waren die Mitglieder des Politbüros nach den Streiks auch zu Diskussionen in die großen Betriebe gegangen. Schon Ende Juli aber wich diese Einsicht der aufbauenden Losung »Schluß mit der Kopfhängerei«. Fortab galt der 17. Juni als gescheiterter »faschistischer Putschversuch«, als Werk von Agenten und Saboteuren, gesteuert von westlichen Geheimdiensten, dem Ostbüro der SPD oder Bonner Ministerien. Zwar herrscht die Putschversion noch immer, doch mehr und mehr setzt sich auch in der Geschichtsschreibung der DDR die Würdigung der Ursachen (Umwälzungstempo, nationale Problematik, Führungsstil) und des Anlasses (Normenerhöhung) durch, die Ulbricht schon im Juli 1953 vor dem Zentralkomitee vorgenommen hatte, dann aber selber unterdrückte:

»Der entscheidende Fehler bestand darin, daß die Parteiführung nicht erkannte, daß unter den in der Deutschen Demokratischen Republik vorhandenen Bedingungen der Aufbau des Sozialismus (›in ungefähr einem Drittel Deutschlands‹) nur allmählich erfolgen kann und mit einer ständigen Verbesserung der wirtschaftlichen und kulturellen Lage der Werktätigen verbunden sein muß.« Und: »Ich möchte hier ... offen feststellen, daß in der Parteiführung ich für diese Fehler die größte Verantwortung trage.«[95]

Die Sorgen um die Macht, die die damalige Führungsmehrheit angesichts der möglichen Ost-West-Entspannung beherrschen, die zeitweilige Inkongruenz von Sowjet- und SED-Interessen, der Eigensinn als Krisenfaktor also, werden in DDR-Untersuchungen noch immer ausgespart. Sie zu thematisieren, besteht auch kein zwingender Anlaß, denn im derzeit gültigen Geschichtsbild ist der Status quo so zurückdatiert, daß die DDR spätestens von ihrer Gründung an als Mitglied der »sozialistischen Staatengemeinschaft« erscheint.

III. Zwischen Krise und Konsolidierung 1953–1961

1. Der 17. Juni – Ein Lernerlebnis?

Daß Ulbricht in den Juni-Tagen nur mit Mühe einer Niederlage entging, daß die Sowjettruppen und vielleicht auch der Sturz Berijas das Machtgefüge in der DDR überdauern ließen, ist oft betont worden. Seltener wurde bedacht, daß die Führungsmehrheit der SED aus ihrer politischen Niederlage auch Vorteile ziehen konnte: Zum einen war am 17. Juni aller Welt deutlich geworden, daß der »Westen« trotz der »roll back«-Rhetorik dieser Jahre nicht willens war, im sowjetischen Einflußbereich einzugreifen, weder politisch noch gar militärisch. Zum anderen hatte die Sowjetunion mit ihrer Intervention die Zugehörigkeit der DDR zum Block deutlich unterstrichen, und sie war damit – zum dritten – Schutz- und Hilfe-Verpflichtungen eingegangen, die von der SED schnell eingefordert wurden.

Schon Ende Juli 1953 flogen Ulbricht, Grotewohl und Oelßner »für einige Tage« nach Moskau. Zunächst hatten sie sich dort wohl mit der Kritik der Sowjetführung auseinanderzusetzen, dann aber konnten sie ihre Wünsche vortragen, und einige wurden einen Monat später bei staatsoffiziellen Verhandlungen – in DDR-Sicht »die bedeutendsten..., die bis dahin zwischen Regierungsdelegationen der DDR und der Sowjetunion stattgefunden hatten«[1] – akzeptiert. Die Sowjetunion verzichtete vom 1. Januar 1954 ab auf ihre noch offenen Reparationsforderungen, die sie mit rund 2,5 Milliarden Dollar bezifferte[2], gab 33 in SAG umgewandelte Industriebetriebe (darunter die Leuna-Werke in Halle) zurück, in denen 1953 ca. 12% der in der DDR hergestellten Industriegüter produziert wurden, erließ Schulden, gewährte einen Halbmilliarden-Rubel-Kredit (z.T. in freikonvertierbarer Währung) und begrenzte die Stationierungskosten ihrer Truppen auf nicht mehr als 5% der DDR-Staatseinnahmen; das kostete die DDR 1954 immerhin noch 1,6 Milliarden Mark.[3]

Auch deutschlandpolitisch hatte die SED Erfolge zu verzeichnen. Am 15. August hatte die Sowjetunion den Westmächten Noten überreichen lassen, in denen sie einerseits ihre Vorschläge vom

März 1952 noch einmal wiederholte, andrerseits aber die Grenzen ihrer Verhandlungsbereitschaft enger zog: Die Teilnahme der Bundesrepublik an der EVG oder der Nato werde, teilte sie mit, »einen Zusammenschluß West- und Ostdeutschlands zu einem geeinten Staat unmöglich machen«, und bei gesamtdeutschen Wahlen verlangte sie die Teilnahme »aller demokratischen Organisationen« sowie Garantien dafür, »daß die Wähler von seiten der Großmonopole nicht unter Druck gesetzt werden können«.[4] Daß dieser Text im Westen positiv aufgenommen werden könnte, brauchte niemand in der DDR-Führung zu fürchten, um so weniger, als kurze Zeit später zwischen Ostberlin und Moskau vereinbart wurde, die diplomatischen »Missionen« zu Botschaften aufzuwerten, also höherrangige Beziehungen herzustellen zwischen der Sowjetunion und dem »Bollwerk des Kampfes des deutschen Volkes für ein einheitliches, friedliebendes, demokratisches Deutschland«.[5]

Im Innern galt es, das Chaos zu ordnen, das der mißglückte »große Sprung« verursacht hatte. Das bedeutete, die Absichtserklärungen, die unmittelbar vor dem 17. Juni (im Politbüro-Kommuniqué vom 9. Juni) abgegeben und von zwei ZK-Tagungen nach der Arbeiterrebellion präzisiert worden waren, so einzulösen, daß wieder Ruhe einkehrte, das Gesellschaftskonzept insgesamt aber gültig blieb. Auch das geschah zunächst administrativ. Das Gesetzblatt der DDR, das sich zwischen Dezember 1952 und Mai 1953 wie das Szenarium für den Klassenkampf von oben gelesen hatte, glich nun für etliche Wochen dem Bulletin eines zwar armen, doch um Ausgleich bemühten Sozialstaates: Die unteren Industrielohngruppen wurden angehoben, die Mindestrenten erhöht (die Altersvollrente von 65 DM auf 75 DM, die Witwenvollrente von 55 DM auf 65 DM) und Preise gesenkt. Seine Botschaften erschlossen sich freilich nur jenem Leser vollständig, der zurückblätterte und etwa die Verordnungen vom 9. April 1953 nachlas, die mit der am 19. Juni veröffentlichten Verordnung vom 11. Juni aufgehoben wurden: der Ausschluß der Selbständigen und der Grenzgänger samt ihren erwachsenen Familienangehörigen aus der Versorgung mit rationierten Lebensmitteln. Unkomplizierter – teils schlicht aufgehoben, teils umfassend korrigiert – vollzog sich die Wende in der Sozialversicherung, der Einkommensteuer, der Beschlagnahme von Land oder der Preisentwicklung für Kunsthonig und Marmelade. Hier setzten die Preisverordnungen 308 und

309 vom 11. Juni (veröffentlicht am 19. Juni) die Preisverordnungen 301 und 302 vom April außer Kraft.

Ähnlich unaufwendig sollte die Normenkampagne vergessen gemacht werden. Das gelang jedoch nur zum Teil. Bei ihren Reuebesuchen in den Großbetrieben blieb es zwar zumeist ruhig, doch verschiedentlich ließen Arbeiter die Führer der Partei der Arbeiterklasse doch wissen, daß deren Führungsanspruch mehr auf Macht als auf Zustimmung beruhte. Vor allem nach den selbstkritischen Auftritten von Politbüro-Mitgliedern hatten es Werkleitungen, Partei- und Gewerkschaftssekretäre schwer, die abstrakt herrschende Klasse wieder in die konkrete Abhängigkeit zu dirigieren. Wie neuere Untersuchungen der Betriebsdiskussionen nach dem 17. Juni ergaben, wehrten sich die Betriebsarbeiter nicht nur gegen die nach der Rebellion einsetzende Repressions- und Verhaftungswelle (insgesamt ergingen 1300 Urteile, vier Angeklagte wurden zu lebenslanger Haft, sechs zum Tode verurteilt) und die Denunziation der Streikführer als »Agenten« und »Saboteure«. Sie setzten auch eine Reihe von Forderungen durch (z. B. nach besserer medizinischer Versorgung und Arbeitsorganisation, nach besserem Betriebsessen und Arbeitsschutz), die zuvor kaum vorzubringen gewesen wären. Diese Konflikte erfaßten nach den Ermittlungen von Ewers/Quest weit mehr Arbeiter, als sich an den Demonstrationen am 16./17. Juni beteiligt hatten, und auch dies zeigte nach ihrem Urteil, »wie unsinnig Versuche sind, die Arbeiteropposition in der DDR auf die empirische Zahl der Streikteilnehmer zu begrenzen«.[6] An eine auch nur vorsichtige Erhöhung der Arbeitsnormen war unter diesen Umständen kaum zu denken. Die Lösung eines der zentralen ökonomischen Probleme mußte deshalb immer wieder vertagt werden, und die wesentlichen Ziele des ersten Fünfjahrplanes blieben unerfüllt: Statt der geplanten Steigerung der industriellen Arbeitsproduktivität um 60% wurden 1955 nur 47% erreicht, statt der geplanten Erhöhung der Lohnfonds um nur 31% stiegen die Löhne in der Industrie um 68%.

Diese Entwicklung hatten auch die Partei- und Gewerkschaftsfunktionäre nicht stoppen können, die immer wieder angehalten wurden, Normenveränderungen zu diskutieren und behutsam durchzusetzen. Ein großer Teil dieser Kader war erst nach dem 17. Juni in seine Funktionen gelangt, nachdem jene, denen die Parteiführung Unzuverlässigkeiten oder Schwankungen während der Streiks ankreidete, ihre Positionen hatten räumen müssen. Zwar ist nicht sicher, ob wirklich alle Juni-Opfer waren, doch wurden 1954 mehr als 60% der 1952 gewählten Mitglieder der SED-Bezirksleitungen (damals jeweils etwa 60 Mitglieder, aus deren Mitte die Sekretäre gewählt wurden) nicht mehr berücksichtigt. Nur in Magdeburg und Dresden blieben die Ersten Bezirkssekretäre im Amt, und 1954 mußten 71% der 1953 gewählten Ersten Kreissekretäre ihren Abschied nehmen. Auch die Gewerkschaften erlebten einen Kaderwechsel. Völlig neu besetzt wurden die Leitungen der IG Metall und der Zentralvorstand der IG Bau/Holz, entscheidend verändert die Spitzen der Post- und Energie-Gewerkschaft. Insgesamt verloren bei den Gewerkschaftswahlen von 1954 sieben von zehn amtierenden Funktionären ihre Positionen, und nur etwa 20 der 1950 gewählten 101 Mitglieder des FDGB-Bundesvorstandes stellten sich 1954 zur Wiederwahl.[7]

Im ZK hielt sich der Austausch in Grenzen. Nur etwa jeder dritte der 1950 gewählten 81 Mitglieder und 30 Kandidaten kam beim Parteitag von 1954 nicht ins Zentralkomitee zurück. In der Parteispitze hatte die Säuberung am frühesten begonnen. Bereits Ende Juli 1953 waren Zaisser und Herrnstadt aus dem Politbüro ausgeschlossen worden, Hans Jendretzky (ehedem FDGB-Vorsitzender, dann Erster Sekretär der Berliner SED-Bezirksleitung), Anton Ackermann und Elli Schmidt wurden in das neugebildete Politbüro nicht wiederaufgenommen, und Adalbert Hengst, bis dahin ZK-Sekretär für Wirtschaft, wurde wegen »Kapitulationen und faktischer Unterstützung von Provokateuren« – er hatte auf der Rostocker Warnow-Werft über den Betriebsfunk Arbeiterforderungen verlesen – aus der Partei ausgeschlossen, ebenso wie im Januar 1954 auch Zaisser und Herrnstadt. Am härtesten traf es Max Fechner, den Justizminister der DDR. Er, bis 1933 Mitglied der sozialdemokratischen Parteiführung in Deutschland und nach Kriegsende einer der eifrigsten Befürworter der Einheitspartei, hatte nach dem 17. Juni die Freilassung von Verhafteten verfügt und öffentlich auf das in der Verfassung verbriefte Streikrecht verwiesen. Fechner wurde verhaftet und erst 1956 amnestiert. 1958 wieder in die SED aufgenommen, starb er 1973 hochgeehrt als »Aktivist der ersten Stunde«.

Hand in Hand mit der Abrechnung ging die Prävention. Seit September 1953 wurden die bewaffneten »Betriebskampfgruppen«, welche die SED bereits Mitte 1952 zu bilden begonnen hatte, verstärkt. Zu ihnen zählten nun alle einsatzfähigen SED-Mitglieder und Kandidaten. Seit Anfang 1954 wurden auch Parteilose aufgenommen. Sie sollten zum einen den Arbeitern die Macht der »Arbeiterklasse« demonstrieren, zum anderen den Aufbau der nationalen Streitkräfte unterstützen, mit dem die Partei nach dem Juni 1953 keine wesentlichen Fortschritte machte. Das lag auch an der nun wieder offenen deutschlandpolitischen Rhetorik, die angesichts der gescheiterten EVG und des noch nicht endgültigen Beitritts der Bundesrepublik zur Nato auf ein gesamtdeutsches Arrangement zielte. Schon am 17. Juni – in Unkenntnis der Vorgänge in der DDR – hatte die KPD in Bonn ihre deutschlandpolitische Wende dadurch eingeleitet, daß sie erstmals nicht mehr den »Sturz des Adenauer-Regimes«, den revolutionären gar, forderte, sondern artig um den »Rücktritt« von »Dr. Adenauer« bat – um einer nationalen Verständigung willen. Mit der dennoch fortschreitenden militärischen Integration der Bundesrepublik änderten sich aber auch wieder Ziel und Ton der Partei. Als schließlich 1955 die Genfer Konferenz scheiterte, auf der die Sowjetunion erneut einen Versuch unternommen hatte, durch ein Entgegenkommen in der Deutschlandfrage den Nato-Beitritt der Bundesrepublik (5. Mai 1955) zu verhindern, war für die SED die nationale Frage positiv beantwortet. Das Wort Chruschtschows, gesprochen bei einem Besuch Ostberlins auf dem Rückflug nach Moskau, von nun ab sei »die Wiedervereinigung Deutschlands Sache der Deutschen selbst«, setzte ein neues Datum. Die Existenz der DDR schien in der Sowjetunion endgültig akzeptiert. Nun war es auch opportun, die Streitkräfte aufzuwerten. Am 14. Mai unterzeichnete die DDR zusammen mit den anderen Blockstaaten den »Warschauer Vertrag«. Am 1. März 1956 wurden erste Einheiten der »Nationalen Volksarmee« aufgestellt – aus Truppenteilen der Kasernierten Volkspolizei. Ihr erster Chef und Minister für Nationale Verteidigung wurde der gelernte Bautechniker, Sowjetvertraute und Parteifunktionär Willi Stoph, heute Vorsitzender des Ministerrates der DDR.

Die Wirkung des 17. Juni auf die SED-Politik ist zutreffend als »langfristig wirksamer ›Lernschock‹« (M. Jänicke) beschrieben worden. Tatsächlich zeigte die Parteiführung in den Jahren seit 1953 weit mehr Sensibilität und taktisches Geschick als in den Jahren zuvor. Beides konnte den Problemdruck nur mildern, nicht jedoch aufheben, der sich aus der Lage des Staates ergab: im Grenzbereich der Blöcke und geographisch unmittelbar neben dem anderen, dem prosperierenden Deutschland. Allein in den 12 Monaten seit Juli 1952 hatten ca. 320 000 Menschen die DDR verlassen, knapp zwei Drittel waren Erwerbstätige (DDR-Durchschnitt 43%), etwa die Hälfte war jünger als 25 Jahre (DDR: 36%), kam also aus den Jahrgängen, auf die die SED ihre Hoffnung gesetzt hatte. Und trotz des neuen Kurses hielt die Westwanderung an: mehr als 86 000 im zweiten Halbjahr 1953, 184 000 1954, 283 000 1955 und wiederum 261 000 im Jahr 1956. Zwar verließen die meisten wegen des besser dotierten Arbeitsplatzes in der Bundesrepublik die DDR und gingen ins Land der höheren Kaufkraft, nur selten aber war dieses Motiv allein ausschlaggebend für den Umzug in den Westen. Und keines der Motive sprach unbedingt für die DDR.

Zwar wurden 1953 auch die Verordnungen aufgehoben, die einen Teil von ihnen, speziell Bauern und andere Selbständige, bewegt hatten abzuwandern, und, soweit noch möglich, die Wiederherstellung der alten Rechte und Besitztitel zugesagt. Doch nur sehr wenige kamen in die DDR zurück. Das war speziell den Agrarexperten nicht unrecht, denn verlassene Flächen hatten – zusammen mit Kleinbetrieben von Neubauern – den Grundstock für die Genossenschaften gebildet, auf deren Existenz die SED auf keinen Fall verzichten wollte. Zwar lösten sich seit dem 17. Juni etliche LPG wieder auf – zum 30. Juni 1953 hatte die Parteiführung 5074 mit knapp 147 000 Mitgliedern gezählt, am 31. Dezember 1953 waren es nur noch 4691 mit rund 128 500 Mitgliedern – doch schon Ende 1954 war der Stand vom Sommer 1953 überschritten: Die LPG bewirtschafteten 1954 gut 14%, 1956 bereits etwa 23% der landwirtschaftlichen Nutzfläche, und mehr als 80% gehörten zum LPG-Typ III. In ihm wurden nicht allein Äcker gemeinsam bewirtschaftet (Typ I), sondern waren außer Maschinen, Gerät und Zugvieh (Typ II) auch Wiesen, Zucht- und Nutzvieh Genossenschaftseigentum.

Betroffen reagierten auf die Kollektivierung nicht allein die »Altbauern«, auch »Neubauern« wanderten ab. Insgesamt wurden, das schätzte unlängst ein DDR-Historiker, zwischen 1952 und 1956 etwa 70 000 Betriebe »infolge Republikflucht von ihren Besitzern verlassen«. Unter ihnen waren ca. 30% »Großbauern«[8], wie Landwirte mit mehr als 20 ha Besitz seit 1948 genannt wurden. 1951 hatten sie etwa 24% der landwirtschaftlichen Nutzfläche bearbeitet, 1956 nur noch knapp 11%. Bis 1956 waren etwa 2300

Großbauern in die LPG eingetreten, 12 700 Betriebe dieser Größenordnung indes gehörten ihnen bis dahin an. Sie waren von ihren Besitzern aufgegeben oder enteignet und den Genossenschaften zugeschlagen worden. Noch größer war die Zahl der so an die LPG gefallenen klein- und mittelbäuerlichen Höfe: Außer 12 700 freiwillig eingebrachten Betrieben gewannen sie mehr als 63 000 aufgegebene hinzu.[9] Unter den Klein- und Mittelbauern, die »in den Westen« gingen, waren auch zahlreiche, die seit 1945 aus den ehemaligen Ostgebieten gekommen waren und durch die Bodenreform eingegliedert werden sollten. Umsiedler hatten 1949 die Hälfte der »Neubauern« gestellt. In der DDR-Gesellschaft insgesamt bildeten sie 1950 eine 20-%-Minderheit, unter den Westwanderern gehörte seit 1954 alljährlich meist mehr als ein Viertel zu dieser Gruppe.[10] Sie hofften wohl auch auf den Lastenausgleich, dessen Regelungen 1952 in der Bundesrepublik in Kraft getreten waren.

Die Struktur der Genossenschaftler des Jahres 1956 spiegelt diesen Prozeß wider: Von den damals ca. 220 000 Mitgliedern hatten vor ihrem LPG-Beitritt ca. 28% als Neubauern, 45% als Landarbeiter, knap 10% als Industriearbeiter, 10% als Klein- und Mittelbauern und 2% als Großbauern gelebt.[11] Schon die ersten Jahre der Kollektivierung führten mithin zu einer neuen Umschichtung der ländlichen Gesellschaft, die noch beschleunigt wurde durch die traditionelle Binnenwanderung vom Land in die Industrie- und Verwaltungszentren. Die Kollektivierung insgesamt aber wurde bis 1958 eher behutsam vorangetrieben: mit einer Mischung aus materiellen Anreizen (Steuervergünstigungen, geringerer Ablieferungsverpflichtung, besserer Bedienung durch die staatlichen Maschinen-Traktoren-Stationen [MTS]), Agitation und Druck auf säumige Ablieferer oder auf vermeintliche bzw. tatsächliche Schadensstifter.

»Ruhig« verhielten sich zunächst die Handwerker. Hier war es zwischen Parteikonferenz und 17. Juni ohnehin zu der geringsten Bewegung gekommen: 47 PGH waren bis Ende 1953 entstanden, und zu ihnen gehörten nur 1800 Mitglieder. Bis Ende 1957 wuchs ihre Zahl lediglich auf etwa 8100 in 295 Genossenschaften an. Zugleich ging jedoch die Zahl der Handwerksbetriebe von nahezu 304 000 im Jahre 1950 auf etwa 232 000 Ende 1957 zurück. Auch der den Handwerkern angebotene stufenweise Einstieg in ein Kollektiv – Stufe 1: die gemeinsame Nutzung der in Privatbesitz bleibenden Geräte und Maschinen, Stufe 2: die Vergenossenschaftlichung des gesamten Inventars – bot keinen hinreichenden Anreiz. Die Handwerker erwiesen sich insgesamt als resistenter und bodenständiger als die Bauern. Sie verloren zwar durch ihre Integration in die Wirtschaftsplanung einen Großteil ihrer Selbständigkeit, ihre Einkünfte stiegen aber kontinuierlich und relativ stärker als die Löhne etwa der Arbeiter in der Industrie.

Auf die Versorgungslage wirkte sich die mit dem »Neuen Kurs« begonnene Korrektur der Wachstumsziele, die raschere Entwicklung der Konsumgüterbereiche zu Lasten der hohen Investitionsraten in der Schwerindustrie, nur langsam aus. Zunächst konnten einige der größten Versorgungslücken nur durch die sowjetischen Kredite und Zusatzlieferungen überbrückt werden, seit 1954 führte die neue Wirtschaftspolitik jedoch auch zu einer Verbesserung der Lebenshaltung aus eigener Wirtschaftskraft. Ein entscheidender Durchbruch aber gelang nicht. Speziell die Versorgung mit hochwertigen industriellen Konsumgütern blieb weit hinter den Erwartungen zurück – weniger der Mengen, mehr der Qualität und Verteilung der Produkte wegen. Nun – in einer Phase relativer Konsolidierung der Produktion – zeigten sich die Funktionsschwächen der Wirtschaftsleitung und -planung besonders deutlich: Das System war geeignet, in kurzer Zeit ein erhebliches quantitatives Wirtschaftswachstum, z. B. den Aufbau eines neuen Industriebetriebes, zu bewirken, Qualität und Sortiment der Produktion aber konnten mit seinen Instrumenten insbesondere im Konsumgüterbereich nur unzureichend beeinflußt werden. Zwar erfüllte etwa die Textilindustrie meist ihre Mengenpläne, die von ihr angebotenen Waren aber fanden häufig nicht genügend Abnehmer. In der Rechnung der Planer führte das zu »Überplanbeständen«, im Kalkül der Verbraucher häufig zu dem Entschluß, dem Lande besser doch den Rücken zu kehren, zumal sich in diesen Jahren in der Bundesrepublik das auszuprägen begann, was sich seither im Bewußtsein vieler DDR-Bürger als »goldener Westen« spiegelt.

Schon 1955 wurde ein Anlauf unternommen, die starre Mengenplanung zu überwinden und zu einer ökonomisch fundierten Wirtschaftsleitung überzugehen – zu einem System, das statt der fiktiven Planpreise die tatsächlichen Kosten kalkuliert, die Entscheidungsbereiche der Betriebe erweitert und auf die Verbraucher rascher reagiert. Dem stand aber noch immer die Sorge um einen

Machtverlust entgegen, der mit einer Auflockerung der politischen Entscheidungskompetenz der Parteibürokratie für die Wirtschaft einhergehen mochte. Lauthals beklagt wurde die Bürokratisierung in dieser Zeit immer wieder. Auf einer ZK-Sitzung im Oktober 1955 schätzte Gerhard Frost, Parteisekretär der Halleschen Buna-Werke, die bis Anfang 1954 eine SAG waren, auf die Frage Ulbrichts: »Um wieviel ist der Bürokratismus größer geworden, seit wir diese Betriebe übernommen haben?«: »Genosse Ulbricht, meines Erachtens um 300%.«[12] Er brachte damit – so das Protokoll – das ganze ZK zum Lachen, verändert aber wurde vorerst nichts. Noch hoffte die Parteiführung, der Strukturprobleme mit allgemeinen Appellen Herr zu werden und den gewünschten wissenschaftlich-technischen Fortschritt, die Elastizität von Leitung und Planung auf diesem Wege herbeizuführen. Auch bei der Preisbildung wurden vorerst keine Neuerungen eingeführt, d. h., es blieb bei den Stoppreisen des Jahres 1944. Im kontingentierten Konsumgüterbereich brachte dies den Verbrauchern nur scheinbare Vorteile, denn schließlich hatten sie die notwendigen Subventionen für den Ausgleich der Differenz zwischen tatsächlichen Kosten und Endverbrauchspreisen über Steuern und Niedriglöhne auszugleichen. Problematischer noch wirkte sich diese Praxis auf die Wirtschaftsplanung aus. Bei Industrieabgabepreisen, die, wie Minister Selbmann 1955 DDR-Ökonomen vorrechnete, bei Roheisen um 70% oder bei Rohstahl um ca. 20% *unter* den Kosten lagen, waren einerseits Subventionen verlangt, und andrerseits gab es für die Hersteller keine Rentabilitätsanreize, für die industriellen Verbraucher keinerlei Veranlassung zu sparsamem Umgang mit dem für sie preiswerten, aber teuren Gut.[13] Zur Veränderung dieses Zustandes boten jedoch zunächst nur die Planungs- und Produktionsprobleme Anlaß. Politische Erwägungen, das Machtkalkül, sprachen eher gegen eine Reform, und auch die gültige Variante des Marxismus-Leninismus wirkte als Barriere. Noch zu Stalins Lebzeiten war in der Sowjetunion auf die Notwendigkeit verwiesen worden, die Politische Ökonomie des Sozialismus zu modernisieren. Dieser Prozeß war jedoch kaum vorangeschritten. Es wurde wieder diskutiert, noch aber war nicht eindeutig entschieden, welche Einschränkung der zentralen Verfügung über die Wirtschaft, wieviel Marktnähe der Produktion, welche Flexibilität der Preise als Restauration des Kapitalismus zu gelten habe oder dem Sozialismus voranhelfe.

2. Erste Reformdiskussionen

Hemmungen dieser Art erschwerten auch eine Wende der Kulturpolitik. Zwar hatte der »Neue Kurs« neue Zeichen gesetzt[14]: Die Sowjetkultur, die »großen Errungenschaften der sowjetischen Wissenschaften und Kunst«, war nun nur noch »entsprechend den besonderen Verhältnissen in Deutschland auszuwerten«, und den Wissenschaften und Künsten im allgemeinen, den »fortschrittlichen« freilich im besonderen, sollte »die Möglichkeit einer freien schöpferischen Entwicklung gesichert werden«. Diese Ankündigungen blieben aber weithin unerfüllt. Die »Kulturrevolution« ging grundsätzlich die gleichen Wege wie bislang. In den Monaten nach dem 17. Juni jedoch hatten sich die Intellektuellen, die während der Streiks zumeist abseits gestanden hatten, zu Wort gemeldet und waren von der Parteiführung angehört worden. Die Akademie der Künste kritisierte die Reglementierung der Kultur, der Kulturbund plädierte für »die Freiheit der Meinungen« in »allen wissenschaftlichen und künstlerischen Diskussionen«, die »Freiheit der wissenschaftlichen Forschung und Lehre«, und noch im August 1953 druckte *Neues Deutschland* einen Beitrag von Brecht, in dem dieser konstatierte, daß die Künstler in der DDR »in wesentlichen Teilen« der Kulturpolitik »ablehnend« gegenüberstehen.[15] Brecht machte hierfür vor allem die »unglückliche Praxis der Kommissionen« verantwortlich. Gemeint war die »Staatliche Kommission für Kunstangelegenheiten«, die – 1951 gebildet – für die Durchsetzung der kunstpolitischen Richtlinien verantwortlich war. Bei ihrer Gründung hatte Grotewohl deren Auftrag so formuliert: »Literatur und bildende Künste sind der Politik untergeordnet, aber es ist klar, daß sie einen starken Einfluß auf die Politik ausüben. Die Idee der Kunst muß der Marschrichtung des politischen Kampfes folgen.«[16] Kurz darauf war das »Amt für Literatur und Verlagswesen« entstanden, das sowohl für die inhaltlichen (Gutachten) wie für die materiellen Aspekte (Lizenzen, Papierkontingente) der Buchproduktion zuständig wurde. Das einflußreichste Mitglied der Kunstkommission war der Kunst- und Literaturwissenschaftler Wilhelm Girnus, der Leiter der ZK-Abteilung »Schöne Literatur und Kunst«, von Freunden wie Feinden gleichermaßen seiner hohen Bildung, dogmatischen Enge und rabiaten Polemik wegen gefürchtet. Es darf angenommen werden, daß Becher auch Girnus meinte, als er im Sommer 1953 über »gewisse Leute« und »bürokratische Schnüffler« schrieb, die »alle Dichtungen, deren sie habhaft werden können, daraufhin untersuchen, inwieweit sie dem Marxismus-Leninismus entsprechen oder nicht«.[17]

Daß Becher 1954 zum ersten Kulturminister der DDR berufen und zugleich entschieden wurde, die Kunstämter seinem Ministerium anzugliedern, galt bei den Betroffenen als Zeichen der Umkehr. Sie führte nicht weit, reichte aber aus, den Jazz ansatzweise zu rehabilitieren (Blues etwa galt nun als Musik der unterdrückten Schwarzen), Musik und Sprechbühnen zu beleben und wenigstens eine Debatte darüber zu beginnen, wie eine anspruchsvolle realistische Gegenwartsliteratur beschaffen sein müsse, auch wenn sie noch nicht publiziert wurde. Ähnliches galt für das Wiederaufleben der wissenschaftlichen Diskussion – speziell in der Philosophie, Ästhetik und Politökonomie. Publiziert wurden in dieser Zeit z. B. wichtige Werke Ernst Blochs, Literaturstudien von Georg Lukács, wirtschaftswissenschaftliche Untersuchungen des Leipziger Ökonomen Fritz Behrens, und die 1953 gegründete *Deutsche Zeitschrift für Philosophie* (Mitherausgeber waren Ernst Bloch und der Berliner Philosophiedozent Wolfgang Harich) veröffentlichte eigenwillige marxistische Arbeiten, deren Autoren – ganz ungewöhnlich für diese Zeit – mehr Marx als Stalin zitierten, »Ideologie« (mit Marx) wieder als falsches Bewußtsein zu destruieren trachteten, statt sie als Weltanschauung zu referieren. Die Parteiführung reagierte zwiespältig: Sie ließ zwar die Ausführungen kritisieren, ehrte aber dennoch Bloch 1955 – der zweite Band von *Prinzip Hoffnung* war gerade erschienen – mit dem Nationalpreis, und Pieck gratulierte Lukács zum 70. Geburtstag.[18]

Skeptisch, doch abwartend verfolgte sie auch die beginnende wirtschaftswissenschaftliche Diskussion. Sie war von Effektivitätserwägungen ausgegangen, berührte aber bald empfindliche Politik- und Ideologiebereiche. Ökonomen kritisierten verschiedentlich die »Überzentralisierung« in Industrie und Landwirtschaft und suchten nach Zugängen zu einer Preisreform. Besondere Probleme bereitete ihnen – wie der Parteiführung – die private Industrie. Einerseits an ihrer »Liquidierung«, andrerseits an der Produktion interessiert – sie war 1954 gegenüber dem Vorjahr um 18%, die der zentral geleiteten Staatsbetriebe nur um 8,2% gestiegen –, suchten sie nach einem ökonomisch wie politisch akzeptablen Ausweg. Gleiche Sorgen machten ihnen die LPG, die, obzwar weiterhin stark subventioniert, in ihrer Leistungskraft hinter dem privaten Agrarsektor zurückblieben. Von einer raschen Nivellierung der Eigentumsverhältnisse versprachen sie sich deshalb nur wenig. Oelßner, Mitglied des Politbüros, in den zwanziger und dreißiger Jahren Student, dann Professor für Politische Ökonomie in Moskau, seit 1955 als Stellvertretender Ministerratsvorsitzender für Handel und Versorgung zuständig, plädierte für Tempo- und Methodenbewußtsein. In seinen theoretischen Überlegungen ging er davon aus, daß sich die DDR wie Sowjetrußland nach 1924 in einer Phase der »Neuen Ökonomischen Politik« befinde, in der Privat- und Staatswirtschaft nebeneinander existierten. Diese Politik sei, so Oelßner verallgemeinernd, die Wirtschaftspolitik der Übergangsperiode vom Kapitalismus zum Sozialismus, und deshalb sei für lange Zeit ein Konzept notwendig, das »auf den Aufbau des Sozialismus gerichtet ist und den Markt, den Handel und die Geldzirkulation ausnutzt«.[19]

Dieser Sichtweise stimmten viele zu und wandten sich mit Oelßner gegen administrative Lösungen des Eigentumsproblems. Bei diesen Überlegungen war auch die deutsche Frage von Bedeutung. Selbst Ulbricht hatte im November 1954 betont, die Politik der SED müsse »immer mit der Strategie und Taktik des Kampfes um die Wiederherstellung der Einheit eines demokratischen Deutschlands in Übereinstimmung sein«.[20] Er verwies damit freilich mehr auf die Modellfunktion der DDR für ein künftiges Gesamtdeutschland, während andere deren zunehmende Eigenentwicklung, vielleicht besonders der Einheit wegen, wenigstens nicht forcieren wollten.

Der Verzicht der Führung auf eindeutige politische Vorgaben, ihr zögerliches Taktieren in den Konzeptionsdebatten dieser Jahre entsprach der Haltung ihrer Bruderparteien im sozialistischen Lager. Das war kein Zufall, denn überall stand man vor den gleichen Problemen, weil man überall dem gleichen Politikentwurf gefolgt war und sich überall vorbehaltlos auf den Marxismus-Leninismus Stalinscher Prägung eingelassen hatte. In allen Ostblock-Ländern hatten die Parteien seit dem Ende der vierziger Jahre begonnen, in kurzer Zeit die Reste privater Verfügungsgewalt in der Wirtschaft zu zerschlagen, die Parteiideologie in der Gesellschaft zu verankern, in der Investitionspolitik die Schwerindustrie zu favorisieren. In allen Ländern standen die Regierungen vor Finanzierungsproblemen, überall gab es Versorgungslücken. Insbesondere in

Ungarn und der CSR, den neben der DDR entwickeltsten Industrieländern des Blocks, hatten sich die Konflikte derart verdichtet, daß 1953 auch hier ein »17. Juni« möglich schien. In Pilsen und anderen Industriestädten der CSR hatten am 1. Juni Arbeiter gegen eine am 30. Mai in Kraft getretene Umstellung der Währung, der Preise und Löhne gestreikt und bei blutigen Demonstrationen Parteilosungen und Bilder von KPC-Führern zerstört. Bei der Währungsreform waren nur Summen bis zu 300 Kronen im Verhältnis 5:1 getauscht, alle darüberliegenden Beträge zu einem Kurs von 50:1 gewechselt worden. Zwar wurden die Lebensmittelkarten abgeschafft und zugleich die Preise von freien Gütern gesenkt, ein Teil der ehemals rationierten Waren aber war nun teurer. Zugleich wurden alle vor und nach 1945 gezeichneten Staatsanleihen annulliert. Die Pilsener *Pravda* schrieb von einem »von bourgeoisen Elementen« angezettelten »gegenrevolutionären Putsch«.[21] Ähnlich gespannt war damals die Lage in Ungarn. Hier befürchtete die Parteiführung Streiks in den Industriezentren von Csepel, Ózds und Diósgyörs. Sie konnten nach dem Urteil des im Juli zum Ministerpräsidenten ernannten Imre Nagy nur »dank des plötzlichen Kurswechsels und der in die Wege geleiteten tiefgreifenden Veränderungen« abgewendet werden. Bei einer Fortsetzung ihrer bisherigen Politik, hatte Chruschtschow den ungarischen Partei- und Staatsführern schon im März vorausgesagt, würden sie »mit der Mistgabel verjagt« werden.[22]

In der DDR war mithin deutlich geworden, was für das ganze Lager galt: das Scheitern einer Politik, die – auch unter dem Eindruck der Ost-West-Spannungen und der seit dem Korea-Krieg noch gewachsenen Kriegsfurcht – darauf zielte, den Block rasch zu industrialisieren, die »Klassenfeinde« im Innern auszuschalten und eine straffe Kontrolle in den Ländern wie über das ganze Lager zu gewährleisten. Zur Diskussion stand damit aber auch das Stalinsche Umwälzungskonzept insgesamt: der Glaube an die Möglichkeit einer auf den Staat und loyale Parteikader gestützten Revolution von oben. Der ideologische wie materielle Legitimationsrahmen der Parteien hatte sich als brüchig und die Folgebereitschaft als gering, die Schwerkraft der Verhältnisse nahezu im ganzen Block als stärker erwiesen. Nicht nur die deutschen Kommunisten waren deshalb seit dem Frühjahr 1953 von der Sowjetführung zu Linienkorrekturen gedrängt worden, die Nachfolger Stalins versuchten vielmehr, das ganze Lager auf ihren »Neuen

Kurs« zu bringen. Dieser Zusammenhang wird von der souveränitätsempfindlichen DDR-Geschichtsschreibung ebenso ausgeblendet wie von vielen deutschlandfixierten bundesdeutschen Historikern. Die ungarische Parteigeschichtsschreibung dagegen berichtet unbefangen. Sie erwähnt den im Juni 1953 in Budapest beschlossenen Wechsel und fügt an: »Dem ging direkt voraus, daß das Zentralkomitee der KPdSU nach dem Tode Stalins ... den Parteien der verbündeten sozialistischen Länder zu einer selbstkritischen Überprüfung ihrer Politik riet.«[23]

Formal folgten alle Parteizentralen dem sowjetischen Rat. Überall wurden die Wachstumsziele zu Lasten der Schwerindustrie verändert und Programme für eine bessere Konsumgüterversorgung verabschiedet. Überall auch, wo – nach Stalinschem Vorbild – Partei- und Staatsämter in einer Hand lagen, wurden sie – nach nachstalinschem Vorbild – getrennt und wie in der Sowjetunion die »kollektive Führung« propagiert. Erkennbar aber war auch der Widerwille oder doch die Skepsis, mit der Parteiführer, die gerade noch Stalins Revolutionskonzept vertreten hatten, nun die neuen Richtlinien vortrugen – und das angesichts einer noch keineswegs eindeutigen Machtlage an der KPdSU-Spitze. Diese Irritation schuf Raum für Diskussionen, trug dazu bei, daß Parteifunktionäre, die in den vierziger und fünfziger Jahren wegen ihrer Plädoyers für die damals verfemte, jetzt geforderte Politik ausgeschaltet oder gemaßregelt worden waren, wieder an die Spitze drängten und machte es möglich, daß Opfer der Repressionswellen freigelassen und rehabilitiert wurden – manche freilich nur noch postum.

Das *Tauwetter* (so der Titel eines damals erschienenen Romans von Ilja Ehrenburg, der dieser Phase ihren Namen gab), das seit dem Frühjahr 1953 in der Sowjetunion eingesetzt hatte, griff auf das sozialistische Lager über. Ungewiß war jedoch noch immer, ob es von Dauer sein werde. An der Spitze der Nachfolger Stalins stand seit September 1953 mit Nikita S. Chruschtschow ein Parteiführer mit einer durchaus pragmatischen Beziehung zur Ideologie. Er betonte öffentlich Kontinuität, setzte aber die Sowjetgesellschaft mit unorthodoxen Methoden in Bewegung, um sie so schnell wie möglich aus ihrer Stagnation zu lösen, aus ihrem durch Terror und Bürokratie bedingten Immobilismus. Im Zentrum auch seiner Überlegungen stand die Verflechtung von Außen-, Innen- und Wirtschaftspolitik, von innerem Fortschritt und äußerer Entspannung. Im Innern hatte er die Lager geöffnet und Hunderttausende aus dem GULAG-System befreit; die Staatssicherheitskader wurden ausgewechselt, den Kolchoswirtschaften mehr Selbständigkeit und den Kolchosbauern mehr Privatinitiative zugestanden, in der Industrie wurde nach Wegen gesucht, das Planungs- und Leitungssystem zu modernisieren. In der Außenpolitik dominierten Entspannungsbemühungen. Seit dem Sommer 1953 im Besitz einsatzfähiger Wasserstoffbomben – in eigener Sicht also atomar nicht mehr erpreßbar – waren Verhandlungen und schließlich der Friede in Korea möglich. Innerhalb der eigenen Interessensphäre suchte und fand Chruschtschow einen Modus vivendi mit Jugoslawien, der dessen »Weg zum Sozialismus« anerkannte und normale zwischenstaatliche Beziehungen wieder möglich machte. Gegenüber dem Westen und der Dritten Welt begann eine »good will«-Offensive, unterstützt von zuweilen sehr persönlichen Auftritten Chruschtschows und seines Ministerpräsidenten Nikolaj A. Bulganin, der Anfang 1955 Malenkow abgelöst hatte. Drei Jahre nach Stalins Tod hatte die Sowjetunion ihr Gesicht so verändert, daß es kaum noch dem entsprach, das eine ganze Generation von Kommunisten in aller Welt bejaht und verinnerlicht hatte. Sie von der Notwendigkeit der neuen Politik zu überzeugen, die theoretische Begründung des Kurses zu vermitteln, das Konzept also politisch abzusichern, dazu sollte der XX. Parteitag der KPdSU beitragen. Er trat am 14. Februar 1956 in Moskau zusammen.

3. Der XX. Parteitag der KPdSU: Anstoß zur Modernisierung

Optimal war das sowjetische Parteimanagement sicher nicht. Viele Bruderparteien erfuhren offenbar erst kurz vor Kongreßbeginn, daß die neue Sowjetführung beabsichtigte, sich deutlich von Stalin zu distanzieren und einige Erscheinungsformen seines Herrschaftssystems offen zu kritisieren. Die Grundzüge der neuen Generallinie der KPdSU hingegen waren schon seit 1954 zu erkennen gewesen. Anders als Stalin ging die Sowjetunion nun, Folge ihrer gewachsenen atomaren Stärke, von der »Vermeidbarkeit« von Kriegen aus und plädierte für eine dauerhafte »friedliche Koexistenz« der Gesellschaftssysteme. Anders als Stalin erkannte sie unterschiedliche Wege zum Sozialismus an und suchte ein neues

Verhältnis zur sozialistischen Bewegung, die nun nicht mehr als bourgeois verketzert, sondern als potentieller Bündnispartner umworben wurde, anders als Stalin auch, dessen Innen- und Außenpolitik stark von der Unterschätzung der politischen und wirtschaftlichen Stärke der Sowjetunion geprägt gewesen war, setzten die Nachfolger – zumindest rhetorisch – auf die schlummernden Potenzen der Sowjetgesellschaft. Und sie glaubten, so will es scheinen, tatsächlich, der entfesselte Sozialismus sei fähig, die alten, aber hochproduktiven kapitalistischen Gesellschaften ökonomisch, kulturell und politisch zu überflügeln. Diese Annahme jedenfalls könnte erklären, weshalb sie sich auf die Systemkonkurrenz mit dem »Westen« nicht nur einließen, sondern sie offensiv anboten. Zwar lag dem Konzept nun wohl eine Überschätzung der eigenen Möglichkeiten zugrunde; es förderte aber gleichwohl Optimismus und Innovationslust, und das nicht nur in der Sowjetunion.

So gänzlich neu war das alles freilich nicht. Schon in den zwanziger Jahren hatte Stalin die Parole ausgegeben, die Überlegenheit des Sozialismus gegenüber dem Kapitalismus habe sich an seiner höheren Produktivität auszuweisen, und das hatte auch bereits Lenin gesagt. Seine Nachfolger aber wollten diese Entwicklung durch die Freisetzung von Kräften erreichen und nicht wie Stalin durch terroristisch erzwungene Disziplin. Besonders belangvoll für ihr Modernisierungsprogramm war der Widerruf der von Stalin geprägten und für die Politik der dreißiger und vierziger Jahre bestimmenden These über die Verschärfung des Klassenkampfs beim fortschreitenden Aufbau des Sozialismus. Mit dieser Behauptung waren in jenen Jahren alle Repressionswellen gerechtfertigt worden, und seit Ende der vierziger Jahre hatte sie auch den osteuropäischen Parteien zur Begründung ihrer Politik gedient. An ihre Stelle trat nun die Prognose, die sozialen Beziehungen würden sich künftig harmonischer entwickeln, zwar widersprüchlich, doch nicht mehr antagonistisch.

Sowohl das außenpolitische Konzept der friedlichen Koexistenz und die sie stützende neue These von der Vermeidbarkeit von Kriegen als auch die Revision des Stalinschen Klassenkampfdogmas rührten an die ideologischen und politischen Eckpfeiler des alten Machtgefüges. Wichtiger als die Demontage seines Legitimationsrahmens war jedoch die Kritik seines Trägers, die Zerstörung des Stalin-Nimbus. Ihr galt eine nur vor den sowjetischen Parteitagsdelegierten gehaltene Rede Chruschtschows über die Irrtümer, Fehler und Verbrechen Stalins, durch die er die sowjetische Parteielite erstmals umfassender und offiziell über Herrschermethoden und Herrschermentalität des Lenin-Nachfolgers informierte. Obwohl, wie Chruschtschow den Delegierten beteuerte, die »schmutzige Wäsche« nur intern gewaschen werden sollte, druckte bereits am 20. März das jugoslawische Parteiblatt *Borba* Auszüge aus der Geheimrede, und am 4. Juni veröffentlichte das amerikanische Außenministerium eine Textversion, die für die Unterrichtung der internationalen kommunistischen Bewegung angefertigt worden war. Zwar bestritt die Sowjetführung öffentlich die Authentizität dieser Publikation, rügte aber intern die polnische Parteiführung wegen ihres unachtsamen Umgangs mit vertraulichen Dokumenten. Denkbar ist auch, daß Chruschtschow selber daran interessiert war, die Sowjetbevölkerung über den Umweg der westlichen Medien (der Münchener US-Sender *Freies Europa* verlas den Text immer wieder) ins Bild zu setzen, um seine Enthüllungen nicht im Parteiapparat versickern zu lassen.

Die offiziellen Reden und Beschlüsse, mehr aber noch die rasch publik gewordenen Mitteilungen Chruschtschows über Stalin verwirrten alle Kommunisten. Am wenigsten wohl die jüngeren Mitglieder und Funktionäre, die die Karrierechancen, die eine SED-Mitgliedschaft bot, für ihr persönliches Fortkommen genutzt und dabei gelernt hatten, um wieviel hilfreicher als Überzeugung oder intellektuelle Integrität die verbale Akzeptanz der jeweils offiziellen Parteilinie war. Jene jüngeren Parteimitglieder aber, die – anders motiviert als ihre karrieristischen Altersgenossen – in der Nachkriegszeit etwa über die zuweilen durchaus revolutionär-romantische Atmosphäre in der FDJ zur SED gekommen waren, für die der Marxismus-Leninismus auch in seiner Stalinschen Prägung ein starkes Bildungserlebnis gewesen, deren Parteisozialisation ganz im Zeichen des Stalin-Kults geschehen war und die seinen Tod nicht hatten fassen können, verloren zeitweilig die Orientierung. Ähnlich geschockt war auch die Mehrheit der alten, aus der KPD stammenden Genossen. Sie hatten sich seit den späten zwanziger Jahren wie ihre Parteiführung mit dem Sowjetsozialismus, dem »Vaterland der Werktätigen«, und seinem Führer Stalin identifiziert und wurden nun mit seinen Verbrechen konfrontiert.

Am härtesten aber trafen die Chruschtschowschen Enthüllungen die älteren KPD-Intellektuellen. Nach außen zeigten sie sich weithin gefaßt, nach innen erschüttert. So bekannte Willi Bredel, nach 1945 Kulturfunktionär, dann wieder Schriftsteller und Mitglied des Zentralkomitees, auf einer ZK-Tagung im Oktober 1957, er habe an den »bekannt gewordenen Tatsachen schwer zu tragen gehabt«, die »tragischen Fehler des Genossen Stalin« seien ihm »sehr zu Herzen« gegangen, und er berichtete »von anderen, daß sie sogar mit Selbstmordgedanken umgingen«.[24] Die Altfunktionäre jedoch, vor allem jene, die in den dreißiger Jahren in der Sowjetunion Zuflucht gefunden und miterlebt hatten, wie dort viele ihrer Genossen im GULAG-System verschwanden oder nach monströsen Selbstanklagen verurteilt wurden, reagierten äußerlich gelassen, bisweilen zynisch und verfolgten den »Neuen Kurs«.

Ulbricht, gerade vom Parteitag zurück, erklärte im *Neuen Deutschland* die Zustimmung seiner Parteiführung zu den neuen Leitsätzen der KPdSU, betonte vor allem die Koexistenz, die Vielfalt der Übergänge zum Sozialismus, den Systemwettbewerb sowie die notwendige Kollektivität der Führung und akzeptierte die Moskauer Stalin-Kritik. Er, dessen Zentralkomitee zur Eröffnung des Parteitages eben noch im alten Stil gekabelt hatte: »Es lebe die unbesiegbare Lehre von Marx, Engels, Lenin und Stalin!«[25], teilte nun mit: »Zu den Klassikern des Marxismus kann man Stalin nicht rechnen«[26] und löste damit in der Partei Entsetzen und Proteste aus. Ulbricht reagierte: »Wir verstehen«, dozierte er vor Berliner SED-Delegierten,

»daß es eine große Zahl junger Genossen bei uns gibt, die nach 1945 in die Arbeiterbewegung gekommen sind, die nicht wie wir mehr als 45 Jahre Parteikampf und innerparteilichen Kampf mitgemacht haben, sondern die im Parteilehrjahr bestimmte Dogmen auswendig gelernt haben, und nun erleben, daß einige Dogmen nicht mehr zum Leben passen. Aber jetzt sagen manche nicht etwa, der Dogmatismus ist nicht richtig, sondern da stimmt etwas im Leben nicht.«[27]

Welche Lehren die SED aus dem XX. Parteitag der KPdSU zu ziehen habe, deutete er zunächst kaum an. Deutlich wurde aber rasch, daß die Führung nicht daran dachte, eine »Fehlerdiskussion«, d. h. eine Debatte über die Grundlinien der bisherigen Politik und das Verhalten der Parteiführer in der Vergangenheit zuzulassen. Angekündigt wurde lediglich, es sei zu »prüfen«, »wieweit es bei uns noch einen Führerkult gibt«, wie die ideologische Arbeit und die Propaganda verbessert werden könnten, welche Möglichkeiten es gebe, mit der Sozialdemokratie in ein »kameradschaftliches« Gespräch zu kommen. Angedeutet wurde immerhin, daß die neuen Chruschtschowschen Leitlinien der Politik für die DDR nicht folgenlos bleiben würden. Ulbricht: »Der Stoß, den wir vom XX. Parteitag bekommen haben, ist für uns sehr gesund. Auch wenn eine Reihe Genossen sagen, es sei schmerzlich, so wird sich das doch bei uns ausgezeichnet auswirken.«[28] Auf der 3. SED-Parteikonferenz, die Ende März zusammentrat, um den XX. Parteitag auszuwerten, verzichtete die Parteiführung auf eine öffentliche Würdigung der Rolle ihres einstigen Mentors. In einer geschlossenen Sitzung aber wurden (am 26. März) Auszüge aus der Geheimrede Chruschtschows verlesen, und erstmals erfuhren die Delegierten aus dem Munde ihrer Parteiführer, daß das, was sie bisher nur in westlichen Rundfunksendungen hatten hören können, keine Erfindung des »Klassenfeindes« und deshalb zu ignorieren, sondern vielmehr wahr und »wohldosiert« »nach unten« an die Parteibasis weiterzugeben sei.

Die politischen Richtlinien, die das Politbüro vorlegte, folgten weithin den sowjetischen Intentionen und entsprachen dem, was – etwa zur gleichen Zeit – die Bruderparteien beschlossen: Konzeptionen für die kontrollierte »Demokratisierung« des Staatsapparates und Wirtschaftspläne, die wieder stärker auf die Produktionsmittelindustrien ausgerichtet waren, die konsumrelevanten Bereiche aber nicht vernachlässigten. Die von der Parteikonferenz beschlossenen »Maßnahmen zur breiteren Entfaltung der Demokratie« blieben blaß, betonten nur die notwendige Einhaltung der Rechtsprinzipien des Obrigkeitsstaates, schufen damit aber immerhin Raum für Überlegungen über eine Verrechtlichung der Herrschaftsverhältnisse, die freilich die aktuelle Praxis des Staatsapparats ebensowenig beeinflußten wie etwa die der Justiz oder des Staatssicherheitsdienstes, dessen neuer Chef, Politbüromitglied und Minister Ernst Wollweber, auf der Konferenz versprach, den bis dahin gängigen Feind-Begriff künftig vor allem auf den äußeren Feind und seine Agenten, z. B. auf Mitarbeiter westlicher Geheimdienste oder des SPD-Ostbüros anzuwenden.

Das wirtschaftspolitische Programm – die »Direktive« für den Fünfjahrplan für die Jahre 1956 bis 1960 – stand ganz im Zeichen der Modernisierung durch die »wissenschaftlich-technische Revolution«.[29] Angekündigt wurde die schrittweise Mechanisierung und Automation industrieller Produktionsprozesse, die »friedliche Nutzung der Atomenergie«, d. h. der Bau von Atomkraftwerken, die rasche Entwicklung der Plastikchemie und der Abschluß des Aufbaus der Flugzeugindustrie mit dem Ziel, gegen Ende der Planperiode eine eigene Luftfahrt mit eigenen Flugzeugen zu betreiben. Die Arbeitsproduktivität sollte laut Planvorstellungen in der Staatsindustrie um zumindest 50% erhöht, das Volkseinkommen um wenigstens 45% gesteigert werden. Als Konsequenz eines schnellen wissenschaftlich-technischen Fortschritts glaubte man, bis Ende 1960 die tägliche Arbeitszeit in allen Industriezweigen von acht auf sieben Stunden reduzieren, in einigen Industriezweigen sogar zur 40-Stunden-Woche übergehen zu können.

Die wirtschaftlichen Ziele des »Neuen Kurses« waren damit modifiziert, die Erkenntnis über die nur schrittweise mögliche weitere Umgestaltung der Gesellschaft war aber unterstrichen worden. Das zeigte sich bei der Landwirtschaft in den Verweisen auf den LPG-Typ I, beim Einzelhandel und in der Privatindustrie im Ausweichen auf Zwischenlösungen. Den Einzelhändlern wurden Kommissionsverträge mit der Staatlichen Handelsorganisation empfohlen, also auf eine Einschränkung ihrer Selbständigkeit, nicht aber auf ihre unmittelbare Enteignung gezielt. Den Privatunternehmern bot man ein »chinesisches Modell« an. In China hatte sich der Staat mit Kapitaleinlagen an Privatunternehmen beteiligt, um einerseits die Unternehmerinitiative zu erhalten, andrerseits diese Betriebe in die Planung zu integrieren und die Entwicklung des privaten Sektors zu kontrollieren. In der DDR empfahlen die SED und später auch die Blockparteien die Umwandlung privater Unternehmen zu Kommanditgesellschaften, an denen sich der Staat in Gestalt volkseigener Betriebe als (mit seiner Einlage haftender) Kommanditist beteiligen und in denen der bisherige Alleineigentümer als (geschäftsführender, mit seinem gesamten Vermögen haftender) Komplementär fungieren sollte.

Tempobewußtsein gegenüber den Resten der alten Gesellschaft, sozialpolitische Aufmerksamkeit (Lebensstandard, Arbeitszeit) gegenüber der reklamierten Basis – der Lernschock des 17. Juni und der »Stoß« des KPdSU-Parteitags schienen fortzuwirken, zumal die sowjetische Parteiführung darauf achtete, daß sowohl ihre außenpolitische Lagebeurteilung als auch ihr Konzept für eine innenpolitische Modernisierung von den Bruderparteien übernommen wurden. Diese Aufmerksamkeit war insbesondere bei Parteien wie der SED nötig, deren Spitzen im Amt geblieben waren und die nun versuchten, mit einem Minimum an Selbstkritik und hoher verbaler Anpassungsbereitschaft ihre Position unter der neuen KPdSU-Führung zu behaupten. Sie auf den Kurs einer vorsichtigen Entstalinisierung festzulegen, zu einer weiterreichenden Kritik am »Personenkult« um Stalin zu bewegen, zu einer Lockerung der innenpolitischen Pressionen zu veranlassen und auch ideologisch für die gewünschte Erneuerung zu öffnen, galt in der Sowjetführung offenbar als Voraussetzung für eine weiterhin reibungsarme Kooperation im Block.

4. Die Intellektuellen, die Partei, die Grenzen des Wandels

Diesem Ziel sollte auch die Veröffentlichung einer KPdSU-Erklärung vom 30. Juni 1956 über die »Überwindung des Personenkults und seiner Folgen« im SED-Zentralorgan *Neues Deutschland* am 3. Juli dienen. In ihr wurde nochmals, wenn auch weniger radikal, auf die Herrschaftspraktiken Stalins eingegangen, auf deren Bedeutung für die politische und kulturelle Entwicklung der Sowjetunion verwiesen und die Notwendigkeit der Wende betont. Die SED-Führung – vermutlich schon uneins über den weiteren Kurs – war veranlaßt, sich zu diesem Beschluß des sowjetischen ZK zu äußern. Sie tat es auf ungewöhnliche Weise. Am 8. Juli druckte *Neues Deutschland* ein ganzseitiges Dokument unter dem Titel: *Zur Diskussion über den XX. Parteitag der KPdSU und die 3. Parteikonferenz der SED.* Der Vorspann lautete: »Vom Politbüro des Zentralkomitees der Sozialistischen Einheitspartei Deutschlands wird uns geschrieben.« Der übermittelte Text war so zwiespältig wie die Haltung der Führung seit dem Moskauer Parteitag. Man begrüßte die neue sowjetische Erklärung, versprach auch weiterhin »Lehren zu ziehen«, wendete jedoch ein: »aber nicht, indem wir unseren Blick in der Hauptsache auf die Vergangenheit richten, sondern indem wir nach vorn schauen und vorwärts schreiten«. Zudem gaben die Autoren zu bedenken, daß gerade jetzt »Wachsamkeit« vonnöten sei, denn der »Feind« werde nichts unversucht lassen, sich in den Erneuerungsprozeß einzumischen. Zugleich aber – und für diese Passagen hatten wahrscheinlich Kritiker Ulbrichts die Federführung – wurden mit Blick auf alle aktuellen Politikfelder (die »Sicherung des Friedens«, der neue Fünfjahrplan, der weitere Aufbau des Sozialismus in der DDR und die »friedliche, demokratische Wiedervereinigung Deutschlands«) zur Selbstüberprüfung gemahnt. Es sei, hieß es, »erforderlich, daß wir unsere bisherige Arbeit auf allen Gebieten selbstkritisch beurteilen, entschlossen alle Hemmnisse und Fehler aufdecken und beseitigen und nach neuen Lösungen für verschiedene Fragen suchen«. Kritisiert wurde die Unterdrückung von Kritik, der Personenkult, der sich auch in der DDR darin äußere, daß »leitende Funktionäre in Partei und Staat sich über die gewählten Organe« hinwegsetzten, gefordert wurde der Kampf gegen den »Dogmatismus« und ein breiter »Meinungsstreit«: »Selbst wenn Genossen dabei unrichtige Auffassungen vertreten, ist es notwendig, ihre Kritik zu beachten und daraus Schlußfolgerungen zu ziehen.« Das war die Position, die schließlich auch das Zentralkomitee sanktionierte. Es beschloß Ende Juli eine Resolution über die »nächsten ideologischen Aufgaben der Partei«[30], in der vor allem dem »Dogmatismus« der »Kampf« angesagt wurde, sowohl in den Natur-, Geistes- und Sozialwissenschaften als auch in der Parteiideologie und den Künsten. Zugleich rehabilitierte die Parteiführung Dahlem, strich die Parteistrafen, die 1953 gegen Ackermann, Jendretzky und Schmidt verhängt worden waren, und begann intern mit der Überprüfung der »Fälle« alle jener, die seit 1949 im Zusammenhang mit den Prozessen in Osteuropa Opfer der Parteisäuberungen geworden waren. Schon zuvor hatte man, um die neue Politik gegenüber der Sozialdemokratie zu unterstreichen, demonstrativ 700 inhaftierte ehemalige SPD-Mitglieder, vermeintliche oder tatsächliche Mitarbeiter des SPD-Ostbüros, freigelassen sowie rund 15 000 politische Gefangene aufgrund »überhöhter Strafmaße« amnestiert und etwa 3300 in der Sowjetunion wegen Kriegsverbrechen verurteilte, 1955 in die DDR gebrachte ehemalige Kriegsgefangene begnadigt.[31]

Die Entstalinisierung à la Chruschtschow hatte, schien es, auch die DDR erreicht. Von der Sowjetunion gemahnt, von Kritikern in den eigenen Reihen gedrängt, war die Parteiführung zu Positionen gelangt, die die Intellektuellen zu öffentlicher Diskussion ermutigten. Auf der Tagung des Zentralkomitees im Juli hatte selbst der ZK-Sekretär für Wissenschaft, Kurt Hager, eingestanden, der Personenkult habe auch bei den »theoretischen und propagandistischen Kadern der Partei den Geist des Dogmatismus« gefördert und es gestattet, »die eigene Unfruchtbarkeit zu entschuldigen«. Daraus, so Hager weiter, »entwickelte sich dann die auch bei uns weit verbreitete Seuche des Kommandierens. Dessen habe auch ich mich schuldig gemacht, und dessen haben sich auch andere Genossen schuldig gemacht.«[32] Anders als in Polen und Ungarn jedoch, wo die Stalin-Kritik bald alle Gesellschaftsschichten bewegte (der Streik der Posener Arbeiter im Juni führte im Herbst zur Auswechslung großer Teile der polnischen Parteielite, und in Ungarn diskutierten die neue Partei- und Staatsführung, Arbeiter und Intellektuelle die Notwendigkeit grundlegender Reformen), blieb sie in der DDR zunächst ein nahezu isoliertes Überbauphänomen. Hier waren es allein Intellektuelle und unter ihnen vor allem die vor 1945 politisch sozialisierten Parteiintelligenzler, die ihre Führung beim Wort nahmen und unbefangener als je zuvor nach neuen Konzeptionen für den sozialistischen Aufbau zu suchen begannen. Sprecher waren häufig Parteiwissenschaftler, die bisher mit meist konformistischen Interpretationen hervorgetreten waren und nun deutlich machten, unter welchem Anpassungsdruck sie gearbeitet, wie sehr sie ihre politischen und theoretischen Bedenken gegen den Parteikurs zurückgestellt hatten. Den Anfang machten erneut Ökonomen und Literaturtheoretiker, ihnen folgten Philosophen, Rechtswissenschaftler und Historiker, und bald griff die Diskussion auf die Intellektuellen in der Parteielite über.

Die Arbeiter nahmen von diesen Debatten kaum Notiz. Von der Wirtschaftspolitik der SED seit 1953 eher begünstigt, durch die Erinnerung an die Juni-Niederlage nur wenig motiviert, von der Intelligenz durch deren Privilegien sozial getrennt, kamen Kontakte nicht zustande. Auch die »neue« Intelligenz, noch nach den Normen des Stalinschen Wissenschaftsverständnisses ausgebildet, nahm – anders als die jungen Intellektuellen – wenig Anteil. Der Gedanke drängte zur Wirklichkeit, die Wirklichkeit nicht gleichermaßen zum Gedanken. Gleichwohl blieb die Debatte keine Episode. Kaum eines der Themen, die damals angeschnitten wurden, geriet in den folgenden Jahren in Vergessenheit, und immer wieder, bis in die siebziger Jahre hinein, erregten sie Anstoß. Im Mittelpunkt standen das herrschende Staats- und Parteiverständnis – gleich, ob über die Notwendigkeit einer Wirtschaftsreform, die »Demokratisierung« der Gesellschaft oder die Rolle der Literatur gesprochen wurde –, die Kritik am sozialistischen Etatismus, seinen bürokratischen Verfahren und seinen Rechtsnormen sowie die Frage nach der Legitimationsbasis der Parteiherrschaft. Besonders deutlich wurde das in Diskussionspapieren, die die theoretischen Grundlagen einer von allen – von Partei, Wissenschaftlern und Planern – als notwendig erachteten Reform des Planungssystems skizzierten. In ihnen spiegelte sich zum einen die von allen geteilte Kritik an der Überzentralisierung und der geringen Effektivität der DDR-Wirtschaft wider. Sie zielten zum anderen in Anlehnung an Diskussionen in Polen und Ungarn und an die Praxis in Jugoslawien auf eine Kombination von zentraler Planung und Marktmechanismen und plädierten deshalb für die Korrektur jener Theorien und Verfahren, die den zentralistischen Detailismus der Wirtschaftsplanung begünstigten. Die weitestreichende Kritik kam von dem Politökonomen Fritz Behrens und seinem Mitarbeiter Arne Benary. Behrens, bis dahin Leiter der Zentralverwaltung für Statistik, erinnerte – gewissermaßen altmarxistisch – an das Schicksal des Staates in der »Übergangsperiode«, betonte die Notwendigkeit seines schrittweisen Absterbens und den Beginn einer sozialistischen Vergesellschaftung, die Benary als einen langen Prozeß skizzierte, in dessen »Verlauf die Tatsache gesellschaftlichen Eigentums an den Produktionsmitteln immer breiteren Schichten der Arbeiterklasse und Werktätigen überhaupt bewußt (und) von ihnen wirklich ›begriffen‹« wird. Und Behrens postulierte: »Sozialismus verlangt Selbstverwaltung der Wirtschaft durch die Werktätigen, weil die Vergesellschaftung der Produktionsmittel ihre Ergänzung durch die Vergesellschaftung der Verwaltung fordert.«[33] Die Vorstellung, »daß der Staat alles könne und daß jede, auch die privateste Angelegenheit staatlich geleitet und kontrolliert werden müsse«, sei, so Behrens, nicht sozialistisch, »sondern ›preußisch‹«. Es komme vielmehr darauf an, das spontane Handeln der Menschen durch maßvolles staatliches Handeln, durch eine ökonomische und nicht politisch-administrative Rahmenplanung zu lenken.

In die gleiche Richtung wiesen – wenn auch weniger konsistent formuliert – Überlegungen des Ökonomen Gunter Kohlmey[34], der für flexiblere Preise und ein gewisses Maß an »Selbstregulierung« eintrat, des Agrarexperten Kurt Vieweg, der den außerökonomischen Zwang bei der LPG-Bildung kritisierte, einen langfristig angelegten, ökonomisch gesteuerten Übergang zur genossenschaftlichen Agrarproduktion verlangte[35] und bereit war, unproduktive Genossenschaften wieder aufzulösen. Richteten sich diese Erwägungen auf die Struktur der Machtapparate, der sie steuernden Partei und deren Effektivitätsdefizite, wendeten sich andere gegen das Erkenntnismonopol der Partei. Jürgen Kuczynski etwa, der schon damals führende Wirtschaftshistoriker der DDR, legte eine Untersuchung über das Massenbewußtsein zu Beginn des Ersten Weltkrieges vor, in der er nachwies, daß – anders als die Parteigeschichtsschreibung bisher behauptet hatte – die »Volksmassen« keineswegs von der »rechten Sozialdemokratie« im Stich gelassen, sondern ebenso wie diese in einen nationalistischen Taumel geraten waren. Die »Verrats«-These – ein Baustein für die Legitimation der KPD-Bildung – war damit ebenso in Frage gestellt wie eine der materiellen Begründungen des Führungsanspruchs der bolschewistischen Partei überhaupt[36]: die nicht nur theoretisch postulierte, sondern vorgeblich faktisch gegebene Identität von kollektivem Wollen und parteilicher Erkenntnis.

Auch der Versuch Joachim Streisands (damals noch wissenschaftlicher Referent der Akademie der Wissenschaften und Mitglied des Redaktionskollegiums der *Zeitschrift für Geschichtswissenschaft*, später bis zu seinem Tod im Jahre 1980 einer der führenden Neuzeit-Historiker der DDR), das Denken Blochs für die Geschichtswissenschaft fruchtbar zu machen, brach mit Überkommenem. Das *Prinzip Hoffnung* erweitere, so Streisand, »das Bild vom Menschen«, helfe, »mechanistische Fehler zu korrigieren, die in unseren Darstellungen leicht den Menschen hinter der Geschichte verschwinden lassen, d.h. das Bewußtsein der geschichtlich Handelnden und die Wirklichkeit der betreffenden Zeit stillschweigend als miteinander völlig übereinstimmend erscheinen lassen«.[37] Damit war auch Bloch, der politisch stets loyale, wenn auch theoretisch eigenständige Leipziger Philosophie-Ordinarius in die Diskussion einbezogen. Er selber hatte sie offenkundig nicht gesucht, eher seine Schüler Gerhard Zwerenz und Günther Zehm, die – wie viele andere jüngere DDR-Intellektuelle – in der Kulturbund-Zeitschrift *Sonntag* oder im Feuilleton der *Berliner Zeitung* kritisch-fragende oder fordernde Beiträge publizierten. Bloch selber hatte in dieser Zeit nichts anderes als zuvor vorgelegt, wie ein 1977 veröffentlichter, im Mai 1956 geschriebener Text aber ausweist, durchaus große Erwartungen in die Entwicklung nach dem XX. Parteitag gesetzt:

»Halbfertige Gefühle, unausgetragener Meinungsstreit, nicht resolut gemachte Gedanken stören jene allemal wohl zu proportionale Verbindung, die demokratischer Zentralismus heißt. Der XX. Parteitag muß statt dieser Störung zur Konsequenz gebracht werden, und das mit dem eigenen, in ihm selbst gegebenen Maß.« Und: »Diese Anstrengung des Begriffs auf sich zu nehmen, dazu ermuntert nicht zuletzt das sozusagen Attische, das so wenig Scholastizistische am XX. Parteitag.«[38]

Ähnlich – sicher weniger euphorisch – mögen auch jene Kritiker empfunden haben, die sich seit dem Sommer 1956 in der Parteispitze zu Wort meldeten. Ermuntert durch die blockweite Reformdiskussion, fasziniert von der Möglichkeit, durch eine neue Politik vielleicht doch die Distanz verringern zu können, die seit Beginn der Parteiherrschaft zwischen der Machtelite und dem Großteil der DDR-Bürger lag, plädierten sie für Korrekturen auf nahezu allen Politikfeldern. Und wieder – wie 1953 – waren es Funktionäre im Partei- und Staatsapparat, zu denen die dichtesten, am wenigsten geschönten Informationen aus Partei und Gesellschaft gelangten: der Kaderchef der SED, das Politbüro-Mitglied Karl Schirdewan und der Chef der Staatssicherheit Ernst Wollweber. Zu ihnen gesellten sich Funktionäre, deren Amtsbereiche die besten Einblicke in die Wirtschaftslage boten, das im Ministerrat für Handel und Versorgung zuständige Mitglied des Politbüros Oelßner, der Stellvertretende Vorsitzende des Ministerrates und Leiter der Kommission für Industrie und Verkehr Fritz Selbmann sowie Gerhart Ziller, Mitglied des Sekretariats des ZK und dort zuständig für Wirtschaftsfragen. Ihr Interesse galt anfänglich vor allem der Wirtschaftspolitik. Probleme der Gesellschafts-, speziell der Intelligenzpolitik steuerten die ZK-Sekretäre Paul Wandel, zuständig für Kultur, und Kurt Hager, verantwortlich für Hochschulen und Wissenschaft, bei. Die Reformvorschläge der keineswegs homogenen Gruppe fanden, heißt es, anfänglich auch bei Grotewohl Sympathie, und in der engeren Parteiführung, im Politbüro und im Sekretariat des ZK wurde zeitweilig mit wechselnden Mehrheiten entschieden. Das Prinzip der »kollektiven Führung« schien sich, wenn auch anders als intendiert, durchzusetzen.

Nach außen, in die Parteiorganisation oder gar in die DDR-Gesellschaft, drang von alledem zunächst freilich nichts. Weder Ulbricht und seine Freunde noch Schirdewan und seine später sogenannte »Fraktion« wandten sich an die Partei. Möglich ist, das wurde immer wieder behauptet, daß alle voller Erwartung auf die Machtkämpfe in der Sowjetunion blickten, abwarten wollten, ob es den Altbolschewiki um Wjatscheslaw Molotow gelingen werde, den unorthodoxen und bei seinen Reformbemühungen nicht unbedingt erfolgreichen Chruschtschow zu stoppen. Die Kremlastrologie jener Zeit rechnete Ulbricht der konservativen Molotow-Gruppe, Schirdewan dem Reformkurs Chruschtschows zu. Problematischer noch als die Machtlage in der Sowjetunion war für alle Beteiligten der Ausgang der Reformexperimente in Polen und Ungarn. In Polen war die Lage im Oktober 1956 durch die Wiederwahl des 1948 wegen »nationalistischer« Abweichungen verstoßenen Wladyslaw Gomulka zum ersten Parteisekretär konsolidiert worden. In Ungarn jedoch verlor die Parteiführung (hier war im Juli 1956 Matyas Rakosi als Erster Sekretär abgelöst worden) die Kontrolle über die Entwicklung. Auch die erneute Übernahme des Ministerpräsidentenamtes durch Imre Nagy im Oktober, der erst wenige Tage zuvor wieder in die Partei aufgenommen worden war, konnte die allgemeine Protest- und Rebellionsstimmung im Lande nicht dämpfen. Partei- und Staatsapparat, die volksdemokratische Ordnung drohten angesichts von Arbeiter- und Studentendemonstrationen in Budapest und anderen Städten zusammenzubrechen. Diese Entwicklung wurde durch ein erstes militärisches Eingreifen sowjetischer Truppen in der letzten Oktoberwoche nur aufgeschoben. Auch ein zwischen Nagy und den Aufständischen ausgehandelter Waffenstillstand und der Abzug der sowjetischen Truppen aus Budapest hielt sie nicht auf, zumal die Regierung Nagy unter dem Druck der Öffentlichkeit und in Überschätzung ihres politischen Spielraumes am 1. November den Austritt Ungarns aus dem Warschauer Pakt und die künftige Neutralität des Landes erklärte. Am 4. November – von der selbsternannten »Revolutionären Arbeiter- und Bauern-Regierung« unter Janos Kadar um Hilfe gebeten – griffen erneut sowjetische Truppen ein und schlugen den Budapester Aufstand in fünf Tage dauernden blutigen Kämpfen nieder.

In Ungarn war, so sah es Ulbricht wohl realistisch, genau das geschehen, was auf jede Reformpolitik im Nachstalinismus folgen mußte, die auch nur einen Augenblick lang die »Machtfrage« vernachlässigte; dort war zur Konsequenz gelangt, was Intellektuelle und reformeuphorische Spitzenfunktionäre nicht bedachten oder gar, schlimmer noch, bewußt riskierten. Wie etwa Wolfgang Harich (SED) und sein Kreis, der gerade in diesen Tagen an einem Reformprogramm arbeitete, dessen erklärtes Ziel es war, das Machtmonopol der SED-Spitze zu brechen und an die Stelle der alten eine neue, demokratisch-sozialistische Parteiorganisation zu setzen. Der Plan war jedoch weder durchdacht, noch wurde er hinreichend konspirativ verfolgt. Im Gegenteil: Harich bemühte sich um einen offenen Diskurs, suchte das Gespräch mit dem sowjetischen Botschafter Puschkin und sogar den Disput mit Ulbricht selber. Ulbricht empfing ihn auch am 7. November, wollte wissen, wer sonst noch so denke, regte eine wissenschaftliche Konferenz über die Harich-Themen an – und ließ ihn und seine engsten Freunde drei Wochen später verhaften: als Exempel für alle jene, die mit der Macht spielten. Für die Disziplinierung der Kader war der »Fall Harich« durchaus geeignet. Denn was dieser Kreis vorschlug, schien auch jenen Spitzenfunktionären zu weitgehend, die eine Modernisierung des Herrschaftssystems für dringlich hielten. Da war vor allem die Hoffnung auf das Zusammenwirken zwischen einer erneuerten Sozialdemokratie im Westen und den »echten sozialistischen Kräften in der SED« im Interesse einer späteren Wiedervereinigung; da war die Anerkennung der Tatsache, daß »in Westdeutschland die Einheit der deutschen Arbeiterklasse durch die SPD verwirklicht worden« sei; da war schließlich die Perspektive einer Auflösung der SED. Mit vielen anderen Forderungen aber hatte die Intellektuellen-Fronde – Harichs Mitstreiter kamen vor allem aus dem Verlags- und Wissenschaftsbetrieb – Fragen berührt, die auch von oppositionellen Führungskadern angeschnitten worden waren: die Demokratisierung der Partei, das Problem der landwirtschaftlichen Genossenschaften, die Meinungs- und Geistesfreiheit. Und selbst das Einheitskonzept der Gruppe lag nicht so weit von dem entfernt, was auch sie – und mit ihnen im übrigen die ganze offizielle SED – vertraten: »Bevor es zu einer Wiedervereinigung kommen kann«, hatten die Planer geschrieben, »müßten in der westdeutschen Bundesrepublik durch eine zukünftige SPD-Mehrheit im Bundestag« etliche grundsätzliche »Maßnahmen durchgeführt werden«: der Stopp der Remilitarisierung, eine Entnazifizierung des Staatsapparates, die Verstaatlichung der Schlüsselindustrien, eine Bodenreform, die Beseitigung des Bildungsprivilegs und schließlich der Austritt der Bundesrepublik aus der Nato.[39]

Der Grund, aus dem Harich aber selbst bei Sympathisanten auf Zurückhaltung stieß, war die Unschuld, mit der er Kontakte zur SPD gesucht und sich damit dem Verdacht einer unzulässigen Kooperation mit der »anderen Seite« ausgesetzt hatte. Sich von solcher Unbefangenheit zu distanzieren, gebot schon der Selbstschutz. Gleichwohl hielt es die Parteiführung für ratsam, die eigentlichen Adressaten des Prozesses zum Gerichtsverfahren gegen Harich und seine Freunde einzuladen. Als am 9. März 1957 das Urteil erging (Harich wurde wegen »Bildung einer konspirativen staatsfeindlichen Gruppe« zu zehn Jahren Zuchthaus verurteilt), saßen neben Mitarbeitern der Staatssicherheit und Staatsfunktionären unter anderen die Schriftsteller Willi Bredel und Anna Seghers und die Brecht-Witwe Helene Weigel, die Prinzipalin der Ostberliner Brecht-Bühne *Berliner Ensemble*, im Saal.

Der Prozeß markierte denn auch das Ende des intellektuellen »Tauwetters«. Mit dem Hinweis auf Ungarn und Harich eröffnete die Parteiführung den Angriff auf jene, die die Aufforderung zum Meinungsstreit ernstgenommen, aber wohl übersehen hatten, daß zumindest die Ulbricht-Gruppe im Politbüro dem Konzept Mao Tse-Tungs gefolgt war. Der hatte damals die Parole ausgegeben: »Laßt hundert Blumen nebeneinander blühen, laßt hundert Schulen miteinander streiten!«, was nach der wohl richtigen Interpretation Ulbrichts dem Zweck diente, »rückständige ideologische Anschauungen zu überwinden«.[40] Was als rückständig zu gelten hatte, definierte die Parteiführung. Sie begann im Herbst 1957 auf breiter Front eine Kampagne gegen den »Revisionismus«; und alle, die seit dem XX. Parteitag publizistisch hervorgetreten waren, gerieten in ihren Sog. Behrens wurde als Statistik-Chef abgelöst, Kohlmey verlor sein Akademieamt; Vieweg ging in panischer Stimmung in die Bundesrepublik, kam Monate später zurück und wurde wegen Staatsverrats zu vier Jahren und acht Monaten verurteilt. Bloch büßte durch Zwangsemeritierung sein Lehramt ein; Kuczynski und Streisand entzogen sich der Kritik durch ausgedehnte Chinareisen.

Die Versuche von Wandel und Hager, den harten Kurs in der Parteispitze aufzuhalten, schlugen fehl. Die Entwicklung in Ungarn hatte alle Führungskader erschreckt; auch dort hatte es, wie immer wieder behauptet wurde, mit dem Petöfi-Klub, dem Debattierzirkel der Budapester Intellektuellen, und mit Studentendemonstrationen begonnen und schließlich auch mit Opfern in den eigenen Reihen geendet. Zu Ansätzen einer oppositionellen Studentenbewegung war es auch an DDR-Universitäten gekommen. Es bildeten sich – insbesondere an den naturwissenschaftlichen und medizinischen Fakultäten – Studentengruppen, die politische Diskussionen speziell über die Entwicklung in Polen verlangten und forderten, den obligatorischen Russischunterricht und das gesellschaftswissenschaftliche Pflichtstudium abzuschaffen. Ihnen gegenüber konnten sich Partei und FDJ aus eigener Kraft durchsetzen – besonders rasch in Ostberlin, wo der baumlange Parteisekretär Alfred (»Ali«) Neumann den Studenten mit »Arbeiterfäusten« drohte und die SED-Betriebskampfgruppen aus Berliner Fabriken auf dem Universitätsgelände zu »Übungen« zusammenfaßte.

Parallel zum Beginn der Intellektuellenschelte ging Ulbricht in der Parteiführung auf Konfrontationskurs. Die Machtlage im Kreml hatte sich verändert. Im Juni 1957 war es Chruschtschow gelungen, seine wesentlichen Widersacher in der KPdSU-Spitze (Molotow, Kaganowitsch und Malenkow) als »Fraktion« aus allen Parteiämtern auszuschalten. Chruschtschow selber hatte angesichts der Entwicklungen in Ungarn wesentliche Abstriche von seinem Reformprogramm machen müssen, und alle Parteiführer des Ostblocks, die während der Entstalinisierungskrise in ihren Ländern für Ruhe gesorgt hatten, genossen in der Sowjetunion hohes Ansehen: auch Ulbricht, den Chruschtschow, folgt man zeitgenössischen Auguren, noch 1956 gern durch Schirdewan ersetzt gesehen hätte. Die Gegenoffensive des DDR-Parteichefs richtete sich zunächst gegen die politisch schwächsten Gegner. Auf einer ZK-Tagung im Oktober 1957 formulierten Freunde Ulbrichts Anklagen gegen Wandel und Hager; Hager übte Selbstkritik und blieb im Amt, Wandel wurde abgesetzt. Doch Ulbricht kündigte an, daß damit nur ein Anfang gemacht sei: »Bisher waren manche Genossen der Meinung, daß man sozusagen mit dem Regenschirm unter der ganzen Sache wegkommen und eine Selbstkritik umgehen kann.« Und: »Ich werde jetzt keine Namen nennen. Wenn Namen gewünscht werden, können die Betreffenden meinen Bericht in der nächsten Sitzung des ZK ergänzen.«[41]

Das taten sie offenbar nicht. Auf der übernächsten Tagung wurden die Namen aber aufgerufen. Und nun erst, im Februar 1958, offenbarte sich, wie umstritten der politische Kurs der SED seit dem XX. Parteitag gewesen, wie schwer es der Ulbricht-Gruppe gefallen war, sich in der Parteiführung zu behaupten und ihre Gegner als Parteifeinde auszuschalten. Dazu genügte es nach dem Selbstverständnis der Partei neuen Typus nicht, das Zentralkomitee über Meinungsverschiedenheiten im Politbüro und Sekretariat zu unterrichten. Es brauchte vielmehr den Beweis, daß die Unterlegen als »Fraktion« gearbeitet hatten, als eine Gruppe, die organisiert, planmäßig und auch außerhalb der Willensbildungsgremien eigene, gegen die Mehrheit gerichtete Politikkonzeptionen vertrat. Diese Behauptung – und damit das politische Todesurteil gegen die Besiegten – trug Honecker, damals noch Kandidat des Politbüros, dem ZK vor. Er berichtete, unlängst sei dem Politbüro mitgeteilt worden, daß »im Verlauf eines geselligen Beisammenseins« auf dem Gelände der deutsch-sowjetischen Uranbergbau-Aktiengesellschaft »Wismut« im Dezember 1957 »zwei leitende Genossen mit offenen Ausfällen gegen die Politik und Beschlüsse der Partei« aufgetreten seien. Diese »gegen die Einheit und Geschlossenheit der Partei« gerichteten Äußerungen seien vom Politbüro »mit Ausnahme des Genossen Schirdewan« als Ausdruck einer »fraktionellen Tätigkeit« gewertet worden, die »schon seit längerer Zeit in Gang gebracht sein mußte«. Eine eingehende Prüfung habe diesen Verdacht schließlich bestätigt.

Nun erst war – gemäß der Parteilogik – klar, warum die Politbüro-Mitglieder Schirdewan und Oelßner, der ZK-Sekretär Ziller, der Minister Selbmann, die Planungsexpertin Margarete Wittkowski, der Staatssicherheitsminister Wollweber seit nahezu zwei Jahren beharrlich eine andere Politik verfochten hatten als die Ulbricht-Gruppe, warum sie sich der »Weisheit des Kollektivs« nicht unterordnen wollten. Nun aber auch war vom ZK erst mit Aussicht auf Erfolg der Ausschluß der Parteiführer aus den Entscheidungsgremien zu fordern. Das Sündenregister war lang und zeigte, wenn es die Intentionen der Unterlegenen wenigstens partiell wiedergibt, erhebliche Abweichungen. Grundsätzlich hatten wohl alle Beschuldigten dafür plädiert, die »Demokratisierung« in der DDR voranzutreiben und damit – nach Honecker – die Ergebnisse des XX. Parteitages »opportunistisch« ausgelegt.[42]

Das zielte insbesondere auf Schirdewan und Wollweber, denen vorgeworfen wurde, bei den Studentenprotesten wie in der Auseinandersetzung mit den Intellektuellen für eine »Taktik des Ventils« plädiert zu haben, anstatt hart durchzugreifen. Als opportunistisch galten auch Plädoyers für ein Aufhalten der gesellschaftlichen Transformation im Interesse der Wiederherstellung der Einheit Deutschlands (Schirdewan) oder die Auflösung unrentabler LPG (Oelßner). Letztlich aber wurde jede Meinungsverschiedenheit, die seit dem XX. Parteitag in der Partei- und Staatsführung aufgebrochen war, diesem Vorwurf subsumiert: sowohl die Diskussionen um die Reform des Leitungssystems der Industrie (Oelßner, Selbmann, Ziller) als auch Fragen von Handel und Versorgung (Wittkowski). Zum Austrag kam dabei indes auch der Dauerkonflikt, der seit dem Aufstieg Ulbrichts in die Parteispitze stets die Beziehungen zwischen ihm und anderen Spitzenkadern beherrscht hatte: der Gegensatz zwischen dem zynisch-machtbewußten, intelligenten, detailversessenen und politisch wendigen Apparat-Mann und jenen Genossen, die entweder ihres Herkommens oder ihrer Parteiprofession wegen sensibler als andere Spitzenkader auf intellektuelle Unterströmungen in der Gesellschaft reagierten, die die Legitimationsdefizite der Parteiherrschaft sahen und nach Wegen suchten, diese wenigstens teilweise aufzufüllen. Daß sie dabei dazu neigten, mit der Macht zu »spielen« (Ulbricht), war – angesichts der tatsächlich labilen Herrschaftsverhältnisse und der nur schwach ausgeprägten Loyalität der DDR-Deutschen – kein unbedingt bloß von Ulbricht behaupteter Vorwurf. Und so, d.h. unter dem Aspekt der Machtsicherung gesehen, war Ulbrichts Politik denn wohl folgerichtig und wurde von der Führungsmehrheit schließlich akzeptiert, auch die Bestrafung der »Fraktion«.

Zwar war unklar geblieben, wer außer Schirdewan und Wollweber tatsächlich zu ihr zu rechnen war, doch schon der Hinweis auf die Nähe zu ihnen oder ihren Plänen barg Risiken. Die Hauptfrondeure verloren, ebenso wie Oelßner, dem »Schützenhilfe« vorgeworfen worden war, ihre Partei- und Staatsämter; die fachlich offenbar unersetzbaren Selbmann und Wittkowski mußten sich vorübergehend mit weniger repräsentativen, doch einflußreichen Staatsfunktionen begnügen. Ziller hatte sich im Dezember 1957 das Leben genommen, nachdem sein Anteil an der »Wismut«-Feier offenkundig geworden war. Noch 1970 wurde ihm in der DDR nachgesagt, er habe »im Herbst 1956 ... gemeinsam mit anderen die revisionistische Forderung« erhoben, »die sozialistische Entwicklung in der DDR zu verlangsamen, was schließlich zur Preisgabe der Errungenschaften des sozialistischen Aufbaus geführt hätte«.[43] Die Sieger straften mit Augenmaß: Wollweber ging in Pension, Schirdewan wurde zum Leiter der Staatlichen Archivverwaltung in Potsdam berufen und so zum Vorgesetzten des seit 1954 im Merseburger Zentralarchiv tätigen Herrnstadt, Oelßner widmete sich als Direktor des Instituts für Wirtschaftswissenschaften bei der Akademie seither der Wissenschaft.

5. Zeichen sozialer Konsolidierung

Dreierlei hatte die Parteiführung mit ihrer Linie der Partei und der ganzen Gesellschaft mitteilen wollen: ihren entschlossenen Machtwillen, die Unumkehrbarkeit der Eigenentwicklung der DDR und ihre Bereitschaft, in diesem Rahmen weiterhin an der Modernisierung der DDR zu arbeiten. Zwar hatte seit Ungarn die Machtdemonstration im Vordergrund gestanden. Auch in dieser Phase war jedoch an den Entwürfen, welche die 3. Parteikonferenz vorgelegt hatte, weitergearbeitet worden, speziell an Plänen für eine Reform des Planungs- und Leitungssystems, die sich nun aber deutlich an entsprechende sowjetische Entwürfe anlehnten. Zugleich war die SED-Spitze darauf bedacht gewesen, ihre nur mühsam ausbalancierte Beziehung zu den Arbeitern nicht aufs Spiel zu setzen. Dem hatte zum einen ein kurzfristiges Mitbestimmungsexperiment in Gestalt von betrieblichen »Arbeiterkomitees« gegolten, von dem man sich sowohl Prävention gegen Arbeiterproteste als auch die Integration des Sachverstandes der Produzenten in die Leitungsentscheidungen versprach, das aber beendet wurde, weil das Interesse der Arbeiter an diesen Gremien gering und zudem noch nicht entschieden war, wie die künftige Leitungsstruktur der DDR-Industrie beschaffen sein sollte. Zum anderen wurde im Mai 1958 eingelöst, was bereits auf der 3. Parteikonferenz als ein Zwischenergebnis des neuen Fünfjahrplans angekündigt worden war: das Ende der Rationierung der letzten kontingentierten Lebensmittel.

Diese war zwar mit Preissteigerungen verbunden: Ein Pfund Butter, das bisher in der HO für 9,60 DM und gegen Lebensmittelmarken für 2,10 DM zu haben war, kostete nun 4,90 DM, und auch Schweinekoteletts zogen von 2,86 DM das Kilo auf 8,80 DM (gegenüber ehemals 11,20 DM in der HO) an. Für die Lebensmittel, die bislang jeden Monat auf die Grundkarte zu beziehen gewesen waren (1350 g Fleisch, 900 g Fett, 1200 g Zucker) und ca. 8,– DM gekostet hatten, waren nun etwa 17,– DM aufzuwenden. Die Preise für die früheren Schwerstarbeiter-Rationen (2250 g Fleisch, 1800 g Fett und 1200 g Zucker) stiegen von rund 16,– DM auf ca. 28,– DM. Da jedoch bisher (1957) etwa ein Drittel des Fleischverbrauchs, ein Viertel des Butter- und ca. 80% des Margarinekonsums in HO-Läden gedeckt werden mußte, deren Lebensmittelpreise nun sanken, stellte sich die Belastung insgesamt als mäßig dar – zumal sozial gestaffelte lohnsteuerfreie Zulagen gewährt und Renten und Stipendien um 9,– DM bzw. 10,– DM aufgebessert wurden. Zugleich stiegen die Grundlöhne. Insgesamt erhöhte sich gegenüber 1957 der Durchschnittslohn von Arbeitern und Angestellten in Staatsbetrieben um etwa 7%[44] und lag nun bei 494,– DM. Zwar gab es auch in diesen Jahren immer wieder »Engpässe«, insgesamt aber verbesserte sich als Folge der wachsenden Produktivität die Versorgung ganz erheblich. Die Entwicklungskurve der DDR-Industrie schien stabil nach oben zu weisen (die Wachstumsraten der Bruttoproduktion stiegen zwischen 1956 und 1959 über 7%, 8% und 11% auf 12%), und auch die Neigung zur Westwanderung nahm ab. Waren 1956 noch knapp 280 000 DDR-Deutsche diesen Weg gegangen, sank die Zahl 1957 auf ca. 260 000, 1958 auf 204 000 und 1959 auf rund 144 000. Unter ihnen waren freilich stets rund zwei Drittel Erwerbspersonen, und jeder zweite Westwanderer war noch keine 25 Jahre alt. Doch die Ankommenden entsprachen immer weniger dem westlichen Stereotyp des Ostflüchtlings: einerseits ihrer Aufbruchmotive, andrerseits ihres Weltbildes wegen.

Im zweiten Halbjahr 1953 lag der Anteil jener ehemaligen DDR-Bürger, die im Notaufnahmeverfahren der Bundesrepublik als »politische Flüchtlinge« anerkannt worden waren, bei 25,3 %, 1959 dagegen betrug er nur noch 14,5 %, und 1957 gar war bei nur 7,4 % der Abwanderer eine »Zwangslage« anerkannt worden, »die durch die politischen Verhältnisse« bedingt gewesen sei. Im Durchschnitt der Jahre zwischen 1953 und 1959 wurde dieses Motiv jedem achten bescheinigt.[45] Ähnlich neben der allgemeinen gesellschaftlichen Wahrnehmung lagen die Ergebnisse von Untersuchungen, die mit Hilfe von Flüchtlingsbefragungen Anhaltspunkte für die Beurteilung von politisch-sozialen Orientierungen der Arbeiter, der Angestellten, der Intelligenz und der Jugendlichen in der DDR erlangen wollten.

So wurde bei »Tiefeninterviews« mit abgewanderten Arbeitern, die mit Bemühen um Repräsentativität ausgewählt worden waren, ermittelt, daß nur 35 % »von marxistischer Ideologie frei« waren bzw. »unreflektierte westliche bis bewußt antikommunistische Haltungen« zeigten.[46] Dies äußerte sich – nach Meinung der Wissenschaftler – auch in ihrer Haltung zum Eigentum, bei der nur 8 % zu »extrem liberalistischen« Positionen, 14 % zu einer Marktwirtschaft mit staatlichem Sektor, 29 % zu einem »dualistischen Wirtschaftssystem« (mit verstaatlichten Grundstoffindustrien) und mehr als 40% zu »radikal-« bzw. »gemäßigt marxistischen« Positionen neigten. Ein anderes Bild bot sich bei Angestellten. Hier kamen die Analytiker zu dem Resultat, daß bei 61% der von ihnen Befragten »weder kommunistische noch sozialistische Aspekte vorhanden oder feststellbar« seien und nur bei 14% »kommunistische« vorherrschten bzw. bei 25% »marxistisch-sozialistische« ausgemacht werden könnten.[47] Bei der Untersuchung der »politisch-ideologischen Grundhaltung« von geflüchteten DDR-»Intelligenzlern« stießen die Interviewer auf eine 13% starke »kommunistische Teilgruppe«, auf eine »Mittelgruppe« in einer Größenordnung von 37%, in der ein »Mischungsverhältnis zwischen linientreuer und westlicher Haltung« auf der einen und Indifferenz und Opportunismus auf der anderen Seite einander etwa die Waage hielten. Neben diesen fanden sie eine »Teilgruppe westlicher Haltung«, zu der 45% der Befragten gehörten.

Die Interviewten selbst differenzierten noch stärker. Auf die Frage nach der Haltung von »alter« und »neuer« Intelligenz gegenüber den »politisch-ideologischen Anforderungen des Regimes« bescheinigte die Mehrheit (55%) den Altakademikern »Ablehnung bei meist erzwungener Passivität«; nur 27% unterstellten ihnen abwartende bzw. verbal opportunistische Attitüden; und 3% glaubten, diese Gruppe stimme den Anforderungen zu. Der neuen Intelligenz dagegen wurden von einem Drittel Zustimmung, von einem Fünftel Opportunitätserwägungen und nur von etwas mehr als einem Viertel (28%) Ablehnung unterstellt. Insgesamt meinten nur 8%, die »neue Intelligenz« verhalte sich kritischer oder weniger positiv als die alte. Die Intelligenzpolitik der SED schien Früchte zu tragen. Stimmten die Ergebnisse, dann war die Erwartung, die Rekrutierung einer neuen Intelligenz werde in dieser Schicht Loyalität, zumindest aber eine größere Anpassungsbereitschaft fördern, wohl nicht gänzlich illusionär gewesen. Das galt nicht nur für politische Haltungen, es betraf auch ihr Gesellschaftsbild. Auch in der Intelligenz zeigte sich, fand das Forschungsteam heraus, »eine Erscheinung, die wir schon für Arbeiter und Angestellte festgestellt haben: Gemeinwirtschaftliche Eigentumsvorstellung und betont soziales Empfinden dominieren bis weit in eine prowestliche Grundhaltung hinein.«[48]

In dieses Bild fügten sich auch die Aussagen von Jugendlichen. Auf die Frage, was »im Falle der Wiedervereinigung« mit den

Staatsbetrieben in der DDR geschehen solle, traten 48%, von den jungen Arbeitern unter ihnen nur 42%, für eine Reprivatisierung ein (die erwachsenen Arbeiter hatten sich nur zu 38% für diese Möglichkeit ausgesprochen). Als »ausgesprochene Antikommunisten« werteten die Forscher nur etwa 15%, doch auch die »bis zu einem gewissen Grade ›klassenkämpferisch‹ eingestellten« jungen Leute machten nach ihren Schätzungen nicht mehr als 10 bis 15% »der in der BRD verbliebenen und auffindbaren jugendlichen Flüchtlinge« aus.[49]

Auch wenn die wertgeladenen Kriterien der Analytiker den Befund verzeichnen mögen, und wenn zudem in Rechnung gestellt werden muß, daß die zuweilen durchaus bürokratische, politischen Konjunkturen folgende Notaufnahmeprozedur kein gänzlich klares Bild über die Abwanderungsgründe vermitteln konnte (zumal aus Kostengründen die Anerkennung von Zuwanderern als »politische Flüchtlinge« zuweilen zurückhaltend ausgesprochen wurde), zeigte sich doch die Situation der DDR im Spiegel dieser Daten weit weniger dramatisch als noch in den Jahren zuvor. Zudem: So prestigedämpfend die andauernde Ost-West-Wanderung auch war, sie hatte, darauf machte 1960 erstmals Ralf Dahrendorf aufmerksam, eine »latente Stabilisierungswirkung«. Potentielle Konfliktträger wanderten ab (Dahrendorf: »Mobilität ist sozialer Konflikt als individuelle Entscheidung«), mit ihnen aber auch potentielle Erneuerer, Modernisatoren der DDR-Gesellschaft. Und manches schien unter diesem Blickwinkel für den Wahrheitsgehalt der Dahrendorfschen Sottise zu sprechen: »Ich halte es nicht für unmöglich, daß der beharrliche Stalinismus der Ostzone sich unter anderem aus der Verlegenheit erklärt, halbwegs qualifizierte Männer zu finden, die eine alternative Politik vertreten können.«[50]

Es sollte sich zeigen, daß diese Deutung die Wirklichkeit nur zum Teil erfaßte. Zwar: alternative Konzepte blieben tatsächlich die Ausnahme. Aber: zu systemadäquaten Reformen sollte sich die Machtelite als fähig erweisen. Gleichwohl war 1958 die Lage für die SED keinesfalls befriedigend. Sie konnte jedoch hoffen, ihr werde ein höheres Maß an Loyalität zuwachsen, wenn es nur gelinge, den erreichten ökonomischen Aufschwung und mit ihm auch die politisch-soziale Stabilität zu verstetigen. Dies zu hoffen, gab es durchaus Anlaß. Wieder folgte die Parteiführung jedoch einem problematischen Konzept. Im Juli 1958 trat der V. SED-Parteitag zusammen und verabschiedete ein Maßnahmebündel, das einerseits auf soziale Befriedung, andrerseits auf den raschen Fortgang der sozialistischen Umwälzung zielte.

Die programmatische Losung hatte Ulbricht am Schluß seines mehrstündigen Einleitungsreferats ausgegeben: »Vorwärts im Kampf für den Sieg des Sozialismus in der Deutschen Demokratischen Republik.«[51] Ein Termin für dieses Ziel wurde zunächst nicht genannt. Doch ein Jahr später war klar, daß es spätestens 1965 erreicht sein sollte. Damals war – im Gefolge der Umstellung der Sowjet- und der Ostblockwirtschaft auf einen Siebenjahrplan-Rhythmus – der ohnehin problematische zweite Fünfjahrplan abgebrochen und durch einen Siebenjahrplan ersetzt worden. Bei der Begründung des Planes vor dem SED-Zentralkomitee erklärte Ulbricht: »Das vorliegende Dokument zeigt der ganzen Bevölkerung der Deutschen Demokratischen Republik den Weg des entfalteten Aufbaus des Sozialismus mit dem Ziel, in der Zeit des Siebenjahrplanes bis 1965 den Sozialismus zum Siege zu führen.«[52]

Im Vordergrund des »entfalteten Aufbaus« stand eine »ökonomische Hauptaufgabe«. Ihre Lösung sollte der anhaltenden Ost-West-Wanderung das materielle Motiv nehmen. Das von Ulbricht verkündete Ziel lautete:

»Die Volkswirtschaft der DDR ist innerhalb weniger Jahre so zu entwickeln, daß die Überlegenheit der sozialistischen Gesellschaftsordnung ... gegenüber der Herrschaft der imperialistischen Kräfte im Bonner Staat eindeutig bewiesen wird und infolgedessen der Pro-Kopf-Verbrauch unserer werktätigen Bevölkerung mit allen wichtigen Lebensmitteln und Konsumgütern den Pro-Kopf-Verbrauch der Gesamtbevölkerung in Westdeutschland erreicht und übertrifft.«

Und er fuhr fort: »Wir schlagen ... vor, durch gemeinsame größere Anstrengungen in den nächsten drei Jahren die ökonomische Hauptaufgabe bis 1961 zu lösen.« Daß dieses Ziel zu erreichen sei, stand für den Ersten Sekretär scheinbar außer Frage. Bei den meisten Lebensmitteln habe, so interpretierte er die DDR-Statistiken, die DDR den Standard der Bundesrepublik ohnehin schon erreicht, und für das übrige setzte er auf »die Mobilisierung aller inneren Reserven« und die »Inanspruchnahme der Solidarität und Unterstützung der Sowjetunion und der volksdemokratischen Länder«. Die Hauptaufgabe diene schließlich der »Festigung der Arbeiter- und Bauernmacht in der DDR« ebenso wie der »des sozialistischen Lagers überhaupt«, und ihre Erfüllung werde zudem »dem Volkskampf gegen die Bonner Atomrüstungspläne Aufschwung geben«.[53]

Daß dieser »tiefe politische Inhalt« (Ulbricht) der innerdeutschen Systemkonkurrenz allein eigenen Erwägungen entstammte, scheint zweifelhaft. Manches – die Beschlüsse der Konferenz der Kommunistischen Weltbewegung im November 1957 in Moskau und die kurz vor dem Parteitag abgeschlossenen Verhandlungen mit der Sowjetunion über ein langfristiges, bis 1965 reichendes Handelsabkommen – spricht dafür, daß die SED veranlaßt worden war, ihre Politik den optimistischen Prognosen Chruschtschows zuzuordnen, sich voll in die Wettbewerbsstrategie der KPdSU zu integrieren und in ihr auch noch eine Vorreiterrolle zu übernehmen. Weder die KPdSU, die mit den USA an der »Konsumlinie« kämpfen wollte, noch die KP Chinas, die das Niveau der britischen Eisen- und Stahlproduktion anvisierte, hatten sich derart knappe Termine gesetzt. Doch den Deutschen (Ost) war es offenbar zuzumuten, die Deutschen (West) binnen drei Jahren zu überflügeln – obwohl die industrielle Arbeitsproduktivität in der Bundesrepublik um rund 30% über der der DDR lag.

Über dieses Mißverhältnis sprach öffentlich niemand. Auf der dem V. Parteitag vorangegangenen ZK-Tagung, die über die »Hauptaufgabe« befand, hatte nur Otto Lehmann, ZK-Mitglied und Sekretär des FDGB-Bundesvorstandes, angeregt, Aussagen über das Verhältnis von Konsum und Produktivität zu machen: »Wenn ich die Frage stelle, daß ich in der Versorgung pro Kopf der Bevölkerung in der Deutschen Demokratischen Republik Westdeutschland überflügeln will, dann muß ich, wenn ich A gesagt habe, auch B sagen, dann muß auch die Arbeitsproduktivität pro Kopf der Bevölkerung zu diesem Zeitpunkt höher sein.«[54] Lehmanns Logik mag überzeugt haben, Konsequenzen aber mochte das ZK zu diesem Zeitpunkt nicht ziehen. Erst ein Jahr später wurde auch die eigene Arbeitsproduktivität und damit der Rückstand zur westdeutschen öffentlich ins Kalkül gezogen. Das Ziel lautete nun, die Bundesrepublik auch auf diesem Gebiet einzuholen – bis Ende 1965. Der Termin für das Erreichen des Lebensstandards des westlichen Deutschland wurde allerdings beibehalten. Vollbracht werden sollte also das Kunststück, das Konsumniveau des Konkurrenten früher zu erreichen als dessen Produktivität.

Möglich, daß die Ökonomen die Leistungsfähigkeit der sozialistischen Wirtschaft auf das Niveau der sowjetischen Raketen- und Weltraumtechnik hochrechneten und im »Sputnik« – dem sowjetischen Satelliten, der im Oktober 1957 die USA aus der Gewißheit ihrer Vormachtstellung aufgeschreckt hatte – einen neuerlichen Beweis für die Kraft ihres Systems sahen. Möglich auch, daß die Imperialismustheoretiker sich verschätzt hatten, daß das Wettbewerbskonzept auf der Annahme basierte, der Kapitalismus bewege sich auf eine Krise zu, und man werde in der Lage sein, ihn spätestens auf der Talsohle seines Konjunkturzyklus zu »erwischen«. Aus der DDR jedenfalls kamen düstere Krisenprognosen: Johann Lorenz Schmidt, an der Ostberliner Humboldt-Universität für den »gegenwärtigen Imperialismus« zuständig, diagnostizierte in einem Aufsatz *(Die Wirtschaftskrise in den kapitalistischen Ländern ist unabwendbar)* in den USA »eine richtiggehende zyklische Überproduktionskrise« und in »verschiedenen anderen hochentwickelten Ländern, wie England, Westdeutschland, Belgien usw., Vorzeichen einer herannahenden Krise«[55], und ZK-Wissenschaftler behaupteten bald darauf, die bislang in der Bundesrepublik wirksamen Wachstumsfaktoren hätten sich verbraucht und dadurch sei »bereits seit Monaten die bisherige Konjunktur durch eine Stagnation der westdeutschen Wirtschaft mit zahlreichen tiefen Krisenerscheinungen abgelöst« worden.[56] Berufen konnten sie sich allenfalls auf das Abflachen der Wachstumskurve der bundesdeutschen Wirtschaft; sie sollte aber bald wieder ansteigen.[57]

Gleichwohl war die Hauptaufgabe sicher kein bloß agitatorisches Unternehmen. Dazu war der Lebensstandard ein politisch zu heikles Thema. Tatsächlich konzentrierte sich die Wirtschaftspolitik in den folgenden Monaten stark auf den Konsum, und auch die Mehrzahl der Investitionsvorhaben dieser Zeit wurde in konsumnahen Bereichen realisiert. Das bedeutete freilich keinen Verzicht auf die Förderung der Produktionsmittelbereiche. Stärker als in den Jahren zuvor zielte die Planung nun aber auf den Ausbau und die Erweiterung der traditionellen Industriezweige (Stichwort: Sozialistische Rekonstruktion), insbesondere der Chemie, für die ein Programm entwickelt wurde (Losung: »Chemie gibt Brot, Wohlstand und Schönheit«), das die Entwicklung der Petrochemie auf der Grundlage sowjetischen Erdöls vorsah.

6. Neue Offensiven

Auch die vom Parteitag bekräftigte, schon zuvor eingeleitete Reform des Bildungswesens, der Übergang zur obligatorischen, »allgemeinbildenden polytechnischen« Zehn-Klassen-Schule, entsprach dem Modernisierungskonzept und war im übrigen durchaus geeignet, Potenzen der neuen Gesellschaft zu verdeutlichen. Weniger zukunftsträchtig dagegen erschienen vielen die von Ulbricht dem Parteitag vorgelegten zehn »Gebote der neuen sozialistischen Sittlichkeit« (später »Gebote der sozialistischen Ethik und Moral« genannt), die alle mit »Du sollst« begannen, Liebe, Güte oder Engagement für das sozialistische Vaterland, für Kinder und Familie oder eben für den Sozialismus verlangten, und aufforderten, »sauber und anständig« zu leben, »gute Taten für den Sozialismus« zu vollbringen oder das Kollektiv zu achten und seine Kritik zu beherzigen. Sie waren, heißt es in der DDR, Ulbrichts ganz persönlicher Beitrag, eine Reminiszenz an die alten Zeiten der Leipziger Arbeiterbildung im sozialdemokratischen Milieu.

Auch die neue Offensive der Kulturpolitik ging auf Initiative Ulbrichts zurück. Sie galt Kirchen und Künsten, Schulen, Hochschulen und Universitäten. Ihr Ziel war die Überwindung bürgerlicher Kultur und die Ausbildung sozialistischen Bewußtseins, kurz: »eine tiefgreifende sozialistische Umwälzung der Ideologie und der Kultur« (Ulbricht). Das bedeutete speziell für Kirchen und »alte« Intelligenz eine neue Herausforderung, betraf aber letztlich alle Lebensbereiche, denn überall war »auf der Grundlage der neuen sozialökonomischen und politischen Bedingungen« die sozialistische Bewußtseinsbildung in die Wege zu leiten.[58] Eine wesentliche Komponente in diesem Konzept bildete die bald darauf ins Leben gerufene »Bewegung schreibender Arbeiter« (Losung: »Greif zur Feder, Kumpel. Die sozialistische Nationalkultur braucht Dich!«). Sie sollte dazu beitragen, die »Trennung von Kunst und Leben« zu überwinden.

Begonnen hatte die Kampagne im »VEB Elektrochemisches Kombinat« in Bitterfeld. Hier hatte im Januar 1959 ein Arbeiterkollektiv, die Jugendbrigade »Nikolai Mamai«, genannt nach einem sowjetischen Produktionsneuerer und »Helden der sozialistischen Arbeit«, auf Anregung des FDGB, der wiederum von der SED inspiriert worden war, dazu aufgerufen, »auf sozialistische Weise zu arbeiten, zu lernen und zu leben«, und selber beschlossen, eine »Brigade der sozialistischen Arbeit zu werden«.[59] In Bitterfeld tagte denn auch im April 1959 eine Konferenz, die diese Ziele als Programm der künftigen Kulturpolitik verabschiedete. Auf diesem »Bitterfelder Weg« gingen seither Literaten, Maler, Bildhauer oder Musiker in die Betriebe, um neue Themen zu finden und zugleich die Arbeiter bei deren Bemühungen um kulturelle Selbstbetätigung zu unterstützen. Das hatte vor allem für die Arbeiter Bedeutung. Sie waren aufgefordert, ihr bislang nur in der Produktion sich erweisendes politisches Engagement zu erweitern und im Arbeitskollektiv um den Titel »Brigade der sozialistischen Arbeit« zu wetteifern. Der war zu erringen, wenn bei hohen Produktionsleistungen die Gebote der sozialistischen Moral beachtet, gemeinsam Theater besucht, stilvolle Brigadefeiern arrangiert und überhaupt »kulturvoll«, wie es hieß, Arbeits- und Freizeit verbracht wurde. Zur Selbstkontrolle war ein »Brigadetagebuch« zu führen, möglichst präzis, aber auch möglichst literarisch. Hierbei etwa halfen Schriftsteller. Da mit dem Titel auch Prämien vergeben wurden, wuchs die Wettbewerbsbewegung rasch an. Ende 1959 waren es 900 000, Mitte 1961 nahezu zwei Millionen Menschen, die derlei »Brigaden« oder »Arbeitsgemeinschaften« bilden wollten. Die Kulturrevolution schien in den Betrieben in hohem Tempo voranzukommen, die künstlerische Ausbeute dagegen blieb hinter den Erwartungen zunächst weit zurück.

Sozialistisches Bewußtsein, Ästhetik und neue Moralnormen standen bei den Bemühungen um »sozialistische Produktionsverhältnisse« auf dem Lande nicht im Vordergrund. Hier war es – Folge des alten »Lernschocks« von 1953 und der Bedenken innerhalb der Parteiführung (Schirdewan, Oelßner) – zu »Tempoverlusten« gekommen, die, so die Forderung des V. Parteitages, rasch aufgeholt werden sollten. Ob dabei immer auf staatlichen Druck verzichtet wurde, ist heute nur noch unter DDR-Historikern strittig. Immerhin aber wird von ihnen nun etwa thematisiert, daß die Maschinen-Traktoren-Stationen (MTS), die Ende der vierziger Jahre (damals noch unter der Bezeichnung Maschinen-Ausleih-Stationen) zur Unterstützung speziell der »Neubauern« gebildet worden waren und in den fünfziger Jahren über die meisten landwirtschaftlichen Großgeräte verfügten, sich 1958 stärker als zuvor auf die Hilfe für die LPG konzentrierten und die Versorgung der Einzelbauern vernachlässigten. Und erwähnt wird auch, daß viele LPG zwischen 1956 und 1958 durch die Umwandlung von örtlichen Landwirtschaftsbetrieben entstanden und dadurch »nicht wenige Landarbeiter auf administrativem Wege LPG-Mitglieder wurden«.[60] Da 1956 mehr als die Hälfte der von Genossenschaften bewirtschafteten Fläche ehemals staatliches Eigentum war – Gemeindeland und in staatliche Verwaltung gelangte verlassene Betriebe –, war mithin ein Großteil des Kollektivierungserfolges administrativer Entscheidung entsprungen. Die selbständigen Bauern dagegen wollten noch abwarten. Die Entwicklung der LPG hatte sie nicht überzeugt: zum einen wegen deren Produktivität, die zwar stieg, doch noch längst nicht das mittelbäuerliche Niveau erreichte, und zum anderen auch aufgrund der Einkünfte. Noch für 1959 wird mitgeteilt[61], daß im Bezirk Neubrandenburg 14% der LPG keinerlei eigene Einkünfte erwirtschafteten, also staatlich subventioniert werden mußten, und wenn Einnahmen erzielt wurden, bekam ein »arbeitsfähiges Mitglied« – wie in der LPG »Goldener Sommer« in Bullenstedt, Kreis Bernburg (Bezirk Halle) – pro Jahr 3411,40 DM, während ein Produktionsarbeiter einer MTS im gleichen Kreis 6100,– DM erhielt, und wirtschaftsstarke Einzelbauern – wie in Beyern, Kreis Herzberg (Bezirk Cottbus) – Jahreseinkünfte zwischen 20000 und 25000 DM erwirtschafteten.[62]

Unter diesen Umständen die Bauern mit materiellen Anreizen für einen freiwilligen LPG-Beitritt zu gewinnen, war ein schwieriges Unterfangen. Zwar resultierte die Schwäche der Genossenschaften auch aus ihrer Struktur, aus dem Fehlen von erprobtem bäuerlichen Sachverstand, ertragreichen Böden und leistungsstarkem Vieh auf der einen, aus der Dominanz von Landarbeitern, Kleinbauern und weniger ertragreichen Flächen auf der anderen Seite. Gleichwohl überzeugte die Behauptung, der Beitritt der starken Bauern werde auch die Genossenschaften stärken, nur wenige. Und Ulbrichts Rezept vom Mai 1958, »die LPG wirtschaftlich derart zu stärken, daß die wohlhabenden Mittelbauern bei ihrem Eintritt in die LPG möglichst keine Senkung ihrer Lebenshaltung in Kauf nehmen müssen«[63], überstieg die Möglichkeiten des Staatshaushalts bei weitem. Wenn die Kollektivierung im Interesse einer potentiell höheren Effektivität großer Produktionseinheiten oder einfach der Arrondierung sozialistischer Produktionsverhältnisse wegen dennoch vorangetrieben werden sollte, blieb letztlich nur der freiwillige Einkommensverzicht der Bauern oder die Ausübung von Druck.

Er wurde angewendet. Vor allem durch eine Agitation, die allgemein-politische und ökonomische Argumente zunehmend militant in einer Weise mischte, daß der LPG-Beitritt als Beitrag zur Stärkung des Friedensstaats DDR erschien, die Weigerung daher als Sabotage am Frieden und seiner Stärkung auslegbar wurde. Zunächst hatte dies trotzdem wenig Erfolg. Zwar gaben ca. 117 000 Bauern ihre Betriebe auf, und die Zahl der privaten Bauern ging damit um rund ein Viertel zurück, doch noch immer bewirtschafteten sie Ende 1959 die gute Hälfte der landwirtschaftlichen Nutzfläche. Erneut aber wanderten Bauern ab, zwischen Anfang 1957 und Ende 1959 wiederum etwa 30000[64], unter ihnen nur wenige, etwa 1000, sogenannte »Großbauern« (mit mehr als 20 ha Nutzfläche), die Mehrzahl erneut Klein- und »Neu«-Bauern. Innerhalb der LPG aber waren die Altbauern nun auf dem »Vormarsch«. Sie und ihre Angehörigen rangierten mit etwa 112 000 Mitgliedern nur geringfügig hinter den Neubauerfamilien (knapp 115 000) und den ehemaligen Landarbeitern (ca. 130 000) auf dem dritten Platz der ca. 435 000 Personen zählenden LPG-Mitgliederschaft.

Auch bei der Kollektivierung des Handwerks hatte die Parteiführung neue Anstrengungen verlangt. Große Erfolge waren jedoch ausgeblieben. Zum einen stellten die Handwerker – speziell im Reparatur- und Dienstleistungsbereich – einen wichtigen Wirtschaftsfaktor dar, der für die Konsumziele von nicht zu unterschätzender Bedeutung war und deshalb nicht verunsichert werden sollte. Zum anderen war es den Betroffenen nur schwer zu vermitteln, weshalb sie einer möglicherweise volkswirtschaftlich zu Buch schlagenden Kostensenkung wegen auf Einzelbetriebe etwa im Friseur- oder Schumachergewerbe verzichten und sich in Genossenschaften des Handwerks (PGH) zusammenschließen sollten, deren Effektivität allein der Konzentration der Dienstleistungsproduktion wegen nicht unbedingt höher sein mußte. Zudem war der Zusammenschluß nicht billig. Schlossen sich wirklich alle Handwerksbetriebe zu PGH zusammen, und das zu den Konditionen, mit denen bislang geworben worden war, sanken die staatlichen Steuereinnahmen aus dem Handwerk wegen der geringeren Steuersätze, die die Genossenschaften zu entrichten hatten, erheblich ab. Gleichwohl kam die Kollektivierung in Gang. Bis Ende 1960 wuchs die Zahl der Handwerksgenossenschaften auf nahezu 3900 (Ende 1957: 295) und die der PGH-Mitglieder auf fast

144 000 (Ende 1957: etwa 8100), hinzu kamen knapp 20 000 weitere Beschäftigte. Diese Genossenschaften erbrachten Ende 1960 etwa 28% der Leistungen des Gesamthandwerks.[65] Ihnen standen noch immer mehr als 173 000 private Betriebe mit etwa 434 000 Beschäftigten gegenüber. Und schon in dieser Zeit deutete sich an, daß sich die SED an dieser Teilfront ihrer Gesellschaftspolitik Zeit lassen wollte.

Das galt auch für die noch privaten Industriebetriebe. Zwar nahm ihre Zahl zwischen Ende 1956 und Ende 1960 – infolge von steuer- oder wirtschaftsrechtlichen Enteignungen oder von Betriebsaufgaben – schneller ab, als die Aufnahme von staatlichen Beteiligungen wuchs. Sie sank von etwa 12 300 auf ca. 6500, während die der halbstaatlichen Betriebe von 144 auf 4455 zunahm, doch schien der chinesische Modus vivendi für viele Unternehmer akzeptabel, zumal die Einkommenseinbußen gering blieben. Der Anteil dieser neuen Eigentumsform an der industriellen Produktion stieg auf 7,5%, der der letzten Privatbetriebe fiel auf 3,8% ab.[66] Ähnlich verlief die Kurve im Einzelhandel. Hier waren seit 1956 »Kommissionsverträge« zwischen der HO oder dem staatlichen Großhandel und privaten Geschäftsleuten abgeschlossen worden, um auch in diesem Bereich private Verfügungsgewalt zurückzudrängen. Diese Kommissionshändler besorgten Ende 1960 zwar erst 6,5% des Einzelhandelsumsatzes, hatten aber zusammen mit der HO und der Konsumgenossenschaft dazu beigetragen, daß der Umsatzanteil des privaten Einzelhandels zwischen 1956 und 1960 von ca. 30% auf ca. 16% abfiel.[67]

Gerade das Jahr 1959 schien zu beweisen, daß es möglich sei, das Erreichte zu konsolidieren, den gesellschaftlichen Umbau sogar voranzutreiben, ohne nennenswerte Beunruhigung auszulösen, und sogar die seit Jahren niedrigsten Abwanderungsverluste zu »erzielen«, wenn nur gemäßigte Formen gefunden und das Konsumniveau wenigstens gehalten werden konnte. Bereits 1958 aber hatte die SED eine »Zeitbombe« gelegt, deren Zündung die Konsolidierung abrupt unterbrechen, ihre tatsächlichen Bedingungen bloßlegen und schließlich zeigen sollte, daß sich viele Bürger bis dahin nur provisorisch mit der DDR arrangiert, der Partei womöglich eine Chance gegeben hatten, selber jedoch noch nicht bereit waren, sich auf Dauer dort einzurichten.

7. Der 13. August 1961 – Eine kalkulierte Krise?

Ob das kommende Desaster von der Parteiführung geahnt oder gar kalkuliert worden war, läßt sich nicht ermitteln. Daß die Krisenzeichen in der DDR zunächst kaum wahrgenommen wurden, scheint evident. Das lag womöglich auch an der scheinbaren Kontinuität der von Ulbricht auf dem V. Parteitag angesprochenen Problemlage: der Deutschlandfrage. Sie hatte der Erste Sekretär zwar nur insofern neu gefaßt, als er im Interesse einer Entspannung in Deutschland nun auch für die »Normalisierung der Lage in Berlin« plädierte und forderte, daß in Westberlin (»so eine Art Insel mitten in der Deutschen Demokratischen Republik«) die »Wühlarbeit gegen die DDR« eingestellt werde. Für diesen Fall versprach er u. a. die Wiederingangsetzung des 1953 unterbrochenen innerstädtischen Straßenbahn- und Busverkehrs, Arbeitsplätze für arbeitslose Westberliner in der DDR-Hauptstadt oder die Milchversorgung der Westsektoren durch die DDR.[68] Das entsprach weitgehend der Linie der Ende 1957 eingeleiteten neuen Deutschlandpolitik, die auf eine Zusammenarbeit von Bundesrepublik und DDR im Rahmen einer »Konföderation« selbständiger Teilstaaten zielte und verbunden war mit der Aufforderung zu einem beiderseitigen Verzicht auf Atom- und Raketenwaffen, zur Bildung einer atomwaffenfreien Zone und zum Abschluß eines Gewaltverzichtvertrages zwischen Nato und Warschauer Pakt. Gleichwohl setzte die Erwähnung Westberlins einen neuen Akzent. Immerhin war die »Insel« nicht nur ein »Glitzerding« (so *Der Spiegel* später) und damit ein von den dort Regierenden auch gern so apostrophierter Störfaktor oder »Pfahl im Fleisch der DDR«, sondern darüber hinaus der kaum zu kontrollierende und für die meisten Wanderwilligen nächstliegende Fluchtpunkt. Für 20 Ostpfennige bot die DDR-kontrollierte Berliner S-Bahn den Transportservice von Ost nach West, und mehr als die Hälfte der Westwanderer hatte ihn bislang in Anspruch genommen. Zwar hatte am 13. Oktober 1957, an einem Sonntag ab null Uhr, die Volkspolizei ihre Fähigkeit demonstriert, die DDR-Hauptstadt durch ein dichtes Kontrollsystem gegen Westberlin abzuriegeln.[69] Ein Aufwand wie dieser war langfristig jedoch nicht aufrechtzuhalten. Es mußten andere Mittel gefunden werden, Westberlin zu neutralisieren. Dabei hatte die SED die Unterstützung ihrer sowjetischen Bruderpartei.

Wie 1952 bei der März-Note ging die sowjetische Initiative auch diesmal – formal – auf eine Anregung der DDR zurück. Sie hatte sich im September 1958 an die Siegermächte gewandt und sie ersucht, alsbald eine gemeinsame Kommission zu bilden, die Beratungen über einen »Friedensvertrag« mit Deutschland führen und dabei auch vereinbaren solle, »in welchem Stadium und in welcher Form« die beiden deutschen Staaten »als Verhandlungspartner« hinzuzuziehen seien.[70] Zugleich schlug sie der Bundesregierung vor, dieses Ansinnen zu unterstützen und sofort mit der Erörterung von Schritten zu beginnen, die »der Schaffung eines einheitlichen, friedliebenden und demokratischen deutschen Staates dienen«. Dabei sollten beide Seiten davon ausgehen, daß eine Vereinigung von Bundesrepublik und DDR nicht dadurch herbeigeführt werden könne, »daß die Staats- und Gesellschaftsordnung des einen Staates auf den anderen übertragen wird«.[71] Damit hatte die DDR an ihr »Konföderations«-Konzept erinnert, das Berlin-Problem selber aber nicht thematisiert.

Das tat die Sowjetunion. Nachdem ihre Noten an die Westmächte, in denen sie die DDR-Vorschläge aufgegriffen hatte, dort nur ein negatives Echo fanden, verband sie nun ihre Forderung nach einem Friedensvertrag mit dem Verlangen nach einer Veränderung des seit 1945 gültigen Berlin-Status. Ob sie es tat, um die Westmächte für Deutschland-Verhandlungen gesprächsbereit zu machen oder ihr Interesse allein der westlichen »Frontstadt« galt, läßt sich nicht eindeutig beantworten. Folgt man der sowjetischen Publizistik dieser Zeit, in der immer wieder die Sorge um eine atomare Aufrüstung der Bundesrepublik Ausdruck fand, liegt die Annahme nahe, die Deutschlandpolitik Chruschtschows habe wie seinerzeit die Stalinsche darauf gehofft, durch eine Veränderung der Lage in Deutschland eine weitere Stärkung des westlichen Bündnisses verhindern zu können. Unter dem Aspekt der Blockkonsolidierung dagegen scheint der Schluß zulässig, die Sowjetunion sei zu der Erkenntnis gelangt, das schon damals produktivste Industrieland des sozialistischen Lagers müsse auch im Interesse des Blocks endgültig gesichert werden. Daß die KPdSU jedoch glaubte, die Berlin-Problematik gemäß den Hoffnungen der SED lösen, d. h. Westberlin in die DDR integrieren zu können, darf bezweifelt werden und wurde im übrigen von offizieller sowjetischer Seite damals auch nicht behauptet. Immerhin lagen die Erfahrungen mit der Blockade Westberlins, lag die Erkenntnis erst zehn Jahre zurück, daß diese Stadt auch von der anderen Seite als ein politischer Hebel beansprucht wurde, den sie um kaum einen Preis hergeben würde.

Gleichwohl forderte Chruschtschow am 10. November 1958, den Viermächtestatus Berlins aufzuheben und kündigte an, die Sowjetunion werde in diesem Fall ihre Kontrollrechte an die DDR übertragen. Am 27. November wurde den Westmächten formell mitgeteilt, die Sowjetunion betrachte den Berlin-Status als hinfällig und wolle Westberlin binnen sechs Monaten in eine entmilitarisierte, von den vier Mächten und der DDR garantierte »Freie Stadt« umwandeln, in eine selbständige politische Einheit. Das bedeute zwar für die DDR, so der Text der Note, ein »Zugeständnis«, ja ein »gewisses Opfer«, da die Stadt eigentlich auf ihrem Territorium liege. Ostberlin sei jedoch bereit, diesen Schritt »für die Festigung des Friedens und für die nationalen Interessen des ganzen deutschen Volkes zu gehen«.[72]

Anfang Januar 1959 koppelte die Sowjetdiplomatie die Berlin-Frage auch förmlich an die Deutschlandproblematik. Sie ließ einen Friedensvertrag-Entwurf überreichen, in dem die Einheit des Landes nur eine untergeordnete Rolle spielte, die Fixierung des Status quo aber im Mittelpunkt stand. Der Entwurf ging »bis zur Wiedervereinigung Deutschlands in dieser oder jener Form« von der Existenz zweier Staaten in den Grenzen von 1945 aus, schrieb deren Verzicht auf die Teilnahme an Militärbündnissen vor, die gegen eine der Unterzeichnermächte gerichtet sein könnten, und definierte Westberlin für die Zeit der Spaltung des Landes als »entmilitarisierte Freie Stadt« auf der Grundlage eines besonderen Statuts. Unterzeichner des Friedensvertrages sollten beide Staaten sein, die sich zuvor auf gemeinsame Verhandlungsziele verständigen mußten.[73] Nur in einem Punkt war mithin ein sowjetisches Entgegenkommen signalisiert worden: in der Ankündigung einer Entlassung der DDR aus dem Warschauer Pakt im Falle eines Bündnisverzichts der Bundesrepublik.

Zunächst hatte es gleichwohl den Anschein, als könnten sich die Supermächte über alle Gegensätze hinweg auf ein längerfristiges Miteinander verständigen. Doch der kooperative »Geist von Camp David«, der beim USA-Besuch des sowjetischen Ministerpräsidenten zwischen Chruschtschow und Eisenhower im September 1959 geherrscht hatte, verflog rasch. Unvereinbar waren die Standpunkte bei allen Kontakten über eine Rüstungskontrolle, und ergebnislos – wie schon im Mai 1959 die Gespräche bei der Genfer Außenministerkonferenz (an deren sogenannten Katzentischen erstmals ost- und westdeutsche Delegationen saßen) – blieb der Notendialog über Deutschland, härter aber wurde die Sprache. Sie entsprach den neuen Konfliktlagen. Ausgerechnet am 1. Mai 1960 schoß eine Sowjetrakete über Swerdlowsk – mitten in der Sowjetunion – den amerikanischen Luftkundschafter Gary Powers samt seiner Maschine aus 20000 Metern vom Himmel. Die Sowjetunion wertete den von den USA zunächst bestrittenen, dann ungeschickt eingestandenen und schließlich als sicherheitsnotwendig begründeten Spionageflug als Beweis für die Illoyalität und Aggressivität der anderen Seite, und Chruschtschow nutzte den Vorfall, um den mühsam für den 16. Mai vorbereiteten Gipfel der Regierungschefs der Großen Vier in Paris platzen zu lassen – unmittelbar vor dem ersten offiziellen Treffen, weil Eisenhower eine Entschuldigung verweigerte.

Im selben Jahr waren beide Mächte – noch mittelbar – in Südostasien aufeinandergestoßen, in Laos, wo die Sowjetunion und die USA Kräfte unterstützten, die um die Macht rivalisierten und sich wechselseitig beschuldigten, die stets nur labilen Abmachungen und Waffenstillstände zu mißachten. Als schließlich im April 1961 – Präsident John F. Kennedy war gerade drei Monate im Amt – Exilkubaner, von der CIA finanziert, in der kubanischen Schweinebucht landeten (und innerhalb von 72 Stunden geschlagen wurden, weil der prognostizierte Massenaufstand gegen Fidel Castro ausblieb), war an eine Verständigung etwa über die Deutschland- und Berlin-Problematik überhaupt nicht mehr zu denken. Das dennoch verabredete Treffen zwischen Kennedy und Chruschtschow in Wien (3. und 4. Juni 1961) endete ergebnislos. Zumindest zwei Hinweise auf die amerikanische Haltung in der Berlin-Frage konnte der sowjetische Parteichef jedoch mitnehmen: Die USA seien, so Kennedy, nicht bereit, über Westberlin und seine Zugangswege mit sich reden zu lassen, sie würden sich aber auch »nicht in Entscheidungen einmischen, die die Sowjetunion in ihrer Interessensphäre fälle«.[74]

In dieser Sphäre stand die Sowjetunion unter dem Druck der von der SED verschärften Verhältnisse. Zum einen drängte die Einheitspartei seit der neuen Initiative der Sowjetunion immer wieder auf den raschen Abschluß eines Friedensvertrages und die Lösung der Berlin-Frage und trug so dazu bei, daß die Aufbruchstimmung unter den DDR-Deutschen nicht geringer wurde. Zum anderen aber begann sie zum Jahresbeginn 1960 auf dem Lande mit einer Kollektivierungskampagne bisher unbekannten Ausmaßes, die durch eine ZK-Tagung, die ganz im Zeichen der Landwirtschaft stand, eingeleitet wurde. Die Parteiführung rief dazu auf, »die Gewinnung der Bauern für die LPG durch beharrliche Überzeugungsarbeit zu einer Sache der ganzen Arbeiterklasse, der Kräfte der nationalen Front und breitester Kreise der fortschrittlichsten Bauern« zu machen. Und sie gab auch das schlichte politische Motto: »In der ganzen Welt wird immer klarer, daß nur Frieden und Sozialismus eine Zukunft haben. Deshalb überzeugen die Bauern sich leichter von den Vorzügen der LPG.«[75]

Damit waren Organisationsform und Argumentationsmuster vorgegeben, und überall bildeten die SED-Kreisleitungen Agitationsbrigaden, in denen unter ihrer Führung möglichst das ganze politische Organisationsspektrum zusammengefaßt und zur massiven Werbung mit der Friedens- und Sozialismusparole in die Dörfer geschickt wurden. Häufig nahm man auch Lautsprecher mit, »beschallte« ganze Orte oder einzelne Renitente, und zuweilen wurde in diesen Wochen massiv mit Folgen gedroht, falls einer auch weiterhin »Einzelbauer« bleiben wollte. Am 4. März meldete der Bezirk Rostock die Vollkollektivierung, am 12. folgte Neubrandenburg, am 18. Potsdam, am 19. Frankfurt, am selben Tage schickte das ZK den Bauern einen offenen Brief und mahnte zur Eile. Am 29. berichteten Cottbus, Schwerin, Leipzig und Magdeburg den Vollzug, und schließlich zogen auch die südlichen Bezirke nach – als Schlußlicht am 14. April ausgerechnet Karl-Marx-Stadt. Insgesamt waren es mehr als 265 000 Bauern, die sich innerhalb von knapp fünf Monaten, folgt man der DDR-Geschichtsschreibung, von den Vorzügen der sozialistischen Landwirtschaft überzeugten. Es entstanden etwa 9000 neue LPG – zunächst alle in Gestalt des nicht voll kollektivierten Typs I oder II. Etwa 15 000 Bauern gingen in den Westen, rund 30000 blieben zunächst selbständig. Schon Ende 1962 waren es nur noch etwa 10000. Zwar gab es noch 1984 ca. 2000 Relikte der alten Agrarverfassung, doch die war 1960 grundlegend umgestaltet worden. Der später sogenannte sozialistische Frühling war freilich statt mit sanften Winden mit schweren Stürmen übers Land gegangen, und anstelle des blauen Bandes hatte da und dort allenfalls das blaue Banner einer FDJ-Brigade geweht.[76]

Daß bereits die Kollektivierung Unruhe stiften, daß sie sich zusammen mit der immer militanter werdenden Berlin-Agitation verstärken würde, darf als der SED bekannt unterstellt werden. Ob deshalb aber der Schluß zulässig ist, sie habe diese Kombination bewußt gewählt, um Panik zu erzeugen und schließlich das Einverständnis der Sowjetunion zu erlangen, dem Schrecken ein Ende zu setzen, muß offen bleiben. Sicher jedoch ist, daß die Parteiführung seit dem Frühjahr 1960 auf eine Entscheidung drängte. Von nun ab war abzusehen, daß der Flüchtlingsstrom weiterhin anschwellen, zu Produktions- und Versorgungsstörungen führen und damit neue Gründe für eine Westwanderung schaffen würde. Bereits 1960 waren etwa 199000 DDR-Bürger in den Westen gegangen und bis Ende Juni 1961 erneut 103000. Zwar wurden speziell an der Berliner Sektorengrenze die Kontrollen verschärft, doch die Bewegung war auf diesem Wege nicht zu stoppen. Im Gegenteil: Um das neue Grenzregiment zu legitimieren, hatte die SED eine Propagandaoffensive begonnen und behauptete nun, im Westen seien »Menschenhändler« am Werk, um DDR-Bürger »abzuwerben«, man müsse ihnen den Zutritt verwehren. Im September 1960 wurde deshalb die Genehmigungspflicht für Ostberlin-Aufenthalte von Westdeutschen verfügt, und im Gegenzug beschloß die Bundesregierung, das Interzonenhandelsabkommen von 1951 zum Jahresende zu kündigen. Zwar erklärte sie ihre Bereitschaft, über eine neue Vereinbarung zu verhandeln; gleichwohl lieferte sie der SED ein Argument für ihre Behauptung, Bonn führe seit langem einen »Wirtschaftskrieg« gegen die DDR. Die Bonner Entscheidung hatte die Planer tatsächlich in Sorge versetzt, denn bislang war ein großer Teil der von der ostdeutschen Industrie benötigten Ausrüstungen und Ersatzteile aus Westdeutschland geliefert worden. Ein Fortfall dieser Bezüge schuf ernste Lücken. Beschlossen wurde ein Konzept der »Störfreimachung« durch Ausweichen auf Lieferanten aus dem sozialistischen Lager und speziell der Sowjetunion.

Die Lage war ernst. Bereits Anfang Februar 1960 hatte man in Moskau im Rahmen von Konsultationen der Warschauer-Pakt-Staaten über die Lage in der DDR gesprochen, im November des gleichen Jahres brachten die SED-Vertreter am Rande der Moskauer Tagung der Kommunistischen Weltbewegung ihre Probleme erneut vor und wiederholten sie im März 1961 im »Politischen Beratenden Ausschuß« der Paktländer. Was getan werden könne, war zunächst offenbar noch ungewiß, sicher nur, daß es bald zu geschehen habe.

Anfang August endlich gaben die Ersten Sekretäre der osteuropäischen Bruderparteien der SED grünes Licht für die »Grenzsicherung« der DDR. Trotz des sicheren Prestigeverlusts des ganzen Lagers überzeugte sie die Darstellung der drohenden Katastrophe der DDR und speziell deren Auswirkungen auf die Lieferfähigkeit der ostdeutschen Wirtschaft von der Notwendigkeit der von Ulbricht erläuterten Absperrung. Wie ein Teilnehmer später berichtete, hatte der SED-Chef sogar das Gespenst eines Aufstandes in der DDR beschworen. Die Forderung der SED wurde von der KPdSU unterstützt, und schließlich stimmten die Parteiführer zu. Alle gingen davon aus, daß die USA – wie es Kennedy in Wien bereits gesagt und bald darauf in einer Fernsehrede wiederholt hatte – allein für den Status Westberlins eintreten, gegen Aktionen auf Ostberliner oder DDR-Territorium aber nichts unternehmen würden.

Gleichwohl wünschte Chruschtschow, das Unternehmen solle zunächst nur von DDR-Truppen in die Wege geleitet werden und strikt auf das Hoheitsgebiet der DDR beschränkt bleiben, um eine westliche Intervention auf keinen Fall zu provozieren. Außerdem sollte mit der Errichtung eines Stacheldrahtzauns begonnen werden, bevor eine Mauer gebaut würde.[77] Für die Planung der Aktion war Honecker, damals knapp 49 Jahre, zuständig. Der Bergarbeitersohn aus dem Saarland, gelernter Dachdecker und Funktionär des Kommunistischen Jugendverbandes, war nach 1945 – nach zehnjähriger Zuchthaushaft in Brandenburg – zum FDJ-Vorsitzenden aufgestiegen und 1950 Kandidat des Politbüros geworden. 1955 hatte ihn die SED-Führung für ein Jahr zur sowjetischen Parteihochschule nach Moskau delegiert, und dort war er – wie der spätere tschechoslowakische Parteichef Alexander Dubček – Zeuge der sowjetischen Debatten über den XX. Parteitag geworden. In die DDR zurückgekehrt, wurde er für das gesamte Sicherheitswesen zuständig, trug Anfang 1958 die Anklagen gegen die Schirdewan/Wollweber-Fraktion vor und rückte im selben Jahr ins Sekretariat des ZK und zum Vollmitglied des Politbüros auf. 1960 war er zum Sekretär des neugebildeten »Verteidigungsrates« (Vorsitzender: Ulbricht) berufen worden, und der hatte das August-Unternehmen zu koordinieren. Honecker in seinen Erinnerungen: »Später konnten wir befriedigt feststellen, daß wir nichts Wesentliches unberücksichtigt gelassen hatten.«[78]

Honecker handelte, scheint es, nach einem Konzept, das in seinen Grundzügen bereits bei der Geldumtauschaktion von 1957 erprobt worden war und angeblich aus den fünfziger Jahren stammte. Der Plan war 1958 in den Westen gelangt, dort von den Geheimdiensten unter dem Codewort »Operation Chinesische Mauer« analysiert, dann aber zu den Akten gelegt worden, weil der Überbringer mitgeteilt hatte, die Sowjetunion habe gegen seine Verwirklichung Einspruch erhoben.[79] Möglicherweise hatte ihn Ulbricht im Sinn, als er im Juni 1961 bei einer Pressekonferenz auf die Frage der *Frankfurter Rundschau*-Korrespondentin Annamarie Doherr (»Bedeutet die Bildung einer Freien Stadt Ihrer Meinung nach, daß die Staatsgrenze am Brandenburger Tor errichtet wird? Und sind Sie entschlossen, dieser Tatsache mit allen Konsequenzen Rechnung zu tragen?«) zunächst unterstellte, es gebe in Westberlin offenbar Menschen, »die wünschen, daß wir die Bauarbeiter der Hauptstadt der DDR dazu mobilisieren, eine Mauer aufzurichten«, dann aber derlei Absichten dementierte: »Niemand hat die Absicht, eine Mauer zu errichten.«[80]

Nicht ganz zwei Monate später, in der Nacht zum 13. August, einem Sonntag, um null Uhr, gingen die Soldaten ans Werk, und bald folgten die Bauarbeiter. Jahrelang hieß die Grenze offiziell nur »antifaschistischer Schutzwall«. Erst später, als die erste Mauer schon Risse zeigte, abgetragen wurde und, bereits modern, durch Betonelemente ersetzt, von Panzersperren und Sperrgürteln gesichert war, durfte man sie – zuweilen – auch öffentlich bei ihrem Namen nennen. Zum Feiern hatte das Politbüro an jenem Tage ganz sicher keine Zeit. Seither aber begeht die SED den 13. August stets festlich – mit Kampfgruppendemonstrationen und Gedenkartikeln. Und womöglich trifft man sich an diesem Tage im kleinen Kreis auch im ZK und gratuliert einander: zum heimlichen Gründungstag der DDR.

IV. Industriegesellschaft zwischen Modernität und Beharrung 1961–1970

1. Im Schatten der Mauer

Auch die DDR-Historiographie beurteilt das Jahr 1961 als Zäsur in der Entwicklung ihres Staates. Zentral ist für sie jedoch der »Sieg der sozialistischen Produktionsverhältnisse«, der durch den Abschluß der Kollektivierung herbeigeführt worden sei. Die »Sicherung der Staatsgrenze« am 13. August erscheint neben ihr nur als eine zusätzliche, aber stabilisierende Entscheidung. Legitimiert wird sie wie in der zeitgenössischen Agitation noch immer als notwendiger Schlag gegen jene im Westen, die sich darauf vorbereiteten, dereinst »mit Girlanden und wehenden Fahnen und siegreichem Einzug der Bundeswehr durchs Brandenburger Tor unter klingendem Spiel« die Wiedervereinigung zu feiern – wie immer wieder ein Düsseldorfer Blatt zitiert wird.[1] »Dem Imperialismus«, so steht es in der offiziellen Parteigeschichte, wurde es damals unmöglich gemacht, »künftig die bis dahin offenen Grenzen zum Eindringen in die DDR auszunutzen; ihm wurde endgültig der Weg versperrt, seinen Herrschaftsbereich nach Osten auszudehnen.«[2] Gescheitert seien an diesem Tage, so die herrschende Lesart, alle westlichen Planungen für einen »Tag X«, für den Anschluß der DDR an die Bundesrepublik. Verwiesen wird dabei gern auf die Arbeit des 1952 gebildeten (und 1974 aufgelösten) »Forschungsbeirates für Fragen der Wiedervereinigung«, der seinerzeit darüber nachdachte, wie etwa Staatsbetriebe auf die Marktwirtschaft umgestellt werden könnten oder was nach dem Tage der Einheit mit den LPG geschehen müsse. Erwähnt werden aber auch immer wieder vermeintliche westliche Vorbereitungen, die auf eine »Kombination von Blitzkrieg gegen die DDR und konterrevolutionären Aktionen im Lande selbst« gezielt hätten.[3] So gesehen, und die SED sieht es so, wurden am 13. August nicht nur die DDR, sondern auch der Friede gerettet.

Sicher, die Belege für Bonner Aggressionsabsichten sind fadenscheinig, und auch die Hinweise auf die im Westen häufigen Tag-X-Erwägungen verdeutlichen eher das Illusionäre der damals herrschenden Sicht als einen faktischen westlichen Expansionismus. Es wird in ihnen freilich auch deutlich, was tatsächlich erst nach dem 13. August (und auch dann nur langsam) verlosch: die im Westen weitverbreitete Hoffnung, die deutsche Frage sei durch eine Politik zu beantworten, die die DDR ignoriert, auf die Stärke des Westens setzt und darauf vertraut, die Sowjetunion werde die »Zone« irgendwann hergeben müssen. Unter diesem Aspekt leitete der Mauerbau in der Bundesrepublik eine Wende ein: Erst jetzt begann sich der ostdeutsche Staat im westdeutschen Bewußtsein als Faktum zu etablieren. Respekt aber erwarb sich die SED mit der Abriegelung der DDR höchstens bei Militärs, die die logistische Präzision des Unternehmens lobten, und vielleicht auch bei jenen, die bis zum Mauerbau vom Westen aus den DDR-Untergrund zu kontrollieren versuchten und sich nun einer veränderten Lage anpassen mußten.

Dem Massenbewußtsein der Bundesrepublik hatte sich die SED an diesem Tag jedoch als das bestätigt, als was sie hierzulande immer gegolten hatte: als eine Partei, die ihre Herrschaft nahezu ausschließlich terroristisch sichert, die zum Dialog mit den Menschen weder willens noch fähig ist und der deshalb jedwede Legitimation fehlt. Diese Deutung wirkte zwar nicht mehr – wie 1953, bei den Bundestagswahlen nach dem 17. Juni – unmittelbar gegen die sozialismusverdächtige SPD. Dafür hatte sich deren Kanzlerkandidat, der Regierende Bürgermeister von Westberlin, Willy Brandt, in der Berlin-Krise deutlich genug, Kanzler Adenauer hingegen zu zögerlich engagiert (CDU/CSU verloren knapp 5 %, die SPD gewann in gleicher Höhe hinzu). An einen politischen Neubeginn, etwa in der Form eines Dialogs zwischen den beiden Staaten, war jedoch – auch angesichts der veröffentlichten Meinung – noch lange nicht zu denken. Er wurde allenfalls von der intellektuell-liberalen Publizistik (*Der Spiegel*, *Die Zeit*) diskutiert, und aus ihr kamen auch die ersten Stimmen, die für eine Überwindung der Lagermentalität plädierten. Einer, Rolf Schroers, stellte dabei auch den Zusammenhang her, in dem das westdeutsche DDR-Bild und die bundesdeutsche Ostpolitik standen:

»Dürfen die Deutschen drüben«, fragte er, »keinen Frieden mit ihrem Regime schließen, weil *wir* echte Demokraten sein wollen? Dürfen sie ihr System nicht einmal menschlich durchdringen ..., weil jede Humanisierung den Zwangscharakter verwischte, den wir für unsere psychologische Verteidigung nötig haben? ... Tatsächlich liefern wir mit der Nichtanerkennung der Zone (und den Auswirkungen der Hallstein-Doktrin) deren

Bürger um so rücksichtsloser dem Kommunismus aus, den wir uns so rücksichtslos wie möglich wünschen.«[4]

Zunächst freilich schien es, als wolle es die SED darauf anlegen, das westliche Bild zu bestätigen. Ende August erging eine Verordnung, die es den Gerichten gestattete, neben Strafen »auch auf eine Beschränkung des Aufenthalts der Verurteilten« zu erkennen, d. h. bestimmte Aufenthaltsorte auszuschließen oder vorzuschreiben. Diese dem sowjet-russischen Recht entlehnte, der Verbannung nicht ferne Strafe durfte »auf Verlangen der örtlichen Organe der Staatsmacht« auch gegen unbestrafte Personen verhängt werden, sofern durch deren »Verhalten der Allgemeinheit oder dem einzelnen Gefahren entstehen oder die öffentliche Sicherheit und Ordnung bedroht ist«. Dieselbe Verordnung machte es möglich, gegen »arbeitsscheue Personen« durch die Kreisgerichte »Arbeitserziehung« anzuordnen.[5] Kurz darauf ergingen zahlreiche, von den Zeitungen breit kommentierte Urteile: so gegen einen LPG-Bauern in Potsdam-Barnim, weil er sich zu sehr um seine »individuelle Wirtschaft« und zu wenig um die Genossenschaft gekümmert hatte, oder gegen einen Dreher aus Leipzig, dessen Arbeitsleistung nicht hinreichte, der aber zeigte, wie tief die »imperialistische Ideologie schon ... in ihm Fuß gefaßt« hatte, was ihn dazu führte, als einziger seines Betriebes einer Resolution die Zustimmung zu verweigern, »in welcher die Maßnahmen der Regierung vom 13. August begrüßt wurden«. Beide wurden zu Arbeitserziehung in einem Haftarbeitslager verurteilt.[6]

Zur gleichen Zeit startete die FDJ eine »Aktion Blitz contra Nato-Sender«. Dabei holten die FDJler DDR-Bürgern die nur schwer zu besorgenden Antennen zum Empfang westlicher Fernsehprogramme vom Dach, um ihnen (im Rahmen der angelaufenen Kampagne gegen »ideologisches Grenzgängertum«) die »Antenne im Kopf richtig zu stellen«, wie es Hager in einer Rede vor dem Kulturbund formulierte.[7] In den Betrieben begann die Partei »offensive Diskussionen«, die offenbar darauf zielten, die Parteiorganisationen politisch zu mobilisieren und – wie in der Hundert-Blumen-Phase – Freund und Feind besser zu erkennen. So jedenfalls sah es der SED-Kaderchef Hermann Matern: »Bei diesen klaren Fronten kommen aber auch feindliche Elemente hoch. Mit denen diskutierten wir nicht. Sie klopfen wir auf die Nase.«[8]

Schon am 17. August hatte der Zentralrat der FDJ ein »Aufgebot der Freien Deutschen Jugend: Das Vaterland ruft! Schützt die Republik« verkündet, und jeder FDJler war aufgerufen, »sich in dieser Stunde freiwillig zum Ehrendienst in den bewaffneten Kräften der DDR zu verpflichten«.[9] Am 26. August meldete *Neues Deutschland* erste Erfolge: 39000 »Jugendfreunde« waren dem »Kampfaufruf« gefolgt. Am 20. September beschloß die Volkskammer ein »Gesetz zur Verteidigung der Deutschen Demokratischen Republik«, das die Staatsspitze mit weitreichenden Vollmachten ausstattete. Dem nach dem Tode des Präsidenten Pieck (7. 9. 1960) am 12. September 1960 als kollektives Staatsoberhaupt gebildeten Staatsrat (Vorsitzender: der Erste Sekretär des ZK Ulbricht) wurde für die Dauer des von ihm selber auszurufenden Verteidigungsfalles die Möglichkeit gegeben, »die Rechte der Bürger und die Rechtspflege ... abweichend von der Verfassung zu regeln« (§ 4, Abs. 3). Und § 3 bestimmte: »Der Dienst zum Schutze des Vaterlandes und der Errungenschaften der Werktätigen ist eine ehrenvolle Pflicht der Bürger der Deutschen Demokratischen Republik.« Das bedeutete zwar noch nicht die allgemeine Wehrpflicht – sie wurde erst ein Jahr später verfügt –, die politisch-moralische Verpflichtung aber war deutlich postuliert worden.[10]

Politische Justiz, ideologische »Offensive« und staatliche Machtdemonstration zeigten ihre Wirkung. Es blieb ruhig im Lande – zumal die Grenze noch durchlässig war und die Kontrollsysteme noch fehlerhaft funktionierten. Angesichts dieser Lage ging die Parteiführung einen Schritt weiter: Sie begann eine Kampagne für die Erhöhung der Arbeitsnormen. Was in den Jahren zuvor stets nur zurückhaltend betrieben wurde, sollte nun – im Schatten der Mauer – rasch erledigt werden. Am 7. September rief eine Brigade des VEB Elektrokohle (ehemals Siemens-Plania) in Berlin-Lichtenberg zu einem »Produktionsaufgebot«. Sie verpflichtete sich, künftig auf 15% ihrer Vorgabezeiten zu verzichten, d.h. ihre Normen um eben diese Spanne zu erhöhen. Losung: »In der gleichen Zeit für das gleiche Geld mehr produzieren!« Noch ganz in der Legitimationsrhetorik der Vor-August-Wochen wurde diese Initiative als Beitrag zur »Vorbereitung des Friedensvertrages« deklariert, und alle DDR-Bürger waren aufgefordert, dem Beispiel zu folgen.[11] Der FDGB übernahm die Kontrolle der Bewegung, und sie griff von den Industriebetrieben auf die LPG, von der Verwaltung auf die Universitäten und schließlich auch auf Schulen über. Der ganzen Republik sollten, schien es, in kürzester Zeit Schlendrian und Bummelei ausgetrieben werden. Zwar war das

15%-Ziel nur selten durchzusetzen, denn keineswegs alle Brigaden hatten wie die Kollegen von Elektrokohle ihre Normen bisher mit ca. 195% übererfüllt. Erreicht aber wurde im Laufe des Jahres eine durchschnittliche Anhebung um etwa 5%, und beendet wurde damit der bisherige Stillstand in der Normenfrage.

Ein wirtschaftlicher Aufschwung war dringend erforderlich. Zum einen hatte die Krisensituation seit Mitte 1960 dazu beigetragen, daß 1960 die industrielle Zuwachsrate (Bruttoproduktion) auf 8,3% gesunken war, für 1961 waren 7,2% geplant, es deutete sich jedoch ein weiterer Tempoverlust an, und erreicht wurden nur 6,3%. Im Siebenjahrplan hingegen war ein Wachstum der industriellen Bruttoproduktion (Produktionswert einschließlich Materialverbrauch, Abschreibungen etc.) um 88%, d. h. eine durchschnittliche jährliche Steigerung um 9,5%, prognostiziert worden. Der Plan und mit ihm die Hauptaufgabe waren faktisch bereits »verloren«. Dazu kamen Agrarprobleme. Wie in der Bundesrepublik führte die Witterung 1961 auch in der DDR zu einer Mißernte. Die Hektarerträge lagen bei Getreide um nahezu 25%, bei Kartoffeln um mehr als 40% unter denen des Vorjahres; es fehlte an Futter- und Zuckerrüben, und die Viehbestände gingen zurück.[12] Es waren mithin in allen Wirtschaftsbereichen neue Anstrengungen zu unternehmen, wenn die mit Mühe politisch beherrschte Situation nicht wirtschaftlich unterminiert werden sollte.

Folgte man freilich den Massenmedien, bekannten sich in dieser Zeit täglich Tausende zur DDR und zum 13. August, verpflichteten sich zu hohen Produktionsleistungen und zur Stärkung des Sozialismus in ihrem halben Lande. Und sah man im Wahlverhalten nicht den besonderen Anpassungsdruck dieser hochpolitisierten Situation, sondern – wie die SED-Agitation – eine willige Folgebereitschaft, hatte die DDR 1961 sogar die größte Stabilität seit 1945 erreicht: Bei den Kommunalwahlen (sie wurden wie alle Wahlen seit 1950 mit einer Einheitsliste veranstaltet, und die Stimmabgabe sollte öffentlich sein) im September 1961 hatten sich 99,96% für die »Kandidaten der Nationalen Front« erklärt – mehr als 1958 bei den Volkskammerwahlen (99,87%), mehr als bei den Kommunalwahlen von 1957 (99,46%). Selbst die Wahlbeteiligung erreichte mit 98,84% nahezu den DDR-Rekord von 1958 (98,90%). In Ostberlin allerdings lag sie um 0,14% unter dem Republikdurchschnitt, und dort war – wie stets – auch der Anteil der Nein-Stimmen (0,13%) um ein geringes höher.

Auch angesichts dieser Ergebnisse erschien es angebracht, die Repressionswelle zu stoppen. Bereits auf einer ZK-Tagung im November erinnerte Ulbricht an die von ihm 1960 verfaßte »Programmatische Erklärung des Staatsrates«, die im Ton der damaligen Konsolidierungsphase gehalten war und den Bürgern mehr Mitspracherechte und Rechtssicherheit versprochen hatte. Diese Erklärung gelte fort, so Ulbricht, und wer etwa glaube, die »Erziehungsarbeit auf die leichte Schulter nehmen zu können, weil wir heute keine offene Grenze haben, oder sie durch administrative Maßnahmen ersetzen zu können, ist schwer im Irrtum. Er schädigt die Entwicklung der Deutschen Demokratischen Republik.«[13] Die Umkehr war aber nicht allein Folge eigener Einsichten. Die SED lernte auch von der KPdSU. Im Oktober hatte Chruschtschow auf dem XXII. Parteitag seine Stalin-Kritik erneuert und verschärft. Stalins Leichnam wurde demonstrativ aus dem Mausoleum am Roten Platz, wo er 1953 neben Lenin aufgebahrt worden war, in ein Grab an der Kremlmauer umgebettet; und überall im Ostblock (außer in China, Albanien und in Stalins grusinischer Heimat im Süden der Sowjetunion) ließen die Parteiführungen über Nacht seine Denkmale schleifen und gaben den zahllosen nach ihm genannten Städten, Straßen, Plätzen und Alleen neue Namen. Die SED folgte dem Kurs und war auch deshalb gehalten, ihre Politik zu verändern.

Der sowjetische Parteitag hatte nicht nur die nachstalinsche Politik bekräftigt, das Konzept der Modernisierung, der Koexistenz und des Systemwettbewerbs, er hatte zudem ein neues Parteiprogramm verabschiedet, das diesen Kurs festschreiben sollte. In ihm wurde der Staat (bisher als Diktatur des Proletariats definiert) als »Staat des ganzen Volkes« beschrieben, der allmählich seine Repressionsfunktionen verlieren und sich zu einer »gesellschaftlichen kommunistischen Selbstverwaltung« wandeln werde. Die KPdSU sei, hieß es, von der Partei der Arbeiterklasse zur »Partei des ganzen Volkes« geworden und gehe der Gesellschaft »in der Organisierung ihres innerparteilichen Lebens beispielgebend« voran, »indem sie Muster der Ausarbeitung möglichst vollkommener Formen der gesellschaftlichen kommunistischen Selbstverwaltung bietet«. Und schließlich hatte der Parteitag »feierlich verkündet«: »Die heutige Generation der Sowjetmenschen wird im Kommunismus leben!«[14] Angesichts dieser Verheißungen war die Situation der DDR, in der schließlich gerade der Sieg der sozialistischen

Produktionsverhältnisse stattgefunden, die Gesellschaft in der SED-Sicht den »entfalteten Aufbau des Sozialismus« ein gutes Stück vorangebracht hatte, anachronistisch. Rückgriffe auf das Repressionsinstrumentarium der Stalin-Ära paßten nicht in die Zeit der Stalin-Kritik, und die SED besann sich auf die Methoden, die die relative Konsolidierung bis 1960 möglich gemacht hatten, trotz, aber auch wegen der neuen Lage: Sie hatte die Politik zwar kompliziert, manche Politikfelder aber übersichtlicher werden lassen.

Anlaß zur Freude bot sich in jenen Monaten sicher nur wenigen. Manchem aber fiel nun vieles doch leichter. Da waren die Brigadiere, Meister und Werkleiter, die jetzt sicherer sein durften, daß die, die abends die Werkhallen verließen, am nächsten Morgen wieder da sein würden. Da waren die Wirtschaftsplaner aller Administrationsebenen, die ihr Zahlenwerk erstmals auf sichere Bilanzen des Arbeitskräftepotentials gründen konnten. Da waren schließlich auch die Mitarbeiter des damaligen Staatssekretariats für das Hoch- und Fachschulwesen, die bei der Berechnung der notwendigen Zahl von Studienplätzen in den Disziplinen mit hohem westlichen Marktwert (etwa Medizin, Chemie, Ingenieurwissenschaften) nun vom prognostizierten Eigenbedarf der DDR ausgingen und auf den bisher üblichen 25%-Zuschlag (die angenommene Abwanderungsquote) verzichteten. Bis dahin hatten sie sich immer wieder verplant oder die Integrationskraft der DDR überschätzt. So wurden, wie ein DDR-Historiker mitteilte, »Ende der 50er Jahre 25 bis 30 Prozent der Absolventen der Fachrichtung Chemie von BRD-Konzernen abgezogen«, und im Gesundheitswesen mußten bulgarische, ungarische und tschechoslowakische Ärzte aushelfen, weil Human- und Veterinärmediziner aus der DDR so zahlreich in den Westen gingen, daß zwischen 1954 und 1961 »etwa 60 Prozent des Absolventenzugangs dieser Berufe« benötigt wurden, »um die Abwerbungsverluste auszugleichen«. Da sich jedoch in derselben Zeit etliche Ärzte zur Ruhe setzten, war an einen personellen Ausbau des Gesundheitswesens nicht zu denken; die Zahl der ausgebildeten und verfügbaren Mediziner sank gegenüber 1955 bis Ende 1961 sogar leicht ab. Betroffen war auch das Bildungswesen. »Bezogen auf die ausgebildeten Absolventen« betrug die »Zahl der abgeworbenen Fachkräfte bei Lehrern und sonstigen Bildungsberufen« zwischen 1957 und 1961 »etwa 26 Prozent«.[15]

Die Höhe der durch Abwanderung verlorenen Bildungs- und Ausbildungsinvestitionen der DDR hatte der Kieler Ökonom Fritz Baade bereits 1957 mit etwa 22,5 Milliarden DM berechnet. 1965 kam er zu dem Ergebnis, die DDR habe seit 1945 materielle Schäden in Höhe von insgesamt etwa 100 Milliarden DM hinnehmen müssen. An Zahlen wie diesen orientierte sich auch die DDR. Anders jedoch als Baade, in dessen Milliarden-Schätzung auch Demontagen und Reparationen enthalten waren, beschränkten sich die DDR-Analytiker auf die Verluste im deutsch-deutschen »Gegeneinander«. So sprach Ministerpräsident Stoph 1970 bei seiner Begegnung mit Bundeskanzler Brandt in Erfurt von »mehr als 100 Milliarden Mark«, um die die »feindselige Einmischungspolitik der damaligen Bonner Regierung« die DDR »erleichtert« habe.[16] Das lag nach Stophs Angaben über der Summe der Investitionen, die in dieser Zeit in der DDR vorgenommen wurden. Jüngere DDR-Schätzungen veranschlagten die Bildungsinvestitionsverluste bis 1961 auf ca. 16 Milliarden DM[17] und setzten die Gesamtschadenssumme auf 200 Milliarden DM fest.[18] Zahlen wie diese zusammenfassend, kam jüngst jedoch ein DDR-Historiker zu dem Schluß: »Alle bisherigen Angaben blieben ... mehr oder weniger unpräzise und unvollständig.«[19] Auch seine Schätzung, in der er 80 Milliarden DM Einbußen allein durch »Abwanderung und organisierte Republikflucht« ermittelt und den Gesamtschaden durch den »imperialistischen Wirtschaftskrieg« in »der Spanne zwischen 100 und 200 Milliarden Mark eher höher als niedriger« ansetzt, ist nicht hinreichend belegt. Zudem macht sie keinen Unterschied zwischen den innenpolitischen Folgen eigener Entscheidungen in der Gesellschaftspolitik (etwa der Kollektivierung) oder Aktionen (Embargo-Politik/Spionage) und Reaktionen (Kündigung des Interzonenhandelsabkommens im Jahre 1960), sondern ordnet alle Aktivitäten des Westens einem Konzept des »Wirtschaftskrieges« zu, das koordiniert auf die Schwächung der DDR oder gar auf ihr »Ausbluten« gezielt habe.

Obwohl sich diese Deutung sicher auf die zuweilen politisch motivierten, häufig durch langwierige bürokratische Prozeduren[20] verlängerten Verzögerungen und Lieferstopps berufen kann, das stets lebendige Profitinteresse westlicher Osthändler bleibt in ihr ebenso unberücksichtigt wie jene nationale Wirtschaftsphilosophie, die auf den Erhalt deutscher Gemeinsamkeiten zielte und deshalb stets mit den Strategen in Fehde lag, die meinten (und einige meinen es noch immer), der innerdeutsche Handel sei als Waffe im Kalten Krieg zu nutzen.

2. Auf der Suche nach einem neuen Konzept

Wie hoch der Schaden auch immer berechnet werden mag, das Experiment, diesen Sozialismus in einem halben Lande und bei offener Grenze zum anderen Block aufzubauen, forderte einen hohen Preis, menschlich, finanziell und politisch. Und zu veranschlagen ist schließlich auch, daß – solange Machtsicherung durch staatliche Repression im Zentrum stand – die Modernisierung immer wieder aufgeschoben oder unterbrochen wurde. »Unseres Erachtens hätte«, sieht es ein Ostberliner Wirtschaftshistoriker mit Blick auf die offene Grenze, »bei ungestörter, das heißt nicht so sehr durch Tagesprobleme belasteter Arbeit der zentralen wirtschaftsleitenden Organe«, ein Reformprogramm »durchaus früher konzipiert und verwirklicht werden können«. Statt dessen hatte die DDR »länger mit einem weniger effektiven Leitungs- und Planungssystem zu wirtschaften«.[21]

Die Arbeit an einem solchen Konzept wurde nach dem 13. August von der Partei und einigen Wirtschaftswissenschaftlern vorangetrieben. Die noch während des Krisenmanagements der Vormonate eingeleitete Reorganisation der Wirtschaftsleitung stand raschen Erneuerungen aber z. T. im Wege. Zwar war die Staatliche Plankommission – bisher für Planung und Leitung der Industrie zuständig – von der Wirtschaftsverwaltung entlastet worden und sollte sich künftig auf längerfristige Vorhaben, auf die Perspektivplanung, konzentrieren. Ihr bisheriger Vorsitzender aber, Bruno Leuschner, ein erfahrener Wirtschaftsfunktionär, wurde zur Koordinierung der wirtschaftlichen Grundsatzfragen in den Ministerrat delegiert, und an seine Stelle trat der bisherige Erste Sekretär der Rostocker SED-Bezirksleitung und Kandidat des Politbüros Karl Mewis, der aus dem Kollektivierungswettbewerb der Parteibezirke im Frühjahr 1960 als Sieger hervorgegangen war, sonst aber keine Kenntnisse mitbrachte, knapp zwei Jahre später abgelöst und als Botschafter nach Polen geschickt werden mußte, weil er »der Aufgabe nicht gewachsen war«.[22] Sein Nachfolger wurde Erich Apel, der erste akademisch qualifizierte Fachmann in einer solchen Funktion. Neben die Plankommission war – sowjetischem

Vorbild folgend – ein »Volkswirtschaftsrat« gestellt worden. Auch zu seiner Leitung wurde ein Parteiarbeiter berufen: Alfred (»Ali«) Neumann, der 1957 zum Sekretär des ZK und 1958 zum Mitglied des Politbüros gewählt worden war. Dieses neue Gremium hatte sich vorrangig um die »Störfreimachung« und die mit ihr verbundene »enge Wirtschaftsgemeinschaft mit der Sowjetunion« zu kümmern. Dem Rat unterstanden die seit 1958 wieder in der »Vereinigung Volkseigener Betriebe« (VVB) zusammengefaßten Industriebetriebe. Er hatte unmittelbare Kontrollbefugnisse über die gesamte Industrie und konnte – wenn nötig – auch in die Entscheidungen einzelner VEB eingreifen. Damit war eine neue Verwaltungsstruktur geschaffen worden, neue Planungsmethoden waren aber noch nicht in Sicht.

Von der Politischen Ökonomie, der sozialistischen Volkswirtschaftslehre der DDR, konnten sie kaum erwartet werden. Sie war, so sah man es damals auch in der DDR, »zu einer banalen Kategorienlehre geworden, in der dialektische Zusammenhänge verschwunden waren, in der reine Definitionen aneinandergereiht waren«.[23] Das hatte seinen Grund sicherlich auch in den immer wieder geführten »Revisionismus«-Diskussionen, die der Innovationslust kaum förderlich gewesen waren. Dennoch drängte Ulbricht schon im November 1961 auf eine höhere Qualität der Pläne, auf eine stärkere Elastizität der Leitung und verlangte einen phrasenlosen, nüchternen, technisch-gewissenhaften Arbeitsstil. Er machte jedoch noch keine Andeutungen über eine Veränderung des Planungssystems, und Konzeptionen lagen offenbar auch noch nicht vor.

Sie kamen aus der Sowjetunion. Dort war seit den späten vierziger Jahren – weniger diskontinuierlich als in den anderen Ostblockländern mit Ausnahme Polens – die Notwendigkeit einer Reform des Wirtschaftssystems wissenschaftlich debattiert worden. Der XX. und der XXII. Parteitag hatten einen Teil der ideologischen Barrieren beseitigt, die bislang einer Modernisierung der auf den sakrosankten Stalinschen Setzungen beruhenden Wirtschaftspolitik im Wege gestanden hatten. Im September 1962 veröffentlichte der Charkower Wirtschaftswissenschaftler Evsei S. Liberman in der *Prawda*[24] Vorschläge, die für die Diskussion und schließlich für den Beginn einer Reform des Planungs- und Leitungssystems der Industrie bestimmend werden sollten. Wie schon in seinen Veröffentlichungen aus den vierziger und fünfziger Jahren wandte er sich gegen den effektivitätshemmenden Zentralismus, schlug vor, statt der quantitativen Planerfüllung (Menge, Gewicht) die Rentabilität des Betriebes (das Verhältnis des geplanten Gewinns zu den Grund- und Umlaufmitteln) zum Maßstab seines Erfolgs zu machen, regte an, von den bisher starren Planpreisen abzugehen und die Preise stärker an die realen Kosten zu binden.

Grundsätzlich plädierte er für die größere Selbständigkeit der Unternehmen durch eine Verringerung der Zahl der zentralen Planvorgaben und -kennziffern sowie für eine stärkere Berücksichtigung der materiellen Interessen der Betriebskollektive und der einzelnen Produzenten durch eine Koppelung der Prämien, d. h. eines Lohnteils, an die Höhe des erwirtschafteten Gewinns. Diese Empfehlungen zielten in die gleiche Richtung wie die Überlegungen, die Mitte der fünfziger Jahre Behrens und Benary angestellt hatten. Anders als für diese aber verstand es sich für die Sowjetwissenschaftler von selber, »daß die organisierende, erziehende und kontrollierende Arbeit des Partei- und Wirtschaftsapparates die entscheidende Kraft bleibt«. Zweck der Reform sollte es vor allem sein, die Betriebe zu einer höheren Produktion sowie zu marktgerechteren Produkten anzuregen und die Kosten zu senken. Sein Motto: »Was für die Gesellschaft nutzbringend ist, muß auch jedem Betrieb nützlich sein, und umgekehrt, was nicht vorteilhaft für die Gesellschaft ist, muß äußerst unvorteilhaft für die Belegschaft eines Betriebes sein.« Gleichwohl konnte sich Liberman (und mit ihm jene Parteiführer, die hinter ihm standen) nicht durchsetzen. Zwar wurden seine Empfehlungen öffentlich breit erörtert, ein ZK-Plenum entschied im November aber gegen sie. Offenbar vertraute die Führungsmehrheit der sicheren Parteikontrolle mehr als dem ungewissen und komplizierten Interessen-Nutzen-Kalkül der Ökonomie: Sie beschloß, die KPdSU-Leitung gemäß dem »Produktionsprinzip« umzugestalten, schuf zu diesem Zwecke auf allen Parteiebenen »Büros« für Landwirtschaft und Industrie und übertrug ihnen – gemeinsam mit den regionalen Volkswirtschaftsräten – die Verantwortung für die plangerechte, zentral festgelegte Produktion dieser Wirtschaftsbereiche.

Die Moskauer Debatte war in der DDR aufmerksam verfolgt und im Sinne Libermans positiv kommentiert worden. Nach dem November-Plenum waren sich die Beobachter aber sicher, daß nun die DDR von diesen Reformerwägungen Abschied nehmen werde. Doch die SED tat es nicht. Möglich ist, daß sie in Absprache mit der Sowjetunion handelte und die DDR als Experimentierfeld für eine blockweite Reform ausersehen war. Möglich ist aber auch, daß das Politbüro – auch unter dem Druck der Wirtschaftslage in der DDR – die Interessen des eigenen Landes höher veranschlagte als den völligen Gleichklang mit der Sowjetunion. In einem Punkte aber folgte sie der Bruderpartei. Auch die SED gruppierte ihre Kader neu, schuf – bis hinunter zur Kreisebene – Büros für Industrie und Bauwesen bzw. für die Landwirtschaft und bildete darüber hinaus zentral und in den Bezirken »Ideologische Kommissionen« und »Kommissionen für Propaganda und Agitation«. Am Programm für die Wirtschaftsreform allerdings hielt sie fest.

Damit das konzentriert verwirklicht und nicht – wie bislang – durch nationale Irritationen gestört werde, betonte die SED ihre deutschlandpolitischen Maximen noch stärker als zuvor. Bereits im November 1961 hatte Ulbricht erklärt, die DDR werde in engster »Freundschaft mit der Sowjetunion und in engster Zusammenarbeit« mit ihr den »Sozialismus in der DDR zum Siege führen und zum Aufbau des Kommunismus weiterschreiten« – »unabhängig davon, wie sich die Beziehungen zwischen den beiden deutschen Staaten entwickeln, ob es in absehbarer Zeit zu einer Zusammenarbeit zwischen ihnen kommt oder nicht«.[25] Ein Jahr später stellte er den Kontext von nationaler Frage und ökonomischer Entwicklung in der DDR so dar:

»Selbstverständlich führen wir den politischen Kampf um die friedliche Regelung der deutschen Frage. ... Aber in der Tat haben jetzt die ökonomischen Aufgaben den Vorrang. Die Voraussetzung für die friedliche Lösung der deutschen Frage ist die ökonomische Stärkung der DDR und die Lösung der Aufgaben, die in der Periode des umfassenden Aufbaus des Sozialismus gestellt sind.«[26]

Bald darauf legte das ZK ein *Nationales Dokument* vor und ließ es – geschichtsbewußt – am 17. Juni 1962 mit erheblichem Aufwand an Agitation verabschieden: vom »Nationalkongreß« der »Nationalen Front des Demokratischen Deutschland«, die einst gegründet worden war, um die Wiedervereinigung Deutschlands voranzutreiben. In diesem Text hieß es, »auf deutschem Boden« stünden sich zwei Staaten »feindlich gegenüber«, »rechtmäßig« sei nur die DDR, und zusammenkommen könnten sie nur, wenn in der Bundesrepublik »die friedliebenden Kräfte den Imperialismus überwunden haben«. Bis dahin müsse ihre Zusammenarbeit auf der

Grundlage der friedlichen Koexistenz versucht werden, und in der DDR werde der Aufbau des Sozialismus fortgesetzt.[27]

Daß diese Form deutschlandpolitischer Abgrenzung von der Gesellschaft rasch akzeptiert werden würde, glaubte wohl auch in der Parteispitze kaum jemand. Immerhin aber trug die Entschlossenheit, mit der sie vorgetragen wurde, dazu bei, daß sich manche bis dahin abwanderungsbereite DDR-Bürger in der Alternativlosigkeit einzurichten begannen und vielleicht eher Neigung zeigten, sich für das Land begrenzt zu engagieren, zumal die Partei eine innenpolitische Konfrontation nun vermied – und vermeiden mußte, wenn sie ihr Reformprogramm und dessen Kernstück, das Neue Ökonomische System, realisieren wollte.

3. Das Neue Ökonomische System

Erarbeitet wurde das Konzept unter der Leitung zweier Männer, die erst relativ spät in die Parteispitze gekommen waren: Günter Mittag (Jahrgang 1926), ein gelernter Eisenbahner, dessen Parteikarriere ihn über Funktionen auf regionaler Ebene in den ZK-Apparat, von dort zum Ökonomiestudium und schließlich zur Promotion geführt hatte, und Erich Apel (Jahrgang 1917), ein gelernter Werkzeugmacher, dann Ingenieur, Soldat und Mitarbeiter u. a. auf dem V2-Raketenversuchsgelände in Peenemünde, der zwischen 1946 und 1952 als »Spezialist« in der Sowjetunion gearbeitet hatte und danach in der Bürokratie der Industrieministerien aufgestiegen war. Apel, seit 1955 Minister für Schwermaschinenbau, war 1958 Leiter der Wirtschaftskommission beim Politbüro geworden, hatte zwei Jahre später (als Ökonom) promoviert, wurde ZK-Sekretär für Wirtschaft und stand seit 1963 der Staatlichen Plankommission vor. Mittag hatte Apel in seiner Parteifunktion abgelöst, und beide waren Anfang der sechziger Jahre vom ZK zu Kandidaten des Politbüros gewählt worden. Mittag leitete dort das Büro für Industrie und Bauwesen.

Von Apel, dem von westlichen Analytikern[28] ein recht »lockeres« Verhältnis zur marxistisch-leninistischen Ideologie nachgesagt wurde, soll der Satz stammen: »Politisches Bewußtsein mißt sich am Produktionsausstoß.« Ein Satz, der nicht zum Selbstverständnis eines deutschen Kommunisten zu passen schien, der aber mehr als nur ein Moment des Geistes dieser Jahre widerspiegelt. Konfrontiert mit der Notwendigkeit, wirtschaftliche Effizienz zu erzielen, um im Systemwettbewerb nicht zu unterliegen, freier vom Ballast einer Ideologie, die (gänzlich unmarxistisch) gemeint hatte, gesellschaftlicher Fortschritt sei – auch entgegen den Verhältnissen – durch ideologische Schulung zu erreichen, veränderte sich das Verständnis von Zielen und Methoden kommunistischer Politik. Die meßbare Leistungsfähigkeit (nicht bloß die behauptete objektive Überlegenheit) der eigenen Gesellschaft war zum Kriterium ihrer politisch-sozialen Qualität avanciert, das konkrete Arbeitsergebnis des einzelnen wog schwerer und war deshalb grundsätzlich höher zu bewerten (und besser zu honorieren) als ein allgemeines politisches Bekenntnis. Der Homo oeconomicus galt wieder etwas in der DDR, weil er, nun anerkanntermaßen sein Eigeninteresse favorisierend, etwas Sinnvolles für die Gesellschaft tat, wenn sein Handeln so gelenkt und materiell angereizt (»stimuliert«) war, daß es dem im Plan festgelegten Gesamtinteresse entsprach.

Diesen sich abzeichnenden Paradigmenwechsel akzeptierten die jüngeren Parteikader aus der Mittag- und Apel-Generation offenbar leichter als die Altfunktionäre, die vor 1933 kommunistisch sozialisiert worden waren. Sie hatten sehr viel stärker auf den Homo politicus (M-L), auf den neuen, bewußt gesellschaftlichen Menschen gesetzt, sich ihn freilich als stets folgebereit, eben als Kader gedacht. Enttäuscht von der nicht sonderlich großen Zahl derer, die in der DDR herangewachsen waren und diesem Entwurf entsprachen, neigten sie zu Formen direkter Machtausübung und mißtrauten einer Politik, die ein individuelles Nutzenkalkül fruchtbar machen wollte.

Daran gewöhnt, die niemals sichere Macht zu erhalten, waren ihnen Verwaltung und bürokratischer Stil vertrauter als eine ökonomische Steuerung womöglich auch noch auseinanderstrebender Interessen. Zudem gerieten sie in Gefahr, von den nachrückenden Funktionären verdrängt zu werden. Mewis etwa (Jahrgang 1907), Schlosser von Beruf und seit seinem 18. Lebensjahr Parteifunktionär, Spanienkämpfer und Politarbeiter im schwedischen Exil, hatte in der DDR bis 1960 Macht verwaltet, war in der Plankommission aber gescheitert. Oder Alfred Neumann (Jahrgang 1909), gelernter Tischler, dann Funktionär der Arbeitersportbewegung, Spanienkämpfer, Häftling in französischen Internierungslagern und deutschen Zuchthäusern, zum Strafbataillon 999 gepreßt und in der

Sowjetunion zur Roten Armee übergegangen, hatte anerkannte Parteiarbeit geleistet und offenbar auch den Volkswirtschaftsrat sicher verwaltet. In der SED-Spitze aber war Mittag an ihm »vorbeigezogen«.

Gleichwohl stützte sich die alte Garde auf die jüngeren Genossen, denn auch sie hatte erkannt, daß ihr Verständnis von Ziel und Weg nicht unbedingt zum Erfolg führen müsse. Zudem: Sie selber hatten doch die jungen Leute erst auf die Arbeiter- und Bauernfakultäten, dann zum Studium geschickt und in der Partei »erzogen«, wie sie es stets ganz selbstverständlich-autoritär sagten. Und sie sollten Recht behalten. Die Ende der sechziger Jahre von einem der scharfsinnigsten DDR-Interpreten in der Bundesrepublik vorgelegte Analyse von sozialisations-, karriere- und bildungsbedingten Konfliktpotentialen in der Parteielite[29] traf nur einen Teil der Wirklichkeit und sollte sich auch später nicht bestätigen. Zwar kam es zwischen der von Peter Christian Ludz elitetheoretisch so gefaßten »Strategischen Clique« (Altgenossen mit primär politischen Meriten) und der »Institutionalisierten Gegenelite« (die stärker fachlich-sachlich ausgewiesenen Jüngeren) wiederholt zu Spannungen. Ernstere Konflikte konnten sich jedoch schon wegen des starken Autoritarismus Ulbrichts (nach dem Urteil Kuczynskis eine »Überlegenheit«, die »autokratischen Charakter« annahm[30]) nicht entfalten. Und später sollte sich zeigen, daß die Integrationskraft der Führungsgremien, mehr noch der Wechsel von Staats- in Partei-, Gewerkschafts- oder etwa akademische Positionen während einer Kaderkarriere, die Führung politisch und sozial viel stärker vereinheitlicht hatte, als im Westen angenommen worden war.

Das war zu Beginn der sechziger Jahre freilich noch keineswegs sicher zu erkennen. Und zu erwarten war auch nicht von vornherein, daß sich Ulbricht sofort an die Spitze der Reformbewegung stellen würde. Seine Reden waren mit Liberman-Zitaten gespickt, bald verzichtete er auf die Quellenangaben und wurde so in der DDR nahezu zum Erfinder des Neuen. Apel und Mittag unterstützten diese Pose und schrieben, sich selber nur bescheiden erwähnend:

»Gestützt auf tiefe theoretische Erkenntnisse, auf lebensnahe Beobachtung und auf die Analyse der Praxis sowie auf die Gedanken und Vorschläge eines großen Kollektivs, hat Walter Ulbricht den Kern des neuen ökonomischen Systems ... konzipiert und seiner richtigen, marxistisch-leninistischen Verwirklichung in der Praxis große Aufmerksamkeit gewidmet.«[31]

Auf dem VI. SED-Parteitag im Januar 1963 schließlich ließ Ulbricht sogar einen (allerdings leicht stilisierten) Liberman-Gedanken mit dem neuen SED-Programm verabschieden: »Das Prinzip der materiellen Interessiertheit wird nach dem Grundsatz verwirklicht: ›Alles, was der Gesellschaft nützt, muß auch für den Betrieb und für den einzelnen Werktätigen vorteilhaft sein.‹« Wenige Zeilen zuvor war jedoch mit Blick auf die Arbeitsproduktivität im alten Stil deklamiert worden: »Hauptreserven sind die Bewußtheit der Werktätigen, die sozialistische Gemeinschaftsarbeit und die Verbesserung der Leitungstätigkeit.«[32]

Charakteristisch für das neue System war jedoch die neue Lesart. Mit den Grundzügen des Konzepts wurde zunächst in einigen Industriezweigen experimentiert, dann wurde es in einer Richtlinie zusammengefaßt[33] und im Laufe mehrerer Jahre widersprüchlich und unvollständig umgesetzt. Das »NÖS«, wie es bald genannt wurde, ging über die Libermanschen Anregungen weit hinaus. Ausgangspunkt planerischer Arbeit sollte nicht mehr, wie bislang, das erreichte Produktionsniveau sein, sondern die Zukunft. Die SED setzte auf die »Wissenschaftlich-technische Revolution« (WTR). Entdeckt hatte man ihre Dynamik schon Mitte der fünfziger Jahre. Damals war es der sowjetische Ministerpräsident Malenkow, der die Wirtschaft seines Landes auf sie einstellen wollte, und für die DDR hatte die 3. Parteikonferenz diesen Kurs festgelegt. Die WTR war freilich nicht sehr weit vorangeschritten. Andere Probleme hatten die Wirtschaftspolitik beherrscht. Nun aber schien die Zeit für einen neuen Anlauf reif. »Prognosen« mit einer Reichweite von 15 bis 20 Jahren sollten der Planung Anhaltspunkte über die internationalen Trends der wissenschaftlich-technischen Entwicklung liefern und Voraussagen über künftig zu erwartende Technologien und Produkte enthalten. Auf ihrer Grundlage waren trendgerechte Perspektivpläne für fünf oder sieben Jahre zu entwerfen, die schon ihrer Basisdaten wegen nicht mehr die Starre und Verbindlichkeit haben konnten wie die alten. Die Jahrespläne hatten zu sichern, daß die volkswirtschaftliche Entwicklung grundsätzlich in die von der Prognose gewiesene und vom Perspektivplan projektierte Richtung ging und daß zudem die politisch und sozial gewünschten Resultate erzielt wurden, etwa durch die richtige Proportionierung des Wachstums der Investitionsmittel- und Konsumgüterbereiche, die Förderung sozial oder militärisch relevanter Sektoren, vor allem aber durch die präzise materielle Absicherung, die »Bilanzierung« der gesteckten Ziele.

Nur noch wenige, politisch, sozial oder militärisch wichtige Produktionsaufgaben sollten in Mengen und Gewichten vorgegeben werden, alle anderen (nach Warengruppen und zuweilen Sortimenten getrennt) durch die finanzielle Kennziffer »Warenproduktion«, z. B. die Warenproduktion von Stoffen in einem bestimmten Sortiment zu einem bestimmten Wert. Die Konkretisierung dieser Ziffer durch Bezug, Fertigung und Absatz oblag den VVB. Sie waren als Leitorgane von Industriezweigen oder Teilbranchen konzipiert und organisierten entweder Endproduzenten (etwa von Elektrogeräten) oder ganze Fertigungsketten (vom Teil zum Finalprodukt). Ulbricht nannte sie manchmal »sozialistische Konzerne«, und ihre Leiter ließen sich gern mit »Genosse Generaldirektor« anreden, denn Parteimitglieder waren sie in aller Regel.

Das neue Wirtschaftskonzept führte zum einen zu einer Dekonzentration der Leitungskompetenz, die bisher nahezu ausschließlich an der Spitze des Wirtschaftsapparates gebündelt gewesen war. Es verhinderte zum zweiten eine Dezentralisierung von volkswirtschaftlich wirksamen Entscheidungen, also den Markt. Es sollte zum dritten aber alle verantwortlichen Wirtschaftsfunktionäre dazu anhalten, sich *wie* auf dem Markt zu bewegen, sich auf die Bedürfnisse ihrer Abnehmer einzustellen (bei Produktionsmitteln ebenso wie bei Konsumgütern) und möglichst kostengünstig zu produzieren. Denn ihr Produktionsziel war nun nicht mehr eine Menge, notfalls auch ein »Überplanbestand«, sondern eben die Warenproduktion, und die durfte nach dem Modell nur positiv zu Buche schlagen, wenn sie realisiert, verkauft worden war. Der Betrieb war mithin materiell am Erlös zu interessieren. Das geschah dadurch, daß ein Teil der bisher nahezu ganz an den Staatshaushalt abgeführten Geldeinnahmen im Unternehmen verblieb und für Investitionen oder – wichtiger noch – für Prämienzahlungen verwendet wurde.

Ein Verfahren wie dieses wurde als »ökonomischer Hebel« definiert, als eine Methode, »die Beziehungen zwischen den objektiven gesellschaftlichen Erfordernissen [die im Plan fixiert waren] und den materiellen Interessen der Menschen« ökonomisch so zu ordnen, daß »die Werktätigen zu einem bestimmten wirtschaftlichen Verhalten« angeregt wurden. Angestrebt war ein ganzes

System solcher Hebelfunktionen. Zum zentralen Hebel aber wurde der Gewinn. Von seiner Höhe hing die der vom Betrieb zu vergebenden Prämien ab; er bestimmte, welche Mittel für Investitionen zur Verfügung standen, und an ihn gebunden werden sollte auch ein Teil der Managergehälter. Die Bedeutung der neuen Stimuli, aber auch die Schwierigkeit, sie wirksam werden zu lassen, wurde insbesondere und immer wieder von Ulbricht betont:

»Die Kunst besteht jetzt darin, das System ökonomischer Hebel so zu gestalten, daß jede Leistung, die dazu beiträgt, die Produktion optimal zu entwickeln, zu einem höheren Gewinn führt und dem einzelnen Werktätigen eine seiner Leistung entsprechende Anerkennung sichert. Wenn wir das erreichen, haben wir gewonnen.«[34]

Im alten Planungssystem hatte der Gewinn nur als Rechengröße eine Rolle gespielt. Sie gab allenfalls Auskunft darüber, mit welchem finanziellen Aufwand der Mengenplan erfüllt, besser: übererfüllt worden war, denn davon hingen ja die Prämien ab. Als Maßstab der Rentabilität war er wertlos gewesen, da die betriebliche Kostenrechnung aufgrund der völlig verzerrten Struktur der Planpreise und des willkürlich fixierten Werts der Anlagen (Grundmittel) nur Scheincharakter hatte. Damit der Gewinn seine neue Funktion erfüllen, Effektivitätskriterium und Basis des materiellen Anreizes werden konnte, wurde eine Preisreform in die Wege geleitet und mit einer Neubewertung der Grundmittel verbunden. An ihrem Ende entsprachen die Preise den Kosten zwar noch keineswegs, sie waren aber wenigstens auf sie bezogen. Erst jetzt wurden eine halbwegs exakte Kalkulation, die »wirtschaftliche Rechnungsführung«, und das politisch-ideologisch immer wieder eingeforderte »strenge Sparsamkeitsregime« möglich. Bis dahin waren ausgerechnet die Preise von knappen Gütern – wie die der Kohle und der im wesentlichen aus ihr gewonnenen Energie – so niedrig gewesen, daß sie eher zur Vergeudung als zur Sparsamkeit angeregt hatten.

Die Ziele der Preisreform waren weit gesteckt. Sie sollte zum einen, das hofften wenigstens die Ökonomen, die Marxsche Werttheorie einlösen und im Preis einer Ware den Wert der in ihr vergegenständlichten Arbeit spiegeln; das mißlang jedoch. Sie sollte zum anderen nicht auf die Konsumgüterpreise durchschlagen; das gelang nur zum Teil. Zwar blieb es grundsätzlich bei Festpreisen, aber im Interesse von Innovationen wurden die Betriebe zur Herstellung hochwertiger neuer Produkte durch höhere Gewinne angereizt, die sich auch in neuen Preisen niederschlagen durften. Auch wenn sie diese nicht allein bestimmen konnten, sondern erst das Placet der zentralen Preisbildner einholen mußten, konzentrierten sie sich, sobald die Genehmigung vorlag, auf das neue Produkt, und das alte, billigere verschwand vom Markt. Die Verbraucherpreise kamen in Bewegung, nicht auf breiter Front, aber doch schrittweise.

4. Wirtschaftspartei oder Avantgarde? – Der späte Ulbricht und die SED

Diese Ergebnisse der Wirtschaftsreform zeigten sich freilich erst später, nachdem sich die VVB- und VEB-Manager an die NÖS-Spielregeln gewöhnt und sie auch auf diese Weise zu nutzen gelernt hatten. Zunächst mußten sie für das neue System qualifiziert werden. Dem alten Personal fiel die Umstellung häufig schwer. An die machtsichernde Vollzugsarbeit gewöhnt, schien ihnen manches, wenn sie es politisch formulierten, doch reichlich revisionistisch, und viele argumentierten intern wohl auch so. Die Parteiführung, die noch von Stalin gelernt hatte, daß über das Schicksal einer politischen Linie die Kader entscheiden, schickte einen Großteil der Funktionäre zu Intensivlehrgängen und versetzte etliche, wenn sie die neuen Leitlinien nicht bewältigten, auf andere Posten. 1964 donnerte Ulbricht vor einem ZK-Plenum:

»Kleinliche, engstirnige Beamtenseelen, die losgelöst vom Leben und vom Kampf der Werktätigen in der Volkswirtschaft den Blick für das Neue verloren haben..., können wir als Leiter ebenso wenig gebrauchen wie alte Routiniers, die nicht begreifen wollen, daß es im Neuen Ökonomischen System der Planung und Leitung der Volkswirtschaft unmöglich ist, mit alteingefahrener administrativer und dogmatischer Arbeitsweise die Menschen zu führen.«[35]

Ein Jahr später mußte er jedoch für Mäßigung plädieren. Denn häufig waren seinen harschen Worten problematische Taten gefolgt. Man hatte auch gut funktionierende Kader ausgetauscht, nur weil ihnen eine Hoch- oder Fachschulqualifikation fehlte. Entlassungstrost: Sie seien eben »Opfer der historischen Entwicklung« geworden.[36] Im Laufe der Jahre traten jedoch an die Stelle zahlreicher altgedienter junge Wirtschaftsfachleute mit akademischer Ausbildung.

Damit aber – und das hatte die Parteiführung schon früh erkannt – entstand ein ganz neues politisches Problemfeld: die Tendenz einer Verselbständigung des fachlich qualifizierten Personals in den Wirtschaftsapparaten gegenüber der Partei. Dieser Entwicklung versuchte die SED-Führung auf drei Wegen zu begegnen. Zum einen förderte sie bei der Kaderauswahl für die Wirtschaft die Funktionäre, die – idealiter – hervorragende Fachleute und Parteiarbeiter in einem waren. Zum zweiten gründete sie bei den Betriebsleitungen und VVB-Generaldirektionen Beratungs- und Kontrollgremien, die ihre Arbeit auf der Grundlage der Parteibeschlüsse zu leisten hatten (die später einheitlich so genannten »Produktionskomitees bei den Werkleitungen« auf der VEB- und die »Gesellschaftlichen Räte« auf der VVB-Ebene). An ihrer Spitze standen Parteifunktionäre. Zum dritten aber – und dies vor allem – mußte der Parteiapparat qualifiziert werden. Das bedeutete eine Anpassung des Qualifikationsniveaus der Partei- an das der Wirtschaftskader. Kosten-Nutzen-Erwägungen konnten mithin auch vor der Partei nicht haltmachen. Das Unterfangen, Effizienz und Kontrolle auszubalancieren, gelang jedoch nicht vollständig. Auf der einen Seite büßte die Partei einen Teil ihres Führungsanspruchs, ihrer politischen Exklusivität ein, auf der anderen blieb, der gewünschten Kontrolle wegen, ein Teil des Reformprogramms unerfüllt. Insgesamt aber setzte sich, nicht nur in der Wirtschaft, ein Leitungsstil durch, der – überspitzt – eher dem Sachzwang als politisch-ideologischen Überlegungen verpflichtet war.

Das Zauberwort dieser Phase hieß »Wissenschaftlichkeit«. Sie diente sowohl der (gewissermaßen positivistischen) Rechtfertigung politischer Entscheidungen, denen so der Geruch voluntaristischer Beliebigkeit genommen wurde. Sie avancierte aber auch zum Maßstab für Zielbestimmungen, Pläne und Entscheidungsprozesse. Und das wiederum bewirkte in der Sicht aller Betroffenen eine gewisse Berechenbarkeit, Verläßlichkeit und Rationalität staatlicher Tätigkeit, die – nun ganz im Zeichen der »Wissenschaftlich-technischen Revolution« – auf den Aufbau einer »sozialistischen Industriegesellschaft« zielte. Kybernetik, von Stalin noch als »Afterwissenschaft« gescholten, und Systemtheorie galten als wesentliche Instrumente zur Steuerung gesellschaftlicher Prozesse. Gefragt war die Entwicklung einer »marxistisch-leninistischen

Organisationswissenschaft« zur »Optimierung« gesellschaftlichen Handelns. Bildung, vor allem naturwissenschaftlich-technische, hatte den Vorrang. Entworfen, 1965 als Gesetz verabschiedet und schrittweise umgesetzt wurde das »einheitliche sozialistische Bildungssystem«, das alle Bildungs- und Ausbildungsstufen von der Vorschulerziehung bis zur Erwachsenenqualifizierung regelte.

In seinem Mittelpunkt stand die zehnklassige polytechnische Oberschule, die nun zur obligatorischen Bildungseinrichtung werden sollte. Zugleich aber wurden Spezialschulen und -klassen eingerichtet, in denen Schüler mit speziellen Begabungen, vor allem für technische, mathematisch-naturwissenschaftliche Fächer, aber auch Jugendliche mit ausgeprägten künstlerischen oder sportlichen Fähigkeiten gefördert wurden. Zur Ergänzung wurde 1966 eine Hochschulreform eingeleitet – die dritte in der DDR-Geschichte. Sie zielte, anders als die vorangegangenen, die (1946) der Entnazifizierung und dem Zugang von Arbeiter- und Bauernkindern oder (1951) der Durchsetzung des Marxismus-Leninismus gegolten hatten, auf eine größere Nähe der Universitäten und anderer Forschungsstätten zur Volkswirtschaft. Dem sollte auch eine Reform der Studieninhalte gelten. Mit ihr wurde die Abkehr von der bloßen Wissensvermittlung und die Hinwendung zu selbständiger wissenschaftlicher Arbeit, möglichst an Projekten aus der Praxis, angestrebt. Von Ulbricht so genannte »Ehen« zwischen Hochschulen und Industrie bzw. Wirtschaftszweigen waren die Folge – etwa die zwischen der Friedrich-Schiller-Universität in Jena (Physik und Ingenieurwissenschaften) und dem dort ansässigen traditionsreichen Optikgeräte-Werk VEB Carl Zeiss oder die zwischen der Wilhelm-Pieck-Universität Rostock (Meeresbiologie) und dem Fischfang der DDR. Alle 44 (Stand: 1965) Hochschulen der DDR (darunter die sieben Universitäten in Jena, Rostock, Berlin, Dresden (TU), Greifswald, Halle und Leipzig) waren angehalten, Forschungsverträge mit Betrieben oder staatlichen Einrichtungen abzuschließen.

Überall, wo Neues sich Bahn brach oder unbedingt durchsetzen sollte, erschien der Staats- und Parteivorsitzende, spornte an, tadelte und erwies sich als insgesamt sehr sachkundig. Vielen schien es, als hätte sich Ulbricht – damals immerhin schon in den Siebzigern – stark verändert. Bis dahin ein Machtverwalter und Apparatmann, wandelte er sich zum – freilich immer noch rigiden – Propagandisten der »Wissenschaftlich-technischen Revolution«.

Er, der wohl wirklich an die prinzipielle Überlegenheit seines Sozialismusbildes glaubte, wollte nun, da die Grenzen geschlossen waren und die Vorzüge der neuen Ordnung sich voll entfalten konnten, offenkundig den Beweis antreten. Der Weg zum Ziel führe, dozierte er immer wieder, über Grundlagenforschung und neue Technologien zur Steigerung der Arbeitsproduktivität, und wer heute den Zug versäume, werde morgen die Quittung bekommen. Daß die DDR als sozialistischer Industriestaat über die notwendigen Ressourcen verfüge, um diese Revolution zu meistern, stand für ihn außer Frage. Es komme nur darauf an, hier schlug der »alte« Ulbricht wieder durch, Forschung und Entwicklung richtig zu organisieren. Er verwies dazu selbst auf die Forschungsorganisation in den USA und scheute sich nicht, einmal sogar einen Verbund zwischen dem »Massachusetts Institute for Technology« und der Westberliner Technischen Universität zu rühmen – freilich: um von dieser »Herausforderung« für die Zusammenarbeit mit der Sowjetunion zu lernen.[37] Immer dringlicher verlangte er »Pionier- und Spitzenleistungen«, die Orientierung am »Weltniveau« und rechnete Staatsfunktionären und Wissenschaftlern minutiös vor, in welch kurzer Zeit wissenschaftliche Erkenntnis veralte oder – zum Beweis – wie schnell Japan die USA und den Erzrivalen Bundesrepublik von den Optik- und Elektronikmärkten verdränge. All das folgte dem Wettbewerbskonzept. Noch immer – und gerade jetzt – kam es ihm darauf an, die Bundesrepublik zu überholen – nicht mehr unbedingt im Konsum, das hatte sich angesichts der Niveaudifferenz doch als zu schwierig erwiesen, wohl aber – und nun wachstumslogisch korrekt – in der Produktivität. Ob dieser Messianismus dem Einfluß seiner Berater folgte oder allein der ihm, wie seine Biographen schreiben, seit seiner sozialdemokratischen Sozialisation eigenen Wissenschaftsgläubigkeit entsprang, ist ungewiß. Ganz sicher entsprachen jedoch seine Erwartungen an eine kurzfristige Wende nicht den Möglichkeiten der DDR. Zu gemeinsamen Anstrengungen der RGW-Länder war es nicht gekommen. Immer wieder – wie schon auf dem Ostblock-Gipfel im Juli 1963 – war die DDR mit ihren Vorschlägen für die intensivere wissenschaftlich-technische Zusammenarbeit der Partnerstaaten gescheitert. Ulbricht hatte damals u. a. die Bildung eines gemeinsamen »wissenschaftlich-technischen Zentrums für die Fragen der Elektronik« angeregt, vorgeschlagen, »internationale produktionstechnische Vereinigungen« zu bilden, und dafür plädiert, »den Ankauf von Industrieausrüstungen, Verfahren, Lizenzen in kapitalistischen Ländern zu koordinieren«, um auch so die »Abhängigkeit von Importen aus dem kapitalistischen Ausland zu vermindern«. Doch das Interesse der Bruderstaaten am RGW-Verbund war geringer als das an nationalen Lösungen. Intern spottete der Vorsitzende durchaus resigniert, bislang sei die wissenschaftlich-technische Kooperation als »Teilaufgabe der Touristik behandelt worden, ... man reise, man besuche sich und informiere sich gegenseitig, führte Besprechungen über künftige Absichten durch. Aber es wurde nicht exakt vereinbart, wie in den Schwerpunkten gemeinsam geforscht und entwickelt werden soll. Das ist nicht einmal auf militärischem Gebiet der Fall.« Allein mit der Sowjetunion schien enge Zusammenarbeit auf Dauer möglich, weniger auf wissenschaftlich-technischem Gebiet, stärker beim Bezug von Halbfabrikaten und Rohstoffen. Und das hatte aus sowjetischer Sicht auch Bedeutung für das Konzept der Systemkonkurrenz. Ulbricht zitierte Chruschtschow: »Die DDR kann auch gar nicht anders den Wettbewerb mit Westdeutschland gewinnen, als daß sie sich in bestimmtem Maße auf die billigen Rohstoffquellen der Sowjetunion stützt.«[37a] Das klang Anfang der sechziger Jahre noch nach ganz selbstverständlichem Internationalismus. Schon wenige Jahre später freilich sollte sich zeigen, daß auch die Sowjets den Weltmarkt und seine Preisvorteile höher schätzten als die Gebote der Blocksolidarität.

Grundsätzlich aber hatte Ulbricht die Zeichen der Zeit früher erkannt als andere Politiker und besaß zudem Macht genug, die Politik zumindest in der DDR entsprechend zu gestalten. Schon zu Beginn der sechziger Jahre verlangte er die Konzentration der Forschungs- und Entwicklungsinvestitionen auf die führenden, die Wirtschaftsstruktur der DDR prägenden Industriezweige, auf die (Petro-)Chemie, die Optische Industrie, den Maschinenbau und speziell die Elektronik. Für sie sollten – seit der zweiten Hälfte der sechziger Jahre – »Großforschungszentren« eingerichtet werden; für ihre Förderung vor allem wurde der 1961 gebildete Forschungsrat zuständig; und auf diese Zweige insgesamt konzentrierte sich denn auch die Wirtschaftspolitik. Gegen Ende der sechziger Jahre schließlich brachte er – zunächst noch zurückhaltend – die Überlegung ins Spiel, es müsse möglich sein, den wissenschaftlich-technischen Welthöchststand zu überholen und ganz andere Verfahren und Technologien zu entwickeln als jene, über die überall auf der Welt gerade nachgedacht wurde. Anfang 1970 brachte er diesen Gedanken in der Formel zum Ausdruck: »Überholen, ohne einzuholen«. Das Ziel: das Weltniveau selber zu bestimmen. Der Weg: »gewissermaßen« am gegenwärtigen Höchststand vorbei zu »völlig neuen Wirk- und Arbeitsprinzipien«.[38] Als er diesen Gedanken, nun schon in eine Forderung gekleidet, im März 1970 auf einer Staatsratssitzung in Merseburg wiederholte, da fielen den Spöttern im Westen wie im Osten sofort jene uralten germanischen Beschwörungsformeln ein, die Merseburger Zaubersprüche, und viele meinten, der alte Herr sei »ausgeflippt«. Letztlich war das Ziel aus seiner Sicht jedoch folgerichtig formuliert. Denn was sollte es schon nützen, sich – wie er es im Februar 1970 gesagt hatte[39] – »allmählich an den gegenwärtigen Welthöchststand heranzupirschen«, der doch, im Zweifelsfall, schon in den Händen des Westens war. Da erschien es ihm besser, eigene Wege zu suchen – vielleicht auch, um den Folgen der kapitalistischen Wissenschaftsrevolution zu entgehen.

Die Konzentration auf Wirtschaft und Wissenschaften irritierte die Partei und anfangs wohl auch einige ihrer leitenden Funktionäre. Zunächst hatte sich die SED vollständig auf die Wirtschaft gestürzt, dann aber wurde gerügt, die Parteiversammlungen glichen »ökonomischen Konferenzen« und es fehle die ideologische Führung. Zügig konzentrierte sie sich auf die Ideologie, entwarf ideologische Perspektivpläne, vernachlässigte aber die Ökonomie. Erst in der zweiten Hälfte der sechziger Jahre faßte sie wieder Fuß, nun aber doch mehr als die politische Verwalterin der Wirtschaft denn als hochpolitisierte ideologische Avantgarde. Angesichts des von vielen empfundenen Modernitätsdefizits war es der Partei zwar nicht schwer geworden, das neue Konzept in der Gesellschaft durchzusetzen, zumal es eigentlich nur für sie selber neu war, sich für andere dagegen als endliches Nachholen des ökonomistischen und wissenschaftseuphorischen Zeitgeistes darstellte. Je undeutlicher aber diese Trennungslinie zwischen Partei- und Gesellschaftsbewußtsein verlief, je mehr sich die SED programmatisch und personell wandelte, desto schwieriger wurde es auch, ihren strikten Führungsanspruch zu begründen. Das bislang gültige Legitimationsmuster (die Partei als Vortrupp der herrschenden Arbeiterklasse, die schon deshalb die fortschrittlichste Klasse ist, weil sie den Fortschritt der Produktivkräfte, die Basis aller gesellschaftlichen Entwicklung, bewirkt) war brüchig geworden, seit die Wissenschaft als wesentliche Produktivkraft entdeckt war. Und zu einer Avantgarde der Intelligenz, der Trägerin der »Produktivkraft Wissenschaft«, konnte die SED nicht werden, wenn sie nicht ganz ihre Tradition aufgeben wollte.

In dieser Frage bot die neue KPdSU-Programmatik eine, wenn auch geringe, Hilfe. Sie war von der SED auf dem VI. Parteitag zurückhaltend und modifiziert übernommen worden. Die SED begriff sich nun als Partei der Arbeiterklasse »und des werktätigen Volkes«, und das von ihr gesteuerte Herrschaftsgefüge entwickelte sich jetzt in Richtung auf einen »Staat des ganzen Volkes«. Doch auch dazu, so Ulbricht, brauche es Zeit. Bisher hatten nach seiner Deutung erst die »sozialistischen Produktionsverhältnisse« gesiegt. »Aber zur Vollendung des Sozialismus«, erkannte er, »ist ein höheres Niveau erforderlich.«[40] Im Programm war denn auch nur vom »umfassenden Aufbau des Sozialismus«, also erneut von einer Zwischenstufe die Rede, die die Bruderparteien nicht konzipiert hatten. Die waren dem sowjetischen Beispiel gefolgt und definierten ihre Gesellschaften nach Abschluß der Kollektivierung als sozialistisch. Die SED – vor allem Ulbricht – war da wohl speziell wegen des Wohlstandsgefälles zwischen West- und Ostdeutschland achtsamer.

Auch zur Sowjetunion hielt die Partei im übrigen leichte Distanz. Der Neuerer Chruschtschow hatte, jugoslawischem Beispiel folgend, 1962 ein neues Verfahren für den Austausch von Funktionären im Parteiapparat ins KPdSU-Statut aufnehmen lassen. Dieses »Rotationsprinzip« schrieb vor, daß in einem für die verschiedenen Parteiebenen präzis vorgeschriebenen Turnus ein bestimmter Teil der Amtsträger ihre Positionen zu räumen habe: Mitglieder des ZK spätestens nach vier, Mitglieder des Politbüros (das in der Sowjetunion Präsidium hieß) »in der Regel« nach drei Legislaturperioden. Ausgenommen waren nur Präsidiumsgenossen mit »anerkannter Autorität« oder »hervorragenden politischen, organisatorischen und sonstigen« Eignungen.[41] Im neuen SED-Statut hieß es dagegen, es sei auf die »systematische Erneuerung der leitenden Parteiorgane durch bewährte politisch und fachlich qualifizierte Mitglieder« zu achten, dabei aber die »Kontinuität der Leitungen zu wahren«.[42]

Bei aller Lust auf die »wissenschaftlich-technische Revolution« – bei der Entwicklung des politischen Systems achtete die Führung stärker auf Evolution und Kontinuität. Wie schon 1958 – bei der

Verkündigung der Moralgebote – griff man auch 1963 auf Sprachfiguren der Theologie zurück. »Sozialismus, was ist das?« fragten die Programmautoren katechetisch und antworteten mit den aktuellen Slogans der Parteipropaganda: das Volkseigentum an den Produktionsmitteln, das Wirken der »ökonomischen Gesetze des Sozialismus«, der Kampf um eine hohe Arbeitsproduktivität; und sie erwähnten eine Veränderung der Staatsfunktionen nur insofern, als sie schrieben: »An der Spitze der Aufgaben des sozialistischen Staates steht seine wirtschaftlich-organisatorische und kulturell erzieherische Funktion«, erst weiter unten also die Repression. Die war, folgte man dem Dokument, auch gar nicht mehr so dringend, denn schon zeichnete sich der Beginn eines harmonischen Zusammenlebens, der kameradschaftlichen Zusammenarbeit, der Chance zur vollen Entfaltung der Persönlichkeit auch in der DDR ab.[43]

Noch hegte die Partei offenbar auch die Erwartung, das Wettbewerbskonzept, die Konkurrenz mit dem Westen um den Sieg bei Produktivität und Konsum, müsse nicht notwendig zur Orientierung der eigenen Gesellschaft und ihrer Kultur am »way of life« der anderen Seite führen. Optimistisch schrieben sie in das »neue Kommunistische Manifest« (so die Agitation): »Die Lebensbedürfnisse der Bürger, die in der Vergangenheit unter starkem kapitalistischen Einfluß geformt wurden, werden mit dem Fortschreiten des umfassenden Aufbaus des Sozialismus immer stärker ihr eigenes sozialistisches Gepräge erhalten.«[44] Womöglich meinte die Führung damals noch, die Aktion »Blitz kontra Natosender« habe gewirkt, vielleicht war auch die Lieferfähigkeit der heimischen TV-Hersteller unterschätzt worden – immerhin verfügten aber 1963 schon 41,1 % aller Haushalte über einen Fernseher, und der war leicht auf Westempfang zu programmieren.

Vier Jahre später, auf dem VII. Parteitag, wurde die Evolutionsprogrammatik vertieft, die Zwischenphase auf dem Weg zum Sozialismus aber systemtheoretisch begründet. Das Etappenziel hieß jetzt »entwickeltes gesellschaftliches System des Sozialismus«, und der Sozialismus erschien als eine »relativ selbständige gesellschaftliche Formation« in der Phase des »Übergangs vom Kapitalismus zum Kommunismus«. Während sich die anderen Parteien auf den Weg zur »entwickelten sozialistischen Gesellschaft« machten, die sie als erste Phase des Kommunismus proklamierten, sollte in der DDR zunächst die Veränderung der »Teilsysteme«, voran das »ökonomische System des Sozialismus«, in Angriff genommen und dann »harmonisch« oder »organisch« zusammengefügt werden. Der Sozialismus, hatte Ulbricht erkannt, wachse in der DDR auf seiner »eigenen Grundlage«, sei nicht mehr so stark wie bislang von den Muttermalen der alten Gesellschaft geprägt, was Marx als Charakteristikum der Übergangsperiode genannt hatte, und er tendiere in Richtung auf eine »sozialistische Menschengemeinschaft«, die weniger durch sozial bedingte Interessenwidersprüche, mehr durch Kameradschaft und Interessenübereinstimmung geprägt sei.[45]

EgSS (Entwickeltes gesellschaftliches System), ÖSS (Ökonomisches System des Sozialismus) und Menschengemeinschaft hießen die Kürzel, über die sich Philosophen und andere Gesellschaftswissenschaftler die Köpfe zerbrachen, und alle miteinander entwarfen immer wieder neue systemtheoretisch angelegte Analysen und Prognosen. Manchen in der Partei schien diese Sonderentwicklung der DDR mit Blick auf die Blockpartner problematisch, viele aber freuten sich auch über das immer wieder zur Schau gestellte Selbstbewußtsein, mit dem ihr Partei- und Staatschef auf internationalen KP-Konferenzen auftrat, den Weg der DDR lobte und den Genossen die Leviten las. So Ende 1970 auf einem internationalen Engels-Symposion in Ostberlin, wo er die kluge, die tempobewußte Politik der SED herausstrich, die notwendige Geduld, aber eingestand, auch die SED habe erst lernen müssen, »daß man auf diesem Weg schneller vorankommt, als wenn man versucht, Etappen zu überspringen«. Dann freilich fügte er hinzu: »Vielleicht wird mancher sagen: Das haben wir einfacher gemacht, das haben wir verwaltungsmäßig durchgeführt. – So kann man es auch machen, aber das Resultat ist entsprechend.«[46]

5. Sozialstruktur und Lebensweise

Das gefiel, wie gesagt, einigen, schmeichelte dem gewachsenen Selbstbewußtsein der Genossen wie der parteilosen DDR-Bürger, und es stimmte ja auch – schaute man nur auf den Ostblock. Tatsächlich hatte sich die DDR zum modernsten Industriestaat des RGW-Bereichs entwickelt. Sie war zur Gesellschaft mit der höchsten Produktivität und dem höchsten Lebensstandard geworden (und ist es immer noch). Sie rangierte gegen Ende der sechziger Jahre auf der ökonomischen Weltrangliste etwa auf dem neunten

Platz und wies nach Einbrüchen zu Beginn des Jahrzehnts, insbesondere in den Jahren bis 1963, wieder stabile Wachstumsraten auf. Die durchschnittliche jährliche Steigerung der industriellen Bruttoproduktion lag zwischen 1960 und 1964 bei 5,8% und im Zeitraum 1964 bis 1970 bei 6,4%.[47] Die Entwicklung der Bruttoproduktion bot freilich nicht nur Statistikern Anlaß zur Freude. Wichtiger für die DDR-Bürger war das tatsächlich breitere, auch qualitativ gewachsene Warenangebot, das seit Mitte der sechziger Jahre Hand in Hand ging mit einer spürbaren Erhöhung der Einkommen – beides war die Basis für eine deutliche Verbesserung der materiellen Lebensbedingungen. Auch wenn das Niveau der Bundesrepublik nur auf wenigen Gebieten (bei den Grundnahrungsmitteln) erreicht wurde, wirkte doch die verbesserte Versorgung mit industriellen Konsumgütern stabilisierend. Zwischen 1960 und 1970 wuchs der Anteil der Haushalte, die über einen Fernseher verfügten, von 17% auf 69%, jener, die einen Kühlschrank besaßen, von 6% auf 56%, jener, die mit einer Waschmaschine ausgerüstet waren, von 6% auf 54%. Auch der Besitz an Privatautos wuchs. 1970 nannten 16 von 100 Familien einen »Trabant« oder »Wartburg« aus der DDR-Produktion bzw. sowjetische und tschechoslowakische PKW, etwa der Marken »Moskwitsch«, »Shiguli« (Fiat 124) oder Škoda, ihr eigen. Die Bundesrepublik freilich – für die DDR-Deutschen die natürliche Vergleichsgröße – war in diesen Bereichen weit rascher vorangekommen. Hier besaß 1970 jeder zweite Haushalt einen PKW, rund 90% einen Kühlschrank und zwei Drittel eine Waschmaschine. Und im »Westen« waren, das wußten die DDR-Bürger, derlei Dinge weitaus billiger als in der DDR. Gleichwohl – die Kaufkraft stieg, und das noch immer unzureichende Warenangebot konnte sie nicht abschöpfen. Zwischen 1960 und 1970 war das monatliche durchschnittliche Arbeitseinkommen von 555,– auf 755,– Mark gestiegen, und – statistisch – hatten die Preise in dieser Zeit sogar nachgegeben: um 0,1%. Das galt aber nur für diejenigen Waren, die bereits immer im Angebot waren, sowie für Mieten und Tarife (Verkehr, Gas, Strom usw.). Die neu in den Handel gebrachten Produkte nahmen die DDR-Statistiker offenbar ebensowenig in ihre Rechnung auf wie die Preise, die in den 1962 geschaffenen »Exquisit«- und »Delikat«-Läden für Waren des gehobenen Bedarfs verlangt wurden. In diesen Geschäften wird seither angeboten, was bis dahin ausschließlich für den Export produziert worden war: hochwertige und modisch verarbeitete Textilien, Schuhe oder Kosmetika z. B., für die häufig das Drei- oder Vierfache dessen zu entrichten ist, was ähnliche Güter (minderer Qualität) in den normalen »Verkaufsstellen« kosten. Später kamen auch Westwaren hinzu, Zigaretten, schottischer Whisky, die Flasche zu 80 Mark, oder Wurst und Käse. Geschäfte wie diese schufen einen gewissen Ausgleich für die einkommensstärkeren Bürger, die keinen Kontakt zu Westbesuchern haben, die ihnen aus den gleichfalls 1962 eingerichteten Devisenläden, den »Intershops«, Waren mitbringen.

Wie das Wachstum der Spareinlagen zeigt, gelang es aber auch auf diesem Wege nicht, den Kaufkraftüberhang abzuschöpfen. Im Gegenteil: 1960 lag die Höhe der Guthaben bei ca. 39% des Wertes der vom Einzelhandel verkauften Waren, wuchs bis 1965 auf 61% und erreichte 1970 81%. Die Sparsumme hatte sich in dieser Zeit nahezu verdreifacht, während der Einzelhandelsumsatz lediglich um ca. 42% gewachsen war. Dieses Wachstum resultierte zu einem Teil aus den langen Kandidatenlisten und den hohen Preisen für hochwertige Konsumgüter: Auf den rund 8000 Mark teuren »Trabbi« war etwa acht Jahre zu warten (ähnliches galt für Waschmaschinen und Fernseher), und bei der Zuteilung war die gesamte Summe zu zahlen. Zum anderen aber war die Spareignung auch Folge der gestiegenen Einkommen und des mit ihnen gewachsenen Wohlstands, und sie signalisierte wohl auch die Bereitschaft, sich nun langfristig in dieser DDR einzurichten.

Die Lebensqualität jenseits ihrer materiellen Basis gestaltete sich ungleich widersprüchlicher. Da war einerseits der starke Qualifizierungsdruck. Er wirkte nicht nur auf die Kader, sondern ebenso auf Fach- und Hilfsarbeiter. Alle waren aufgefordert, ihre Fertigkeiten und Kenntnisse auf das Niveau der »wissenschaftlich-technischen Revolution« zu heben. Als Lohn winkten höhere Einkommen, der Aufstieg in die Intelligenz oder zum Kader, als Last aber drückte bald auch der Freizeitverlust durch ein Abend-, Fern- bzw. Zusatzstudium, durch einen Meister- oder sonstigen Qualifizierungslehrgang. Herausgefordert und belastet wurden vor allem die Frauen. Sie, die schon seit den vierziger Jahren einen Großteil der Arbeitskräfte stellten (1950: 39,8, 1960: 45,0, 1970: 48,3%), hatten stets eine Wachstumsreserve der DDR-Wirtschaft gebildet. Entsprechend war der Anteil der Berufstätigen an der Zahl der Frauen im arbeitsfähigen Alter gestiegen – von nahezu 70% auf etwa 82% zwischen 1960 und 1970. Gefragt war nun auch ihr Beitrag zum qualitativen Wirtschaftswachstum, und insbesondere für Mütter bedeutete das die Erweiterung ihrer Doppel- zur Dreifachbelastung durch Arbeit, Haushalt (einschließlich Einkauf) *und* Qualifizierung. 1960 hatten ca. 12 000 Frauen den Lehrabschluß im Rahmen der »Erwachsenenqualifizierung« nachgeholt, 1970 waren es etwa 41 000 – und sie stellten damit (auch aufgrund ihres größeren Nachholbedarfs) die Mehrheit (56%) unter den Teilnehmern an diesem Bildungsweg.[48] In derselben Zeit wuchs auch die Zahl der Mädchen unter den Jugendlichen, die eine herkömmliche Berufsausbildung abgeschlossen hatten, von knapp 39% auf etwa 47%[49], und unter den Studierenden an Fachschulen, Universitäten und Hochschulen stieg der Frauenanteil von 27% auf 42% – an den Fachschulen allerdings schneller.[50]

Zwischen 1961 und 1970 nahmen allein in den staatlichen Industriebetrieben 6,3 Millionen Arbeiter und Angestellte an der einen oder anderen Form der Weiterbildung teil, d. h. jeder der dort Beschäftigten im Durchschnitt an nahezu drei Kursen, meist für den Erwerb von Grund- oder Spezialkenntnissen. Insgesamt sank der Anteil der un- und angelernten Berufstätigen in der staatlichen Wirtschaft zwischen 1955 und 1970 von 70% auf 39%, parallel dazu wuchs die Zahl der Facharbeiter und Meister von einem knappen Viertel auf knapp die Hälfte, und die Hoch- und Fachschulabsolventen stellten 1970 11,4% der Werktätigen (1955 waren noch 4,4% und 1961 6,1% gezählt worden).[51]

Hand in Hand mit der wachsenden Qualifizierung der Arbeitskräfte ging die Veränderung des Produktionsapparates und damit der Arbeitsplätze. In der Industrie kam die Umstellung auf den Mehrschichtbetrieb zwar nur langsam voran, gleichwohl nahm zwischen 1962 und 1971 der Anteil der nur einschichtig tätigen Produktionsarbeiter von 73% auf 60% ab, stieg die Zahl der dreischichtig arbeitenden von 19% auf nahezu 26%.[52] Der wachsenden Belastung wurde 1966 zunächst durch eine Regelung Rechnung getragen, die durch eine Verlängerung der täglichen Arbeitszeit alle 14 Tage einen freien Sonnabend brachte. 1967 wurde die Wochenarbeitszeit von 45 auf 43,5 Stunden reduziert (bei Berufstätigen im Wechsel- oder Dreischichtbetrieb von 44 auf 42) und der Sonnabend generell zum arbeitsfreien Tag. Gleichzeitig aber wurden einige Feiertage gestrichen: der Ostermontag, Himmelfahrt sowie der Buß- und Bettag, aber auch der 8. Mai, der »Tag der Befreiung«, der erst anläßlich seiner 40. Wiederkehr 1985 wieder einmal arbeitsfrei war.

Auf dem Lande verdreifachte sich zwischen 1960 und 1970 der Traktorenbestand, stieg die Zahl der Mähdrescher nahezu auf das Fünffache. Entsprechend veränderte sich die Qualifikationsstruktur der Genossenschaftsbauern. 1960 verfügten knapp 5% der etwa 915 000 in den LPG Arbeitenden über eine abgeschlossene Berufsausbildung (unter ihnen fast die Hälfte über eine Facharbeiterprüfung). 1970 konnten ca. 56% der Berufstätigen eine spezifische Qualifikation nachweisen, die überwiegende Mehrheit (85%) den Facharbeiterbrief. Doch auch die Gruppe der Fach- und Hochschulabsolventen, der Agrarintelligenzler, war erheblich gewachsen: von insgesamt ca. 7500 1960 auf mehr als 26 000 im Jahre 1970.

Auch das Profil der LPG hatte sich zwischen 1960 und 1970 verändert. Einerseits war der Anteil der nicht voll kollektivierten Genossenschaften (Typ I und II) auf weniger als ein Drittel gesunken. Ein Großteil wurde von denen des Typs III »geschluckt« oder hatte sich zu diesem entwickelt. War 1960 jeder dritte Betrieb voll kollektiviert, waren es 1970 fast zwei von dreien. Erkennbar war seit Mitte der sechziger Jahre zudem der Trend zur Bildung von Großgenossenschaften durch den Zusammenschluß benachbarter LPG. Begonnen hatte dieser Prozeß unter der Losung: ein Dorf – eine Genossenschaft. Damit war jedoch das Land noch nicht zur Ruhe gekommen. 1967 begannen die ersten Versuche zur Spezialisierung der landwirtschaftlichen Produktion. Im Glauben, das führe zu Produktionssteigerungen, wurden aus zahlreichen LPG die Tierzucht oder der Ackerbau ausgegliedert und mit den entsprechenden Produktionszweigen benachbarter Kollektive zu »Kooperativen Abteilungen« der Tier- oder Pflanzenproduktion zusammengelegt. Formal blieben die eingebrachten Bestände und Flächen Eigentum der Genossenschaften. Real aber entwickelten sich neue, weithin selbständige Organisationsformen, die zur Auflösung des dörflichen Zusammenhanges, zur endgültigen Anonymisierung des in die Genossenschaften eingebrachten persönlichen Eigentums führten und zuweilen auch zu Protesten der Bauern gegen diese in der DDR mittlerweile dritte Agrarrevolution.

Diese Entwicklung zielte auf die Aufhebung des Unterschiedes zwischen Stadt und Land. Erreicht werden sollte sie durch die Übertragung industrieller Arbeitsteilung und entsprechender Produktionsformen sowie die Konzentration großer Flächen und

Viehbestände unter einheitlicher Leitung. Die negativen Folgen dieses Konzepts – Bodenerosion, Erhöhung des Epidemierisikos, Zerstörung von Ökosystemen – wurden erst Ende der siebziger Jahre thematisiert, und seit Beginn der achtziger Jahre wird an neuen Modellen gearbeitet. Die positiven traten rascher zutage. Mit der industriellen Arbeitsweise verbesserte sich das Arbeit-Freizeit-Verhältnis, und regelmäßiger Urlaub, Entlastung durch Gemeinschaftseinrichtungen der LPG, wie Kindergärten und Kantinen, brachten die Angleichung voran. Mit der Produktivität wuchsen die Einkommen, und sie hingen kaum noch davon ab, was der einzelne einst in die LPG eingebracht hatte. Ihre Berechnungsgrundlage war in erster Linie die Leistung.

Leistungserwartung und Leistungsnotwendigkeit beeinflußten auch die Jugendpolitik der SED. *Der Jugend Vertrauen und Verantwortung* war der programmatische Titel eines Kommuniqués des Politbüros vom September 1963. Sein Tenor: »Das Programm der SED sowie das neue ökonomische System ... geben den Jugendlichen noch mehr Raum zur vollen Entfaltung ihrer schöpferischen Fähigkeiten und Begabungen.«[54] Das setzte nach Ansicht der Parteiführung nicht nur die Leistungsbereitschaft der Jugendlichen, sondern in gleichem Maße die Fähigkeit von SED und Gesellschaft voraus, auf bislang übliche Praktiken zu verzichten und etwa »›unbequeme‹ Fragen ... als lästig oder gar als Provokation abzutun«. Dadurch werde, das erkannte das Politbüro ganz richtig, die Jugend »auf den Weg der Heuchelei abgedrängt«. Verlangt war der »selbständige und selbstbewußte Staatsbürger mit einem gefestigten Charakter« und »durch eigenes Denken« erarbeitetem »sozialistischen Weltbild«. Das klang problembewußt und wie ein Neubeginn, zumal die Führung geradezu kulturrevolutionäre Töne anschlug, wenn sie schreiben ließ:

»Solche jungen Menschen, die aus Angst vor einer ›übergeordneten‹ Meinung unehrlich und heuchlerisch geworden sind, die ihr eigenes Denken zurückhalten und stets auf Anweisungen von oben warten, sich äußerlich anpassen, werden ... in der Praxis kaum Großes leisten können, weil dort schöpferische und kämpferische Sozialisten, aber keine kleinmütigen Seelen, Streber und Karrieristen gebraucht werden.«

Auch für das oft geforderte, seit Beginn der fünfziger Jahre aber erstarrte »frohe Jugendleben« engagierten sich nun die Parteiführer. Der Tanz sei, formulierten sie generös, »legitimer Ausdruck von Lebensfreude und Lebenslust«, und »welchen Takt die Jugend wählt«, sei »ihr überlassen: Hauptsache, sie bleibt taktvoll!«. Tatsächlich schliefen die Bemühungen um den sozialistischen Gesellschaftstanz, die in der Kreation des nach Leipzig genannten »Lipsy« ihren Höhepunkt gefunden hatten, ein, und es durfte allgemein »offen« getanzt werden.

Vieles blieb Appell; manches jedoch veränderte sich. Die FDJ, bis dahin Organisation mit absolutem Jugendmonopol, mußte sich diese Aufgabe in den Betrieben für einige Zeit mit den Gewerkschaften teilen, und vorübergehend büßte sie auch das Recht ein, alle Schüler an den zum Abitur führenden Erweiterten Polytechnischen Oberschulen (EOS) zu organisieren. Sie war in eine Situation geraten, in der sie sich stärker als zuvor um die Jugendlichen zu bemühen hatte, also etwas anbieten mußte: 1964 organisierte sie in Berlin ein »Deutschlandtreffen«, dessen Lockerheit auch westlichen Beobachtern auffiel: Sie initiierte eine »Singebewegung«, in der zuweilen auch für kritische Töne Raum war, und sie verzichtete da und dort auf die von der Partei gerügten Zirkel »mit langweiligen, administrativen oder primitiven Referaten« (Jugendkommuniqué). Eine lebendige Jugendorganisation war sie zwar nicht geworden, sie hatte jedoch vorübergehend ein wenig den Geruch einer staatlichen Pflichtveranstaltung für Schüler, Studenten und Soldaten verloren. Mitgliedergewinne blieben aus, die Zahl der FDJler ging zunächst – parallel zur Entwicklung der FDJ-fähigen Altersgruppe (14 bis 25 Jahre) – zurück: von 1,7 Millionen 1961 auf 1,4 Millionen im Jahre 1968. Anfang 1970 war der zu Beginn des Jahrzehnts registrierte Stand wieder erreicht: Erfaßt waren nahezu alle Schüler, Studenten, mehr als 80% der Soldaten, Mitte der sechziger Jahre nur etwa zwei Drittel der Lehrlinge – gegen Ende des Jahrzehnts wurde aber auch bei ihnen die 80%-Marke erreicht.[55]

Die Konzentration auf die Jugend, der Versuch, die junge Generation nicht nur zu disziplinieren, sondern zu gewinnen, ging mit einer Liberalisierung des Klassenkonzepts einher. Wenn Leistungsbereitschaft und Engagement zugunsten von Sozialismus und »wissenschaftlich-technischer Revolution« geweckt werden sollten, mußten einige Maximen aus der Umwälzungsphase neu gefaßt werden. Den allgemeinen Rahmen für eine Neuorientierung hatte die Vision der Sozialistischen Menschengemeinschaft abgesteckt. In ihr dominierte die Vorstellung von der Annäherung der sozialen Schichten, und mit ihr waren auch die Bildungs- und Innovationsreserven zu erschließen, zu denen das alte Klassenschema den Zugang eher versperrt hatte. Bislang galt Bildungspolitik auch immer als Mittel zur Förderung der reklamierten eigenen Basis, der traditionell Unterprivilegierten. Arbeiter- und Bauernkinder waren daher gegenüber anderen zu bevorzugen, und während der fünfziger Jahre stammte stets rund die Hälfte der Universitäts- und Hochschulstudenten aus Arbeiter- und Bauernfamilien. Seit Beginn der sechziger Jahre aber wurde diese Gruppe von anderen bedrängt, und insbesondere der Anteil der Arbeiterkinder nahm ab – von 39,2% 1960 auf 31,1% im Jahre 1966. Gewachsen dagegen war die Zahl der Studenten aus der Intelligenz: 1960 nur auf jedem sechsten Studienplatz, besetzten Studenten aus dieser Gruppe 1966 nahezu jeden dritten (30,2%). Diese Tendenz zur Selbstrekrutierung der Intelligenz veranlaßte die Statistiker dazu, 1968 auf Angaben zur Sozialstruktur der Fern- und Abendstudenten zu verzichten und nur noch die Daten der Direktstudenten auszuweisen. Sie kamen für 1967 auf eine Arbeiterquote von 38,2% gegenüber 50,3% im Jahre 1960, und auch der Anteil der Intelligenzlerkinder sah etwas günstiger aus: Er war zwischen 1960 und 1967 von 15,6% auf nur 20,4% gestiegen. Da freilich auch diese Rechnung am Trend nichts ändern konnte, stellte die Statistik die Berichterstattung über das Phänomen ganz ein.[56] Und sie tat wohl recht daran, denn tatsächlich war es in der DDR immer schwieriger geworden, einigermaßen handhabbare Kriterien für eine politikdienliche Sozialstrukturanalyse zu finden und immer sinnvoll zwischen der gegenwärtigen sozialen Stellung und der Herkunft (z. B. der Eltern) zu unterscheiden. Die ostdeutsche Gesellschaft, da hatte Ulbricht recht, war dabei, sich auf ihren eigenen Grundlagen zu entwickeln, und nur wenige Sachverhalte waren mit den herkömmlichen Kategorien noch einwandfrei zu erfassen.

Die tiefsten Spuren hatten die Umwälzungen auf dem Land hinterlassen. Hier waren die traditionelle Bauernschaft und ihre Schichtung verschwunden, und aus Land- und Fabrikarbeitern, ehemaligen Handwerkern, Angestellten sowie – natürlich auch – Bauern ein soziales Amalgam entstanden, dessen neue Qualität mit dem marxistisch-leninistischen Kunstbegriff »Klasse der Genossenschaftsbauern« wenigstens benennbar war. Viel schwieriger war die Gruppe der Angestellten zu fassen, denn zu ihr gehörten einerseits zahlreiche »Aufsteiger« aus der Arbeiterschaft, und andrerseits war die Schicht ganz auf den Staat bezogen, sei es durch die Tätigkeit im Staatsapparat, sei es durch Arbeit in den Staatsbetrieben. Und ähnlich durchmischt war die Arbeiterschaft, in die zahlreiche Mittelschichtler der alten Gesellschaft abgesunken waren; aus ihr hatte sich der Großteil der neuen staatlichen »Dienstelite« (Werner Hofmann) rekrutiert. Dennoch gilt sie als sozialer Kern der herrschenden Schicht, die sich aus den Arbeitern und Angestellten der sozialistischen Wirtschaft, des Staates und der Dienstleistungsbereiche zusammensetzt und als Arbeiterklasse definiert wird. Eine konsistente Begriffsbildung, die sich gemäß dem marxistisch-leninistischen Anspruch etwa auf das Eigentum, die Stellung im Produktionsprozeß oder den Problemkreis Hand- und Kopfarbeit zu konzentrieren hätte, ist immer wieder versucht, bislang aber nicht abgeschlossen worden.[57] Die neue Intelligenz wiederum, die schon zu einem großen Teil den alten Unterschichten entstammte, unterschied sich von der alten wohl durch ihre soziale Mentalität, war von ihr aber intellektuell zumindest mitgeprägt worden. Zwar hatten bereits 1964 ca. 80% der Angehörigen dieser Schicht nach 1951 ihr Studium abgeschlossen, also die sozialistisch reformierten Universitäten und Hochschulen durchlaufen, doch in den vierziger und fünfziger Jahren waren Lehre und Forschung noch weithin von Hochschullehrern der älteren Jahrgänge beherrscht gewesen.[58] Die Selbständigen in Industrie, Handwerk, Handel und freien Berufen und ihre mithelfenden Familienangehörigen schließlich, zu denen 1955 noch mehr als eine halbe Million Menschen gehört hatten, waren bis 1970 auf eine knapp 259000 Personen zählende Schicht geschrumpft. Die größten Restgruppen waren im Handwerk (ca. 120000) und Handel (ca. 58000) verblieben, in der Industrie hingegen nur 9100 Erwerbstätige.[59]

Wer zu fördern sei und wer nicht, war unter diesen Bedingungen nicht mehr ohne weiteres zu entscheiden. Versperrten etwa Zulassungskommissionen (gemäß dem Tätigkeitsmerkmal) einer Angestelltentochter den Weg zur Hochschule, konnten sie sehr wohl eine Familie treffen, die diesen Status erst in den vierziger oder fünfziger Jahren erreicht hatte. Entschieden sie sich ohne weitere Recherchen für einen Arbeitersohn, mochte dieser Kind einer NS-Blockwartfamilie sein, die nach 1945 in die Mühlen der Entnazifizierung geraten war. Im übrigen: Waren die bislang üblichen Unterscheidungen in Anbetracht des »Sieges der sozialistischen Produktionsverhältnisse« politisch überhaupt noch notwendig?

Waren sie angesichts des Bildungs- und Qualifizierungszwangs, vor dem die ganze Gesellschaft stand, ökonomisch vertretbar? Öffentlich diskutiert wurden Fragen wie diese nur selten. Intern aber begründeten sie offenbar den Entscheidungspragmatismus. So galten Parteifunktionäre der Spitzengarnitur, selbst wenn sie wie der Tischler Ulbricht den Hobel schon 1919 für immer aus der Hand gelegt hatten, als Arbeiter, und zur Intelligenz wurde häufig gerechnet, wer führend im Staatsapparat arbeitete, gleich ob er studiert oder seine Qualifikation sonstwie erworben hatte.

Die Unklarheiten der Sozialnomenklatur schufen Unsicherheiten. Die aber waren häufig auch Ansporn für die allseits geforderte Leistung. Um sie nicht dem gefürchteten »Selbstlauf« (DDR-Begriff) zu überlassen, begannen die Leiter perspektivische Kaderpläne zu erarbeiten, alle leistungsfähigen und -willigen Werktätigen zu Kaderentwicklungsgesprächen in die Kaderabteilungen einzuladen und mit ihnen möglichst präzise Kaderperspektiven zu verabreden. In ihnen wurden Qualifizierungsstufen (Lehrgang, Zusatzausbildung, Studium etc.), kommende Einsatzorte oder neue Tätigkeitsfelder und Bewährungsaufgaben festgelegt. Die autoritär-paternalistische Kaderführung und -pflege trug Früchte: Sie festigte das Bewußtsein sozialer Sicherheit, förderte die überkommene Aufstiegsmentalität, stärkte die Konsumorientierung und legitimierte partiell das bürokratische Verwaltungsklima. Sie führte aber auch zum Verzicht auf Initiative und verführte zur Anpassung an vorgegebene Verhaltens- und Karrieremuster. Die »Leistungs- und Laufbahngesellschaft«[60] DDR gewann ihre spezifischen Konturen.

National zeigten sich die Folgen des Wandels zuerst in einem neuen, auch in der Bundesrepublik empfundenen Selbstbewußtsein der DDR-Bürger, die nun – bei aller Westneigung – die Anerkennung ihrer Leistung einforderten und den »Westdeutschen« zuweilen Arroganz nachsagten. Bei einer Untersuchung nationaler Vorurteile Mitte der sechziger Jahre hielten die meisten der befragten Jugendlichen (dazu aufgefordert, positive und negative Eigenschaften sich selber oder anderen Nationen zuzuordnen) die Westdeutschen für nahezu genauso überheblich wie die Amerikaner.[61] International wurde die Leistungsorientierung vor allem im Sport zur Kenntnis genommen. Zunächst der planerischen Gründlichkeit (Trainingsplan, Leistungssoll, strikte Auslese) und der geringen Erfolgsquote wegen belächelt, erreichte die DDR 1968 bei den

Olympischen Spielen in Mexiko auf Anhieb den dritten Platz in der für sie so wichtigen »Nationenwertung« – hinter der Sowjetunion und den USA. Bis 1968 hatten sich DDR-Sportler in innerdeutschen Qualifizierungswettbewerben Plätze in der gesamtdeutschen Mannschaft erkämpfen müssen und dabei wider Erwarten oft schwache Nerven gezeigt. 1968 fiel die Bundesrepublik abgeschlagen auf den sechsten Platz zurück. Damals begann, was sachte zum Alptraum der durchaus separatpatriotischen westlichen Hälfte der deutschen Sportnation geriet und sich im Winter 1985 bei den Ski-Weltmeisterschaften im italienischen Bormio in der versehentlichen Ehrung eines westdeutschen Sportlers mit der ostdeutschen Hymne skurril zu bestätigen schien: die Sorge, andere könnten meinen, ein deutscher Sieger müsse aus der DDR kommen – selbst wenn die gar keine Mannschaft geschickt hat.

6. Neue und alte Herrschaftsformen

Die neue Sachlichkeit des NÖS, die partielle Einwilligung der Gesellschaft in seine Rationalität, Leistungsbereitschaft und Leistungsfähigkeit prägten in der DDR, so schien es westlichen Interpreten, neue soziale Strukturen und Werthaltungen aus, die sie westlichen Industriegesellschaften ähnlicher werden ließ. Nicht mehr die Erkenntnis des Trennenden, des idealtypischen oder DDR-spezifischen »Totalitarismus« stand von nun ab im Mittelpunkt vieler Untersuchungen, sondern die Frage nach möglichen industriegesellschaftlichen Gemeinsamkeiten, nach konvergierenden Trends. Mit dem alten dichotomischen Konzept – hier die freie, dort die strukturell unfreie und deshalb letztlich wenig dynamische totalitäre Gesellschaft – war eine Entwicklung wie die der DDR seit der Mitte der sechziger Jahre offenkundig nicht mehr zu erfassen. Mit ihm ließen sich wohl die Entwicklung hin zum und der Status quo des Hochstalinismus und seines politischen Systems erklären und herleiten, vielleicht noch die Bedeutung der Einparteienherrschaft, die Funktion der Ideologie als Herrschaftsmittel, die Notwendigkeit und Wirksamkeit des Staatssicherheitsdienstes oder das Medienmonopol der Herrschenden. Sozialer Wandel aber und neue theoretisch-ideologische Inputs waren mit diesem Verständnis ebenso schwer zu analysieren wie etwa die veränderte Funktionslogik der Planwirtschaft seit dem

NÖS. Und soziale Arrangements gar, wie sie seit dem Bestehen der DDR trotz oder gerade wegen der hochpolitisierten Atmosphäre beständig gesucht und eingegangen wurden, innerhalb der Gesellschaftsgruppen ebenso wie zwischen der Gesellschaft und den Herrschenden, hatten in diesem Konzept keinen Platz. Das hatte wohl auch an der horrenden Zahl der Ost-West-Wanderer gelegen, deretwegen offenbar übersehen worden war, daß es doch nur etwa drei Millionen waren, die kamen, aber rund 17 Millionen, die blieben, sich also irgendwie mit großem, kleinem oder ohne Vorbehalt arrangiert haben mußten.[62]

Auf Aspekte wie diese war zwar schon relativ früh hingewiesen worden[63], deutlicher formuliert wurde diese Sicht aber erst im Anschluß an die erste theoretisch fundierte, kritische Diskussion der Totalitarismustheorien[64] von Ernst Richert. Seine DDR-Analyse aus der Mitte der sechziger Jahre[65] ging vom Sachzwang zu Rationalität, Arrangement und Berechenbarkeit aus, und dieser Lesart folgten auch einige journalistische und sozialwissenschaftliche Autoren. Fasziniert von der Wende in der DDR gerieten nun zuweilen die Beharrungstendenzen, die in etlichen Bereichen der Gesellschaft wirksam waren, aus dem Blick.

Da waren zum einen die politische Justiz und die Überwachung abweichender Regungen. Zwar hatten sich die Rechtsprechung verändert und die Zugriffshäufigkeit verringert. Noch immer aber wurde verhaftet, und immer wieder ergingen politisch motivierte Urteile, insgesamt (mit Ausnahme der Phase nach dem 13. August) wohl seltener und mit geringerem Strafmaß, doch immer noch in abschreckender Absicht. Anders als in den vierziger und fünfziger Jahren, in denen »Boykotthetze gegen demokratische Einrichtungen und Organisationen«, die der Artikel 6 der DDR-Verfassung von 1949 unter Strafe gestellt hatte, »Staatsverrat« oder »staatsfeindlicher Menschenhandel« vielfach zur Anklage geführt hatten, standen nun freilich häufiger »Staatsverleumdung«, »illegales Verlassen« der DDR oder Fluchthilfe zur Verhandlung. Präzise Angaben über Zahl und Höhe der Urteile stehen nicht zur Verfügung. Im Westen schätzt man, daß zwischen 1950 und dem Ende der siebziger Jahre insgesamt etwa 120000 Menschen wegen politischer Straftatbestände abgeurteilt wurden. 1969 sollen drei Viertel aller derartigen Bestrafungen wegen Republikflucht ausgesprochen worden sein.[66] Auch das Ministerium für Staatssicherheit und seine regionalen wie lokalen Außenstellen samt ihren zahlreichen nebenamtlichen Mitarbeitern stellte seine »Schwert und Schild« (Parteibezeichnung)-Funktion im Dienste der Partei um. Es hatte sich der Befriedungsstrategie der SED anzupassen. Das bedeutete jedoch keineswegs eine Präsenzminderung des »VEB Horch und Greif« (Volksmund). Der Schwerpunkt seiner Arbeit verlagerte sich auf die Prävention. Das entsprach der Rechtsentwicklung. Betriebliche »Konfliktkommissionen« und andere »gesellschaftliche Gerichte« übernahmen unter Aufsicht der Staatsanwaltschaft (und sofern der Delinquent nicht ein ordentliches Gericht oder die Arbeitsgerichtsbarkeit bevorzugte) die Rechtsprechung bei Bagatelldelikten. Neu ins Strafgesetzbuch aufgenommen wurden der »öffentliche Tadel« und die »bedingte Verurteilung«, die in aller Regel mit der Auflage zur Bewährung in einem Arbeitskollektiv (gemeinhin im gewohnten) verbunden ist, das für die Resozialisierung einen Teil der Verantwortung übernimmt und damit selber Teil der Rechtspflege wurde. In die gleiche Richtung zielten Regelungen über die Mitwirkung »gesellschaftlicher« Ankläger und Verteidiger (gewöhnlich die Brigaden) in Strafverfahren oder die Übernahme von Bewährungs-»Bürgschaften« für straffällig Gewordene. Erkennbar wurde mithin der Versuch, einen Teil des Repressionssystems durch Vergesellschaftung zu entpolarisieren. Seine politische Funktion blieb davon aber unberührt.

Vergleichbare Tendenzen prägten die Bemühungen der SED um die Kultur- und Ideologiehoheit in der DDR. Obwohl Partei und Staat der ökonomischen Effizienz nun deutlich den Vorrang gaben, wollten sie doch auf die ideologische Führung keinesfalls verzichten. Es blieb trotz des Jugendkommuniqués bei der permanenten Belehrung, bei der Aufforderung, politisches Bewußtsein auch zu artikulieren und nicht allein als »Produktionsausstoß« herzuzeigen, und es blieb daher bei der Doppelung des gesellschaftlichen Bewußtseins in eine öffentliche und eine private Sphäre.[67] Sie wurde sogar verstärkt. Nicht weil die Anforderungen der SED gewachsen wären, sie waren durch den Kurswechsel der Partei im Gegenteil leichter zu erfüllen. Wohl aber, weil manchen die Chance zur Gesellschaftskritik durch Gesellschaftswechsel genommen und dieses kritische Potential nun veranlaßt war, sich in das soziale Klima der DDR zu integrieren. Anders als in den Jahren zuvor wurde das Doppelungsphänomen nun sogar zuweilen diskutiert, vor allem von den Pädagogen[68], die zögernd fragten, was in einer Gesellschaft vorgehe, deren Jugendliche in den Schulen ganz selbstverständlich, der Noten wegen, das vom Lehrplan geforderte Bekenntnispensum repetieren, nach der Schule aber anders handeln. Selten sah man die Ursache im Pensum, häufiger in seiner Vermittlung. Änderungen aber blieben die Ausnahme, und so bildete sich, in der Schule beginnend, jene autoritäre Konvention aus, die das Rollenverhalten aller DDR-Bürger bis in die Gegenwart nachhaltig zu prägen scheint: Dem Appell der vielgestaltigen Obrigkeit ist zu genügen, und er hat als legitim zu gelten, sofern er nicht mehr als formale Einwilligung verlangt. Und umgekehrt: Die Staatsmacht, deren Repräsentanten nun meist selber schon in dieser Konvention aufgewachsen sind, akzeptiert die Formalität als den Inhalt, sofern nur der Plan, die Ordnung und damit sie selber keinen Schaden nehmen. Die private Nische, von Günter Gaus in den späten siebziger Jahren als ein wesentlicher Lebensraum der DDR-Deutschen wahrgenommen[69], war die Konsequenz dieser Als-ob-Klausel des Gesellschaftsvertrages. Sie galt zwar stets als spießig und dem Neuen wenig gemäß. Doch immerhin stellte der Staat Mittel für den Sommerhäuschenbau (in der DDR – nach dem russischen Wort Datscha – Datsche genannt) zur Verfügung, gab Land und Kredite. Und seit sich auch die Partei- und Staatsführung 1960 im Grünen eingerichtet hatte, in einer ummauerten Villensiedlung bei Wandlitz im Norden von Berlin, seit die unteren Ränge in der Parteihierarchie ihre Freizeit gern in Jagdhütten und Wochenendhäusern verbringen oder besonders beanspruchte Topleute die Ostseeinsel Vilm ausschließlich für sich und die dort brütenden Seevögel reserviert halten, schwang selbst in der Spießerkritik der Als-ob-Unterton mit.

Paternalistisch-autoritär blieben auch die Beziehungen zwischen der Partei und Teilen der Intelligenz. Zwar wurden die Jungen nun nicht mehr im gleichen Maße der Privilegien teilhaftig, die zur Zeit der offenen Grenzen vergeben worden waren. »Einzelverträge« etwa, die seit den frühen fünfziger Jahren abgeschlossen wurden, um die Abwanderung zu verhindern, und die hohe Einkommen, bevorzugte Wohnraumversorgung oder einen bestimmten Studienplatz für Kinder der Intelligenz sicherten, wurden selten. An ihre Stelle traten andere Privilegien – etwa für Lehrer auf dem Lande, denen beim Eigenheimbau geholfen wurde, oder für Wissenschaftler aus den als wichtig prognostizierten Bereichen, die zu Kongressen oder Studienzwecken ins westliche Ausland reisten. Im Mittelpunkt aber standen ideelle Stimuli. Die DDR, obwohl vom Klassenziel noch weit entfernt, wurde zur »Räterepublik«. Seit 1960 konnten verdiente Lehrer wieder Studienrat werden, seit 1961 Ärzte, Zahnärzte und Apotheker Sanitäts-, Medizinal- oder Pharmazieräte, was die Chance einschloß, nach einer zehnjährigen Bewährung etwa zum Oberpharmazierat aufzusteigen.

Der Umgang mit den Intellektuellen gestaltete sich komplizierter. Da war einerseits das Theoriemonopol der Parteispitze, das dem öffentlichen Nachdenken über Staat und Gesellschaft enge Grenzen zog. Da war aber andrerseits die Modernisierungsnotwendigkeit, die eben diese Arbeit dringend gebot. Herausgefordert waren vor allem die Wirtschafts- und Rechtswissenschaft, aber auch jene Zweige der Ökonomie und der anderen Gesellschaftswissenschaften, die am ehesten eine auf die Bedürfnisse der Gesellschaftsplanung abgestimmte Soziologie ausbilden konnten, eine Wissenschaft, die es bis dahin in der DDR nicht gegeben hatte. Gefragt war aber auch die Philosophie, die den neuen Kurs legitimieren und zugleich Anstöße liefern sollte. Die rascheste Entwicklung erlebte eine Disziplin, die sich erst Anfang der siebziger Jahre hatte formieren können: die Kybernetik. Angeregt und organisiert von einer zentralen Kommission bei der Akademie der Wissenschaften unter Leitung des Philosophen Georg Klaus, wurde sie ihrer theoretischen (Systemtheorie) wie praktischen (Elektronik) Bedeutung wegen zum öffentlich am stärksten diskutierten Forschungszweig. Sie lieferte den Wissenschaften wie der Politik immer ausgefeiltere Modelle und prägte bald auch die Terminologie des jüngeren qualifizierten Establishments. »Regelkreis«, »Rückkopplung« und »Subsystem« traten zunehmend an die Stelle der bisher üblichen Vokabeln aus der Sprache der Politik. Wie die Soziologie, die sich ebenfalls zunächst einmal ihres Gegenstandes zu versichern hatte, ihn von den Objekten der herkömmlichen Gesellschaftswissenschaft, des Historischen und Dialektischen Materialismus, abgrenzen und das geeignete methodische Instrumentarium beschaffen mußte, war aber auch sie stetem Zweifel ausgesetzt. Beide Disziplinen standen aufgrund ihrer forschungsimmanenten Tendenz zur intellektuellen Grenzüberschreitung im Verdacht, ideologisches Feindgut in die DDR zu holen. Ihre Resultate aber wurden akzeptiert. Der Planung und Politikgestaltung nützlich waren insbesondere die Ergebnisse der empirischen bildungs- und industriesoziologischen Analysen. Sie lieferten klarere Auskünfte über Motivationen und Werthaltungen, und als ergiebig für Wirtschaft und Politik sollten sich auch die Erkenntnisse der beginnenden Bedarfs- und Meinungsforschung erweisen. Sie trugen dazu bei, daß die VVB die Nachfragestrukturen auf ihren »Märkten« besser kennenlernten und daß die Parteiführung nicht mehr allein auf die Recherchen der Staatssicherheit angewiesen war.[70]

Der »Revisionismus«-Vorwurf wurde selten erhoben – einerseits der nun weniger heterogenen Diskussionen, andrerseits der größeren Bandbreite der Programmatik wegen. Wurde der Verdacht dennoch geäußert, blieb er meist wissenschaftsintern. So in der Auseinandersetzung um eine Studie des Rechtswissenschaftlers Uwe-Jens Heuer über Demokratie und Recht im Neuen Ökonomischen System, in der implizit die Einlösung des Sozialismusversprechens eingefordert wurde. Heuer: »Es kann im Sozialismus keine nur technisch-planerische Entscheidungspyramide geben. Demokratie ist die Fähigkeit der Menschen, individuell oder kollektiv über die eigenen Angelegenheiten zu entscheiden.«[71] Wurden Forderungen wie diese aber außerhalb der »scientific community« vorgetragen, in Vorlesungen etwa, waren sie mit einer Kritik an Kernstücken der Ideologie verbunden und wurden sie gar im Westen publiziert, wie die Vorlesungen Robert Havemanns über philosophische Probleme der Naturwissenschaften, zeigte sich schnell, daß die Toleranzschwelle noch immer recht tief lag. Der Physiker, KPD-Mitglied seit 1932 und vom nationalsozialistischen Volksgerichtshof 1943 zum Tode verurteilt, wurde 1964 zunächst aus der SED, dann aus dem Lehrkörper der Ostberliner Humboldt-Universität ausgeschlossen, 1965 aus einem von ihm geleiteten Forschungsinstitut entfernt. 1966 verlor er schließlich auch die Mitgliedschaft in der Akademie der Wissenschaften.[72] Verhaftet wurde Havemann nicht. Nach dem Rechtsverständnis und der Praxis früherer Jahre hätte weit weniger ausgereicht, um ihn, wie 1957 Harich, vor Gericht zu stellen. Immerhin hatte Havemann nicht nur seine Vorlesungen, sondern auch andere DDR-kritische Texte im Westen veröffentlicht, in ihnen zwar nicht generell den DDR-Sozialismus, wohl aber die SED kritisiert, und er war – im Vorgriff auf den Eurokommunismus – für eine parlamentarische Opposition auch im Sozialismus eingetreten.[73] Daß derlei Häresie zum Berufsverbot, nicht aber zu einem Strafverfahren führte, lag z. T. sicher an seiner Vergangenheit, am Renommé des einstigen Volkskammerabgeordneten und Friedensratsaktivisten. Zu einem anderen Teil spiegelte sich im Strafverzicht aber auch die gewandelte Handhabung staatlicher Repressionsinstrumente.

Auch der »Fall Havemann« bot der Parteiführung im Dezember 1965 den Anlaß zu einer umfassenden Kulturkritik. Offenbar war dem Politbüro bewußt geworden, daß sein Innovationskurs in allen Sphären intellektueller Arbeit Tendenzen freigesetzt hatte, die nicht unbedingt mit den eigenen Intentionen übereinstimmten. In der Belletristik war zwar endlich die Gegenwart zum Thema geworden, die »Ankunfts«-Literatur – so genannt nach einem Roman Brigitte Reimanns: *Ankunft im Alltag* – begann die literarische Szene zu beherrschen. Doch nicht alle Texte genügten den Anforderungen der Literaturpolitiker. So waren an Christa Wolfs *Der geteilte Himmel* (1961) zwar Themenwahl, Gestaltung und Lösungsmuster gelobt, zugleich aber die zu private Sicht etwa der nationalen Frage bemängelt worden. Zu Erwin Strittmatters zeitkritischem Bauernroman *Ole Bienkopp* (1963) hatten Kritiker angemerkt, sein Held Ole, der agrarpolitischen Linie immer ein gutes Stück voraus, handle ohne oder gar gegen die Partei. Ähnliche Einwände trafen Erik Neutschs *Spur der Steine* (1964), dessen Held, der Baubrigadier Balla, als Einzelkämpfer und zuweilen auch im Konflikt mit der SED agierte. Schon 1962 war Peter Hacks Produktionsstück *Die Sorgen und die Macht* nach heftiger Kritik vom Spielplan genommen worden. Die Autoren waren zwar im Alltag angekommen, sie sahen und gestalteten ihn jedoch so widersprüchlich, wie er eben war. Der sozialistische Realismus schien in Gefahr und mit ihm, in der Sicht der Führung, auch die Chance zur politisch-sozial gewünschten Konditionierung der Adressaten.

Besonders erregt hatten die Parteiführer – allen voran Honecker – im Westen veröffentliche Gedichte Wolf Biermanns und in ihnen die Zeilen wie: »Das Kollektiv liegt schief / Ich bin der einzelne, / das Kollektiv hat sich von mir / isoliert« oder ein Text Stefan Heyms, der in der DDR nicht erscheinen durfte, dafür aber in einem slowakischen Literaturblatt veröffentlicht, von der italienischen KP-Zeitschrift *Rinascità* und schließlich von der Hamburger *Zeit* nachgedruckt worden war. Heym hatte die Schriftsteller und Naturwissenschaftler die »Propheten« der Gegenwart, die »Sprecher« der »Ängste und Hoffnungen der Menschen« genannt und gegen eine Kulturpolitik polemisiert, die als »Hindernis für den Schriftsteller« wirke, »der ein getreues Bild des Menschen und seiner Zeit und ihrer Konflikte zu geben wünscht«.[74] Honecker zu

Biermann: »Es ist an der Zeit, der Verbreitung fremder und schädlicher Thesen, unkünstlerischer Machwerke, die zugleich auch stark pornographische Züge aufweisen, entgegenzutreten.« Honecker zu Heym: »Die Wahrheit, die er verkündet, ist die Behauptung, daß nicht die Arbeiterklasse, sondern nur die Schriftsteller und Wissenschaftler zur Führung der neuen Gesellschaft berufen seien.«[75] In die Schußlinie gerieten auch eine Dramatisierung des Neutsch-Stoffes durch Heiner Müller, ein Film nach einer Romanvorlage von Manfred Bieler: *Das Kaninchen bin ich*[76], diverse Fernsehproduktionen sowie die Sendungen des auf Beat und Jazz abonnierten Jugendprogramms (DT 64) des DDR-Rundfunks. Die Stichworte der Anklage hießen »Skeptizismus«, »Pessimismus« und »Anarchismus«, das Postulat: »Unsere DDR ist ein sauberer Staat. In ihr gibt es unverrückbare Maßstäbe der Ethik und Moral, für Anstand und gute Sitte« (Honecker).[77]

Der Minister für Kultur, Hans Bentzien (SED), der 1961 das Amt vom Becher-Nachfolger Alexander Abusch (SED) übernommen hatte, wurde Anfang 1966 wegen »ernster Fehler« seiner Funktion enthoben. An seine Stelle trat der bisherige Leiter des »Aufbau«-Verlages, Klaus Gysi (SED). Der Vorstand des Schriftsteller-Verbandes stimmte der Parteikritik zu, grenzte sich von den »destruktiven Bestrebungen« ab und bewertete sie als »Versuch, künstlerisch und politisch eine Linie auszuarbeiten und durchzusetzen, die der Politik und Kulturpolitik von Partei und Staat entgegengesetzt ist«. Er fügte an:

»Wer Ansichten oder Werke dieser Art im Westen publiziert, wie Stefan Heym oder Wolf Biermann, stellt sich neben einen Robert Havemann und gibt seine Ansichten oder sein Werk den Barzel [1962/63 Minister für gesamtdeutsche Fragen], Mende [Barzel-Nachfolger 1963–1966] und Springer [Axel C.] in die Hand als Waffe ihres Kampfes gegen unsere Republik.«[78]

7. Eigeninteresse und Solidaritätsbedarf: Die DDR im Block

Die harte Kritik der Parteiführung, ihr Rückfall in ein überwunden gemeintes Verständnis von Kunst und Kunstpolitik, reagierte stärker auf die Kulturszene in einigen osteuropäischen Ländern als auf die eigene. In Polen, selbst in der Sowjetunion, am deutlichsten aber in der CSSR waren Diskussionen zugelassen und Entwicklungen geduldet worden, die nach dem SED-Verständnis den Führungsanspruch der Partei gefährdeten, dem Revisionismus »Tür und Tor öffneten« und – am gefährlichsten – auf die DDR überzugreifen drohten. Im Mai 1963 hatten auf Schloß Liblice bei Prag zum 80. Geburtstag Franz Kafkas, eingeladen von der Prager Akademie der Künste, bekannte kommunistische Kulturtheoretiker über den bis dahin als dekadent geltenden Autor diskutiert. Anwesend waren so prominente KP-Funktionäre wie Roger Garaudy (Frankreich), Ernst Fischer (Österreich) und Eduard Goldstücker (CSSR). Schon eine Diskussion von Kommunisten über das Kafka-Thema Entfremdung galt in der SED als Tabuverletzung. Eine Debatte wie die auf Liblice, die sogar die Frage zuließ (und mehrheitlich positiv beantwortete), ob es zu Entfremdung auch im Nachkapitalismus, im eigenen Sozialismus, kommen könne, war ihnen ein Sakrileg. Die Bewertung der Diskussionen durch Garaudy schließlich, der die Konferenz als Anstoß zur Erneuerung des Marxismus-Leninismus pries, ließ die SED-Führung offen auf Gegenkurs gehen. Zwar hatten sich die DDR-Teilnehmer in Liblice »gut gehalten«: geschwiegen wie Anna Seghers oder Kafkas Aktualität bestritten wie (der seit den siebziger Jahren weniger starre) Werner Mittenzwei. Von vielen DDR-Intellektuellen aber waren Thema und Debattenverlauf so positiv aufgenommen worden, daß die Parteiführung Warnungen auszusprechen begann.

Unter der Rubrik *Zu einigen Problemen des geistigen Lebens* betonte das Politbüro im Februar 1964 in einem Bericht an das ZK die Parallelität des heimischen und benachbarten Revisionismus und wies insbesondere auf die CSSR hin: »Es kann bei den Auffassungen des Genossen Havemann [sein Parteiausschluß erfolgte erst im März 1964] nicht übersehen werden, daß ein Zusammenhang zwischen einigen seiner revisionistischen Theorien mit Auffassungen besteht, die von Prag aus zu uns drangen.« Zwar betonte der Politbüro-Berichterstatter Horst Sindermann die brüderlichen Beziehungen und die »Übereinstimmung mit dem ZK« der KPC. Er monierte aber, daß, »ausgehend von der Prager Konferenz über die Bedeutung des Dichters Kafka«, versucht wurde, Grundfragen der Ästhetik und der Kulturpolitik zu revidieren und sich auch »mit der Lage in der DDR« zu befassen.[79] Die Warnung wurde jedoch mißachtet. Anfang Dezember 1964 trafen sich in Ostberlin Ostblock- und jugoslawische Autoren zu einem internationalen

Schriftstellerkolloquium, um über »Literatur in beiden deutschen Staaten« zu diskutieren. Wiederum waren die offiziellen DDR-Repräsentanten in der Defensive und hatten nun sogar gegen Einheitsfronten aus den Bruderländern und eigenen, deutschen Kollegen zu bestehen. Sie mußten sich anhören, in der DDR-Literatur herrsche »provinzielle Enge«, es mangele an Modernität, die Editionspraxis sei restriktiv. Der DDR-Berichterstatter über die Tagung, der Chefredakteur der *Neuen Deutschen Literatur*, Wolfgang Joho, resümierte drei Monate später: Wir betraten, »mit mehr als einer Hypothek belastet, und mit mehr als einer Achillesferse, das Feld der Diskussion ... Es wurde hart, heftig, mitunter auch überspitzt gestritten ... Kurz: Es konnte mitunter bei den Schriftstellern und Literaturwissenschaftlern aus der DDR das Gefühl aufkommen, wir säßen auf der Armsünderbank.« Beängstigend für die DDR-Autoren war es wohl vor allem, daß Kritik auch von sowjetischen Kollegen kam. Sie monierten den Verzicht auf Übersetzungen neuerer sowjetischer Bücher und hatten wenig Verständnis für den Hinweis des Kulturministers Gysi, in der DDR könne »bei unserer besonderen Lage jede geistige Diskussion in eine politische« umschlagen.[80]

Das befürchtete die Parteiführung wohl tatsächlich, und die Lage wurde für sie um so komplizierter, je berechtigter sich DDR-Intellektuelle auf das Niveau der Debatten in den Bruderländern berufen konnten. Zugleich jedoch war es schwierig, einerseits selbst innen- (vor allem wirtschafts-)politischen Spielraum zu verlangen und andrerseits die Kulturpolitik der anderen Parteien zu kritisieren – und das in einer Situation, in der die Hilfe der Blockstaaten außenpolitisch dringend gebraucht wurde. Überlegungen wie diese mögen Ulbricht veranlaßt haben, im Dezember 1965 den Konflikt mit den Intellektuellen eher zu moderieren. Natürlich plädierte auch er für den Kampf gegen das »Destruktive«. Er attestierte den Literaten jedoch das Schwierige ihrer Lage: »Wir verstehen sehr gut, daß es der Schriftsteller nicht leicht hat. ... In unserer Periode der Entwicklung der Menschen und ihres Schaffens am umfassenden Aufbau des Sozialismus steht der Schriftsteller vor vielen menschlichen, gesellschaftlichen und wissenschaftlichen Problemen, deren Lösung nicht einfach auf dem Tisch liegt.«[81]

Tatsächlich war die SED blockpolitisch in einer unangenehmen Lage. Seit die Sowjetführung nach dem Machtwechsel von Chruschtschow zu Breschnew im Oktober 1964 verstärkt auf die

Schaffung eines Systems kollektiver Sicherheit in Europa drängte, wuchs aus DDR-Sicht die Gefahr, daß ihre spezifischen nationalen Ziele (die völkerrechtliche Anerkennung ihrer Staatlichkeit, die Regelung der Berlin-Problematik) zugunsten europäischer Lösungen unberücksichtigt blieben. Gerade 1964 hatte die SED auf diesem Felde Fortschritte erzielt. Im Juni, noch unter Chruschtschow, war mit der Sowjetunion ein »Vertrag über Freundschaft, gegenseitigen Beistand und Zusammenarbeit« geschlossen worden, der die »Unantastbarkeit« der DDR-Grenzen garantierte, die »Existenz zweier souveräner deutscher Staaten« betonte und bekräftigte, »Westberlin als selbständige politische Einheit (zu) betrachten«.[82] Derlei Übereinkünfte hatten im Vertrag über die Beziehungen beider Staaten von 1955 gefehlt. Zwar konnte der neue Pakt den seit Ende der fünfziger Jahre wiederholt angekündigten Friedensvertrag nicht ersetzen, in seiner Präambel hieß es vielmehr, die Vereinbarung werde geschlossen »in dem Wunsch, den Abschluß eines deutschen Friedensvertrages zu erleichtern«, er markierte aber eine Breite der Anerkennung, die die DDR auf jeden Fall halten und verallgemeinern wollte.

Möglicherweise erklärt sich aus diesem Zusammenhang die Reaktion der SED-Führung auf die Entmachtung Chruschtschows. Am 18. Oktober 1964, zwei Tage nach der Wahl Leonid Iljitsch Breschnews, ließ das Politbüro im Zentralorgan ein Kommuniqué erscheinen, das in der Geschichte der Beziehungen zwischen beiden Parteien ohne Beispiel blieb. Die Parteiführung brachte zwar ihre »volle Überzeugung zum Ausdruck«, daß das sowjetische ZK bei seiner Tat von »tiefem Verantwortungsbewußtsein erfüllt« gewesen sei, teilte aber zugleich mit: »Die Nachricht von der Entbindung des Genossen N. S. Chruschtschow von seinen Funktionen hat tiefe Bewegung in unserer Partei und in unserem Volk ausgelöst« und ließ – als gelte es, Einmischung abzuwehren – wissen: »Das Zentralkomitee unserer Partei mit Genossen Walter Ulbricht an der Spitze wird sich auch weiterhin von den Leninschen Normen der Partei- und Staatsarbeit leiten lassen und konsequent die Beschlüsse des VI. Parteitages verwirklichen.«[83]

Mit Blick auf die Sowjetunion erwiesen sich die DDR-Sorgen rasch als gegenstandslos. Schon wenige Wochen nach seiner Amtsübernahme forderte Breschnew, »die im Herzen Europas entstandene Lage anzuerkennen und von der für jeden offensichtlichen Tatsache auszugehen, daß es zwei deutsche Staaten gibt – die Deutsche Demokratische Republik und die Bundesrepublik Deutschland«. Dieses Faktum sah er als »Grundlage für die Sicherung des Friedens in Europa«.[84] Schwieriger war der Umgang mit den anderen Partnerländern. Sie strebten – im Interesse besserer Handelschancen – nach Beziehungen mit der Bundesrepublik und waren ständig in Versuchung, gegen die deutschlandpolitischen Interessen der DDR zu verstoßen. Der Umgang mit den Deutschen war ihnen vollends zum Problem geworden, seit die Bundesregierung den Ostblock als diplomatischen Raum entdeckt hatte und nach neuen Wegen suchte, zu diesen Staaten Kontakt herzustellen. Bis Anfang der sechziger Jahre hatte sie strikt an der Doktrin des einstigen Außenamts-Staatssekretärs Walter Hallstein festgehalten. Diese besagte, daß Beziehungen nur zu Staaten aufgenommen oder beibehalten werden durften, die die DDR nicht anerkannten. Damals war es der SED nicht schwergefallen, ihre Gegenposition zur Hallstein-Doktrin – die Ulbricht-Doktrin – bei den Partnern durchzusetzen und darauf zu dringen, Beziehungen zur Bundesrepublik nur dann aufzunehmen, wenn diese zuvor die DDR anerkannt habe. Nun jedoch suchte Bonn nach Kontakten unterhalb der Ebene normaler diplomatischer Beziehungen und bot den Austausch von Handelsvertretungen an. Bonn tat damit genau das, was die DDR zuvor mit Erfolg praktiziert hatte. 1964 unterhielt die DDR in 14 Staaten (allesamt kommunistisch regiert) Botschaften und in Jugoslawien eine Gesandtschaft, in neun Staaten der dritten Welt war sie mit Generalkonsulaten vertreten, in 14 mit Handelsvertretungen präsent, die vom Ministerium für Außenwirtschaft eingerichtet worden waren. In etlichen europäischen Natostaaten, die sich Bonn zuliebe an die Hallstein-Doktrin hielten, erreichte die DDR noch nicht einmal diese Stufe zwischenstaatlicher Beziehungen. Hier war es nur gestattet, Vertretungen der »Kammer für Außenhandel« zu unterhalten, einer 1952 nicht zuletzt zu diesem Zwecke gebildeten Institution.

Schon aufgrund dieser eigenen Taktik war es der DDR-Diplomatie unmöglich, die Partner von Abschlüssen mit der Bundesrepublik abzuhalten: 1963 tauschten Polen, Rumänien und Ungarn, 1964 auch Bulgarien mit der Bundesrepublik offizielle Handelsvertretungen aus. Rückblickend wird in dieser Entwicklung ein Fortschritt gesehen, »führte doch die Bonner Regierung damit ihre Alleinvertretungsanmaßung selbst ad absurdum«. Der zeitgenössische Zorn aber wird in der Formulierung deutlich: »Das Ziel bestand darin, diese Staaten von der DDR zu trennen, ... und sie zur Duldung und sogar Anerkennung der feindseligen Politik gegenüber der DDR zu veranlassen.«[85] Tatsächlich drohte die Gefahr, das Bonner Konzept einer neuen Ostpolitik unter Umgehung der DDR könne erfolgreich sein. Und schon deshalb mußte die SED-Führung alles unterlassen, was zur Schwächung ihrer Einheitsfront mit den Partnerstaaten beitragen konnte – trotz der irritierenden Entwicklung in Prag.

Gemeinsam mit den anderen Oststaaten unterstützte sie die sowjetischen Bemühungen um eine europäische Entspannungspolitik, schlug im Januar 1965 mit den Warschauer-Pakt-Ländern den Natostaaten Nichtangriffsverträge vor und lud zu einer Konferenz europäischer Staaten ein, die Schritte zu einer kollektiven Sicherheit diskutieren sollte. Das fiel ihr um so leichter, als ihre Partner von den »beiden bestehenden, souveränen und gleichberechtigten deutschen Staaten« ausgingen und insbesondere die Bundesrepublik der Entspannungsfeindlichkeit anklagten.[86] Mitte Januar 1966 forderte die DDR-Regierung alle europäischen Staaten zur Verständigung über Sicherheit und Frieden in Europa auf und warb für die Verbesserung der Beziehungen.[87] Im Juli 1966 erneuerte der Warschauer Pakt seine Konferenzofferte, und wieder hatte man das DDR-Interesse insofern berücksichtigt, als wiederum ausdrücklich verlangt wurde, »von der Wirklichkeit, vor allem von der Anerkennung der Existenz zweier deutscher Staaten« auszugehen.[88] Dennoch sorgte sich die SED-Führung um die Dauerhaftigkeit des Engagements der Warschauer-Pakt-Länder für die DDR.

Bei den Bruderparteien war der Abbruch einer SED-Initiative, die den Entspannungskurs unterstützen sollte, auf Unverständnis gestoßen. Im Februar 1966 hatte sich die SED-Führung, einer Anregung der KPdSU folgend, an die SPD gewendet. In einem offenen Brief, der den Delegierten des bevorstehenden SPD-Parteitages und dem Parteivorstand zugestellt wurde, regte sie an, »ein paritätisch besetztes Gremium für die offene Aussprache der Deutschen aus Ost und West zu schaffen« und in ihm eine Diskussion zwischen allen deutschen Parteien, Gewerkschaften und Verbänden zu führen. Themen: die Lage im geteilten Land, die politischen, sozialen und wirtschaftlichen Konturen eines künftigen, einheitlichen Deutschland.[89] Im Hintergrund dieses am alten Volkskongreß-Konzept orientierten Vorstoßes stand möglicherweise die Hoffnung, die Sozialdemokratie sei bereit und fähig, einzulösen, was Bahr mit dem Begriff des »Wandels durch Annäherung« und Brandt mit der Forderung, aus den »Schützengräben des kalten Krieges« herauszukommen, 1963 angedeutet hatten: eine Entkrampfung des zwischendeutschen Verhältnisses.[90] Ob dies in der Sowjetunion und in der DDR gleichermaßen gehofft wurde, muß offenbleiben. Zudem war die SED mit ihren bisherigen Gesprächsofferten stets gescheitert. Zwar war es seit 1963 wiederholt zu Verhandlungen mit dem Westberliner Senat gekommen, waren Passierscheinabkommen für den Besuch von Westberlinern in Ostberlin abgeschlossen worden, das vierte im März 1966. Diese Gespräche hatten jedoch explizit »menschlichen Erleichterungen« gegolten und nicht zur erwarteten Aufwertung der DDR geführt. Auch ein im Frühjahr 1964 von der DDR vorgeschlagener dosierter Austausch von ost- und westdeutschen Zeitungen war nicht zustandegekommen, weil im Westen DDR-Blätter zum freien Verkauf nicht freigegeben wurden. Und: An wen im Westen Deutschlands die SED auch immer appelliert hatte – niemals hatte sie eine offizielle Antwort erhalten, weder aus dem Kanzleramt, dem Parlament oder einem Ministerium noch von einer der Parteien.

Allein die Tatsache der offiziellen SPD-Replik vom 18. März mag die SED-Führung verblüfft haben. Daß der SPD-Parteivorstand darüber hinaus auf das Gesprächsangebot einging, aber statt einer Diskussion im Volkskongreß-Stil öffentliche Veranstaltungen mit SPD- und SED-Rednern in Ost- und Westdeutschland vorschlug, paßte sicher kaum ins SED-Konzept. Gleichwohl, der Briefwechsel wurde in der SED-Presse veröffentlicht – und die Einheitspartei ging auf den Gegenvorschlag ein. Sie nannte Karl-Marx-Stadt (bis 1953 Chemnitz) und Essen als Premiereorte für einen Redneraustausch, und sie forderte die Briefpartner vorsorglich auf, sich »bei den zuständigen Innenministerien der westdeutschen Bundesrepublik (zu vergewissern), daß eine solche Versammlung in Essen ungehindert stattfinden kann und daß die von der SED delegierten Redner ebenfalls volle Sicherheit und Redefreiheit genießen«.[91] Sich darum zu kümmern, versprach die SPD drei Wochen später. Ende April trafen sich Unterhändler beider Seiten zu technischen Gesprächen in West- und Ostberlin, und im Juli sollte die »Konfrontation« der Standpunkte (Brandt) beginnen: in Karl-Marx-Stadt und Hannover (auf SPD-Vorschlag). Schon Ende April aber monierte die SED die unzureichenden Vorkehrungen für einen ungehinderten Aufenthalt und die sichere Rückkehr ihrer Repräsentanten. Die SPD wurde tätig. Sie regte eine gesetzliche Regelung für ein »freies Geleit« an. Das war notwendig, weil die Strafverfolgungsbehörden gehalten waren, die geltenden westdeutschen Gesetze auch gegen Ostdeutsche anzuwenden, insbesondere gegen die politischen Repräsentanten der DDR, deren Exponenten spätestens seit Mauerbau und Schießbefehl auf den Fahndungslisten standen oder dieser Taten wegen jederzeit belangbar waren. Die rasch gefundene Lösung entsprach der herrschenden Rechtslehre: Sie gestattete es der Bundesregierung, »Deutsche, die ihren Wohnsitz oder gewöhnlichen Aufenthalt außerhalb des Geltungsbereichs des Grundgesetzes haben, von der deutschen Gerichtsbarkeit« freizustellen, wenn sie dies »bei Abwägung aller Umstände zur Förderung wichtiger öffentlicher Interessen für geboten« hielt. Diese Freistellung sollte nicht länger als eine Woche dauern, sie konnte an »Bedingungen und Auflagen geknüpft« und gegebenenfalls vor Inkrafttreten widerrufen werden.[92]

Das Gesetz war noch nicht beschlossen (es ging im übrigen 50 Abgeordneten der CDU/CSU und zweien der FDP zu weit), da protestierte die DDR gegen diese »willkürliche Ausdehnung des Geltungsbereiches westdeutscher Gesetze auf andere Staaten«, gegen die auf dem »Alleinvertretungsanspruch basierende Unrechtspraxis«.[93] Die SED sprach vom »Handschellengesetz« und weigerte sich, unter diesen diskriminierenden Bedingungen Redner zu schicken. Der Dialog, von der SED initiiert, um der Anerkennung der DDR voranzuhelfen, hatte die Schwäche ihrer Position verdeutlicht. Das hinzunehmen, mag ihr nur angesichts der unkalkulierbaren Effekte eines sozialdemokratischen Redners in Karl-Marx-Stadt leichter gefallen sein.

Das Ende des Briefwechsels und der mit ihm verbundenen Erwartungen den DDR-Deutschen zu vermitteln, war schwerer, und diffizil war es auch, diese Entscheidung gegenüber den Blockpartnern zu vertreten. Ihnen war zu verdeutlichen, daß das schwierige Geschäft der Entspannung nur von festen Positionen aus zum gewünschten Erfolg – zur Anerkennung des Status quo in Europa – führen könne. Die Interessen der SED waren jedoch nicht unbedingt die der Schwesterparteien: Die SED-Führung, speziell Ulbricht, erhob das Souveränitätsproblem der DDR zur Sache des Blocks, forderte Festigkeit, wo dieser Flexibilität verlangte, verdächtigte die Partner mangelnder Solidarität und erschien ihnen zunehmend als »Bremser«.

Das galt um so mehr, seit sich mit der Bildung der Großen Koalition in Bonn im November 1966 die Bedingungen für eine flexible Westpolitik des Ostblocks zu verändern begannen und die Sowjetunion wie die USA trotz des Vietnamkrieges zur Kooperation bereit waren. Den Blockpartnern nachzuweisen, die neue Bonner Regierung verfolgte die gleichen ostpolitischen Ziele wie ihre Vorgänger, nur weil auch sie sich weigerte, die DDR völkerrechtlich anzuerkennen, wurde immer schwieriger, zumal in Bonn schon bald entschieden wurde, künftig mit der DDR zu sprechen und – wichtiger noch – die Hallstein-Doktrin aufzugeben. Das durfte aber nach Ansicht der SED die Ostblockstaaten nicht dazu verführen, mit der Bundesrepublik diplomatische Beziehungen herzustellen, solange diese die Eigenstaatlichkeit der DDR bestritt. Die Lage wurde prekär, als sich Rumänien im Februar 1967 zu diesem Schritt entschloß. Die SED kritisierte diesen Beschluß öffentlich, und öffentlich verbaten sich die rumänischen Kommunisten die Polemik als Einmischung.

Um den Schaden zu begrenzen, suchte die DDR die Nähe Polens und der CSSR. Freundschafts- und Beistandsverträge, in denen Westberlin als besondere politische Einheit definiert und der »westdeutsche Militarismus und Revanchismus« als besonders gefährlich benannt wurden, sollten ein in der Publizistik so genanntes »Eisernes Dreieck« schaffen, das den Block, vor allem aber die DDR, vor der Ostpolitik des deutschen Westens schützen mochte. Ähnlich gefaßte Verträge mit Ungarn und Bulgarien folgten, doch ein Blockkonsens kam nicht zustande. Nicht allein der DDR wegen. In allen Ländern war das Unbehagen an der Struktur der Staatengemeinschaft gewachsen. Der Rat für Gegenseitige Wirtschaftshilfe hatte sich bei der Lösung nationaler Wirtschaftsprobleme als wenig hilfreich erwiesen, verschärfte sie im Gegenteil zuweilen sogar durch schlecht abgestimmte Programme für Arbeitsteilung und Kooperation, und in keinem der Teilnehmerländer (mit Ausnahme wohl der DDR) war die notwendige Wirtschaftsreform vorangekommen. Die Praxis des sozialistischen Internationalismus förderte nationale Egoismen und drängte zu nationalen Problemlösungen. Am deutlichsten in Rumänien, das sowohl im RGW wie im Warschauer Pakt eine Sonderrolle zu spielen begann, am folgenreichsten in der CSSR. Hier hatte sich die Parteiführung unter Antonin Novotny als unfähig erwiesen, die Wachstumsschwäche des einst erfolgreichsten Industrielandes im Block zu beheben. Seit Anfang der sechziger Jahre auf der Suche nach einem Konzept, setzte sie selber Reformkräfte frei und verlor rasch die Kontrolle über sie. Die Lage in Prag drängte zu Entscheidungen, und insbesondere jene im Block, die ein Übergreifen des reformkommunistischen Elans auf ihre Länder befürchteten, betonten das immer wieder. Zu ihnen zählte auch die SED. Im März 1968, auf einer Konferenz von sechs Paktstaaten in Dresden (Rumänien und Albanien waren ihr demonstrativ ferngeblieben), forderten sie von der neuen tschechoslowakischen Parteiführung unter Alexander Dubček den Stopp der Erneuerung und legitimierten ihren Einspruch gegen den Sonderweg der ČSSR mit der Sorge um den wachsenden westdeutschen Militarismus, angesichts dessen das sozialistische Lager zusammenrücken müsse. Im übrigen gaben sie sich überzeugt, die KPČ werde die »weitere Entwicklung des sozialistischen Aufbaus im Lande sichern«.[94] Fünf Monate später, am 21. August, hatten sie diese Überzeugung offenbar verloren. Der Einmarsch von Truppen des Warschauer Paktes (wiederum ohne rumänische Teilnahme; Albanien, schon eng mit China liiert, verließ bald darauf die Ostallianz) beendete das für die herrschenden Parteien gefährliche Experiment.

Ob Einheiten der Nationalen Volksarmee an der Intervention beteiligt wurden, ist strittig, daß DDR-Offiziere in den gemeinsamen Stäben mitwirkten, offenkundig. Zum ersten Male seit 1945 hatten deutsche Soldaten die Grenzen eines anderen Landes überschritten, und noch dazu die eines Bruderstaates. Prestigezuwachs brachte das allenfalls in der Sowjetunion, in den Blockländern hingegen verstärkte sich eher die Skepsis gegenüber den deutschen Partnern. In der DDR selber, wo der Prager Frühling mit starker Sympathie beobachtet worden war, stieß die Mitwirkung der SED-Führung an der Blockaktion auf Widerspruch. Da und dort hatten Staatssicherheit und Polizei Losungen und tschechoslowakische Fahnen zu entfernen, und zuweilen wurden auch einzelne Personen verhaftet.

Außenpolitisch hatte sich für die DDR durch die Intervention im übrigen nichts verändert. Auch die alte Führung hatte den DDR-Anspruch respektiert, die neue unter Gustav Husak bekräftigte nur deren Position. Wichtiger als der Wechsel in Prag war der in Bonn, die Bildung der sozialliberalen Koalition im Herbst 1969.

Sie bot in der Sicht der Paktpartner die Gewähr für einen fairen Interessenausgleich und war bereit, mit der DDR zu einem Arrangement – freilich unterhalb der Schwelle völkerrechtlicher Anerkennung – zu gelangen, plädierte für Gewaltverzichtsabkommen und respektierte die 1945 entstandenen Grenzen in Europa. Sie akzeptierte zudem – in Übereinstimmung mit den USA – den Plan für eine »Konferenz über Sicherheit und Zusammenarbeit in Europa« (KSZE), war mithin bereit, tatsächlich die Konfrontation des Kalten Krieges aufzugeben. Notwendig erschien die Ulbricht-Doktrin offenbar nur noch Ulbricht selbst. Seine Intervention konnte jedoch nicht verhindern, daß ein Vertragspaket Konturen gewann, in dem für seine Maximalforderungen kein Platz war.

8. Das Ende der Ära Ulbricht

Zunächst schien es, als könne die DDR den Ost-West-Dialog vielleicht doch noch aufhalten. Ende 1969 übermittelte der Staatsrat dem Bundespräsidenten den Entwurf für einen zwischendeutschen Vertrag, in dem die Aufnahme »gleichberechtigter Beziehungen« auf der Grundlage der »allgemein anerkannten Prinzipien und Normen des Völkerrechts«, die Erklärung eines Gewaltverzichts, der Austausch von Botschaften »entsprechend der Wiener Konvention«, die Respektierung Westberlins als »selbständige politische Einheit«, ein beiderseitiger Kernwaffenverzicht und der gemeinsame UN-Beitritt vorgeschlagen wurden.[95] Damit war erneut eine Position markiert worden, die in Bonn als nicht verhandlungsfähig galt. Gleichwohl trug Stoph sie bei seinen Begegnungen mit Brandt in Erfurt (März 1970) und Kassel (Mai 1970) vor, und an ihr hielt die SED bis zur Jahresmitte auch fest. Bei dem im Januar in Moskau begonnenen Dialog zwischen der Sowjetunion und der Bundesrepublik wurde jedoch deutlich, daß die Moskauer Führung ein Abkommen über einen Gewaltverzicht mit Bonn an den DDR-Wünschen nicht scheitern lassen wollte. Auch von Polen, das seit Februar mit Bonn in Verhandlungen über ein Gewaltverzichtsabkommen stand, war Hilfe nicht zu erwarten. Teils unter sowjetischem Einfluß, teils beeindruckt von der westdeutschen Bereitschaft, die Oder-Neiße-Linie als polnische Westgrenze anzuerkennen, erschien auch der polnischen Führung die Ulbricht-Doktrin als überholt. Die kurz darauf begonnenen Viermächte-

Verhandlungen über Berlin, bei denen die Sowjetunion ihre Sicht durchzusetzen trachtete und damit den DDR-Standpunkt stützte, daß Westberlin kein Bestandteil der Bundesrepublik sei, und die Zufahrtswege (soweit es die Deutschen betraf) allein der DDR-Kontrolle unterliegen sollten, komplizierten die Lage zusätzlich. Da ein Erfolg der Berlin-Gespräche vom Westen von erfolgreichen Verhandlungen in Warschau und Moskau abhängig gemacht, zugleich ein Junktim zwischen dem Berlin-Abkommen und dem in Aussicht genommenen deutsch-deutschen Vertrag formuliert wurde, und die europäischen Ost-West-Verhandlungen wiederum als Prüfstein für die im Winter 1969 in Helsinki begonnenen amerikanisch-sowjetischen Gespräche über die Begrenzung strategischer Waffen (SALT) definiert waren, wurde das Manövrierfeld für die DDR immer schmaler. Von Junktims und Kompromißbereitschaft umstellt, blieb nur noch ein Rückzug.

Ulbricht selber leitete ihn ein, halbherzig und widerwillig, wie es scheint. Anfang Juni, nach einem Kuraufenthalt in der Sowjetunion, wo er über die Weigerung der Bundesrepublik informiert worden war, mehr als die gleichzeitige Aufnahme beider deutschen Staaten in die Vereinten Nationen zu akzeptieren, tat er einen kleinen Schritt. Vor dem ZK betonte er nun als Nahziel die »völkerrechtliche Gleichberechtigung« mit der Bundesrepublik, die durch einen gleichzeitigen UN-Beitritt der deutschen Staaten bewirkt und durch den Austausch diplomatischer Vertreter »auf der Ebene« von Botschaftern bestätigt werden könne. Am Fernziel aber hielt er fest. Eine vertragliche Regelung der Beziehungen zwischen DDR und Bundesrepublik werde »nicht anders in die Wege geleitet werden als durch vorbehaltlose völkerrechtliche Anerkennung«. Andere, »innerdeutsche« Beziehungen schloß er aus und warnte jene Staaten, die etwa einen zwischendeutschen Abschluß zu Bonner Bedingungen abwarten wollten, ehe sie sich zur Anerkennung der DDR entschlössen: »Sie müßten dann nämlich bis zum Sankt-Nimmerleins-Tag warten.«[96]

So lange brauchte sich niemand zu gedulden. Unter dem Druck der Sowjetunion gab die SED nach und mußte schließlich der übergeordneten Ziele wegen in den zwischendeutschen Beziehungen einen Status akzeptieren, der zwar den eigenen Erwartungen nicht gerecht wurde, ihr aber gleichwohl die erhoffte internationale Anerkennung brachte. Ob sich Ulbricht dem Kompromiß tatsächlich bis zuletzt widersetzt hat, ist nicht verbürgt. Daß er ihn schließlich mittrug, spricht nicht unbedingt für späte Einsicht.

»Ende 1970«, notierte sein Biograph, »befand sich Walter Ulbricht bereits im 78. Lebensjahr. ... Zu dieser Zeit waren zahlreiche neue und komplizierte Entwicklungsprobleme aufgetreten, die vom Führungskollektiv der Partei und des Staates energisch angepackt und zielstrebig gelöst werden mußten. ... Die Meisterung dieser Probleme erforderte von demjenigen, der an der Spitze des Führungskollektivs der Partei stand, viel Kraft.«[97]

Das galt nicht nur für die Außenbeziehungen, mehr noch für die Wirtschaftspolitik, auf die der Autor auch im wesentlichen verweist. Und auf diesem Felde war der Vorsitzende seit Mitte der sechziger Jahre innerparteilich nie ganz unumstritten gewesen. Hinzu kam: Zum Ende des Jahrzehnts wurden Disparitäten des Wirtschaftswachstums sichtbar, die zumeist aus der von Ulbricht durchgesetzten Konzentration auf die Zukunftsindustrien, auf Forschung und Technologieentwicklung resultierten. Sie hatten zum einen zur Vernachlässigung der ohnehin schwachen Energiebasis, der konsumnahen Produktionszweige und der Infrastruktur geführt. Sie bewirkten zum anderen – aufgrund von materiell nicht abgesicherten (nicht »bilanzierten«) Planergänzungen zugunsten der vermeintlich förderungswürdigen Wachstumsbranchen – einen Entwicklungsrückstand von Zuliefererbetrieben gegenüber den Finalproduzenten. An die Stelle der gewünschten bilanzierten Proportionalität des Wirtschaftswachstums waren, allen ursprünglichen NÖS-Intentionen zum Trotz, planerische Willkür und zentralistische Eingriffe getreten. Die seit Ende der sechziger Jahre erkennbare Tendenz zur erneuten Konzentration von Entscheidungspotential an der Spitze der Leitungsapparate von Staat und Partei hatte zu Brüchen in der Perspektiv- und Jahresplanung geführt, und es war zu Versorgungsstörungen gekommen, die – wie gesagt wurde – insbesondere bei den Arbeitern zu Unmut führten. Angesichts dieser Situation fand Ulbricht im Dezember 1970 offenbar keine Unterstützung mehr für die Fortführung seines wirtschaftspolitischen Kurses.

Auf der 14. ZK-Tagung nach dem VII. Parteitag, der seine Präzeptorenrolle so deutlich betont hatte, verweigerte ihm die Parteiführung die Gefolgschaft – so jedenfalls liest sich die SED-Literatur. In der offiziellen Parteigeschichte heißt es vorsichtig, es habe in den vorangegangenen Jahren »in mancher Hinsicht eine Überschätzung der Möglichkeiten der DDR« gegeben, es sei eine

»Strukturpolitik auf Kosten der planmäßigen proportionalen Entwicklung« angestrebt worden, und »Erscheinungen des Subjektivismus« hätten Platz gegriffen. Ihnen sei das ZK im Dezember 1970 entgegengetreten und habe »überzogene Vorstellungen und Wünsche« zurückgewiesen.[98] Deutlicher als die um den Nachweis von Kontinuität bemühte Parteiführung spricht ein DDR-Autor der Tagung einen »historischen Platz« zu. Er stellt einen Zusammenhang her zwischen wirtschaftlichen Fehlentscheidungen und »fehlerhaften theoretischen Auffassungen der politischen Ökonomie«. Zu ihnen zählt er auch die Thesen von der relativ selbständigen Gesellschaftsformation des Sozialismus und der sozialistischen Menschengemeinschaft. Grundsätzlich sei es im Dezember um den Primat der Politik gegangen, der endlich wieder an die Stelle ökonomischer Prioritätensetzung getreten sei. Zudem weist er aber auch auf die damalige Notwendigkeit der »noch engeren Verflechtung der nationalen Aufgaben eines jeden sozialistischen Landes mit den Erfordernissen des sozialistischen Weltsystems« hin und betont schließlich auch die »Probleme der Außenpolitik der SED im Rahmen des Kampfes der Staaten des Warschauer Vertrages für Frieden, friedliche Koexistenz, europäische Sicherheit und für die völkerrechtliche Anerkennung der DDR«.[99] Der Name des Gescholtenen wurde nicht erwähnt. Auf der Tagung selber gab er einen Bericht über den Verlauf eines Treffens der Warschauer Pakt-Repräsentanten, das kurz zuvor in Ostberlin stattgefunden hatte. Eine Erfolgsbilanz konnte er nicht vorweisen. Im Gegenteil, nur »einige Redner« hatten, so Ulbricht, »unterstrichen«, daß die »Anerkennung der DDR« die »zentrale Frage« bei der Normalisierung der Lage in Europa darstelle.[100] Die Tagung endete, wie mitgeteilt wurde, mit seinem Schlußwort. Sein Text aber wurde nicht veröffentlicht. Es wurde politisch stiller um Ulbricht.

Er, der das Bild der SED und ihres Staates seit dem Ausscheiden Piecks aus der aktiven Politik gegen Mitte der fünfziger Jahre und dem Tode Grotewohls im Jahre 1964 vollends alleine geprägt hatte, der in seinen letzten Herrschaftsjahren, angestrengt wie stets, die Rolle eines Landesvaters zu spielen suchte, der im Westen verhaßt und sogar in der eigenen Partei kaum beliebt war, er hatte sich offenbar selber überlebt. Der Mann der Konfrontation paßte nur schlecht in die Zeit der Kooperation. Der Gralshüter des Marxismus-Leninismus in der DDR war beinahe zum Häretiker geworden. Zwar betonte er stets die führende Rolle der KPdSU und blieb insofern ein guter »Internationalist«. Die DDR aber erschien ihm offenbar mehr und mehr als sein ganz persönliches Lebenswerk, das es gegen alle Unbilden der internationalen Politik und die Vertrauensseligkeit der »Freunde« zu schützen galt, und deren Überlegenheit gegenüber dem kapitalistischen Konkurrenten gleicher Nationalität rasch zu beweisen war. Anders wohl als seinen jüngeren Führungsgenossen galt ihm die Nation viel. Nicht als ein Ding von eigenem Wert, wohl aber als Herausforderung, die »sozialistische deutsche Nation« zu schaffen. In diesem Sinne auch hatte er 1968 in die neue DDR-Verfassung ein Wiedervereinigungsgebot schreiben und die DDR als »sozialistischen Staat deutscher Nation« definieren lassen.

Hinzu kam das Alter und seine lange politische Erfahrung. Er, der Lenin gekannt hatte – das galt unter Kommunisten viel –, er, der Komintern-Mann, mißtraute offenbar den unerfahrenen Nachrückern, die den Klassenkampf nur vom Hörensagen kannten. Hier lag vielleicht auch ein Grund für die ungewöhnlich starke Machtkonzentration in seinen Händen, für die sukzessive Verlagerung von politischer Entscheidungskompetenz aus der Partei in den Staatsrat, dessen Machtfülle seit seiner Bildung 1960 ständig zunahm, der nicht nur Staatsoberhaupt und Repräsentant der DDR war, sondern auch legislative und exekutive Befugnisse erlangte. Der Staatsapparat, per definitionem ein Instrument der Avantgarde, schickte sich an, Parteifunktionen zu erobern. Das war für Ulbricht kein Problem, denn die Partei war schließlich vor allem ihr Erster Sekretär. Die Partei aber, ihre Spitze und der Apparat, konnte die Entwicklung nur schwer erdulden. Auch hier lag sicherlich ein Grund, die Führungsfrage zu stellen.

Entschieden wurde sie, so scheint es, in der Sowjetunion. Am 30. März trat in Moskau der XXIV. Parteitag der KPdSU zusammen. Ulbricht – schon zuvor zur Kur in der Sowjetunion – nahm teil, diskutierte (zusammen mit Honecker) mit der Sowjetführung, kehrte heim und bat einen Monat später das ZK um seine Entlassung aus dem Parteiamt: »Die Jahre fordern ihr Recht ... Ich erachte daher die Zeit für gekommen, diese Funktion in jüngere Hände zu geben, und schlage vor, Genossen Erich Honecker zum Ersten Sekretär des Zentralkomitees zu wählen.«[101] Das ZK folgte dem Wunsch, und Honecker versprach, den »sicheren und festen Kurs kontinuierlich« fortzusetzen.

Ulbricht blieb Staatsratsvorsitzender und bekam ein Parteiamt, das im Statut nicht vorgesehen war: Er wurde »Vorsitzender« der SED. Daß freilich die Führung mehr auf einen Neubeginn als auf Kontinuität setzte, zeigte die neue Tagesordnung für den anstehenden VIII. SED-Parteitag. Noch im Januar war bei Ulbricht ein Referat über *Das entwickelte gesellschaftliche System des Sozialismus in den 70er Jahren* in Auftrag gegeben worden. Nun wurde ihm nur noch eine Eröffnungsansprache zugeteilt, der Rechenschaftsbericht Honecker übertragen.[102] Zum Kongreß meldete sich der Vorsitzende krank; er war es wohl tatsächlich. Am 1. Juli zeigte ihn *Neues Deutschland* daheim in einem Plüschsessel. In Trainingshosen, Morgenmantel und Pantoffeln hatte er am Vortag die Glückwünsche des Politbüros zu seinem 78. Geburtstag entgegengenommen: »Entsprechend den Festlegungen der Ärzte«, sagte er den Gratulanten, »muß ich ein strenges medizinisches Regime einhalten, damit ich bald gesund werde.«

V. Der real existierende Sozialismus 1971–1985

1. Vom Morgen zum Heute

Vom Beginn einer Ära Honecker wurde schon gesprochen, als der Vorgänger noch lebte. Das lag zum Teil am Stil, den der Nachfolger durchzusetzen trachtete. Anders als der alte Vorsitzende suchte und fand er schnell Kontakt, wählte bei Gesprächen das vertrauliche Du, überbrückte leicht – wie es schien – die Kluft zwischen »oben« und »unten«, achtete mehr auf Genossenschaftlichkeit als auf strenge Etikette. Bei seinen Antrittsbesuchen in den Parteiinstitutionen, im Staatsapparat und der Armee schlug ihm offenkundig Sympathie entgegen, wo Ulbricht allenfalls Achtung zuteil geworden war. Der Nachfolger wirkte trotz seiner 58 Jahre jugendlich, und er unterstrich es gern durch helle Anzüge, modische Krawatten und ungezwungene Gesten. Die Partei nahm ihn – so scheint es – widerspruchslos an, und auch die weitaus älteren Weggefährten Ulbrichts in der Spitze verschafften ihm die notwendige Amtsautorität: Keiner drängte nach vorn, sie blieben im zweiten Glied. Vor dem 3. Mai 1971 war im Westen immer wieder überlegt worden, wer denn wohl Ulbricht nachfolgen werde; die meisten hatten auf Honecker getippt, nur wenige glaubten in Stoph den Kandidaten zu sehen. Tatsächlich hatte Ulbricht wohl sehr früh auf den verläßlichen Saarländer gesetzt, auf ihn die Zuständigkeit für Kaderarbeit, Parteiorgane und Sicherheit delegieren lassen, ihn mithin für die Innenpolitik der DDR verantwortlich gemacht. Kompetenzprobleme ergaben sich vielleicht in der Wirtschaftspolitik. Für sie war der neue Mann nicht ausgewiesen, hier hatte seit den sechziger Jahren, gedeckt durch Ulbricht, Mittag beträchtlichen Einfluß gewonnen und ihn wohl auch zum Aufbau einer kleinen Hausmacht aus Funktionären genutzt, deren Sozialprofil – jüngere Parteiintelligenzler mit zumeist wirtschaftswissenschaftlicher Qualifikation – sich sowohl vom Zuschnitt der Gesamtpartei als auch des Apparats abhob. Nach der Macht aber strebte diese Gruppe wohl kaum, mehr nach langfristigen Entwürfen, ökonomischer Rationalität und Nutzeffekt. Umfassende Prognosen aber waren derzeit nicht verlangt, und die häufig futurologischen Systemsachverständigen gerieten ein wenig in den Hintergrund. Gefragt waren Konzepte mit Wirkungskraft im Jetzt und Heute.

Das vor allem markierte die Wende und ließ den Übergang zu einer neuen Zeit vermuten, die sich zudem in neuen »Losungen« zu erkennen gab – in jenen offenbar durch Tradition geheiligten, vermeintlich mobilisierenden Mitteilungen der Partei, die die Agitationsabteilungen der SED seit je auf eigens gefertigten Stelltafeln, auf Transparenten und Häuserwänden anbringen lassen. »Was der VIII. Parteitag beschloß«, stand da nun überall, »wird sein!« Das war knapp, mehr ein Versprechen als ein Appell und vor allem viel konkreter als etwa die Aufforderung, das »entwickelte gesellschaftliche System des Sozialismus« zu schaffen. Von diesem Begriff hatte sich die Partei schon vor dem Rücktritt Ulbrichts – unmittelbar nach dem XXIV. KPdSU-Parteitag – verabschiedet. In einem Politbürobeschluß vom 15. April wurde konstatiert, die von der Sowjetpartei ausgearbeiteten Leitsätze des weiteren kommunistischen Aufbaus auf politischem, sozialem, wirtschaftlichem und kulturellem Gebiet seien von »allgemeingültiger, theoretischer und politischer Bedeutung ... auch für die Beantwortung der Grundfragen der Gestaltung der entwickelten sozialistischen Gesellschaft in der DDR«.[1] Damit war die ideologische Sonderentwicklung der SED vorerst abgeschlossen, und auf dem Parteitag sprach man über sie nur noch am Rande. Honecker etwa merkte an, »bekanntlich« seien Sozialismus und Kommunismus zwei Phasen der kommunistischen Gesellschaftsformation.[2] Harry Tisch, der Rostocker Parteisekretär, spottete, er habe neulich in einer Dissertation gelesen, ein Schiff sei kein Schiff oder Transportmittel, sondern ein »Gesellschaftssystem«.[3] Er erntete dafür Heiterkeit. Grundsätzlich freuten sich alle – als seien sie bisher intellektuell überfordert worden – über die klare Sprache, die »vom ganzen Volk verstanden« werde (Tisch).

Die Rede war nun – vergleichsweise unprätentiös – von der »entwickelten sozialistischen Gesellschaft«, und deren jeweiliger Entwicklungsstand sollte sich mehr im meßbaren und wachsenden Wohlstand beweisen als in der Vorbereitung der Gesellschaft auf die Anforderungen der wissenschaftlich-technischen Revolution. Das neue Konzept wurde zwar auch als »Hauptaufgabe« deklariert und stand damit terminologisch in der Parteitradition. Inhaltlich aber zielte es nicht (wie 1958) auf kurzfristige Erfolge im Systemwettbewerb mit der Bundesrepublik, sondern auf eine langfristig andere Orientierung der wachstumsrelevanten Entscheidungen.

Der zentrale Satz lautete: »Die Hauptaufgabe ... besteht in der weiteren Erhöhung des materiellen und kulturellen Lebensniveaus des Volkes auf der Grundlage eines hohen Entwicklungstempos der sozialistischen Produktion und des Wachstums der Arbeitsproduktivität.«[4] Das klang nicht neu, das hatte mit etwas anderen Worten Stalin bereits 1952 geschrieben – als »ökonomisches Grundgesetz des Sozialismus«. Und banal erschien zunächst auch die von Honecker auf dem SED-Parteitag formulierte Maxime: »Für unsere Gesellschaft ist die Wirtschaft Mittel zum Zweck, Mittel zur immer besseren Befriedigung der wachsenden materiellen und kulturellen Bedürfnisse des werktätigen Volkes.«[5] Der Kontext jedoch, in dem sie vorgetragen wurde, verdeutlichte die neue Zielrichtung. Da war zum einen die auf die Vergangenheit gemünzte Absage an »›außerplanmäßige Wunder‹«, zum anderen die Forderung, die für eine Verbesserung der Lebensverhältnisse zur Verfügung stehenden Mittel »nüchtern« und »real« zu beurteilen, und zum dritten der Vorsatz, »sorgfältig abzuwägen, wo die Verbesserungen am dringendsten sind und wo mit den verfügbaren Mitteln für die Werktätigen jeweils besonders wichtige Fortschritte erzielt werden können.«[6]

Aus dieser Sicht wurde bald die »untrennbare Einheit von Wirtschafts- und Sozialpolitik« ein Postulat, das 1976 schließlich ins neue Parteiprogramm aufgenommen wurde.[7] Das meinte nicht weniger als die Ausrichtung der gesamten Planung auf eine Gesellschaftspolitik, die die vorhandene soziale Ungleichheit überwinden, die Lage der sozial Schwachen bessern, vor allem aber die materiellen Interessen der »Werktätigen«, speziell der Arbeiter, in den Mittelpunkt stellen sollte. Dem entsprach eine neue Interpretation der sozialen Schichtung. Auch sie ging vom Axiom nichtantagonistischer, ja freundschaftlicher Klassen- und Schichtenbeziehungen innerhalb der Gesellschaft aus. Sie begriff aber den Sozialkörper wieder als »Klassengesellschaft«, als ein deutlich geschichtetes Gebilde unter Führung der »Arbeiterklasse« und ihrer Partei[8], das sozialpolitisch aktiv gestaltet werden muß, da es nicht schon deshalb zu Harmonie und Gemeinschaft tendiert, weil – so die alte Lesart – die Beziehungen der einzelnen und der Schichten durch weithin gleiche Eigentumsverhältnisse determiniert sind. Das neue Gesellschaftsbild schloß die Möglichkeit sozialer Konflikte ein, setzte sie begrifflich sogar voraus. Sozialpolitik war deshalb auch als vorbeugende Konfliktregulierung zu entwerfen, als Bemühen um soziale Befriedung durch gezielten Ausgleich bei allgemeiner Verbesserung der Lebensqualität.

Ein »Eigenprodukt« war der neue Kurs nicht. Die SED folgte vielmehr den Schwesterparteien. Im Dezember 1970 waren in den polnischen Küstenstädten die Arbeiter gegen Preiserhöhungen in den Streik getreten, der Ausstand hatte zu blutigen Auseinandersetzungen geführt und zur Ablösung des Parteichefs Gomulka beigetragen. Diese erneute Erschütterung – die CSSR-Intervention lag noch keine zwei Jahre zurück – hatte den ganzen Block beunruhigt und speziell die Sowjetführung zu einer Modifizierung ihrer Politik veranlaßt. Vom XXIV. KPdSU-Parteitag war im April 1971 ein Wirtschaftsprogramm verabschiedet worden, das für die kommenden fünf Jahre einen »bedeutenden Aufschwung des materiellen und kulturellen Lebensniveaus des Volkes auf der Grundlage eines raschen Entwicklungstempos der sozialistischen Produktion und der Steigerung ihrer Effektivtät ...« vorsah.[9] Dieser wirtschaftspolitischen Zielsetzung – der Hauptaufgabe – folgten alle herrschenden Parteien, und alle definierten das Niveau ihrer Gesellschaften auf gleiche Weise: Sie waren in der Phase der »entwickelten sozialistischen Gesellschaft« bzw. (die Sowjetunion) beim kommunistischen Aufbau auf der Basis des »reifen Sozialismus«. Und in einem Punkt war auch ihre wirtschaftliche Integration vorangekommen: Alle Parteien legten, mit Ausnahme der rumänischen, nunmehr Fünfjahrpläne mit denselben Laufzeiten (1971 bis 1975) vor. Inhaltlich hatte die Zusammenarbeit damit jedoch keine neue Qualität erreicht.[10]

Aktuelle Anlässe, die Gesellschaftspolitik zu revidieren, die eigene Gesellschaft als konflikthaltig zu begreifen und ein neues Konzept zu entwerfen, waren auch in der DDR hinreichend vorhanden. Die Strukturpolitik der letzten Ulbrichtjahre hatte zum einen eine stärkere soziale Differenzierung zu Lasten der Arbeiter und zugunsten der Intelligenz bewirkt. Sowohl die Einkommen der wissenschaftlichen Kopfarbeiter als auch ihr Anteil an der öffentlichen Zuweisung von Sozialprestige in Form von Orden und lobenden Erwähnungen waren schneller gewachsen als die der »herrschenden Arbeiterklasse«. Zum anderen blieben – Folge der Mittelkonzentration auf die Zukunftsindustrien – die weniger erfolgsträchtigen Branchen zurück. Nicht nur die Betriebe, auch ihre Standortgemeinden oder -kreise, denn die Förderung der favorisierten Zweige sollte »komplex« erfolgen, und sie galt deshalb dem

Wohnungsbau oder der Versorgung ebenso wie dem Verkehrswesen oder dem kulturellen Angebot. Die soziale Differenzierung war mithin durch eine regionale verschärft worden. In industriellen Ballungsräumen fiel das weniger ins Gewicht als in schwach industrialisierten Bezirken, auch hier war der Trend jedoch spürbar geworden.

Die vom Parteitag verabschiedete Direktive für den neuen Fünfjahrplan stand denn auch im Zeichen der Korrektur der bisherigen Wirtschaftspolitik. Einerseits sollte die bislang zugunsten der Zukunftsindustrien vernachlässigte Energiebasis durch die Erschließung neuer Braunkohlelagerstätten, den Ausbau bestehender Kraftwerke und den Neubau von Atomkraftwerken gestärkt werden. Andrerseits konzentrierte sich die Aufmerksamkeit auf die Zuliefererbetriebe. Auch das Wachstumskonzept wurde modifiziert. Zwar sollte der Produktionsapparat in einigen Bereichen auch künftig erweitert, Wachstum also auch extensiv erzielt werden. In Anbetracht der hohen Kosten der Neuinvestitionen und – schwerer wiegend – der knappen Arbeitskräfte galt die Aufmerksamkeit jedoch stärker den Möglichkeiten der Intensivierung der Produktion durch Teilmechanisierung, Mechanisierung oder Automatisierung der industriellen Arbeit. Das neue Stichwort hieß: sozialistische Rationalisierung. Die Investitionstätigkeit war weiterhin auf die Produktionsmittelbereiche zu konzentrieren, ihr Vorrang wurde jedoch zugunsten der Konsumgüterproduktion vermindert.

Eindeutige Akzente setzten die Planer in der Verteilungspolitik. Die Arbeitereinkommen sollten schneller steigen als die der übrigen Werktätigen, angekündigt wurden eine Erhöhung der Renten, die Verkürzung der Arbeitszeit, speziell der Frauen und anderer besonders Belasteten, sowie eine schrittweise Anhebung der unteren Einkommen. Zu fördern waren der private und gesellschaftliche Konsum, und Preiserhöhungen wurden ausdrücklich ausgeschlossen. Das machte weitere Umverteilung erforderlich. Nach Angaben Stophs waren bereits in den vergangenen fünf Jahren rund 46 Milliarden Mark allein für die Subventionierung von Lebensmitteln und Hausbrand, Textilien, Mieten und Tarifen der öffentlichen Dienstleistungen (Verkehr, Strom usw.) aus der Staatskasse gekommen. Diese Aufwendungen sollten in den kommenden fünf Jahren (1971 bis 1975) auf 65 Milliarden Mark erhöht werden. Doch zunächst einmal waren die Summen – wenn zugleich die Löhne stiegen – zusätzlich zu erwirtschaften. Und das ging letztlich nur durch eine Steigerung der Arbeitsproduktivität. Nicht umsonst griff Stoph bei der Begründung der Plandirektive auf ein Schlagwort zurück, das schon in den fünfziger Jahren von der SED-Agitation in Umlauf gebracht worden war: »Wie wir heute arbeiten, werden wir morgen leben.« Freilich: das Morgen war näher gerückt, es meinte nicht mehr einen abstrakten WTR-Sozialismus, es meinte den »real existierenden«, wie Honecker Gegenwart und nahe Zukunft seit 1972 gern umschrieb, und der sollte für jeden positiv erfahrbar sein – vor allem durch seine Lebensqualität. Dieser Pragmatismus durchzog denn auch die neue Parteiprogrammatik von 1976. Zwar war auch sie – wie das SED-Programm von 1963 – in der Formelsprache der Partei gehalten, sie verzichtete jedoch auf alles Visionäre, enthielt weder ein terminiertes Etappenziel noch eine Skizze künftiger sozialistischer Vergesellschaftung. Im Mittelpunkt stand vielmehr die Umschreibung des Status quo, der »reale Sozialismus«; und wenn von der Zukunft die Rede war, dann vor allem unter dem Aspekt künftiger Produktion und Verteilung.

Diese Hinwendung zum Konsumsozialismus war nicht unproblematisch. Einerseits verpflichtete sich die Partei zur Erfüllung der von ihr selbst als real und abrechenbar bezeichneten Aufgaben. Sie säkularisierte damit gleichsam den Führungsanspruch der Avantgarde und setzte sich einer Leistungskontrolle durch die Gesellschaft aus. Andrerseits drängte die starke Betonung von Konsumaspekten die bisher durchaus vitalen utopischen Momente des Sozialismus zurück, das Bild von einer freien Gesellschaft mit neuen Lebensformen, das vor allem Teile der Intelligenz und die Parteiintellektuellen motivierte. Wichtiger für die Parteiführung war freilich Massenloyalität, und die war eher durch einen höheren Lebensstandard als durch theoretische Entwürfe zu erlangen.

2. Die Einheit von Sozial- und Wirtschaftspolitik

Die neue Orientierung wurde zur konkreten Politik. Schon vor dem VIII. Parteitag hatte die SED erste sozialpolitische Zeichen gesetzt. Aufgrund einer gemeinsamen Empfehlung der Einheitspartei, des Ministerrates und der Gewerkschaften traten Anfang

1971 Preissenkungen für diverse Industriewaren in Kraft, wurden die Mindestlöhne von bislang 300 auf 350 Mark erhöht, die Einkommen unterhalb der 435-Mark-Grenze angehoben, stiegen die Mindestrenten um 10 Mark, übernahmen die Betriebe einen Kostenanteil bei der seit 1968 möglichen freiwilligen Zusatzrentenversicherung, die geschaffen worden war, um die immer noch äußerst knappen staatlichen Altersrenten durch eigene Versicherungsleistungen aufzubessern. Bald darauf wurde eine Arbeitszeitverkürzung für Mütter mit mehr als drei Kindern (oder mit zwei Kindern bei Schichtarbeit) verfügt. Etwa 200000 Frauen arbeiteten nun nur noch 40 Stunden wöchentlich, ihr Mindesturlaub verlängerte sich auf 21, bei Schichtarbeit auf 24 Werktage, der bezahlte Mutterschaftsurlaub von 14 auf 18 Wochen. Gewährt wird seither eine Geburtenbeihilfe von 1000 Mark je Kind, bei Eheschließungen ein zinsloser Kredit bis zu 5000 Mark, dessen Rückzahlung sich beim ersten Kind um 1000 Mark, beim zweiten um weitere 1500 Mark reduziert und beim dritten schließlich als getilgt gilt. Das dritte Kind muß freilich spätestens acht Jahre nach Kreditaufnahme geboren werden. Durch Kredite unterstützt wird seither auch die Einrichtung privater »Nischen«, der Eigenheimbau junger Ehepaare.

Die starke Konzentration der Sozialpolitik auf die Frauen galt nicht nur der Kollegin, der werktätigen Frau. Sie hatte auch eine deutlich ausgesprochene bevölkerungspolitische Komponente. Wie in anderen war auch im Industrieland DDR die Geburtenentwicklung (seit 1965) rückläufig, und das drohte die Arbeitskräftebilanz, die ohnehin noch an den Folgen der Westwanderung litt, zusätzlich und langfristig zu belasten. Der Trend zur Ein-Kind-Familie hatte sich verstärkt, obwohl eine Schwangerschaftsunterbrechung gesetzlich verboten und die »Pille« nicht ohne weiteres erhältlich war. Restriktionen wie diese waren der Moral der Altgenossen um Ulbricht zu danken. Sie hatten dazu geführt, daß DDR-Frauen ins kommunistisch regierte, katholische Polen oder nach Ungarn fahren mußten, um ungewünschte Großfamilien zu vermeiden. Am 9. März 1972, einen Tag nach dem Internationalen Frauentag, glich die Volkskammer die DDR auch auf diesem Gebiet den fortgeschritteneren Ländern Osteuropas an: Sie verabschiedete ein Gesetz über den kostenfreien Schwangerschaftsabbruch. Die SED riskierte damit beinahe einen Eklat. In der sonst stets einstimmig tätigen Volksvertretung regte sich vergleichsweise heftiger Widerspruch: 14 Abgeordnete der CDU stimmten gegen das Gesetz, acht enthielten sich – ein Verhalten, das seither nicht mehr registriert wurde. Das Gesetz und seine Koppelung mit den anderen sozialpolitischen Leistungen blieb nicht ohne Folgen: Zunächst sanken, dann – seit 1975 – stiegen die Geburtenzahlen, und Anfang der achtziger Jahre erlebte die DDR sogar einen bescheidenen Babyboom.

Von ebenso großer Bedeutung war das 1971 aufgelegte Bauprogramm: Bis 1975 waren 500000 Wohnungen, teils durch Neubau, teils durch Modernisierung fertigzustellen, und bis 1990 soll, kündigte Honecker 1975 an, die Wohnungsfrage »als soziales Problem« gelöst sein.[11] Ein soziales Problem war (und ist) die Wohnungsfrage in der DDR tatsächlich, nicht nur des oft zitierten kapitalistischen Erbes, der Enge der Mietskasernen und Hinterhöfe, wegen. Auch weil – vor allem in den Großstädten – die öffentlich verwalteten, ehemals privaten Häuser während der vierziger, fünfziger und sechziger Jahre meist nur notdürftig instandgehalten, häufig genug so stark verfallen waren, daß die Bausubstanz Schaden genommen hatte. Zwar waren auch in den Jahren zuvor Neubauten errichtet und Wohnungen modernisiert worden, die Leistungen aber hinter Plan und Bedarf weit zurückgeblieben. Das neue Programm (1971 bis 1975) wurde übererfüllt: um mehr als 20%.[12] Zudem waren 1972 die seit dem Ende der sechziger Jahre gestiegenen Neubaumieten (das Prinzip der Kostendeckung hatte sich hier partiell durchgesetzt) gesenkt worden. Familien mit einem monatlichen Bruttoeinkommen von weniger als 2000 Mark hatten nun einen Quadratmeterpreis von höchstens 90 Pfennig (in den Bezirken) bzw. 1,25 Mark (in Ostberlin) zu zahlen (bei Zentralheizung zusätzlich 40 Pfennig pro m^2), sofern nicht beide Eheleute zur Gruppe der Selbständigen gehörten. Ihnen und den nach den damaligen Löhnen (Durchschnittseinkommen 1972: 814 Mark) besser Verdienenden wurden höhere Mieten abverlangt. Seit 1981 gelten diese Neubaumieten für alle DDR-Bürger. Schön waren die neuen Wohngebiete nur selten und die Wohnungen im Durchschnitt nur 46 m^2 groß, doch auch in der DDR gilt eine Neubauwohnung als wichtige Besitzstandserweiterung.

Als gezielte und differenzierte Sozialpolitik mochte auch die Attacke gegen die restlichen Selbständigen und jene Genossenschaftler gelten, die sich – so sah es die SED – unterderhand zu Kapitalisten entwickelt hatten. Ihre Existenz war seit je mit Argwohn beobachtet worden, nicht nur von Partei und Staat, auch von den sozialistischen Normalbürgern. Von den einen ihres antiquierten Sozialstatus, von den anderen ihrer Einkommen wegen. Tatsächlich gehörten die letzten privaten Unternehmer und die Gruppe der halbstaatlichen Komplementäre zu den Bestverdienenden in der DDR, und sie rangierten in der (freilich stets aus Mutmaßungen errechneten) Einkommensskala nur knapp vor den privaten oder genossenschaftlichen Handwerkern. Für die PGH, die sich zu Industriebetrieben entwickelt hatten, kam nun ebenso das Ende wie für die kleinen Kapitalisten. Wieder einmal konnten die Blockparteien aktiv werden, jene Relikte aus der DDR-Frühzeit, die – noch immer im Gewande von Parteien – zu Massenorganisationen marxistisch-leninistischen Zuschnitts mutiert waren. Sie, die 1952 für die PHG-Bildung, seit 1956 für die Übernahme von staatlichen Beteiligungen geworben hatten, machten sich nun zu Sprechern jener vermeintlich zahlreichen Staatspartner und Privaten, die ihres Status überdrüssig und bereit waren, ihre Betriebe der Gesellschaft zu überlassen. Beschlossen worden war die Maßnahme, wie im April 1972 auf einer ZK-Tagung berichtet wurde, bereits im Dezember des Vorjahres, im Zusammenhang mit der Diskussion über den neuen Fünfjahrplan. Sie galt, wie es hieß, »der Beseitigung von gewissen Erscheinungen der Rekapitalisierung in unserer Republik«, und da sie schon in Gang war, fand sie bei der »Mehrzahl der Werktätigen« ein »breites Echo und eine lebhafte Zustimmung«.[13] Betroffen waren etwa 1600 industriell produzierende PHG und alle (mehr als 5000) halbstaatlichen Industriebetriebe. Diese hatten 1971 noch rund 10% der industriellen Bruttoproduktion erbracht und etwa 12% der Arbeiter und Angestellten der Industrie beschäftigt.[14] Die Betriebe wurden in VEB umgewandelt – ihren Besitzern geringe Entschädigungen gezahlt. Wenn die Belegschaften zustimmten, konnten die bisherigen Unternehmer bzw. Komplementäre als Betriebsleiter im Amt bleiben. Einige private Industriebetriebe überdauerten. Sie beschäftigten 1972 aber nur noch 0,1% der industriellen Arbeiter und Angestellten und lieferten Waren in gleichem Anteil. Auch im Vorjahr hatten ihre Quoten nur 1,2% darüber gelegen.

Neorevolutionärer Schwung kennzeichnete seit 1971 auch die Bildungspolitik. Gefördert wurden wieder Arbeiterkinder. Zwar hielt man formal am Leistungskriterium fest, doch beim Übergang zur erweiterten Oberschule und damit auf dem Wege zu Abitur und Studium zählten soziale Herkunft und (auch wieder) gesellschaftliche »Aktivität« doch mehr als die Zensuren. Erneut galt als Orientierungshilfe, daß mehr als die Hälfte der künftigen Studenten aus der Arbeiterklasse stammen sollte. Diese Klassenpolitik traf nun häufig die, die durch die Klassenpolitik vergangener Jahre privilegiert worden waren, z. B. Kinder aus Familien der Intelligenz mit proletarischem Hintergrund. Zudem gingen die Studentenzahlen leicht zurück, insbesondere an den (1985) 54 Hochschulen und Universitäten. An allen Institutionen zusammengenommen sank die Zahl von rund 337000 im Jahre 1971 auf ca. 301 000 1980, darunter an Universitäten und Hochschulen von 158000 auf 130000. Der Bildungselan der vergangenen Jahre hatte zu einem Überhang an Hochschulabsolventen geführt und zuweilen zu einem Einsatz dieser Kader auf Arbeitsplätzen mit niedrigeren Qualifikationsanforderungen.

Im Mittelpunkt stand nun wieder die polytechnische Bildung, die Zehn-Klassen-Schule. Bis Ende 1975 sollte die Zahl der Schüler, die die 10. Klasse absolvieren – sie lag 1971 bei ca. 80% eines Schülerjahrgangs –, die 90-%-Marke erreichen. Dieses Ziel wurde zwar erst Ende der siebziger Jahre erreicht, doch dies war ein erheblicher Erfolg, zumal darüber hinaus seit 1980 alle Schulabgänger mit einer Berufsausbildung begannen. »Hervorragend ausgebildete Facharbeiter« und zugleich »kluge Sozialisten mit den Eigenschaften revolutionärer Kämpfer« auszubilden, das hatte Margot Honecker, die Volksbildungsministerin (die in der DDR Minister heißt), auf dem VIII. Parteitag von den Schulen gefordert und zugleich moniert, daß in der Vergangenheit, von »nicht ganz realistischen Prognosen« ausgehend, der Eindruck erweckt worden sei, jeder Absolvent der Schule müsse ein Studium beginnen.[15] Die Qualität von Bildung und Ausbildung wuchsen, ob auch die Kämpfereigenschaften, darf bezweifelt werden.

Insgesamt aber förderten, scheint es, Sozial- und Bildungspolitik die Integration vieler in den Wohlfahrtsstaat. Seine autoritären Strukturen traten weniger stark in Erscheinung; und viele mochten sie auch gar nicht bemerken, denn aus eigenem Erleben waren ihnen Alternativen zum Status quo nicht mehr bekannt. Immerhin waren 1971 bereits rund 60% der DDR-Deutschen in dieser DDR politisch sozialisiert worden, für etwa 13% hatten vor allem die NS-Jahre verhaltensrelevante Bedeutung gehabt, und nur noch ein gutes Viertel war älter als 50 Jahre, kannte also Weimar oder gar das

Kaiserreich noch aus eigenem Erleben. Die Erfahrungen der älteren Jahrgänge hatten zwar einen großen Teil des Weltbildes ihrer Kinder mitbestimmt, das mußte diese jedoch nicht unbedingt mißtrauisch machen gegenüber dem Machtanspruch einer Obrigkeit und staatlichem Verlangen nach Disziplin und Ordnung. Es mochte im Gegenteil sogar Folgebereitschaft stabilisieren.

Gestärkt wurde die Skepsis gegenüber dem Staat, seinen Ansprüchen und Leistungen zumindest ebenso durch den ständigen Systemvergleich, und den lieferten die elektronischen Westmedien frei Haus. Über sie war zu hören und zunehmend sogar zu sehen, wie die Mehrheit der Deutschen lebt. Und zu beobachten war zudem, wie dort eine Partei an die Macht gelangte, der die Sympathie vieler Mitteldeutscher seit je gehört hatte: die SPD. Spätestens seit den Ovationen für Brandt bei seinem Erfurt-Besuch im März 1970 war die latente SPD-Präferenz bei vielen DDR-Bürgern wieder deutlich geworden und hatte die SED-Führung zu einer »Sozialdemokratismus«-Kampagne veranlaßt. Stärker noch als der Politiktransfer wirkten freilich die Fernsehinformationen über den Westkonsum, und auch sie forderten die SED heraus.

Das westdeutsche Niveau zu erreichen, versprach die Führung zwar nicht, sie wußte jedoch genau, woran die Bürger sie maßen. Und sie zeigte ihr Wissen sogar. Immer häufiger waren Westwaren im durchschnittlichen Angebot zu finden, mal Schuhe einer Westmarke (die wohl in der DDR gefertigt, bisher aber stets in den Export gegangen waren), mal sogar Autos, und breiter wurde das Westangebot der »Delikat«-Geschäfte. Schließlich lockerten die Finanzbehörden sogar die strengen Devisenbestimmungen, Westmarkbesitz wurde legalisiert und die bundesdeutsche Währung zum inoffiziellen Zahlungsmittel für knappe Waren und Dienstleistungen. Zugleich stiegen Kaufkraft und Warenangebot. Zwischen 1970 und 1980 wurde das Durchschnittseinkommen von 755 Mark auf 1021 Mark erhöht, wuchsen die Spareinlagen um nahezu 90%, erhöhte sich der Einzelhandelsumsatz um 56% und verstärkte sich der Trend zum volltechnisierten und motorisierten Haushalt. 1980 verfügten ca. 38% der Haushalte über einen PKW, hatte statistisch bereits jeder zwölfte zwei Kühlschränke, 84% eine Waschmaschine, jeder zwanzigste zwei Fernsehgeräte, und möglicherweise gab es 1980 auch in der DDR Schwarzseher, denn die Statistik wies nur für 88% der Haushalte eine »Empfangsgenehmigung« aus.[16] Abgesehen von Preisen, Qualität und Design klaffte nur noch bei der Motorisierung eine erhebliche Lücke zur Bundesrepublik: Hier entfielen 68 Autos auf 100 Haushalte. Doch weder von Preis und Qualität noch vom Design wird abgesehen in der DDR, und solange sich findige Unternehmer im Westen etwas Neues einfallen lassen, wird der westliche Konsumdruck auch auf Bürger und Staat im Osten wirken.

3. Staat, Nation, Nationalität

Gleichwohl: Der Wohlstandsschub wurde in der DDR wahrgenommen, und er war für die Führung auch dringend erforderlich. Durch ihn konnte abgefangen werden, was sonst die Gesellschaft wohl noch stärker irritiert hätte: die seit Beginn der siebziger Jahre versuchte politische, ideologische und kulturelle Abgrenzung gegenüber der Bundesrepublik. Sie war für die SED (scheinbar paradox) in dem Moment zum Problem geworden, in dem sie nach jahrelangen Bemühungen um die internationale Anerkennung und die Respektierung der DDR durch die Bundesrepublik Erfolge erreicht hatte. Die waren zwar nur nach Aufgabe der Maximalforderung einer völkerrechtlichen Anerkennung durch Bonn zu erlangen gewesen, erträglich war schließlich aber auch die gefundene Lösung. Der Durchbruch kam im Dezember 1972 mit der Unterzeichnung des Grundlagenvertrages zwischen den deutschen Staaten. Sie war möglich geworden, seit mit dem Viermächte-Abkommen über Berlin (September 1971), dem Berlin-Transit-Abkommen zwischen Ostberlin und Bonn (Dezember 1971) und den Verträgen der Bundesrepublik mit Polen und der Sowjetunion (Mai 1972) wesentliche Eckdaten für die Substanz der zwischendeutschen Beziehungen gesetzt worden waren. Im Juni 1973 ratifizierte die Volkskammer den Grundlagenvertrag – Bundestag und Bundesrat hatten das schon im Mai getan –, und am 18. September 1973 wurden DDR und Bundesrepublik Mitglieder der Vereinten Nationen. Schon zuvor war eine Anerkennungslawine auf die DDR zugekommen, nun aber war die internationale Aufwertung vollkommen. Ulbricht hat sie nicht mehr erlebt. Er starb am 1. August 1973 – mitten im Trubel der »Weltfestspiele der Jugend und Studenten«, welche die FDJ in Ostberlin ausrichtete. Die Veranstalter ließen sich nicht stören. Auf ausdrücklichen Wunsch des Verstorbenen, wie erklärt wurde, gingen die Spiele weiter.

Mit der UN-Mitgliedschaft war zwar, wie Honecker betonte, die Abgrenzung von der Bundesrepublik »ein für alle Mal« vollzogen, und so sah man es wohl fast überall auf der Welt. Das aber betraf allein das Verhältnis der deutschen Staaten, die im Grundlagenvertrag einander zugesagt hatten, ihre Grenzen zu respektieren und sich nicht in die inneren Angelegenheiten des anderen zu mischen – unabhängig von ihrer Deutung des Fortbestandes der Nation. Unberührt davon blieben aber trotz aller Abgrenzungsbemühungen der SED die besonderen Beziehungen zwischen den Deutschen. Sie wurden sogar – Dialektik der Abgrenzung – enger. Zum einen hatten sich 1972 der Senat von Westberlin und die DDR-Regierung auf ein dauerhaftes Passierscheinverfahren verständigt, zum anderen Bonn und Ostberlin einen Verkehrsvertrag ausgehandelt, bei dessen Abschluß die DDR ihre Bereitschaft erklärte, künftig Bundesdeutschen die Einreise in die DDR zu erleichtern und DDR-Bürgern in »dringenden Familienangelegenheiten« Fahrten in die Bundesrepublik zu gestatten. Fortab wurden die Kontakte zahlreicher und enger. 1973 besuchten rund acht Millionen Menschen aus der Bundesrepublik und Westberlin die DDR bzw. Ostberlin. 1970 waren es nur 2,6 Millionen gewesen. Die Zahl der Ost-West-Reisenden erhöhte sich freilich nicht wesentlich. Ostdeutsche im Rentenalter waren schon seit 1964 gekommen – 1970 etwa eine Million. Die Zahl der jüngeren blieb gering und stieg bis 1980 nicht über 42 000 pro Jahr.

Gleichwohl markierte das Wort Bahrs, des Architekten und Managers der Ost-West-Dialoge, »Nation ist, wenn man sich trifft«, nicht nur die Hilflosigkeit im verbalen Umgang mit diesem deutschen Phänomen: Tatsächlich verstärkte sich bei vielen durch Reisen und Gespräche das Gefühl der Nähe – trotz Protz und Neid und trotz der Versuche der SED, die Trennung theoretisch zu erklären. Derlei Anstrengungen hatte schon Ulbricht unternommen. Auf Österreich verweisend war ihm aufgefallen, daß alte Nationen vergehen und neue entstehen können, wenn die gemeinsame staatliche Hülle zerfällt. Auf Deutschland blickend hatte er hinzugefügt, dieser Prozeß werde durch die unterschiedlichen sozialen Bedingungen in den Staaten noch beschleunigt. Hier knüpfte Honecker an. Schon auf dem VIII. Parteitag, noch vor der deutsch-deutschen Annäherung, forderte er die Partei auf, »bei der Einschätzung der nationalen Frage von ihrem Klasseninhalt« auszugehen; denn die sozialistische Revolution erneuere alle

»Existenzformen der menschlichen Gesellschaft« und damit auch die Nation »von Grund auf«. In der Bundesrepublik bestehe, konstatierte er in der Ulbricht-Tradition, die »bürgerliche Nation« fort, in der DDR entwickle sich »ein neuer Typus«, die »sozialistische Nation«.[17] Der neuen Theorie gemäß wurde 1974 die Verfassung geändert. Zusammen mit all jenen Artikeln, die die starke Position des Staatsrates begründet hatten, verschwanden auch alle Hinweise auf die nationale Orientierung der DDR. Zwar waren sie 1968 nicht etwa im Interesse eines nationalen Kompromisses in den Text aufgenommen worden, sondern – im Gegenteil – um das Ziel der sozialistischen Einheit zu betonen. Jetzt aber schienen sie geeignet, bei den DDR-Bürgern gesamtdeutsche Hoffnungen zu wecken. Wo immer möglich, schrieb die Partei an die Stelle der nationalen internationalistische Bezüge in die Verfassung. Die DDR war fortab verfassungsrechtlich nur noch ein »sozialistischer Staat der Arbeiter und Bauern« und nicht mehr deutscher Nation, dafür aber im »unwiderruflichen Bündnis mit der Sowjetunion« und ein fester Bestandteil des sozialistischen Lagers dazu.

Materialistisch fundiert wurde diese Sicht erst später und so kompliziert, daß es kaum verstanden wurde. Der Nationen-Theoretiker Alfred Kosing, der schon in den sechziger Jahren die sozialökonomischen Determinanten von Nationen betonte, die Zukunft der deutschen aber nur im Rahmen staatlicher Gemeinsamkeit gesehen hatte[18], unterschied nun zwischen Nationalität, die er vor allem ethnisch faßte, und Nation. Die eine sei, erkannte er, historisch vor der Nation entstanden und natürlich auch vor deren staatlicher Organisationsform. Zwar sah er in der Nationalität durchaus ein Merkmal der Nation, nicht aber ein konstitutives. Entscheidend sei dagegen ihre soziale Verfaßtheit. In der Regel falle, räumte er ein, Form und Inhalt zusammen, doch »der deutsche Ethnos« habe nun einmal »seine soziale Existenzform in zwei verschiedenen, ihren Grundlagen und bestimmenden Inhalten nach entgegengesetzten Nationen gefunden«. Das sei »gewiß« ein »historischer Sonderfall«, der aber liege »durchaus nicht außerhalb der Gesetzmäßigkeiten der geschichtlichen Entwicklung«.[19] Überzeugend war das nicht und außerdem wenig massenwirksam. Das hatte wohl auch Honecker erkannt. Bereits 1974 merkte er an, so mancher DDR-Bürger habe mit der nationalen Frage offenbar Probleme, etwa beim Ausfüllen von Formularen, dabei sei das ganze doch recht einfach. Man solle nur schreiben: »Staatsbürgerschaft – DDR, Nationalität – deutsch. So liegen die Dinge.«[20]

Sie lagen wohl doch etwas tiefer, denn was da terminologisch so einfach zu trennen war, Nationalität und Nation, das drängte zuweilen doch heftig zueinander. Auch nach dem 13. August 1961 zog es Deutsche aus der DDR in die Bundesrepublik. Bis Ende 1983 gingen etwa 197 000 Menschen illegal über die Grenzen, davon ca. 39 000 als »Sperrbrecher«. 263 000 kamen im gleichen Zeitraum legal. Die DDR-Behörden hatten nach immer langen Wartezeiten und meist unter diskriminierenden Bedingungen ihren Wunsch nach Familienzusammenführung schließlich doch akzeptiert. Das war seit 1972 auch eine Folge der neuen Beziehungen zwischen den Staaten. Bei den Verhandlungen über den Grundlagenvertrag hatte sich die DDR bereiterklärt, künftig auch diese Fragen zu berücksichtigen. Und seit der Konferenz über Sicherheit und Zusammenarbeit in Europa (KSZE) in Helsinki, deren Zustandekommen ja ein Großteil der westpolitischen Aktivität des Ostblocks seit dem Ende der sechziger Jahre gegolten hatte, stand die SED unter zusätzlichem Druck. Mit Unterzeichnung der KSZE-Schlußakte hatte Honecker am 1. August 1975 nicht nur die Respektierung seines Staates und einen allgemeinen Gewaltverzicht gegengezeichnet, sondern der DDR auch die Verpflichtung auferlegt, im Innern die Menschen- und Bürgerrechte zu achten und dabei auch das Recht auf Freizügigkeit nach Kräften zu respektieren. Seither können sich wanderwillige Ostdeutsche auf eine hochrangige, völkerrechtlich verbindliche Willenserklärung ihrer Obrigkeit berufen. Und viele taten es seither auch.

Natürlich wird das auch in der Parteiführung als Prestigeproblem gesehen, unter Konsolidierungs- und Sicherheitsaspekten offenbar aber auch positiv bewertet. Die Taktik des Ventils – 1958 noch als böser Opportunismus geahndet – erscheint nun als ein Mittel bei der Regulierung sozialer Konflikte. Zunächst nur in Auseinandersetzungen mit anpassungsunwilligen Intellektuellen eingesetzt, gilt sie nun als anwendbar gegenüber allen sozialen Gruppen. Die plötzlich vollzogene Entlassung von 32 000 Ostdeutschen aus der DDR-Staatsbürgerschaft im ersten Halbjahr 1984 war zwar sicherlich auch als Zeichen guten Willens gegenüber der Bundesrepublik gedacht. Sie galt aber im gleichen Maße dem Versuch, Überdruck abzulassen und – offenbar vor allem regional beträchtliche – Konfliktherde durch Abreise der Konfliktträger abzubauen. Wie eine Untersuchung der 1984 in die Bundesrepublik Gekommenen ergab, stammte mehr als die Hälfte aus dem Bezirk Dresden.[21] Insgesamt zeigt die Analyse, daß politische und materielle Gründe für die Übersiedlung etwa gleich starke Bedeutung hatten, daß mit höherem Bildungsniveau »immaterielle« Motive an Gewicht gewannen, bei niedrigerem hingegen der Lebensstandard (einschließlich der Reisemöglichkeiten) »eine relativ größere Rolle bei der Entscheidung« zur Ausreise spielte. Nach dem nationalen Engagement der Übersiedler wurde nicht gefragt, untersucht aber die Reaktion der Bundesdeutschen auf die Ankömmlinge. »Nicht einmal ein Fünftel der Befragten hat«, lautet ein Ergebnis, »diesen Vorgang uneingeschränkt begrüßt. Die überwiegende Mehrheit betrachtete die Übersiedlungswelle ... indifferent, reserviert, mindestens differenziert – und, zu einem erheblichen Anteil, sogar ablehnend«.[22] Als »Distanzhumanismus« kennzeichnen die Rechercheure das Verhältnis von hüben nach drüben, und ihre Diagnose, eine »humanitäre Perspektive« verdränge die »nationale Orientierung«, dürfte wohl ebenso zutreffen wie ihre Zwischenbilanz, nach der dieser Distanzhumanismus den Anforderungen der Wirklichkeit wahrscheinlich nicht standhält.

Sicher vor allem der Ostintegration zuliebe, wohl aber auch um die Abgrenzung zum Westen akzeptabler zu machen, wurden Ende 1971 die Grenzen nach Osten geöffnet. Die DDR schloß mit Polen und der ČSSR Abkommen über einen visumfreien Reiseverkehr, und fortab kamen sich die Bürger der drei Staaten etwas näher. Für viele DDR-Jugendliche war vor allem das liberalere Kulturklima in diesen Ländern von Reiz, und manchen erschien vor allem Polen als ein Stück der großen Welt mit einem Hauch von Abenteuer. Die Besuche der Nachbarn dagegen waren in der DDR nicht immer willkommen. Die kamen, hieß es häufig, nur der Waren wegen und kauften vor allem in den Grenzgebieten auf, was das entwickeltere Industrieland zu bieten hatte. Viele DDR-Bürger, ganz in der deutschen Tradition der verfolgenden Unschuld (Karl Kraus), vergaßen darüber, daß auch sie das (damals) bessere Angebot in den dortigen Lebensmittelläden zu schätzen wußten, oder »eben mal rüber« fuhren, um Ersatzteile für den Fiat Polski oder den Skoda zu kaufen, die im eigenen Lande meist weitaus schwerer zu bekommen waren. Von den jahresdurchschnittlich knapp neun Millionen DDR-Bürgern, die in den siebziger Jahren in diese

Nachbarländer reisten, waren möglicherweise weniger von diesem Motiv angetrieben als von den knapp acht Millionen, die pro Jahr von dort kamen[23], auch für sie war aber häufig ein Kaufwunsch der Reiseanlaß. Doch die Integrationsmechanismen funktionierten nicht. Zum einen waren Produktion und Handel nicht in der Lage, die kaum planbare Nachfrage zu decken, Schwierigkeiten bereitete angesichts sich rasch bildender Schwarzmarktkurse die Berechnung von vertretbaren Umtauschsätzen und eine gleichgewichtige Ausstattung der Reisenden mit Devisen. Hinzu kamen die politischen Probleme in Polen. Ende 1980 wurden Reisen in dieses Land wieder genehmigungspflichtig und Fahrten in die CSSR durch eine Erhöhung der Umtauschpflicht zu ungünstigem Wechselkurs verteuert. Das Nachbarschaftsexperiment hatte nur zu Teilerfolgen geführt. 1980 fiel manchem DDR-Deutschen prompt wieder ein, was er von Vätern und Vorvätern über die »polnische Wirtschaft« gehört hatte, und darin wurde er durch entsprechende Berichte in der Parteipresse zuweilen sogar bestärkt.

4. Die Partei und die Intellektuellen

So sehr die Entwicklung in Polen die SED-Führung auch beunruhigte und – kurzfristig – zur Vorurteilspflege verleitete, so deutlich zeigte sie ihr auch, wie vorsorglich sie seit Ende 1970 gehandelt hatte, als sie statt auf künftiges Wachstum auf die Konsolidierung des Erreichten achtete. In Polen hatten Partei und Planer auf extensives Wachstum gesetzt, neue Industriezweige – wie die Petrochemie und eine moderne Lebensmittelverarbeitung – projektiert und für die notwendigen Mittel Auslandskredite beschafft. Sie hatten sich offenbar übernommen, und das nicht nur der weltweiten Rezession und der rapide steigenden Zinsen wegen, sondern auch aufgrund allzu optimistischer Interpretation der eigenen Leistungsfähigkeit. Die Partei, im Nachbarland von Anfang an noch schwerer vom Staat zu unterscheiden als in der DDR, hatte die Kontrolle über ihr »Hauptinstrument« verloren, und der als Neuerer angetretene Gomulka-Nachfolger Edward Gierek war zum Rücktritt gezwungen worden. Was seit Honeckers Amtsantritt bisweilen als allein demonstratives Abrücken vom Ulbrichtschen Leitungsstil erschienen sein mochte, hatte inhaltlich der Konzentration der Entscheidungsgewalt in der Partei gedient. Und was als bloße Aufwertung der Arbeiter mißzuverstehen war, stützte zumindest ebenso die Legitimation des Führungsanspruchs der »Partei der Arbeiterklasse«. Wahrscheinlich hatte diese Intention auch die Regelung der Ulbricht-Nachfolge im Staatsrat beeinflußt. Das Amt übernahm zunächst der bisherige Ministerratsvorsitzende Stoph, und auf dessen Posten rückte Sindermann nach, der bisherige Stoph-Stellvertreter und einstige SED-Bezirkssekretär von Halle. Zwar dauerte die Ämterteilung nur drei Jahre (1976 übernahm Honecker auch das höchste Staatsamt, Stoph kehrte auf seinen alten Posten zurück, und Sindermann wurde Volkskammer-Präsident), die Avantgarderolle der Partei aber wurde weiterhin betont und auch dadurch unterstrichen, daß bei den Revirements in der Parteispitze nun speziell Funktionäre zum Zuge kamen, die ihre Erfahrungen mehr in der Parteiarbeit oder in großen Massenorganisationen gesammelt hatten als im Staats- oder Wirtschaftsapparat. Schon 1971 – nach dem VIII. Parteitag – waren mit Werner Lamberz (Jg. 1929) und Werner Krolikowski (Jg. 1928) zwei jüngere Funktionäre ins 16köpfige Politbüro gewählt worden, die sich als Parteiarbeiter bewährt hatten, der eine in der Jugend- und Agitationsarbeit, der andere (Krolikowski) als langjähriger Sekretär der SED-Bezirksleitung Dresden. Der polyglotte Lamberz galt bald als Honeckers junger Mann, als potentieller Kronprinz. (Er kam 1978 bei einem Hubschrauberabsturz in Libyen ums Leben.) In den Kreis der sieben Politbüro-Kandidaten wurden zudem der Chef der Staatssicherheit, Minister Mielke, und der designierte FDGB-Vorsitzende Tisch, bis dahin Parteichef in Rostock, aufgenommen – ebenfalls zwei parteierfahrene Männer. Auch beim Wechsel von Bezirkssekretären erhielten Apparatleute den Vorzug. Sie waren zudem meist aus der FDJ-Arbeit hervorgegangen und hatten in diesen Funktionen noch unter Honecker gearbeitet.

Eine ähnliche Tendenz zeigte sich 1971 auch bei der Wahl des ZK. In dem 135 Mitglieder und 54 Kandidaten zählenden Gremium blieb zwar grundsätzlich alles beim alten, die geringfügigen Veränderungen zeigten jedoch, daß die zwischen den Parteitagen formal höchste Parteiinstanz vor allem durch ausgewiesene hauptamtliche SED- und weniger durch Wirtschaftsfunktionäre ergänzt werden sollte. Das bedeutete nicht etwa einen Verzicht auf die Anbindung des Staates an die Partei, sie erfolgte nun aber stärker durch die Spitzen dieser Apparate als durch die Aufnahme weiterer Staats-

und Ökonomiekader in Entscheidungs- oder Repräsentationsgremien der SED. Unterstrichen wurde dieser neue Trend durch Korrekturen am Sozialprofil der Mitgliederschaft. Geworben wurden nun wieder verstärkt Arbeiter, und das ließ den Angestellten- und Intelligenzanteil, der während der NÖS- und WTR-Phase stark gewachsen war, absinken. Ihren Tiefstand hatte die Arbeiterquote Anfang der sechziger Jahre mit knapp 34% erreicht, aber auch 1966 lag sie noch bei 45,6%. Schon 1973 wurde ihr Ansteigen auf 56,6% und 1985 auf 58% gemeldet. Entsprechend ging der Anteil der Angestellten (einschließlich der Intelligenz) von 41,3% im Jahre 1961 auf 30,7% (1973) zurück. 1985 war unter den gut 2,2 Millionen Mitgliedern und Kandidaten etwa jeder zehnte Angestellter und ungefähr jeder fünfte (22,4%) ein Intelligenzler. Der Bauernanteil blieb gering. Er sank sogar von 6,4% in der Mitte der sechziger Jahre auf 4,8% 1985, und der der Frauen stieg gegenüber den sechziger Jahren (1963 24%) an (1985 knapp 35%). Unter den Berufstätigen ist jeder fünfte Parteimitglied bzw. -kandidat und unter den DDR-Jugendlichen (18 bis 25 Jahre) jeder siebte.

An der Machtverteilung in der SED änderte sich seit der Rückbesinnung auf die proletarische Basis nichts. Im eher repräsentativen, allenfalls akklamativen ZK finden sich zwar einige Genossen aus der Produktion – so wenige freilich wie auch in den Jahren zuvor. Seit 1981 sind es zwei Brigadiere und zehn Abteilungsleiter bzw. Meister aus Industriebetrieben. Neun von ihnen haben dort als Kandidaten noch nicht einmal ein Stimmrecht.[24] In die eigentliche Parteiführung, ins Politbüro bzw. ins Sekretariat des ZK, ist noch nie ein Produktionsarbeiter aufgestiegen, und trotz des hohen Frauenanteils gelang das auch 1981 wieder nur zwei Genossinnen. Eine, Ingeburg Lange, stammt aus dem Parteiapparat und ist dort als ZK-Sekretärin für Frauenfragen zuständig. Die andere, Margarete Müller, erwarb sich als LPG-Vorsitzende Verdienste und ist keine Berufspolitikerin. Beide sind nur Kandidatinnen des Politbüros, fallen also bei eventuellen Mehrheitsentscheidungen mangels Stimmrecht nicht ins Gewicht.

Wie das Politbüro entscheidet, ist in der Bundesrepublik so gut wie unbekannt. Vieles deutet darauf hin, daß in der Regel nur ein Meinungsbild ermittelt und auf Abstimmungen verzichtet wird. Während noch in den fünfziger und sechziger Jahren immer wieder über Fraktionierungen in der Parteispitze spekuliert wurde, sind Anhaltspunkte für derlei Überlegungen seit den siebziger Jahren kaum noch auszumachen gewesen. Es scheint, als habe in der Parteiführung in den wichtigsten politischen Fragen stets Konsens bestanden, als sei die Position Honeckers – der 1976 in Angleichung an die sowjetische Bezeichnung den Titel des Generalsekretärs erhielt – unumstritten und die Autorität der Parteiführung gegenüber Staats- und Wirtschaftsapparaten gesichert. Das war auch eine Folge der seit 1971 eingeleiteten Rekonzentration der Leitungsentscheidungen in der Parteispitze, wurde unterstützt durch die sie begleitende Reform der Wirtschaftsreformen aus den sechziger Jahren. Seither wurde der Entscheidungsspielraum der Wirtschaftseinheiten eher eingeengt, die VVB aufgelöst, die ihnen bis dahin unterstellten Betriebe in »Kombinaten« zusammengefaßt und auf allen Entscheidungsebenen die Rolle der Parteisekretäre gestärkt. Losung: »Wo ein Genosse ist, da ist die Partei.« Das bedeutete allerdings keine Rückkehr zu der Administrationsweise aus der Vor-NÖS-Zeit. Die Mehrzahl der seinerzeit eingeführten Steuerungsformen, speziell die Ertrags- bzw. Gewinnorientierung (die »wirtschaftliche Rechnungsführung«), wurde beibehalten, zugleich die Planung aber wieder stärker auf konkrete Produkte, Mengen und Sortimente konzentriert. Das galt vor allem für die Konsumgüterproduktion, von der verbindlich festgelegte Warenmengen zu verbindlich festgelegten Preisen verlangt wurden, um zu verhindern, daß sich die Betriebe allein auf gewinnträchtige Produkte kaprizieren. Auch hier: die Einheit von Wirtschafts- und Sozialpolitik.

In der Ökonomie setzte die neue Parteiführung anders als unter Ulbricht stärker auf Zentralismus. In der Kulturpolitik schien sie eher dem Ulbrichtschen »Menschengemeinschafts«-Optimismus zu vertrauen, dem freilich die Kunstpolitik dieser Jahre nie gefolgt war. Schon auf dem VIII. Parteitag hatte Honecker von der Vielzahl der Handschriften, von der Breite kultureller Arbeit gesprochen, und unter Kultur wurden fortab nicht mehr nur die Künste subsumiert, sondern ebenso die Kultur der Arbeit oder der Freizeit. Ein weiter Kulturbegriff, in dem nun auch den Unterhaltungskünsten ein fester Platz zugewiesen wurde, trat an die Stelle des alten. Neu schien auch das Verhältnis zu den »Kulturschaffenden«. Im Dezember 1971 sagte Honecker einen Satz, der nicht nur seines Inhaltes, sondern auch seiner (vorsichtigen) Formulierung wegen Beachtung fand: »Wenn man von den festen Positionen des

Sozialismus ausgeht, kann es meines Erachtens auf dem Gebiet von Kunst und Literatur keine Tabus geben. Das betrifft sowohl Fragen der inhaltlichen Gestaltung als auch des Stils – kurz gesagt: Fragen dessen, was man die künstlerische Meisterschaft nennt.«[25] Zum ersten Mal in der DDR-Geschichte verzichtete ein Parteiführer auf ästhetische Vorgaben, überließ den Kulturtheoretikern die Diskussion über die Tragfähigkeit des alten Konzepts vom sozialistischen Realismus und verpflichtete die »künstlerische Intelligenz« nicht länger auf die Rolle der Ingenieure der menschlichen Seele. Weithin zu Recht meinte die Parteiführung, sich auf die Künstler verlassen zu können. Immerhin hatte es bei ihnen und den Intellektuellen seit jeher eine breite Bereitschaft zur Identifizierung mit den grundsätzlichen Zielen der Partei gegeben; das schloß nicht notwendig die Akzeptanz aller Konzepte ein und schon gar nicht die aller gewählten Mittel.

Tatsächlich entfaltete sich eine bis dahin nicht gekannte Vielfalt der Stile und Themen. DDR-Maler, die noch von Ulbricht auf strikteste Parteilichkeit verpflichtet worden waren, zeigten Farben und Interpretationsmuster der Wirklichkeit, die in den Jahren zuvor auf keiner der Kunstausstellungen hatten präsentiert werden dürfen, und einige – wie Wolfgang Mattheuer, Willi Sitte oder Werner Tübke, schon vorher außerhalb der DDR geschätzt – erlangten nun auch im eigenen Lande breite öffentliche Anerkennung. Ähnliches galt für die Literatur. Sie nahm sich, dem weiten Kulturbegriff folgend, Alltagsthemen an und behandelte sie weniger aus der »Königsperspektive« der Leiter und gehobenen Gestalter, sondern aus dem Blickwinkel von real existierenden Leuten in ihrer sozialen Wirklichkeit. Theaterstücke, wie Ulrich Plenzdorfs *Neue Leiden des jungen W.*, die früher wegen ihrer Sprache und Konfliktgestaltung kaum eine Aufführungschance hatten, wurden zu Dauererfolgen, und Honecker, der noch 1965 für »unverrückbare Maßstäbe« plädiert hatte, scherzte freundlich mit dem Autor. »Skeptizismus« und »Pessimismus« – 1965 als blanke Dissidenz verurteilt – blieben zwar in der Literaturkritik umstritten, doch Bücher, die derlei Tendenzen transportierten, erschienen, und die mit ihnen einhergehende Wende zur Innenansicht, wie sie etwa Christa Wolfs Werk prägt, wurde von den Literaturtheoretikern nur analysiert, nicht aber verdammt. Realismus freilich, der sich der DDR oder ihrer Geschichte politisch zuwandte, hatte es noch immer schwer: Heyms Roman über den 17. Juni 1953 durfte auch in diesen Jahren nicht erscheinen, und selbst eine Arbeit wie das *Impressum* von Hermann Kant, ein womöglich politisch mißzuverstehender Text, hatte es schwer, in die Buchläden zu gelangen. Immerhin verschwand die Furcht vor einer Literatur, die sich der Konflikte annahm – selbst wenn nun, nach dem Geschmack vieler Rezensenten, auf zu vielen Bühnen, in zu vielen Filmen, in zu vielen Büchern zu oft gestorben, Selbstmord begangen oder zu selbstverständlich die Ehe gebrochen wurde.

Wer den Anstoß zur Wende gab, läßt sich nicht mit Sicherheit bestimmen. Begrüßt aber wurde sie offenbar von denen, die den 1971 eingeschlagenen Kurs stets mit Skepsis verfolgt und gegenzusteuern versucht hatten: von Funktionären aus den nachgeordneten Partei- und Staatsorganen, von der von oben wie unten immer gescholtenen »mittleren Ebene«, von den Genossen, die in der Pufferzone zwischen politischen Setzungen und Gesellschafts- oder Gruppeninteressen zu arbeiten haben. Darauf trainiert, seismographisch genau Abweichungen und Zwischentöne wahrzunehmen, hatten diese Kulturkader von Anfang an »gebremst« und, so scheint es, die Parteispitze vor allzu großer Vertrauensseligkeit gewarnt. Sie wären wohl immer gern eingeschritten, wenn für Wolf Biermann, dem öffentliche Auftritte untersagt waren, private Auditorien arrangiert wurden oder die Kirche einen Raum zur Verfügung stellte. Sie intervenierten bei Ausstellungen, in Verlagen und in den Zeitschriftenredaktionen, und sie trugen schließlich mit dazu bei, daß sich immer mehr DDR-Autoren – mit oder ohne Genehmigung des »Büros für Urheberrechte« – Westverlage suchen mußten, wenn sie ihre Bücher jemals gedruckt und gebunden sehen wollten. Und das wiederum war für die Führung immer noch eine Reizschwelle. Einerseits nicht bereit, kontroverse Debatten im eigenen Land intensiv austragen zu lassen, andrerseits darum bemüht, den Umgang mit den Intellektuellen nicht zu belasten, verfielen sie – als hätten sie von jenen Stammtischstrategen im Westen gelernt, die ihre Kritiker immer gleich in den Osten schicken möchten – auf Abschiebung, Ausbürgerung und – später – auf die sanftere Methode, all jenen, die es wünschten, Visa für einen längerfristigen Aufenthalt im Westen zu erteilen.

Zunächst freilich demonstrierte die Führung Macht. Biermann, bei einem genehmigten Gastspiel im Westen, wurde im November 1976 aus der DDR-Staatsbürgerschaft entlassen, ausgebürgert, weil er in Köln angeblich Partei und Staat verunglimpft hatte. Der zwar mit einem Protest verbundene, aber durchaus zurückhaltende Interventionsversuch von zahlreichen Künstlern blieb in der Sache zwar erfolglos, für die Entwicklung aber folgenreich. Auf die Tatsache verweisend, daß die an die Parteiführung gerichtete Petition nicht nur der DDR-, sondern auch der westlichen Presse übergeben worden war, galten Kritik und Bitte um Überprüfung der Entscheidung nachgerade als westliche Intervention, und alle, die sich an ihr beteiligt hatten, gerieten in den Verdacht der Kollaboration mit der anderen Seite. Und das waren nicht wenige – und vor allem nicht etwa namenlose DDR-Bürger, sondern prominente und loyale Schriftsteller wie Stephan Hermlin, Christa Wolf oder Volker Braun, bekannte Schauspieler wie Katharina Thalbach, Hilmar Thate und Manfred Krug, DDR-Pop-Stars wie Reinhard Lakomy und Veronika Fischer oder Regisseure wie Thomas Langhoff und Adolf Dreesen. Insbesondere im Schriftstellerverband der DDR blieb der Protest nicht ohne Folgen. Es kam zu einer Reihe von Ausschlüssen, was für die Ausgeschlossenen (zumindest) eine Erschwernis der Veröffentlichung in der DDR bedeutete, es folgte eine Verschärfung der Genehmigungspraxis jenes Büros für Urheberangelegenheiten, das nun – in aller Regel – nur noch die Texte für eine Veröffentlichung im Westen zuließ, die auch in der DDR erscheinen konnten.

Bedeutsamer war der Klimawechsel. Zwar änderte sich die kunstpolitische »Linie« nur in Nuancen, die bisher akzeptierten Themen blieben akzeptiert, niemand unternahm einen ernsthaften Versuch, etwa die alten Maßstäbe des sozialistischen Realismus wieder anzulegen. Die gerade entkrampften, in mancher Hinsicht sogar konsultativ gewordenen Beziehungen zwischen Intellektuellen und Kunstfunktionären wurden zumindest jedoch wieder förmlich, häufig genug aber auch gereizt und gespannt. Das alte Mißtrauen war wieder da – die sozialistische Menschengemeinschaft gab es eben doch nicht, noch nicht einmal zwischen Kunst und Politik. Wer gehen wollte, durfte jetzt, und viele gingen; für kurze Zeit, auf Probe oder für immer. Ein heimlicher SED-Beitrag zur Einheit der Kulturnation? Die Folgen der Affäre sind, scheint es, noch immer nicht überwunden. Zwar blieb das Reiseprivileg, es blieb aber auch die mit ihm verbundene Drohung, den Reisenden notfalls auszubürgern.

5. Die DDR in der Weltwirtschaftskrise

Die Entscheidung, so zu verfahren, fiel ganz sicher nicht auf der mittleren Ebene. Sie wurde vom Politbüro getroffen, und sie fiel in einer Zeit, in der wieder einmal das Sicherheitsdenken die Diskussionen im engeren Machtzirkel beherrschte: Die DDR war in den Strudel der Weltmarktbewegung geraten, die Wirtschaftsführung hatte alle Mühe, den Schaden gering zu halten, wollte unnötige Diskussion vermeiden und Sicherheitsrisiken nicht eingehen. Später übersetzte Hermann Kant, damals Vorsitzender des DDR-Schriftstellerverbandes, die Haltung der Parteiführung so:

»Wir haben heute mehr Sorgen, als wir zu anderen Zeiten hatten. Und da wird sehr schnell Ungeduld laut, und dann heißt es, da kommen zu allem Überfluß, d. h. Mangel, neben dem Öl und dem Papier, auch noch die Künstler mit ihren Sorgen, die stören hier, wir tun richtige Arbeit und sehen zu, daß wir mit diesen Krisenauswirkungen klar kommen.«[26]

Vielleicht gab er die richtige Deutung. Tatsächlich war es der Führung bis über die Mitte der siebziger Jahre hinaus gelungen, die Wachstumsziele etwa einzuhalten und neue sozialpolitische Akzente zu setzen. So wurden 1975 der Mindesturlaub von 15 auf 18, bei Dreischichtarbeitern von 18 auf 21 Werktage verlängert, in verschiedenen Bereichen (u. a. im Gesundheitswesen, bei Banken und Versicherungen) die Löhne erhöht und Einkommensverbesserungen im Bauwesen verfügt.[27] Ende 1976 stiegen die Mindestlöhne auf 400 Mark, die Einkommen zwischen 400 und 500 Mark wurden angehoben, die zwei niedrigsten der bislang acht Lohngruppen fielen fort. Zugleich begann eine Neuregelung der Lohnbestandteile. Durch eine Veränderung des Verhältnisses von Grund- und Leistungslohn zugunsten der Grundlöhne sollte ein weiterer Leistungsanreiz geschaffen werden. Für Meister, Hoch- und Fachschulkader wurden leistungsabhängige Gehälter eingeführt und den Pädagogen aller Schul- und Ausbildungsbereiche eine »jährliche zusätzliche Vergütung« gewährt, die nach zehn Berufsjahren maximal 750 Mark betragen konnte. Eine Rentenerhöhung trat in Kraft, für Dreischichtarbeiter, Werktätige im »durchgehenden Schichtsystem« und Mütter mit zwei Kindern (unter 16 Jahren) wurde die 40-Stunden-Woche, für Zweischichtarbeiter die 42-Stunden-Woche verfügt, d. h. für die knappe Hälfte aller Produktionsarbeiter. Überdies verlängerte sich der voll bezahlte Schwangerschaftsurlaub von 18 auf 26 Wochen, und seither steht Müttern vom zweiten Kind ab die Möglichkeit offen, ein Jahr nach der Geburt zu Krankengeldkonditionen und mit Anspruch auf Rückkehr auf einen adäquaten Arbeitsplatz das Baby selber zu versorgen.[28] Das wurde, so formulierten es Partei, Staat und Gewerkschaften, beschlossen, »vertrauend auf die Kraft, den Tatendrang und neue Initiativen der Arbeiterklasse, der Genossenschaftsbauern, der Angehörigen der Intelligenz und aller anderen Werktätigen.«[29]

Kraft und Tatendrang waren für diese Programme tatsächlich unerläßlich, denn längst hatte die Weltmarktkrise die DDR erreicht. Zwischen den Preisen für Rohstoffe und industrielle Fertigwaren hatte sich, Folge der ersten Ölschocks von 1973, eine Schere aufgetan, deren Auswirkungen nur mit äußerster Kraftanstrengung zu entgehen war. Bereits Mitte 1975 hatte Kuczynski den Lesern von *Neues Deutschland* vorgerechnet, mit welcher Entwicklung die DDR konfrontiert sei, die sie auch weiterhin bedrohen werde: Während die Exporterlöse für Industriewaren zwischen 1970 und 1974 um 65% gestiegen waren, hatten sich die Preise für Rohstoffimporte um 170% erhöht. Die größten Preisexplosionen hatten sich bis dahin 1973 und 1974 ereignet, und weitere drohten zu folgen. In anderen Ostblockländern (in Ungarn und Polen) bewirkte diese Entwicklung Preiserhöhungen und in Polen auch bald neue Streiks. Die SED beschloß, den Kostendruck nicht auf die Lebenshaltung durchschlagen zu lassen. Doch auch mit neuen Subventionen war das nur dann zu schaffen, wenn sich die Produktivität rasch erhöhte, wenn strengste Sparsamkeit vor allem bei Energie und Rohstoffen herrschte, wenn die Arbeit weiter intensiviert wurde. Dazu rief die Partei, und Kuczynski assistierte. Er verlangte »weit größere Anstrengungen als zuvor, Anstrengungen sowohl des Geistes und des Charakters wie Anstrengungen in der Organisation und in der Durchsetzung guter Ideen«.[30]

Zunächst setzten Partei und Staat ein striktes Sparsamkeitsregime durch. Der PKW-Park im Staatsapparat wurde drastisch reduziert, der LKW-Güterverkehr auf Eisenbahntransporte umgestellt, der Kraftstoffverbrauch der Landwirtschaft streng kontingentiert, die öffentliche Straßenbeleuchtung gedrosselt. Schließlich schlug das Sparen auch auf die Versorgung durch. Es kam zu Produktions- und Verteilungsproblemen, und bei vielen DDR-Bürgern stellten sich Erinnerungen an die kargen Jahre ein. Wirtschaftsstrategisch setzte sich die Einsicht durch, daß unter diesen außenwirtschaftlichen Bedingungen mittel- wie langfristig Wachstum *und* Sozialpolitik nur zu gewährleisten seien, wenn es gelänge, die Produktion speziell der Industrie rasch zu intensivieren, wenn Anschluß gefunden werde an das technologische Niveau der entwickelten westlichen Industrieländer. Allmählich kehrten mithin die Parteiführer zu Erkenntnissen der späten Ulbricht-Jahre und 1976 auch die Exponenten dieser Politik zurück: Mittag übernahm aufs neue das Wirtschaftsressort in der Parteispitze, Stoph wechselte vom Staatsrat in das Amt des Vorsitzenden des Ministerrates.

Grundsätzlich blieb es beim Konzept der Hauptaufgabe, betont aber wurde nun das »eherne Gesetz, daß nur verbraucht werden kann, was vorher erarbeitet wurde«, und als entscheidendes Ziel wurde formuliert, die »Exportkraft der DDR beschleunigt zu stärken«. Der Gesamtexport sollte schneller wachsen als die Industrieproduktion.[31] Der neue, vom IX. Parteitag (1976) beschlossene Fünfjahrplan entsprach diesem Kurs. Beide Zielsetzungen, die Beachtung des »ehernen Gesetzes« wie die gewünschte Exportoffensive spiegelten die Problematik wider, in die die DDR zeitweilig geraten war: Um die Modernisierung der Industrie rasch voranzubringen, war seit dem Beginn der siebziger Jahre der Westhandel erweitert worden. Statt jedoch, wie vorgesehen, vor allem Investitionsgüter zu importieren, hatte man – offenbar der Hauptaufgabe zuliebe – industrielle Vorprodukte, Rohstoffe, Nahrungs- und Futtermittel eingeführt. Investitionsgüter machten in der ersten Hälfte der siebziger Jahre nur rund ein Viertel der Westeinfuhren aus.[32] Zudem hatte sich bestätigt, daß ein Großteil der klassischen Exportprodukte der DDR auf westlichen Märkten nicht nachgefragt wurde. Statt der Investitionsgüter, die im RGW-Bereich stets Abnehmer fanden, lieferte die DDR zu mehr als einem Drittel etwa Brennstoffe, mineralische Rohstoffe und Metalle, zu nur einem Fünftel Maschinen, Ausrüstungen und Transportmittel und zu etwa einem Viertel industrielle Verbrauchsgüter. Die Warenbilanz war zudem negativ. Begünstigt durch das politische Klima dieser Jahre, schien dies zunächst ebenso unproblematisch wie die Neigung, sich im Interesse von Technologie- und Wohlstandsimporten im Westen zu verschulden. Bis 1970 hatte die DDR nur etwa eine Milliarde Dollar Kredite aufgenommen, bis 1977 wuchs die Summe auf mehr als fünf Milliarden an und hatte 1981 schließlich die Zehn-Milliarden-Grenze überschritten. Das war wohl auch Folge von Umschuldungsaktionen, die angesichts der rapide steigenden Zinsen (1977: 5,6%; 1981: 13,9%) und der durch sie erschwerten Tilgungsmöglichkeiten notwendig geworden waren. Zum größten Teil aber war die wachsende Kreditlast eine Konsequenz des weiteren Preisauftriebs auf den Weltmärkten: Zwischen 1975 und 1981 erhöhten sich die Rohstoffpreise noch einmal um etwa 135%, während die Erlöse für industrielle Fertigerzeugnisse nur um knapp 60% stiegen.[33] Seit Mitte der siebziger Jahre schließlich schlug diese Preisrevolution auch noch auf den RGW-Raum durch. Bis 1975 hatten dort mittelfristig verbindliche Preise (berechnet und bereinigt auf der Basis des Preisniveaus der zurückliegenden fünf Jahre) gegolten. Zwar waren von der Sowjetunion stets ihre Position als Hauptlieferant ins Spiel gebracht und – speziell in den fünfziger und sechziger Jahren – Relationen durchgesetzt worden, die ihr Vorteile brachten. Diese verbindlichen Absprachen hatten immerhin planerische Sicherheit bedeutet. Nun aber trat eine Regelung in Kraft, die zwar nach wie vor das Niveau des vergangenen Fünfjahreszeitraums berücksichtigte, neue Preise aber nur für ein Jahr verbindlich machte. Damit war Dynamik auch auf *den* Markt gekommen, auf dem die DDR stets den Großteil ihres Außenhandels abgewickelt hatte – 1970: 67%, 1983: 62%.[34] Der in dieser Lage noch offene Handlungsspielraum war begrenzt. Was blieb, waren noch mehr Sparsamkeit, Drosseln der Westimporte und die Suche nach neuen Exportstrategien, war letztlich eine Außenhandelspolitik zu Lasten des privaten Verbrauchs. Hier half das Festhalten am sozialpolitischen Programm, denn – auch wenn das Warenangebot zurückging – die Preise für die Grundnahrungsmittel blieben stabil, mit ihnen die Mieten, und es wurden weiterhin neue Wohnungen gebaut. Ein wenig half auch die Bundesrepublik – nicht so sehr durch die zwei gut verbürgten Kredite in Höhe von etwa zwei Milliarden DM, mehr durch den innerdeutschen Handel und seinen Kreditrahmen, den Swing, durch die jährlich für die Straßenbenutzung im Berlin-Verkehr oder die Visaerteilung gezahlten Devisenpauschalen sowie durch die Westmarkbeträge, die die DDR durch den Mindestumtausch beim DDR-Besuch von Bundesbürgern oder westdeutsche Kostenbeteiligungen beim Interzonenstraßenbau einnimmt. Seit 1979 werden diese Summen auf jährlich 2 bis 2,5 Milliarden DM geschätzt, und sie standen der DDR seither neben den Deviseneinnahmen aus Intershops und Intertankstellen als Reserve für Kredittilgung und Schuldendienst zur Verfügung. Die

DDR zeigte sich denn auch als sicherer Schuldner. Sie drosselte den Westimport und reduzierte ihre Verschuldung bis Ende 1983 auf etwa fünf Milliarden Dollar.[35] Darüber hinaus, und speziell das wurde im Westen erstaunt vermerkt, gelang der DDR eine Exportoffensive. Sie baute nicht nur das Defizit im Westhandel ab, sie verwandelte es binnen drei Jahren in einen Exportüberschuß, auch durch eine Qualitätsverbesserung der von ihr angebotenen Industriegüter.

Seit etwa 1981 scheint die Parteiführung die Lage wieder zu beherrschen. Seither hat sich das internationale Preisniveau stabilisiert, seither aber ist offenbar auch die Wirtschaftspolitik im Innern erfolgreicher. Der Fünfjahrplan blieb freilich unerfüllt, und er war in Anbetracht der Turbulenzen wohl auch nicht zu verwirklichen. Immerhin aber hatten sich Partei- und Staatsführung bis dahin als flexibel genug erwiesen, die DDR durch die schwere Krise zu steuern. 1981 verzichtete der X. SED-Parteitag denn auch auf eine Bilanzierung des 1976 beschlossenen Plans. Er verabschiedete einen neuen Planentwurf, der – trotz der nicht erreichten Fünfjahrplanziele – wiederum Zuwachsraten des Nationaleinkommens von durchschnittlich 5,8% pro Jahr vorsah.[36] Kernpunkt dieser sicher über 1985 hinaus gültigen Wirtschaftspolitik ist ein Konzept, das Honecker als »ökonomische Strategie für die achtziger Jahre« präsentierte. In ihm wird an der Einheit von Wirtschafts- und Sozialpolitik grundsätzlich festgehalten. Noch deutlicher aber als schon 1976 wird die Notwendigkeit des intensiven Wirtschaftswachstums betont und stärker auch als zuvor wird von Wissenschaft und Technik der »notwendige Vorlauf« gefordert. Im Mittelpunkt stehen die sog. »qualitativen Wachstumsfaktoren«, und das sind neben der Wissenschaft die Mikroprozessoren, Industrieroboter und alle anderen arbeitssparenden Automatisierungslösungen, -verfahren und -methoden. Beinahe wie Ulbricht formulierte sein Nachfolger 1981: »Das langfristige stabile Wirtschaftswachstum kann nur von der Beschleunigung des wissenschaftlich-technischen Fortschritts getragen werden.«[37] Doch das ist ein komplizierter Prozeß, und vorerst bleibt es deshalb beim Sparsamkeitsregime und bei der steten Aufforderung, mit Energie und Rohstoffen so zurückhaltend umzugehen wie nur irgend möglich.

Bis Ende 1985 sollen 45 000 Industrieroboter eingesetzt sein. Planziel ist es, durch jeden dieser Automaten 2,5 Arbeitskräfte freizusetzen[38], und das wären dann – Planerfüllung vorausgesetzt – mehr als 100000. Bis Ende 1983 waren immerhin schon rund 32000 installiert. Arbeitslos machen sie in der DDR bisher niemanden. Noch herrscht – so sehen es jedenfalls die Industriemanager – überall Mangel an Arbeitskräften, noch wird deshalb für eine SED-Kampagne geworben, die Ende der siebziger Jahre im Erdölverarbeitungswerk Schwedt an der Oder unter der Losung »Weniger produzieren mehr« gestartet wurde.[39]

Zwar wird für die kommenden Jahre noch mit einer Zunahme der Zahl der Berufstätigen gerechnet. Sie ist zwischen 1975 und 1983 (auch aufgrund einer günstigen demographischen Entwicklung) um nahezu eine halbe Million gewachsen. Doch ab 1991 soll, so rechnet man in der DDR[40], eine Periode der Stagnation beginnen. Und auf sie müsse man, heißt es, sich schon jetzt vorbereiten.

6. DDR-Gesellschaft im Umbruch?

Seither wird frei- und umgesetzt in der DDR (zwischen 1981 und 1984 etwa 200000 Beschäftigte), werden gewachsene Arbeitskollektive neu gegliedert, und so mancher scheidet aus seiner gewohnten Umgebung aus. Zwar bemühen sich Partei und Gewerkschaften um »Vorlauf«, um die möglichst langfristige Vorbereitung eines Arbeitsplatzwechsels, häufig kommt es jedoch zu Unsicherheiten und Wartezeiten. Vor noch gar nicht langer Zeit um die Bildung von »Stammbelegschaften«, den Abbau von störender Arbeitskräftefluktuation bemüht, steht heute »Disponibilität« hoch im Kurs. So gesehen wirken auch in der DDR etwa die Roboter als Jobkiller, natürlich: Sie drängen bisher nur wenige zum Arbeitsamt (das in der DDR »Amt für Arbeit und Löhne« heißt); die eisernen Kollegen verlangen jedoch häufig genug Berufs- und manchmal auch Ortswechsel. Es scheint, als habe der vom Weltmarkt geförderte Genosse Sachzwang die DDR-Gesellschaft in eine neue Bewegung gebracht. Setzt sich der Modernisierungstrend tatsächlich durch, sind selbst in den »Nischen« Konsequenzen zu erwarten. Schon warnen DDR-Soziologen[40a] vor den individuellen und sozialen Folgen der notwendigen Disponibilität, Flexibilität und Mobilität. Es wachse, wird konstatiert, das Bedürfnis nach »harmonischen zwischenmenschlichen Beziehungen, nach Wärme und Geborgenheit . . .«. Und wenn es nicht gelinge, bei allen potentiell Betroffenen die Überzeugung auszuprägen, »daß *Veränderung* in den Lebensumständen sozusagen mehr und mehr die Normalität« ausmache, dann könnten sich leicht Gefühle der Über- oder Unterforderung verstärken, dann bestehe die Gefahr des wachsenden Alkoholkonsums (hier ist die DDR ohnehin in einer international führenden Position) oder die »Neigung zum Irrationalismus«.

Grundsätzlich sieht wohl auch die Mehrheit der DDR-Gesellschaft keinen anderen Weg, die Anpassungsprobleme zu lösen. Der größte Teil der älteren Generation (die über 50jährigen stellten 1981 noch ein Achtel der Wohnbevölkerung), aber auch die mittleren Jahrgänge, die 30- bis 50jährigen (ein Viertel der Bürger), erinnern sich noch allzugut der chronischen Mängel ihres Staates, dessen Entwicklungsniveau sie (natürlich) nicht mit England, dem Nachbarn auf der ökonomischen Weltrangliste (gemessen am Sozialprodukt pro Kopf der Bevölkerung), vergleichen, sondern mit der Bundesrepublik. Auch bei den jüngeren Jahrgängen scheint Verständnis vorzuherrschen. Die nach 1945 Geborenen, mittlerweile mehr als die Hälfte der Bevölkerung, sind freilich, je jünger sie sind, um so weniger von den repressionsreichen Umbruch- und Aufbaujahren geprägt, einen gewissen Wohlstand gewöhnt und durch beides eher als die Alten bereit, das Überkommene in Frage zu stellen. Die von den Eltern verinnerlichten Lebensweisen sind ihnen vielfach nicht mehr von vornherein akzeptabel. Manche scheinen für Alternativen offen, und einige wenige versuchen auch, sie zu leben. Wachstum und Wohlstand schlechthin werden von ihnen in Frage gestellt, das Sicherheitsdenken, sei es privater, sei es staatlicher Provenienz, beherrscht sie weniger als die Suche nach dem »Eigentlichen«, dem »Sinn des Lebens«. Die Antworten, die Partei und Staat geben, erscheinen ihnen wenig reizvoll. Attraktiver ist, was eine auf den ersten Blick ebenfalls nicht gerade moderne Instanz, die Evangelische Kirche, anbietet: den offenen Dialog, die Bereitschaft zu kontroverser Diskussion und die Toleranz selbst gegenüber Nichtchristen. Plausibler scheint ihnen auch manche Antwort der Kirchen, etwa deren Kritik am Konsumdenken, die Sorge um den Erhalt der Umwelt, vor allem aber ihre Haltung zur Friedenssicherung, ihre Plädoyers für notfalls auch einseitige Abrüstung und gegen Abschreckungsdoktrinen.

Einfacher ist die Lage der Kirchen durch ihre Resonanz in diesen Teilen der jungen Generation sicher nicht geworden. Erst seit

Mitte der sechziger Jahre hatte sich das Verhältnis zwischen Kirchen und Staat zu bessern begonnen. Bis dahin waren die Beziehungen mehr durch Kontroversen als durch Kooperation geprägt gewesen. Der entscheidende Konfliktpunkt war die fortdauernde Bindung der DDR-Kirchen an die EKD, die Evangelische Kirche in Deutschland. Hinzu kam, daß weder der Staat auf sein atheistisches Ideologiemonopol verzichten wollte, noch die Kirchen letztlich bereit waren, die Legitimität des politischen Systems anzuerkennen. Stets hatte sie die SED auf eigene Organisationsformen im Rahmen der DDR-Grenzen gedrängt und sie, weil sie sich lange weigerten, der Komplizenschaft mit der »Nato-Kirche« der Bundesrepublik bezichtigt.[41] Zwar sagten die Kirchen bereits 1958 zu, die »Entwicklung des Sozialismus« zu respektieren, auch in dieser Zeit kam es jedoch immer wieder vor, daß Pfarrer die Beisetzung von Parteimitgliedern auf kirchlichen Friedhöfen verweigerten oder die Konfirmation nur dann vollzogen, wenn ihr keine Jugendweihe vorangegangen war. Gegen Ende der sechziger Jahre besserten sich die Beziehungen. Die Partei war den Kirchen, die Kirchen waren der Partei entgegengekommen. Seinen deutlichsten Ausdruck fand das 1968 in der neuen DDR-Verfassung. Obwohl ursprünglich nicht vorgesehen, wurde nach der Anmahnung der Kirchen auch die Freiheit des religiösen Bekenntnisses als Grundrecht ausdrücklich genannt (Art. 20). Dieser Entwicklung entsprach die Bildung des »Bundes der evangelischen Kirchen in der DDR« im Jahre 1969, und sie mündete schließlich Anfang der siebziger Jahre in einer neuen Definition evangelischen Selbstverständnisses: Fortab verstanden sie sich offiziell als »Kirche im Sozialismus«. Das schloß ein, sich vor allem als Gemeinschaft für »die Anderen« zu begreifen, durch intensive Diakonie dem Staat ein Stück Sozialpolitik abzunehmen, machte es möglich, auch einmal vom »verbesserlichen Sozialismus« zu sprechen und den sozialistischen Staat an seinen eigenen Grundsätzen zu messen. Konflikte blieben nicht aus. Speziell seit sich etliche Kirchen für die Jugendlichen zu engagieren begannen, die – im Westen vielleicht zu rasch – als »autonome Friedensbewegung« charakterisiert werden, seit sie sich mit jenen solidarisierten, die ihre Abrüstungsziele in der (kirchlich gestützten) Kampagne »Schwerter zu Pflugscharen« zu artikulieren versuchten. Die staatliche Reaktion auf diesen Eingriff in das vermeintliche Friedensmonopol der Partei und die Versuche, diese Art von Friedensengagement durch die

»sozialistische Wehrerziehung« zu konterkarieren, offenbarten die Schwierigkeiten des Bundes wie der Landeskirchen, zwischen den Interessen ihrer häufig gar nicht so kirchenfrommen Klientel und der Notwendigkeit, den gewonnenen Spielraum zu erhalten, das richtige Maß zu finden. Bislang aber stehen sie – mit regionalen Unterschieden – zu ihrem Anspruch und bleiben »Kirche für die Anderen«.

Ob die Christen in der DDR – nach der Kirchenstatistik gehört zumindest jeder zweite DDR-Bürger einer ihrer Religionsgemeinschaften an, nur aber jeder zehnte aus den jüngeren evangelischen Jahrgängen ist konfirmiert – dem sozialen Wandel tatsächlich Maß und Richtung geben können, ist mehr als zweifelhaft. Zu kräftig scheinen die traditionellen Werthaltungen, zu mächtig die Anpassungszwänge der autoritären Laufbahngesellschaft, zu deutlich wirkt auch der Sachzwang in Gestalt des außenwirtschaftlichen Drucks und der Blockräson. Zudem: ein Christ hat es noch immer schwerer in der DDR als etwa ein FDJler, der sich nur nach dem Als-Ob-Schema zum Sozialismus bekennt. Und überdies: Vieles von dem, was Teile der jungen Generation bewegt, folgt den viel intensiveren Bewegungen im Westen Deutschlands und steht deshalb stets unter dem Verdacht systemsprengender, womöglich subversiver Absicht.

Gleichwohl zeigen sich in der neuen Rolle der Kirchen, in ihrer gewachsenen Funktion als Mittlerin zwischen Staat und Teilen der Gesellschaft, neue soziale Konfliktlagen, die nach neuen Lösungen verlangen. Insofern zeugt es vielleicht von Weitsicht, daß sich Honecker mit Egon Krenz – wenn die Experten nicht irren – einen Mann zum Nachfolger auswählte und im ZK-Apparat mit Sicherheitsfragen betraute, der bis zu seinem Aufstieg ins Politbüro der Partei im Jahre 1983 für die Jugendpolitik verantwortlich war.

7. Herausforderungen der achtziger Jahre[42]

Blickt man auf das ganze Jahrzehnt, läßt sich die Mehrzahl der Probleme, vor denen die DDR steht, zurückführen auf den komplexen sozialökonomischen Sachverhalt, mit dem alle entwickelten, rohstoffarmen und weltmarktabhängigen Industriegesellschaften gegenwärtig und auch noch künftig konfrontiert sind. Wie diese steht die DDR angesichts der weltweiten Rezession, des international hohen Tempos der kosten- und intelligenzintensiven wissenschaftlich-technologischen Innovation und der aus beiden erwachsenen Struktur- und Beschäftigungsprobleme vor tiefgreifenden wirtschafts- und sozialpolitischen Entscheidungen. Sie berühren das Selbstverständnis der gesellschaftlichen Ordnungen, bewirken deshalb im Westen wie im Osten soziale und politische Orientierungsschwierigkeiten und führen zu Verschiebungen in den scheinbar etablierten Werteskalen. Die Ähnlichkeit der Problemstrukturen bringt nicht nur ähnliche Lösungsvorschläge hervor, sie führt auch – bei aller Unterschiedlichkeit der Denktraditionen – zu einer Annäherung der Terminologie. Nicht zufällig wohl feierten Erwägungen über den Nutzen etwa wissenschaftlicher Eliten in der Bundesrepublik und der DDR ziemlich gleichzeitig ihr Comeback.

Die Bewältigung der Entscheidungssituation wird dadurch kompliziert, daß die weltweite ökonomische Krise zusammenfällt mit einer vor allem politisch bedingten Krise der internationalen Beziehungen. Beide sind eng miteinander verflochten. Ihre Wirksamkeit erschwert intern die Suche nach Konzeptionen für die Modernisierung von gesellschaftlichen Entwicklungsperspektiven und Entscheidungsstrukturen. Sie behindert extern rationale Konfliktlösungen (Afghanistan, Polen, Nicaragua), fördert vielmehr – im Umgang der Blöcke miteinander – die Renaissance irrationaler Lösungskonzepte (Hochrüstung, Embargopolitik), und sie führt zudem zur Belebung längst obsolet geglaubter globaler oder nationaler Korrekturwünsche (Jalta-Diskussion, deutsche Grenzen von 1937).

Überdies fördert die Verschränkung von politischen und ökonomischen Krisenerscheinungen jene alternativen Überlegungen und Organisationsformen, die zwar von den politischen Eliten in West und Ost gern als Randgruppenphänomene abgewertet werden, die jedoch immer auf die Wirksamkeit zentrifugaler Tendenzen im Gefüge der Normen und Werthaltungen verweisen. Zwar sind weder die autonome Friedens- noch die (in der DDR erst in Ansätzen erkennbare) Ökologiebewegung mit den Erscheinungsformen der herkömmlichen politischen Opposition gleichzustellen. In ihren Werthaltungen aber, im Fundamentalismus des Friedensbekenntnisses etwa oder in der Abkehr von traditionellen Wachstumskonzeptionen, wird eine Kritik am gesellschaftlichen Konsens erkennbar, die weit mehr attackiert als die engere politische Sphäre.

Gerade die umfassende Kritik an gesellschaftlich akzeptierten, nicht allein von der Machtelite vertretenen Orientierungen mag aber dazu führen, daß dieser Konflikt in der DDR künftig stärker sozial, mehr innerhalb der Gesellschaft als zwischen Gesellschaft und politischem System ausgetragen wird. Dies jedenfalls scheint dann möglich, wenn die SED-Führung es bei der bislang gewählten Linie beläßt und die Auseinandersetzung vor allem mit der Friedensbewegung nicht zusätzlich verschärft.

Alle hier nur summarisch angedeuteten Aspekte wirken auf die in der DDR entwickelten Lösungsstrategien direkt oder indirekt ein. Diesen Herausforderungen mit Mitteln zu begegnen, die dem Systemfundus entstammen oder doch dem System gemäß sind, darin, dramatisch formuliert, liegen die Herausforderungen für die DDR in den achtziger Jahren.

In der Wirtschaftspolitik ist ein Rekurs auf Lösungsvarianten erkennbar, die in den späten sechziger Jahren versucht, aber angesichts der dann eintretenden Wachstumsdisparitäten nicht verwirklicht wurden. Wie damals ist die (seit dem X. Parteitag so genannte) »Wirtschaftsstrategie« darauf gerichtet, eine Intensivierung der industriellen Produktion durch raschen wissenschaftlich-technischen Fortschritt in wesentlichen, strukturbestimmenden Bereichen zu erlangen. Anders als damals aber ist die DDR-Wirtschaft heute mit ungünstigen weltwirtschaftlichen Daten konfrontiert und mit dem Postulat einer »Einheit von Wirtschafts- und Sozialpolitik« belastet: Von außen drücken gestiegene Energie- und Rohstoffkosten, und in Anbetracht der veränderten weltpolitischen Situation fallen höhere Verteidigungslasten an. Im Innern vermindern die Aufwendungen für die langfristig garantierte, politisch unerläßliche, kostenintensive Sozialpolitik die Mittel für Innovationsprogramme.

Gleichwohl wurde das Ziel formuliert, im Bereich der Technologieentwicklung den »noch bestehenden Abstand zum internationalen Niveau weiter zu verringern, beziehungsweise das internationale Niveau in bestimmten Bereichen mitzubestimmen«.[43] In Anbetracht der Mittelknappheit zielt die Innovation denn auch nicht auf den gesamten Produktionsapparat, sondern auf die »qualitativen Wachstumsfaktoren«. Zu ihnen zählen nicht nur Mikroprozessoren und Industrieroboter, sondern auch die Wachstumsreserven, die (wohl tatsächlich) im System der Leitung und Planung, in der Qualifikationsstruktur der Beschäftigten, aber auch in der Wissenschaftsorganisation und – langfristig – im Bildungssystem liegen. Dieses Intensivierungskonzept ist keine isolierte DDR-Bemühung. Es folgt vergleichbaren Anstrengungen im RGW-Bereich. Vor welchen Schwierigkeiten aber der Block und speziell die Sowjetunion stehen, dieser Zielrichtung auch zu folgen, hat ein führender Gesellschaftswissenschaftler schon Ende 1980 angedeutet:

»Die Erfahrungen zeigen ..., daß der Übergang von der vorwiegend extensiv zur vorwiegend intensiv erweiterten Reproduktion eine außerordentlich komplizierte und auch langwierige Aufgabe ist. Eine Wirtschaft, die über Jahrzehnte hinweg in jeder Hinsicht – wissenschaftlich, technisch, ökonomisch, aber auch ideologisch – auf extensives Wachstum eingestellt war, läßt sich nicht ohne Komplikationen und Widersprüche umstellen.«

Diese Umstellung sei aber dringend erforderlich, weil sich seit dem Beginn der achtziger Jahre der wissenschaftlich-technische Fortschritt »außerordentlich« beschleunigt habe. Der Rationalisierungszwang, der aus der krisenhaften Entwicklung der westlichen Volkswirtschaften resultiere, wirke auf den Weltmarkt. Für das sozialistische Lager zog er die »unumstößliche Schlußfolgerung«: »Wer mit diesem hohen Tempo des wissenschaftlich-technischen Fortschritts ... nicht Schritt halten kann, wer auf einigen Gebieten die Spitzenpositionen zumindest nicht mitbestimmen kann, wird seine internationale ökonomische Position und als Folge davon auch politischen Einfluß verlieren.«[44]

Diese Herausforderung ist seither so harsch selten formuliert worden. Doch sie gilt ganz sicher für das ganze Jahrzehnt. Die notwendige Bindung an Weltmarktentwicklungen stellt die DDR aber auch vor das Problem, die sozialen Bedingungen, unter denen die westliche Konkurrenz den Wettbewerb diktiert, mitzubedenken und die Arbeitsproduktivität und -intensität in den entwickelten kapitalistischen Ländern noch stärker als bislang als Maßstab der eigenen Entwicklung anzuerkennen. Der 1981 erneut und demonstrativ von Honecker betonte Rückstand gegenüber den hochentwickelten westlichen Ländern fordert auch zu Überlegungen darüber heraus, wie – über den Einsatz neuer Technologien hinausgehend – durch eine bessere Ausnutzung der Arbeitszeit Erfolge zu erzielen seien. In diesem Zusammenhang wird über die Bestimmung »eines dem Sozialismus ... entsprechenden Normalgrades der Arbeitsintensität« nachgedacht und für »qualitativ höhere Arbeitsanforderungen« plädiert. Die Rede ist von der »absoluten Freisetzung von Arbeitskräften« und der »Verringerung der Anzahl der Arbeitsplätze«.[45] Das klingt angesichts der Arbeitskräftesituation der achtziger Jahre zwar noch wie ein Postulat. Angesichts der strukturellen Probleme der Arbeitskräfteverteilung lassen sich derlei Forderungen jedoch auch als Vorbereitung auf eine Phase der Unterbeschäftigung deuten.

Gegenwärtig hat es jedoch den Anschein, daß die DDR – zumindest im RGW-Vergleich – mit ihrer wirtschaftspolitischen Orientierung an den internationalen wirtschaftlichen und technologischen Entwicklungen erfolgreich ist. Das gilt auch angesichts der reduzierten Wachstumsziele des laufenden Fünfjahrplans, der im übrigen an wesentlichen sozialpolitischen Zielsetzungen (Wohnungsbau, Lohnentwicklung) festzuhalten scheint.[46] Eine Ursache dieses Erfolgs liegt sicherlich auch in den Bedingungen, unter denen die DDR einen nicht unbeträchtlichen Teil ihres Westhandels abwickeln kann, in den EG-Konditionen des innerdeutschen Waren- und Dienstleistungsverkehrs, eine andere in der offenkundig krisenbewußten Devisenpolitik. Sie ermöglichte es im letzten Jahr, einen Teil der freilich noch immer beträchtlichen Auslandsschulden abzubauen und die Kreditwürdigkeit der DDR zu erhalten. Wirkt jedoch der Kostendruck der Weltmärkte wie bisher auf die DDR-Wirtschaft zurück, ist die Parteiführung auch künftig veranlaßt, Investitionsmittel für Nach- und Nach-Nachrüstungszwecke bereitzustellen, könnte es auch in der DDR zu einer Reduzierung des sozialpolitischen Programms kommen.

Für einen drastischen Abbau spricht aber auch mittelfristig wenig. Zu stark wird diese wirtschaftspolitische Akzentuierung als wesentliches Moment des Loyalität stiftenden sozialen Besitzstandes und Erwartungshorizonts begriffen, und zu eng ist sie – im übrigen – mit dem Namen Honeckers verbunden. Wie in allen anderen kostenintensiven Politikbereichen außerhalb der sicherheits- und rüstungspolitischen Sektoren wird es aber bei gleichbleibenden ökonomischen Bedingungen zu einem Absinken der Wachstumsraten sozialpolitischer Ausgaben kommen. Ein sicheres Gegenmittel ist bislang nicht in Sicht.

Im engen Zusammenhang mit der Wirtschaftsstrategie für die achtziger Jahre werden in der DDR Probleme der Bildungs- und Forschungspolitik diskutiert. Im Vordergrund steht dabei die Frage nach den Reserven, die in der Organisationsweise des Bildungssystems liegen. Die bisher vorgelegten Überlegungen reichen von einer Verbesserung der »Früherkennung« wissenschaftlich-technischer Begabung bei Kindern bis hin zu Bemühungen um eine Reform des Hochschulwesens und der Forschungsorganisation.[47] Erkennbar ist das große Interesse an raschen Erfolgen. Den gemeinsamen Ausgangspunkt aller dieser Erörterungen bildet die Annahme großer Bildungs- und Wissenschaftspotentiale, »deren effektiver Einsatz« gegenwärtig aber noch »hinter den Möglichkeiten zurück(bleibe)«.[48] Vor diesem Hintergrund vollzieht sich eine erneute Aufwertung der »Wissenschaftswissenschaft« und eine intensive Suche nach besseren, leistungsfördernden Strukturen der Organisation wissenschaftlicher Arbeit. Auch wenn die in den Gesellschaftswissenschaften angestellten Erwägungen über »wissenschaftliche Schulen«, die 1981 publiziert wurden[49], bislang in der veröffentlichten Diskussion ein Einzelfall blieben, so spricht doch vieles dafür, daß diese von Kuczynski in die Wege geleiteten Debatten über die Voraussetzungen für ein motivierendes Klima in Studium, Lehre und Forschung weiter wirken.

Daß insbesondere bei den Erörterungen einer Reform von Studieninhalten und -organisation im realen Sozialismus die Erfahrungen des Bürgersohnes Kuczynski aus den zwanziger Jahren Pate standen (Universitätswechsel, Schüler-Lehrer-Beziehung), mag als Kuriosum gelten. Der gegenwärtige Diskussionsstand ist freilich weniger von sentimentalen Kollegerinnerungen Alt-Heidelberger Provenienz geprägt als durch nüchterne Effizienzerwartungen bestimmt. Gesucht wird im »Beststudenten« jene Idealmischung von fachlicher Kompetenz, Allgemeinbildung und gesellschaftlichem Engagement, die auch die Elitendiskussion in der Bundesrepublik fasziniert.

Dieses Bemühen um Reformen des Bildungswesens und der Forschung, die im Interesse des raschen wissenschaftlich-technischen Fortschritts gegen »Nivellierung« gerichtet sind und eine differenzierende Leistungskonkurrenz bewirken sollen, werden von den empirischen und theoretischen Gesellschaftswissenschaften unterstützt. Aufgefordert, »allgemeines ›Theoretisieren‹« zu unterlassen und auf »bloßes Neukombinieren bereits vorhandener theoretischer Erkenntnisse« zu verzichten, sich vielmehr auf das »Hervorbringen neuer Erkenntnisse«[50] zu konzentrieren, hat insbesondere die DDR-Soziologie alte Fragen neu thematisiert. Die schon Ende 1980 zusammen mit dem Fünfjahrplan für die gesellschaftswissenschaftliche Forschung geäußerte Kritik der

Parteiführung war mit einer Ermunterung verbunden worden: »Unsere Partei legt großen Wert auf die Mitwirkung der Gesellschaftswissenschaftler bei der Vorbereitung von wissenschaftlich begründeten Entscheidungsvorschlägen, von Varianten für konkrete ökonomische, soziale und kulturelle Entwicklungsmöglichkeiten.«[51] Gefordert wird von den Gesellschaftswissenschaftlern wie eh Parteilichkeit, jedoch zugleich eine Arbeit, die »alle relevanten Fakten und Zusammenhänge aufdeckt und verarbeitet, und zwar vorbehaltlos und frei von Wunschdenken«.[52]

Vor diesem Hintergrund wenden sich Soziologen verstärkt der Analyse sozialstrukturell bedingter Hemmnisse und Triebkräfte des wissenschaftlich-technischen Fortschritts zu. Dabei berühren sie Fragen, die Anfang der siebziger Jahre langfristig beantwortet schienen. Damals hatte sich die Parteiführung im Rahmen ihres Konzepts einer stärkeren Betonung der Rolle der Arbeiterklasse gegen die Tendenzen einer Wissenschaftseuphorie entschieden und auch gegen Deutungen, die mit den Wissenschaften auch deren sozialen Träger, die Intelligenz, aufwerteten. Nun werden Entwürfe vorgelegt – und offenbar auch akzeptiert –, die in die alte Richtung weisen, in einigen Bereichen sogar über sie hinausgehen, wenn etwa gefordert wird, soziale Unterschiede als Triebkräfte des wissenschaftlich-technischen Fortschritts anzuerkennen und das bildungsfreundlichere Milieu in Familien der Intelligenz als Nährboden für Kreativität und Bildungslust zu nutzen. Mit der Akzeptanz der Überlegung, ob »soziale Unterschiede in der ersten Phase der kommunistischen Gesellschaftsformation nur gesetzmäßig im Sinne von ›noch nicht aufhebbar‹ sind, oder nicht auch gesetzmäßig im Sinne von ›erforderlich‹«[53], würde jedoch der überkommene Legitimationsrahmen, zu dessen zentralen Postulaten seit jeher ein möglichst umfassender Entwurf von sozialer Gleichheit gehört, erheblich strapaziert.

Selbst wenn derlei Erwägungen im Interesse raschen Wachstums mittelfristig genutzt und politisch sanktioniert werden, scheint es doch zweifelhaft, daß sie sich langfristig halten können. Dazu ist ihre Distanz zum herkömmlichen Gleichheitsideal zu groß, und sie fügen sich zudem nur schwer in das allgemeine Konzept einer ausgleichenden Sozialpolitik. Das gilt auch für die Erwägungen, die im Umfeld dieser Neuorientierungsversuche zu einer neutralen Fassung des Elitebegriffs[54] vorgelegt wurden, und auch für jene, die für eine stärkere Leistungsdifferenzierung der Intelligenzeinkommen und eine neu zu formulierende Privilegienpolitik plädieren.

Ein Trend zur Modernisierung zeigt sich auch im politischen System. Auch hier ist ein Zusammenhang mit den allgemeinen wirtschaftspolitischen Problemlagen unverkennbar. Sein Ursprung liegt aber wohl stärker im Kontext der Blockentwicklung und der Herausforderung durch die autonomen Bewegungen. Erkennbar ist, daß sich die SED-Führung seit der letzten Polenkrise intensiver um die Struktur des politischen Systems bemüht, dessen Festigung und Ergänzung anstrebt. Zum einen wird dies in Versuchen deutlich, neue Formen einer funktionalen, d. h. stabilisierenden Partizipation in Städten und Gemeinden zu finden[55] und mit den Bürgern einen Dialog zu führen.[56] Erklärte Ziele dieser Ansätze sind Bürgernähe und die Aktivierung der örtlichen Staatsorgane, damit diese »solche Verhältnisse ... schaffen, unter denen sich die Bürger wohl und geborgen fühlen«.[57] Erklärtes Ziel ist es aber auch, durch verstärkte Friedensagitation von Staat, Partei und Massenorganisation die staatsfernen Friedensaktivitäten zu neutralisieren.

Zum anderen wird diese Absicht in der Aufwertung der Parteien und Massenorganisationen deutlich. Schon auf dem X. Parteitag der SED hatte Honecker die Rolle der Blockparteien gewürdigt und ihnen einen »stabilen Platz« und eine »langfristige Perspektive« in der DDR-Gesellschaft zugeschrieben. Zugleich hatte er ihren »eigenständigen Beitrag« zur »gemeinsamen sozialistischen Sache« betont.[58] Diese ostentative Würdigung von Organisationen, die seit dem Beginn der siebziger Jahre (Enteignung der restlichen Kleinunternehmer) keinen wesentlichen politischen Beitrag mehr geleistet hatten, setzte sich im Laufe der letzten Jahre fort. Bemerkenswert war, daß alle erneut einen Anstieg ihrer Mitgliederzahlen nachweisen konnten.[59] Bemerkenswert war freilich gleichzeitig, daß keine auch nur einen Ansatz unternahm, ihr spezifisches politisches Profil, ihren »eigenständigen Beitrag«, zu demonstrieren.

Ähnliche Akzentverschiebungen zeigen sich im Ensemble der Massenorganisationen. Auch sie verweisen auf eine neue Bewertung der realen sozialen Differenzierung der DDR-Gesellschaft. Deutlicher als bei den Blockparteien wird bei den Massenorganisationen neben dem politischen freilich der ökonomische Aspekt ihrer Bewertung. Der Kulturbund etwa bietet den Umweltbewußten im Rahmen seiner »Gesellschaft für Natur und Umwelt« ein wachsendes Arbeitsfeld, der »Verband der Kleingärtner, Siedler und

Kleintierzüchter« oder die »Volkssolidarität« leisten nicht unwesentliche materielle Beiträge zur Erfüllung versorgungs- und sozialpolitischer Ziele. Diese Erwartungen setzt die SED-Führung offenbar auch in die »Neuprofilierung« der »Vereinigung der gegenseitigen Bauernhilfe« (VdgB). Sie soll sich nach einem Beschluß des SED-Politbüros vom August 1982 zu einer »sozialistischen Massenorganisation« entwickeln. Die neu gewählte Führung dieser einst mitgliederstarken Organisation (sie erfaßte Ende der vierziger Jahre mehr als eine halbe Million Bauern und Landarbeiter) bezeichnete es als ihr »Hauptanliegen«, unter »Führung der Partei der Arbeiterklasse in allen Dörfern durch eine aktive, politische, ökonomische und geistig-kulturelle Arbeit zur allseitigen Stärkung« der DDR beizutragen, im Rahmen der Nationalen Front.[60]
Dieser Entwicklung entsprechen staats- und rechtstheoretische Diskussionen über die Ausgestaltung des politischen Systems des Realsozialismus. Verwiesen wird – bei aller herkömmlichen Betonung der führenden Rolle der Partei – auf die Notwendigkeit neuer Interaktionsformen von Staat und gesellschaftlichen Organisationen. Sie sollen einerseits in der »Aufnahme von Initiativen, Aktivitäten, Vorschlägen und Interessen von großen organisierten Kollektiven von Werktätigen in die Staatspolitik« zum Ausdruck kommen und andrerseits »in der organisations-spezifischen Umsetzung staatlicher Ziele und Aufgaben in den und durch die gesellschaftlichen Organisationen« wirken.[61] Deutlicher als bislang werden die Massenorganisationen als Transmissionen des Parteiwillens *und* partikularer Interessen gefaßt.

Der Inhalt des »Zusammenwirkens« von Staat und Organisationen in der »Gegenwart«, also der aktuelle Zweck der Aufwertung, wird bestimmt als Teilhabe an der »Lösung der Hauptaufgabe in ihrer Einheit von Wirtschafts- und Sozialpolitik« und bei den »Aufgaben in der internationalen Klassenauseinandersetzung«.[62] Angedeutet zumindest wurde so auch die polnische Herausforderung, angesichts derer die »Erhöhung der Stabilität und Wirksamkeit des politischen Systems als Ganzes und jedes seiner Glieder«[63] sicherlich auch als notwendig erscheint.

Wie bei der Intelligenzdiskussion mußte freilich auch für die Erneuerung von Strukturen und Funktionsweisen der Massenorganisationen das Konzept der Klassen- und Schichtenentwicklung modifiziert werden. Zwar wird die DDR-Gesellschaft weiterhin als (nichtantagonistische) Klassengesellschaft gefaßt, und die Beziehungen der Klassen und Schichten zueinander werden als Prozeß stetiger Annäherung gedeutet. In der Konsequenz dieser Deutung aber hätte eher ein allmählicher Bedeutungsverlust von Parteien und anderen gesellschaftlichen Organisationen gelegen als ein Funktionszuwachs. Die Differenz zwischen gesellschaftspolitischem Entwurf und tatsächlicher Ausdifferenzierung des Organisationsgefüges wird damit erklärt, daß der Prozeß der »sozialen, politischen sowie der geistig kulturellen Annäherung« ein »langfristiger und komplizierter Vorgang« sei, der »nicht ohne Schaden künstlich beschleunigt werden« dürfe. Man geht von Entwicklungswidersprüchen aus, die aus der unterschiedlichen sozialen Lage der Klassen und Schichten resultieren und ihren Ausdruck finden in der unterschiedlichen Perzeption der (vermeintlich gegebenen) objektiven Identität der »Grundinteressen« aller Gesellschaftsschichten.[64] Deshalb werde die künftige Entwicklung bestimmt sein von einer »spürbaren Intensivierung der sich wechselseitig befruchtenden und stimulierenden Zusammenarbeit und des verstärkten einheitlichen und koordinierten Wirkens der staatlichen Organe und der gesellschaftlichen Massenorganisationen« – unter Führung der SED.

Den Philosophen und Theoretikern des wissenschaftlichen Kommunismus ist zu den Herausforderungen der achtziger Jahre Neues bisher nicht eingefallen. Erkennbar ist lediglich ihre Bereitschaft, politische Entscheidungen wissenschaftlich zu sanktionieren. Bei der Suche nach den Determinanten der gegenwärtigen Entwicklung des politischen Systems des Sozialismus erwähnen sie insbesondere »die enorme Zuspitzung des internationalen Klassenkampfes seit Beginn der achtziger Jahre, (und den) Übergang der reaktionären imperialistischen Mächte zur Politik der Konfrontation ...«. Angesichts dieser Lagebeurteilung werden denn auch nicht übergreifende Entwicklungsperspektiven entworfen, sondern Abwehrstrategien des politischen Systems skizziert. Es habe, heißt es, für die »Erhöhung der politischen Stabilität« der Gesellschaft zu sorgen und für die Stärkung des sozialistischen Lagers, den »Ausbau der friedenssichernden Funktionen des Staates einschließlich seiner militärischen Verteidigungsfähigkeit« voranzutreiben sowie Produktivität und Leistungskraft der Volkswirtschaft zu sichern.[65]

Angesichts dieses Kataloges lag denn auch der verallgemeinernde Schluß nahe, es habe sich die Auffassung »voll bewährt«, daß sich die weitere Entwicklung *nicht* über »den Abbau der politisch-staatlichen Ordnung« vollziehe, daß diese vielmehr ihre Funktionen »weiter ausbildet«. Untauglich sei deshalb auch die Anfang der sechziger Jahre »aufgekommene These« der Übergabe von Staatsfunktionen an gesellschaftliche Organisationen. Die Entwicklung, »die mit dem Begriff des Absterbens des Staates« verbunden ist, habe man sich daher »offenkundig« nicht als »Abschaffung«, sondern als »Ausbau« politisch-staatlicher Organisationen vorzustellen, der aber mit einem »Wandel« bestimmter Funktionen einhergehen könne.[66]

Erkennbar wird so ein weiterer Verlust an gesellschaftlicher Perspektive. Die Legitimationsfunktion der Theorie, ihr explizit ideologischer Beitrag, tritt deutlicher hervor. Nicht zu erkennen ist bislang, wie das wachsende Defizit an identitätsstiftender konkreter Utopie auszugleichen sein wird. Und nicht zu erkennen ist deshalb auch, mit welcher ideologisch-politischen Motivation die Parteiführung Partei und DDR-Gesellschaft künftig auszurüsten gedenkt.

Daß gerade das notwendig sei, hat erneut Uwe-Jens Heuer betont.[67] Er geht in einer Skizze des Verhältnisses von Politik, Ideologie und Massenbewußtsein von Antonio Gramsci aus und wendet ihn gewissermaßen auf die DDR an. Mit ihm unterscheidet er zwischen (materieller) »Herrschaft« und (kultureller) »geistig-moralischer Führung«, die »wenn die Gesellschaft reif dafür ist, eine tiefere, stabilere Verwurzelung der Macht bedeutet, ohne daß die Fähigkeit der unmittelbaren Gewaltanwendung entfallen darf«. Entscheidend sei dabei das Massenbewußtsein, das »aktuelle, reale Bewußtsein großer Gesellschaftsgruppen«. Denn letztlich seien es diese Orientierungen und Werthaltungen, die Sphäre des gesellschaftlichen Überbaus, »die über alles entscheidet«, über das Niveau der Produktion ebenso wie über die »politische Stabilität und Aktivität«.

Erinnert wird von Heuer so an einige Momente des tatsächlichen Verhältnisses von Ideologie und Massenbewußtsein, von Loyalität und Machtausübung. Diese Aussagen blieben bisher in der DDR zwar ebenso unwidersprochen wie die von Heuer – nun schon seit Jahren – immer wieder laut beschworene ursprüngliche Maxime sozialistischer Bewegungen, »die Massen immer stärker in die Leitung der Gesellschaft einzubeziehen, den Einfluß der Massen auf die Leitung der Gesellschaft zu verstärken«. Mitstreiter für sein antizyklisches Konzept aber hat er bislang nicht gefunden. Für die Mehrzahl der Gesellschaftswissenschaftler und Philosophen scheint vorerst zu gelten, was Honecker angesichts der instabilen internationalen Beziehungen schon 1982 sagte: »Wir gestalten die entwickelte sozialistische Gesellschaft in der Deutschen Demokratischen Republik in einer Welt, wie sie ist, und nicht, wie sie sich manche vorstellen. Für die Lösung der Aufgaben, die hierbei zu bewältigen sind, gibt es keine Patentrezepte.«[68]

So befangen die Staats- und Gesellschaftswissenschaftler den Herausforderungen von Gegenwart und Zukunft begegnen, so unbefangen wenden sich die Geschichtswissenschaftler auch weiterhin der Vergangenheit zu. Dies gilt sowohl für die Preußen-, Luther- und Bismarckrezeption als auch für Momente der DDR-Geschichte. Die neue Unterscheidung von umfassendem »Erbe« und positiver »Tradition«, die Aufforderung, das ganze Erbe und nicht nur die reklamierten Traditionen zu erforschen, trägt freilich dazu bei, durch die Erinnerung an das einst einheitliche Deutschland, an die ganze Nation, die Ausbildung eines regional akzentuierten Wir-Gefühls zu erschweren; und das schafft angesichts der komplizierter gewordenen deutsch-deutschen Zusammenarbeit sicherlich keine Erleichterung.

Schwieriger wurden diese Beziehungen vor allem durch die Konfrontation der Blöcke. Der Spielraum der DDR ist seither offenkundig geringer geworden. Zudem sieht sich die SED-Führung einer Bonner Regierungskoalition gegenüber, die sich bisher nicht eindeutig entscheiden mochte, ob und wie sie eine »Wende« auch in der Deutschlandpolitik vollziehen will. Die DDR-Führung hat bislang verdeutlichen können, daß sie von sich aus nicht bereit ist, einer Wende im Westen Vorschub zu leisten. Innenpolitisch ließe sich eine neue Abgrenzungspolitik heute sicher leichter legitimieren als zu Zeiten der sozialliberalen Koalition. Zu stark ist jedoch auch das Interesse der DDR an der Fortführung des innerdeutschen Handels zu EG-Bedingungen, als daß die SED-Führung bereit wäre, für eine Wende Anlaß zu bieten. Als möglicherweise gleichrangig mag dort auch der Spielraum gelten, den sich die DDR im Block trotz der Rückschläge im Jahre 1984 verschafft hat. Auch das spricht gegen eine von der DDR gewünschte Verschlechterung der deutsch-deutschen Beziehungen. Diese Erwägung darf zumindest so lange Anspruch auf Plausibilität erheben, solange sich die Beziehungen der Blöcke nicht weiter komplizieren. Einer

Blockkonfrontation hätte wohl auch eine deutsch-deutsche Sicherheitspartnerschaft unter Bedingungen, die bis zum Oktober 1982 galten, kaum wirklich standgehalten. Sie wäre aber vielleicht, zumindest temporär, fähig gewesen, Konflikte zwischen den Blöcken zu entschärfen. Eine Entwicklung wie diese wieder einzuleiten, darin liegt eine Herausforderung, die beide Staaten annehmen müßten. Das wäre im übrigen ein Ziel, das für alle Deutschen – ob sie nun in einer Nation oder in zwei Nationen leben – eher zu einer sinnvollen Identitätsfindung beitragen könnte als die Erinnerung an die deutschen Grenzen von 1937.

Vor einer Herausforderung ganz neuer Art steht die DDR angesichts der politischen und ideologischen Führungsschwäche der Sowjetunion. Offenkundig ist zwar schon seit langem, daß die Vormacht des Lagers als Avantgarde der Innovation von politischen Strukturen ebensowenig in Erscheinung tritt wie als Neuerin gesellschaftlicher Perspektiven. So deutlich eingestanden wie durch Juri Andropow und Nikolai Tschernenko wurde das allerdings seit langem nicht. Ob von der neuen KPdSU-Führung unter Michail Gorbatschow ein Modernisierungsschub ausgehen kann, bleibt abzuwarten. Sicher scheint jedoch, daß auch sie sich zunächst um den Zusammenhalt des Blocks sorgen wird. Welche Konsequenzen dies für die Struktur des Blocks und die Kooperationsformen der Blockpartner haben wird, welche Rolle künftig den industriell entwickelten bzw. stärker marktorientierten Volkswirtschaften der DDR oder Ungarns zufallen wird, muß offen bleiben. Widersprüche sind zu erwarten, und sie werden zudem während der achtziger Jahre begleitet sein von Irritationen, die aus dem schon altersbedingten Wechsel an den Spitzen nahezu aller Ostblockparteien herrühren.

Abkürzungsverzeichnis

ABF	Arbeiter- und Bauernfakultät
BGL	Betriebsgewerkschaftsleitung
BKV	Betriebskollektivvertrag
CDU(D)	Christlich-Demokratische Union Deutschlands
CSR	Tschechoslowakische Republik
CSSR	Tschechoslowakische Sozialistische Republik
DBD	Demokratische Bauernpartei Deutschlands
DDP	Deutsche Demokratische Partei
DFD	Demokratischer Frauenbund Deutschlands
DWK	Deutsche Wirtschaftskommission
EgSS	Entwickeltes gesellschaftliches System des Sozialismus
EOS	Erweiterte (polytechnische) Oberschule
EVG	(West-)Europäische Verteidigungsgemeinschaft
FDJ	Freie Deutsche Jugend
HO	Handelsorganisation (staatl.)
KPdSU	Kommunistische Partei der Sowjetunion
KPO	Kommunistische Partei-Opposition
Kominform	Kommunistisches Informationsbüro
Komintern	Kommunistische Internationale
KVP	Kasernierte Volkspolizei
LDPD	Liberal-Demokratische Partei Deutschlands
LPG	Landwirtschaftliche Produktionsgenossenschaft
MAS	Maschinen-Ausleih-Station
MTS	Maschinen-Traktoren-Station
NDPD	National-Demokratische Partei Deutschlands
NÖS	Neues Ökonomisches System
NVA	Nationale Volksarmee
ÖSS	Ökonomisches System des Sozialismus
PGH	Produktionsgenossenschaft des Handwerks
RIAS	Rundfunk im Amerikanischen Sektor
RGW	Rat für Gegenseitige Wirtschaftshilfe
SAG	Sowjetische Aktiengesellschaft
SAP	Sozialistische Arbeiterpartei
SBZ	Sowjetische Besatzungszone
SED	Sozialistische Einheitspartei Deutschlands
SKK	Sowjetische Kontrollkommission (in Deutschland)
SMAD	Sowjetische Militäradministration in Deutschland

VdgB	Vereinigung der gegenseitigen Bauernhilfe
VEB	Volkseigener Betrieb
VEG	Volkseigenes Gut
VVB	Vereinigung Volkseigener Betriebe
WTR	Wissenschaftlich-technische Revolution
ZK	Zentralkomitee

Anmerkungen

Kapitel I

1 Vgl. insbes.: Westdeutschlands Weg zur Bundesrepublik 1945–1949, München 1976; H. A. Winkler, Politische Weichenstellungen im Nachkriegsdeutschland (Geschichte und Gesellschaft, Sonderheft 5), Göttingen 1979; C. Kleßmann, Die doppelte Staatsgründung. Deutsche Geschichte 1945–1949, ebd. 1982; R. Steininger, Deutsche Geschichte 1945–1961, 2 Bde., Frankfurt 1983.
2 H. Duhnke, Stalinismus in Deutschland, Köln 1955; differenzierter: E. Nolte, Deutschland u. der Kalte Krieg, München 1974/Stuttgart 1985².
3 K. Erdmenger, Das folgenschwere Mißverständnis. Bonn u. die sowjetische Deutschlandpolitik 1949–1955, Freiburg 1967.
4 Vgl. dazu: D. Staritz, Die Gründung der DDR, München 1984.
5 D. Staritz, Parteien für ganz Deutschland? Zu den Kontroversen über ein Parteiengesetz im Alliierten Kontrollrat 1946/47, in: Vierteljahrshefte für Zeitgeschichte 1984/2, S. 240ff.
6 Vgl. S. Suckut, Hg., Blockpolitik in der SBZ/DDR 1945–1949. Die Sitzungsprotokolle des zentralen Einheitsfrontausschusses, Quellenedition, Köln 1985 (im Druck), Dokument Nr. 142.
7 E. W. Gniffke, Jahre mit Ulbricht, Köln 1966, S. 249ff. Diese Reise der SED-Führung wird in der DDR bislang nicht erwähnt. Dort gilt als die »erste offizielle« Delegationsreise ein Moskau-Besuch von Pieck, Grotewohl, Ulbricht, Fechner und Oelßner vom 30. 1. bis 7. 2. 1947.
8 Vgl. G. A. Goroschkowa, Die Deutsche Volkskongreßbewegung für Einheit u. gerechten Frieden 1947–1949, Berlin 1963, S. 74ff.; das vorläufige Endergebnis, 13,1 Millionen Stimmen, veröffentlichte Neues Deutschland am 15. 6. 1948.
9 Zit. nach: Berlin: Quellen u. Dokumente 1945–1951, 2. Halbbd., Hg. H. J. Reichhardt u. a., Berlin (West) 1964, S. 1438.
10 G. Keiderling, Die Berliner Krise 1948/49. Zur imperialistischen Strategie des kalten Krieges gegen den Sozialismus u. der Spaltung Deutschlands, Berlin 1982, S. 85.
11 Berlin: Quellen u. Dokumente, S. 1347.
12 Ebd., S. 1341f.
13 Keiderling, S. 85.
14 Für 100 Reichsmark wurden 10 Deutsche Mark ausgegeben, pro Kopf 70 Mark im Verhältnis 1:1. Sparguthaben bis zu 100 RM stellten die Banken ohne Einbußen um, alle weiteren Beträge bis zu 1000 RM im Verhältnis 5:1; Einlagen bis zu 5000 RM wurden 10:1 abgewertet,

für höhere Guthaben bestand ein Umwertungsanspruch (10:1) nur dann, wenn der rechtmäßige Erwerb des Geldes nachgewiesen werden konnte.
15 L. D. Clay, Entscheidung in Deutschland, Frankfurt o. J. (1950), S. 406.
16 Vgl. Ziele, Formen u. Grenzen der »besonderen« Wege zum Sozialismus. Zur Analyse der Transformationskonzepte europäischer kommunistischer Parteien in den Jahren zwischen 1944/45 u. 1948, Hg. Arbeitsbereich Geschichte u. Politik der DDR am Institut für Sozialwissenschaften der Universität Mannheim, Mannheim 1984.
17 Zit. nach: Neues Deutschland v. 1. 7. 1948.
18 Der Morgen v. 4. 7. 1948.
19 Neue Zeit v. 14. 7. 1948.
20 G. Rossmann, Die brüderlichen Beziehungen zur Partei u. zum Lande Lenins – Grundlage unseres Weges zum Sozialismus, in: Beiträge zur Geschichte der Arbeiterbewegung (= BzG) 1975/2, S. 210ff., S. 219f.
21 Neues Deutschland v. 30. 12. 1948.
22 Akten des Ostbüros der SPD im Archiv der Sozialen Demokratie der Friedrich-Ebert-Stiftung, Bonn, Akte 0344 I, Bericht v. 16. 10. 1953.
23 Einheit, 11/1948, S. 1002.
24 Suckut Hg., Einleitung.
25 Vgl. Die Wahlen in der Sowjetzone, Hg. Bundesministerium für Gesamtdeutsche Fragen, Bonn 1964⁶, S. 20ff.
26 Suckut Hg., Dokument Nr. 175.
27 Deutschlands Stimme v. 22. 5. 1949.
28 Ebd. v. 3. 6. 1949.
29 Vgl. Beratung des Informationsbüros kommunistischer Parteien, abgehalten in Ungarn während der zweiten November-Hälfte 1949, Hg. Zeitung für dauerhaften Frieden, für Volksdemokratie, o. O. 1950.
30 Deutschlands Stimme v. 3. 6. 1949.
31 H. Hoffmann, Der Weg zur Deutschen Demokratischen Republik. Erinnerungen an den Beginn der revolutionären Umgestaltungen, Hg. Institut für Marxismus-Leninismus beim ZK der SED, Berlin 1979, S. 238f.
32 Zit. nach: Dokumente der SED, Bd. 2, Berlin 1952³, S. 287.
33 Roßmann, S. 222.
34 Neues Deutschland v. 4. 10. 1949.
35 Tägliche Rundschau v. 4. 10. 1949.
36 Neues Deutschland v. 4. 10. 1949.
37 Ebd. v. 5. 10. 1949.
38 H. Neef, Entscheidende Tage im Oktober 1949. Die Gründung der Deutschen Demokratischen Republik, Berlin 1984², S. 41. Neef ist der erste DDR-Historiker, der ausführlich aus bislang nicht publizierten Archivalien zur Gründungsgeschichte der DDR zitiert.

39 Ebd., S. 39.
40 Ebd., S. 48.
41 R. Stöckigt, Zur Politik der SED bei der Festigung des Blocks der antifaschistisch-demokratischen Parteien (1948 bis zur Gründung der DDR), in: BzG, Sonderheft 1974, S. 120ff., S. 134.
42 Konferenz der CDU-Kreisfunktionäre am 9. Oktober 1949 in Berlin, in: Suckut Hg., Dokument Nr. 192.
43 Neef, S. 48ff.
44 Ebd., S. 45.
45 Ebd., S. 52f.
46 Neue Zeit v. 6. 10. 1949; Der Morgen v. 4. 10. 1949.
47 Suckut Hg., Dokument Nr. 192.
48 Neef, S. 52.
49 Ebd., S. 42.
50 Neues Deutschland v. 9. 10. 1949.
51 Neef, S. 68.
52 Neues Deutschland v. 5. 10. 1949.
53 Tägliche Rundschau v. 8. 10. 1949.
54 H. Voßke u. G. Nitzsche, W. Pieck, Frankfurt 1975, S. 322.
55 Tägliche Rundschau v. 8. 10. 1949.
56 E. Honecker, Aus meinem Leben, Berlin 1981, S. 165f.
57 Faksimile in: Geschichte der Freien Deutschen Jugend, Hg. Autorenkollektiv u. Ltg. von K. H. Jahnke, Berlin 1982, S. 183.
58 Neues Deutschland v. 13. 10. 1949.
59 H. Haase, J. R. Becher. Leben u. Werk, Berlin 1981, S. 251. Vgl. H. Voßke, Dokumente und Materialien zur Gründung der DDR, und ders., Notizen Wilhelm Piecks zur Nationalhymne, in: BzG 5/1984, S. 640ff. Vgl. zudem: P. Dittmar, Stichwort Die Nationalhymne der DDR, in: Deutschland Archiv 11/1984, S. 1136f.
60 Haase, S. 253.
61 E. Wiens, Wie unsere Hymne entstand, in: ... einer neuen Zeit Beginn. Erinnerungen an die Anfänge unserer Kulturrevolution 1945–1949, Berlin 1980, S. 565.
62 Ebd.
63 H. Eisler, Musik u. Politik, Schriften 1948–1962, Hg. G. Mayer, Leipzig 1982, S. 116 (Anm. 1).
64 Wiens, S. 569.
65 Neues Deutschland v. 8. 11. 1949.

Kapitel II

1 Vgl. Erklärung des Vorsitzenden der SKK v. 11. November 1949, in: Beziehungen DDR–UdSSR 1949–1955. Dokumentensammlung, Hg.

Ministerium für Auswärtige Angelegenheiten der DDR u. Ministerium für Auswärtige Angelegenheiten der UdSSR, 1. Halbbd., Berlin 1975, S. 142 f.
2 Neues Deutschland v. 23. 2. 1950.
3 Vgl. Geschichte der sozialistischen Gemeinschaft. Herausbildung u. Entwicklung des Sozialismus von 1917 bis zur Gegenwart. Autorenkollektiv u. Ltg. v. E. Kalbe, Berlin 1981, S. 205.
4 Alle Zahlen nach W. Ulbricht, Zur Geschichte der neuesten Zeit, Bd. I/1, Berlin 1955, S. 416.
5 Vgl. P. Merker, Der Klassenkampf im Dorfe, in: Einheit 1948/11, S. 1019 ff.
6 In dieser Formulierung zeigte sich besonders klar der Versuch, alle strukturverändernden Eingriffe dieser Zeit als wesentlich antifaschistisch bestimmt zu propagieren.
7 1950 waren es die Ministerien für Schwerindustrie, Maschinenbau und Leichtindustrie. Sie arbeiteten mit Modifikationen bei den Ministerien für Schwerindustrie und Maschinenbau, aus denen zwischen 1952 und 1953 vier Sonderministerien (z. B. Allgemeiner Maschinenbau, Hüttenwesen und Erzbergbau) ausgegliedert wurden, bis 1955. Dann wurden sechs neue Behörden geschaffen, die bis Mitte 1958 existierten: die Ministerien für Berg- und Hüttenwesen, für Kohle und Energie, für chemische Industrie, für Schwermaschinenbau, für allgemeinen Maschinenbau, für Leichtindustrie, für Lebensmittelindustrie. Die Ministerien für Leichtindustrie und Aufbau (Bauwesen) bestanden zwischen 1949 bzw. 1950 und Mitte 1958 ununterbrochen. Vgl. K.-H. Schöneburg u. a., Vom Werden unseres Staates, Bd. 2: 1949–1955, Berlin 1968, S. 522.
8 Er wurde im Juli 1950 vom III. SED-Parteitag verabschiedet, aber erst Anfang November 1951 von der Volkskammer beschlossen. Er galt für die Jahre 1951 bis 1955.
9 Nach: Dr. G. Winkler, Betrachtungen zur Entwicklung der Nahrungsmittelversorgung u. des Verbrauchs an wichtigen Nahrungsmitteln in der DDR seit 1945 unter besonderer Berücksichtigung der Abhängigkeit des Nahrungsmittelkonsums von der Einkommenshöhe vor allem in Arbeiter- und Angestelltenhaushaltungen, Habil.-Schrift, Leipzig 1961, Bd. 1, S. 116.
10 Nach: ebd., S. 118.
11 Vgl. Statistisches Jahrbuch der DDR 1955, Berlin 1956, S. 97.
12 Vgl. G. Winkler, S. 162.
13 H. Barthel, Die wirtschaftlichen Ausgangsbedingungen der DDR. Zur Wirtschaftsentwicklung auf dem Gebiet der DDR 1945–1949/50, Berlin 1979, S. 162.
14 Ebd., S. 166.
15 So S. Doernberg, Die Geburt eines neuen Deutschland. Die antifaschi-

stisch-demokratische Umwälzung u. die Entstehung der DDR, Berlin 1959, S. 435 f.
16 So Grotewohl auf einer Tagung des SED-Parteivorstandes am 30. Juni 1948, vgl. Neues Deutschland v. 1. 7. 1948.
17 Neues Deutschland v. 30. 10. 1949.
18 D. Keller, Lebendige Demokratie. Der Übergang von der antifaschistischen zur sozialistischen Demokratie in der volkseigenen Industrie der DDR 1948–1952, Berlin 1971, S. 208.
19 Protokoll des 3. Kongresses des Freien Deutschen Gewerkschaftsbundes vom 30. August bis 3. September 1950, Berlin 1950, S. 577.
20 Beschluß des Parteivorstandes vom 24. Januar 1949 u. der 1. Parteikonferenz vom 25.–28. Januar 1949, in: Dokumente der Sozialistischen Einheitspartei Deutschlands, Bd. 2, Berlin 1951², S. 213 ff.
21 Vgl. G.-J. Glaeßner, Herrschaft durch Kader. Leitung der Gesellschaft u. Kaderpolitik in der DDR am Beispiel des Staatsapparates, Opladen 1977.
22 Für die Frühzeit vgl. J. Schulz, Der Funktionär in der Einheitspartei. Kaderpolitik u. Bürokratisierung in der SED, Stuttgart 1956; für die Gegenwart: G. Neugebauer, Partei u. Staatsapparat in der DDR. Aspekte der Instrumentalisierung des Staatsapparats durch die SED, Opladen 1978.
23 Vgl. Die Ergebnisse der Volkszählungen von 1946, in: Volks- u. Berufszählung vom 29. Oktober 1946 in der sowjetischen Besatzungszone Deutschlands, Berlin 1948; die Jahrgangsgliederung nach der Volkszählung von 1950 findet sich im Statistischen Jahrbuch der DDR 1955, Berlin 1956, S. 19.
24 A. Norden, Ein freies Deutschland entsteht, Berlin 1963, S. 20.
25 Die letzte systematische Darstellung stammt von P. C. Ludz, Parteielite im Wandel. Funktionsaufbau, Sozialstruktur u. Ideologie der SED-Führung. Eine empirisch-systematische Untersuchung, Köln 1968², s. insbes. S. 153 ff.
26 Der Werbung diente speziell die Schrift von R. Herrnstadt, Über »die Russen« und über uns, die 1948 zunächst von »Neues Deutschland« veröffentlicht und dann in Großauflagen nachgedruckt wurde.
27 So I. Münz-Koenen in der Einleitung zu: Literarisches Leben in der DDR 1945–1960. Literaturkonzepte u. Leseprogramme. Verfaßt von einem Autorinnenkollektiv u. Ltg. von I. Münz-Koenen, Hg. Akademie der Wissenschaften der DDR, Zentralinstitut für Literaturgeschichte, Berlin 1980², S. 17 f.
28 J. Streisand, Kulturgeschichte der DDR. Studien zu ihren historischen Grundlagen u. ihren Entwicklungsetappen, Köln 1981, S. 87. Vgl. zum Gesamtkomplex V. Gransow, Kulturpolitik in der DDR, Berlin 1975, und M. Jäger, Kultur u. Kulturpolitik in der DDR, Köln 1982.
29 Nationales Bekenntnis zu Bach. Erklärung des SED-Parteivorstandes

zum Bachjahr vom 15. 3. 1950, in: Dokumente der SED, Bd. 2, Berlin 1952³, S. 466.
30 Stellungnahme des Zentralkomitees der SED vom 23. 2. 1952, in: ebd., Bd. 3, Berlin 1952, S. 757.
31 Zit. nach: Sinn u. Form 1953/2, S. 8f.
32 Zit. nach: B. Brecht, Arbeitsjournal, Bd. 2: 1942–1955, Hg. W. Hecht, Frankfurt 1974, S. 479.
33 So der rumänische Parteiführer Gheorghiu-Dej auf der Kominform-Tagung in Matra am 27. 11. 1949. Vgl. Beratung der Informationsbüros Kommunistischer Parteien, abgehalten in Ungarn während der zweiten Novemberhälfte 1949, Hg. Zeitung »Für dauerhaften Frieden, Volksdemokratie«, (Bukarest) 1950, S. 83 ff.
34 N. H. Field wurde 1954 aus der »Untersuchungshaft« entlassen, weil sich die gegen ihn erhobenen Beschuldigungen als »haltlos« erwiesen hatten.
35 Dokumente der SED, Bd. 3, S. 197 ff.
36 Über die Auswertung des Beschlusses des Zentralkomitees zu den »Lehren aus dem Prozeß gegen das Verschwörerzentrum Slansky«, in: ebd., Bd. 4, Berlin 1954, S. 394 ff., S. 405.
37 Vgl. H. Matern, Die Ergebnisse der Überprüfung der Parteimitglieder u. Kandidaten, Bericht an die 7. Tagung des ZK, Berlin 1951, S. 30.
38 Schon seit Beginn der fünfziger Jahre wurde die Werbung unter den Industriearbeitern verstärkt.
39 Zit. nach: M. Koch, Der demokratische Block, in: H. Weber Hg., Parteiensystem zwischen Demokratie u. Volksdemokratie. Dokumente u. Materialien zum Funktionswandel der Parteien u. Massenorganisationen in der SBZ/DDR 1945–1950, Köln 1982, S. 330.
40 Vgl. C. Dowidat, Zur Veränderung der Mitgliederstrukturen von Parteien u. Massenorganisationen in der SBZ/DDR 1945–1950, in: ebd., S. 513.
41 Schöneburg u. a., Bd. 2, S. 96.
42 Ebd., S. 111 f.
43 Abendpost (Weimar) v. 15. 10. 1950.
44 Landes-Zeitung (Schwerin) v. 9. 10. 1950.
45 Vgl. auch: Wahlen in der Sowjetzone, S. 26 ff.
46 Zit. nach: Protokoll der Verhandlungen des III. Parteitages der Sozialistischen Einheitspartei Deutschlands, 20. bis 24. Juli 1950, 1.–3. Verhandlungstag, Bd. 1, Berlin 1951, S. 49.
47 Ebd., S. 234 f.
48 Ebd., S. 412 f.
49 Vgl. Voßke u. Nitzsche, Pieck, S. 342 u. G. Roßmann, Die Entwicklung der freundschaftlichen Beziehungen, in: BzG 1975/2, S. 222.
50 Protokoll des III. Parteitages der SED, Bd. 1, S. 180.
51 Vgl. W. Loth, Die Teilung der Welt, Geschichte des Kalten Krieges

1941–1955, München 1982², S. 257f. Dieses Ziel hatte auch Kim Ir Sen (d. i. Kim Il Sung) am 26. Juni 1950, einen Tag nach Kriegsbeginn, in einer Rundfunkansprache genannt: »Das koreanische Volk muß in diesem Kriege ... den südlichen Teil unserer Heimat von der Herrschaft der Li-Syng-Man- [d. i. Synman Rhee-]Clique befreien, dort Volkskomitees, die wahren Organe der Volksmacht, errichten. Wir müssen unter dem Banner der Demokratischen Volksrepublik die Vereinigung der Heimat vollziehen und einen einheitlichen und unabhängigen demokratischen Staat schaffen.« Zit. nach: Rundfunkrede des Ministerpräsidenten der Demokratischen Volksrepublik Korea, Kim Ir Sen, an das gesamte koreanische Volk. 26. Juni 1950, in: Kim Ir Sen, Der große Befreiungskrieg des koreanischen Volkes für Freiheit u. Unabhängigkeit, Berlin 1953, S. 11.

52 Protokoll des III. Parteitages, Bd. 1, S. 245f.
53 Zit. nach: Beziehungen DDR–UdSSR 1949 bis 1955, 1. Halbband, Berlin 1975, S. 248ff.
54 Zit. nach: Marxismus u. nationale Frage, in: J. W. Stalin, Werke, Bd. 2, Berlin 1954², S. 272.
55 Zit. nach: F. Oelßner, Die heutige Bedeutung der nationalen Frage, Berlin 1954⁴, S. 7ff.
56 Vgl. H. Voßke, W. Ulbricht, Berlin 1983, S. 289, s. a. ders. u. Nitzsche, Pieck, S. 366.
57 Vgl. etwa: G. Meyer, Die sowjetische Deutschlandpolitik im Jahre 1952, Tübingen 1970; H. Graml, Die Legende von der verpaßten Gelegenheit. Zur sowjetischen Notenkampagne des Jahres 1952, in: Vierteljahrshefte für Zeitgeschichte 1981/3, S. 307ff. oder R. Steininger, Deutsche Geschichte, Bd. 2, S. 409ff.
58 Vgl. J. Stalin, Ökonomische Probleme des Sozialismus in der UdSSR, Berlin 1952, S. 33ff.
59 Vgl. Protokoll der Verhandlungen der II. Parteikonferenz der Sozialistischen Einheitspartei Deutschlands. 9. bis 12. Juli 1952 in der Werner-Seelenbinder-Halle zu Berlin, Berlin 1952, S. 58.
60 Ebd., S. 61f.
61 Ebd., S. 490.
62 Zit. nach: Programm der nationalen Wiedervereinigung Deutschlands vom 2. November 1952, Hg. Parteivorstand der KPD, Stuttgart 1952, S. 11.
63 Dokumente der SED, Erklärung des Zentralkomitees zum Programm der nationalen Wiedervereinigung Deutschlands vom 11. November 1952, S. 189ff.
64 Zit nach: K. v. Schubert Hg., Sicherheitspolitik der Bundesrepublik 1945–1977, I, Bonn 1977, S. 79ff.
65 Vgl. Akten des Ostbüros der SPD im Archiv der Sozialen Demokratie der Friedrich-Ebert-Stiftung, Akte 0347, Bericht vom 18. 7. 1952.

66 Zit. nach: Geschichte der deutschen Arbeiterbewegung, Hg. Institut für Marxismus-Leninismus beim ZK der SED (Autorenkollektiv u. Ltg. von W. Ulbricht), Bd. 7: 1949–1955, Berlin 1966, S. 80.
67 Ebd., S. 171.
68 Beschluß der II. Parteikonferenz, in: Protokoll, S. 493.
69 Gesetzblatt der DDR (GBl) 32/1953, S. 391 ff.
70 GBl, 39/1953, S. 463.
71 GBl, 48/1953, S. 539.
72 GBl, 48/1953, S. 659.
73 GBl, 33/1953, S. 403 ff.
74 GBl, 40/1953, S. 475.
75 GBl, 48/1953, S. 539.
76 GBl, 51/1953, S. 569.
77 GBl, 22/1953, S. 313 ff.
78 Zit. nach: J. Cerny, Die Herausbildung sozialistischer Kollektive u. Arbeiterpersönlichkeiten beim Aufbau des Eisenhüttenkombinats Ost (EKO) 1950–1952, in: Jahrbuch für Geschichte 1977/17, S. 419 ff., S. 426.
79 Vgl. J. Roesler, Untersuchungen zu Tempo u. Dynamik der volkswirtschaftlichen Investitionen in der DDR Ende der 40er bis Mitte der 70er Jahre, in: ebd., 1984/31, S. 187 ff., S. 208.
80 Zit. nach: Über die Erhöhung der Arbeitsproduktivität u. die Durchführung strengster Sparsamkeit, Beschluß des Zentralkomitees vom 14. Mai 1952, in: Dokumente der SED, Bd. 4, Berlin 1954, S. 410 ff.
81 Vgl. GBl, 72/1953, S. 781 ff.
82 GBl, 25/1953, S. 329 f.
83 Neues Deutschland v. 28. Juli 1953.
84 Zur Situation der Kirchen in dieser Zeit vgl. H. Dähn, Konfrontation oder Kooperation? Das Verhältnis von Staat u. Kirche in der SBZ/DDR 1945–1980, Opladen 1982, S. 34 ff.
85 Unter ihnen waren viele Bauern. 1952 und 1953 verließen nahezu 20 000 selbständige Landwirte die DDR.
86 Zit. nach: Rechenschaftsbericht des Zentralkomitees der KPdSU (B) an den XIX. Parteitag, in: Neue Welt 1959/22, S. 2695.
87 Das berichtet Fritz Schenk, damals persönlicher Referent des DDR-Planungschefs Bruno Leuschner, in: Im Vorzimmer der Diktatur. 12 Jahre Pankow, Köln 1962, S. 182 ff.
88 So Ulbricht 1953 auf einem ZK-Plenum. Zit. nach: Das 15. Plenum des Zentralkomitees der SED vom 24. bis 26. Juli 1953. Parteiinternes Material, Hg. Zentralkomitee der SED, o. O., o. J., S. 79. Zum Stand der Vermutungen über die Hintergründe der Berija-Affäre vgl.: J. Hacker, Der Ostblock. Entstehung, Entwicklung u. Struktur 1939–1980, Baden-Baden 1983, S. 481 ff.
89 Vgl. Ulbricht in: Das 15. Plenum des Zentralkomitees, S. 79, 103.

90 Ebd., S. 109.
91 Ebd., S. 119.
92 Vgl. etwa: Arbeit u. Aufbau, Betriebszeitung der SED-Betriebsgruppe VEB Stahl- u. Walzwerk Hennigsdorf (ein Betrieb, dessen Belegschaft am 17. Juni in den Streik trat), 3. Jg., Nr. 2 v. 12. 1. 1959, S. 4.
93 Vgl. A. Baring, Der 17. Juni 1953, Bonn 1957. Diese Arbeit wurde 1983 in einer gekürzten und deshalb weniger informativen Fassung wiederveröffentlicht.
94 Zit. nach: Neues Deutschland v. 23. 6. 1963.
95 Zit. nach: Das 15. Plenum, S. 65, 70, 76.

Kapitel III

1 Voßke, Ulbricht, S. 298.
2 Nach sowjetischer Deutung hatte die DDR ihr gegenüber Reparationsverpflichtungen in Höhe von 10 Milliarden Dollar, also die Summe zu zahlen, die Stalin während des Krieges von ganz Deutschland als Wiedergutmachung gefordert hatte. Von diesen 10 Milliarden Dollar waren nach ihrer Berechnung bis Ende 1950 etwa 3,66 Milliarden in Form von Demontagen und Lieferungen aus der laufenden Produktion beglichen worden. Auf Bitte der DDR reduzierte die Sowjetführung 1950 ihre Restforderungen auf die Hälfte (etwa 3,17). Nach westlichen Berechnungen sind dagegen von der DDR bis Ende 1953 Zahlungen und Lieferungen in Höhe von etwa 15 Milliarden Dollar geleistet worden.
3 Vgl. Protokoll über den Erlaß der deutschen Reparationsleistungen u. über andere Maßnahmen zur Erleichterung der finanziellen u. wirtschaftlichen Verpflichtungen der Deutschen Demokratischen Republik, die mit den Folgen des Krieges verbunden sind, v. 22. August 1953, in: Beziehungen DDR–UdSSR 1949–1955, Dokumentensammlung, 1. Halbband, Berlin 1975, S. 462 ff.
4 Vgl. Beziehungen DDR–UdSSR, S. 450 ff.
5 Ebd., S. 467.
6 K. Ewers u. T. Quest, Die Kämpfe der Arbeiterschaft in den volkseigenen Betrieben während u. nach dem 17. Juni, in: I. Spittman u. K. W. Fricke Hg., 17. Juni 1953. Arbeiteraufstand in der DDR, Köln 1982, S. 23 ff.
7 Zahlen nach M. Jänicke, Der Dritte Weg. Die antistalinistische Opposition gegen Ulbricht seit 1953, Köln 1964, S. 39, S. 47 f.
8 S. Graffunder, Zur Dialektik von Interessen u. gesellschaftlicher Aktivität der Bauernschaft in der Endphase der Übergangsperiode der DDR von 1956/57 bis 1960/61. Motivationen, Erscheinungsformen u. Grad gesellschaftlicher Aktivität der Einzel- u. Genossenschaftsbauern, in: Jahrbuch für Geschichte 31, S. 103 ff., S. 109.

9 Vgl. ebd., S. 109. G. verweist nur auf das Mißverhältnis bei den Großbauern, läßt die anderen Besitzerkategorien jedoch unerwähnt. Vgl. dazu Statistisches Jahrbuch 1957, S. 367 ff.
10 Vgl. D. Storbeck, Soziale Strukturen in Mitteldeutschland. Eine sozialstatistische Bevölkerungsanalyse im gesamtdeutschen Vergleich, Berlin (West) 1964, S. 311.
11 Vgl. Statistisches Jahrbuch der DDR 1957, Berlin 1958, S. 368 f.
12 Zit. nach: Aus dem Wortprotokoll der 25. Tagung des Zentralkomitees der SED 24.–27. Oktober 1955, Hg. Bundesministerium für gesamtdeutsche Fragen, o. O., o. J., S. 33.
13 Vgl. Protokoll der theoretischen Konferenz des Instituts für Wirtschaftswissenschaften bei der Deutschen Akademie für Wissenschaften zu Berlin vom 11. bis 14. März 1955 zu dem Thema: »Die Übergangsperiode vom Kapitalismus zum Sozialismus in der DDR«, Berlin 1955, S. 35 f.
14 Vgl. Der neue Kurs und die Aufgaben der Partei (Beschluß der 15. ZK-Tagung v. 26. 7. 1953) in: Dokumente der SED, Bd. 4, S. 449 ff., S. 463.
15 Neues Deutschland v. 12. 8. 1953.
16 Ebd. v. 1. 9. 1953.
17 Zit. nach: J. R. Becher, Poetische Konfession, in: Sinn und Form 1953/6, S. 59 ff., S. 84.
18 Vgl. Jänicke, S. 60 f.
19 Oelßner zitierte das damals erschienene sowjetische Lehrbuch »Politische Ökonomie«. Vgl. F. Oelßner, Die Übergangsperiode vom Kapitalismus zum Sozialismus in der DDR (Referat auf der Akademie-Konferenz zum selben Thema vom März 1955), Berlin 1955, S. 10.
20 W. Ulbricht, Fragen der politischen Ökonomie in der DDR, Berlin 1954, S. 3.
21 Vgl. Keesings Archiv der Gegenwart 23. 1953, S. 4018 u. 4036, s. a. J. Hacker, S. 491. Die gegenwärtige tschechoslowakische Parteigeschichtsschreibung erwähnt die Demonstrationen nicht mehr. In der 1961 erschienenen KPČ-Geschichte heißt es: »Die Reaktion, die von dieser Reform sehr schwer betroffen wurde, versuchte gewisse Unzufriedenheiten unter den Arbeitenden zu mißbrauchen und Unruhen hervorzurufen. Es gelang ihr nur in einigen Orten, z. B. in Pilsen.« (Zit. nach: Dějiny Komunistické strany Československa, erarb. von einem Redaktionskollektiv u. Ltg. v. P. Reiman, Prag 1961, S. 584. Diesen Hinweis verdanke ich Jan Foitzik.
22 Vgl. I. Nagy, Politisches Testament, München 1959, S. 106, S. 130. Der Titel der Arbeit ist irreführend. Sie enthält Texte, die Nagy nach seinem Ausscheiden als Regierungschef im April 1955, nach dem Ausschluß aus der Parteiführung und schließlich aus der Partei (November 1955), d. h. vor seiner Wiederaufnahme in die Partei (Oktober 1956) und sei-

ner erneuten Ernennung zum Ministerpräsidenten wenige Tage später zur Rechtfertigung vor den Parteiinstanzen niederschrieb.

23 Zit. nach: Geschichte der ungarischen revolutionären Arbeiterbewegung. Von den Anfängen bis 1962, Hg. Institut für Parteigeschichte beim ZK der Ungarischen Sozialistischen Arbeiterpartei, Berlin 1983, S. 597.
24 Zit. nach: Aus dem Wortprotokoll der 33. Tagung des Zentralkomitees der SED vom 16.–19. Oktober 1957, o. O., o. J., S. 114.
25 Zit. nach: Dokumente der SED, Bd. 6, Berlin 1958, S. 34 f.
26 Zit. nach: Neues Deutschland v. 4. 3. 1956.
27 Zit. nach: ebd. v. 18. 3. 1956.
28 Zit. nach: ebd.
29 Vgl. Direktive für den zweiten Fünfjahrplan zur Entwicklung der Volkswirtschaft in der DDR 1956 bis 1960, in: Protokoll der Verhandlungen der 3. Parteikonferenz der SED. 24. März bis 30. März 1956 in Berlin, 5. bis 7. Verhandlungstag (Bd. 2), Berlin 1956, S. 1022 ff. Vgl. dort auch den Beschluß »über Maßnahmen zur breiteren Entfaltung der Demokratie«, S. 1115 ff.
30 Vgl. Dokumente der SED, Bd. 6, S. 110 ff.
31 Vgl. Neues Deutschland v. 21. 6. 1956.
32 Vgl. K. Hager, Für die verantwortungsbewußte Arbeit auf ideologischem Gebiet, in: Einheit 1956/9, S. 847. Die Redaktion berichtigte: Hager habe nicht vom Kommandieren, sondern vom Kommentieren gesprochen.
33 Vgl. Wirtschaftswissenschaft 1957, 3. Sonderheft, in dem die Arbeiten von Behrens und Benary zusammen mit Stellungnahmen von Kritikern publiziert wurden.
34 Wirtschaftswissenschaft 1956/3, S. 445 ff.
35 Vgl. Einheit 1956/9, S. 853 ff.
36 Vgl. J. Kuczynski, Die Rolle der Arbeiterklasse beim Ausbruch des ersten Weltkrieges, Berlin 1956; s. a. ders. Parteilichkeit u. Objektivität in Geschichte u. Geschichtsschreibung, in: Zeitschrift für Geschichtswissenschaft (ZfG) 1956/5, S. 873 ff.
37 Zit. nach: J. Streisand, Kategorien u. Perspektiven der Geschichte. Anläßlich einiger Neuerscheinungen der Geschichtsphilosophie, in: ZfG 1956/5, S. 897.
38 Zit. nach: E. Bloch, Über die Bedeutung des XX. Parteitages, in: R. Crusius u. M. Wilke Hg., Entstalinisierung. Der XX. Parteitag u. seine Folgen, Frankfurt 1977, S. 423 ff.
39 Vgl. Das Konzept des Dr. W. Harich, in: O. K. Flechtheim Hg., Dokumente zur parteipolitischen Entwicklung in Deutschland seit 1945, Bd. 7. Innerparteiliche Auseinandersetzungen, Berlin (West) 1969, S. 620 ff. Mit Harich wurden mehrere Intellektuelle verurteilt (so der Leiter des Aufbau-Verlages Walter Janka). Vgl. dazu auch: M. Hertwig,

Deformationen. Die Rebellion der Intellektuellen in der DDR, in: Crusius u. Wilke, S. 477 ff.
40 Vgl. W. Ulbricht, Die sozialistische Umgestaltung in China, in: Einheit 1956/11, S. 1036 ff., hier S. 1051.
41 Zit. nach: Aus dem Wortprotokoll der 33. Tagung des Zentralkomitees der SED vom 16.–19. Oktober 1957, o. O., o. J., S. 131 ff.
42 Neues Deutschland v. 8. 2. 1958.
43 Zit. nach: Geschichte der deutschen Arbeiterbewegung. Biographisches Lexikon, Hg. Institut für Marxismus-Leninismus beim ZK der SED, Berlin 1970, S. 502 f.
44 1958 änderte die DDR-Statistik ihre Erhebungs-Methodik. Statt des bisher mitgeteilten Durchschnittslohnes wurde seither ein »durchschnittliches monatliches Arbeitseinkommen der vollbeschäftigten Arbeiter und Angestellten und der vollbeschäftigten Produktionsarbeiter bzw. des gleichgestellten Personals in sozialistischen Betrieben« errechnet. Während nach der alten Berechnung der monatliche Durchschnittslohn 1955 DM 354,– betragen hatte, wurden nun für 1955 für die oben genannte Beschäftigten-Kategorie DM 432,– ausgewiesen. Vgl. Statistisches Jahrbuch der DDR 1959, Berlin 1960, S. 186, 208.
45 Vgl. Statistisches Rundschreiben des Bundesministers für Vertriebene, Flüchtlinge u. Kriegsgeschädigte v. 12. 1. 1960, Gesch. Z.: I 5 c–6943–33/60, S. 7 und v. 18. 1. 1962, Az: I 5 c–6943–18/62, S. 6.
46 Vgl. Arbeiterschaft in der Volkseigenen Industrie der SBZ, Teil I, Analyse erarbeitet von infratest, München 1956 (unveröff.), S. 12 f.
47 Vgl. Angestellte in der Sowjetzone Deutschlands. Verhaltensweisen u. gesellschaftliche Einordnung der mitteldeutschen Angestellten, erarbeitet von infratest, München Mai 1958 (unveröff.), S. 30.
48 Die Intelligenzschicht in der Sowjetzone Deutschlands, Band III, Ideologische Haltungen u. politische Verhaltensweisen, infratest GmbH & Co, München November 1960 (unveröff.), S. 35, 40, 45 f., Zit. im Original gesperrt.
49 Jugendliche Flüchtlinge aus der SBZ. Die menschlich-soziale, geistige u. materiell berufliche Eingliederung jugendlicher Sowjetzonen-Flüchtlinge, erarbeitet, von infratest, München (unveröff.), Mai 1957, S. 59, 67.
50 Zit. nach: R. Dahrendorf, Wandlungen der deutschen Gesellschaft der Nachkriegszeit: Herausforderungen und Antworten, in: Gesellschaft u. Freiheit, München 1965, S. 310 f.
51 Protokoll der Verhandlungen des V. Parteitages der Sozialistischen Einheitspartei Deutschlands. 10. bis 16. Juli 1958 in Berlin, Bd. 1, Berlin 1959, S. 221.
52 Zit. nach: Neues Deutschland v. 22. 9. 1959. In seiner Reden- und Aufsatzsammlung: Zur Geschichte der deutschen Arbeiterbewegung, Bd.

8, Berlin 1965, in die dieser Text aufgenommen wurde, ließ Ulbricht den Termin fort. Vgl. dort S. 470.
53 Protokoll des V. Parteitages (Anm. 51), S. 68, 70.
54 Wortprotokoll der 36. Tagung des ZK der SED vom 10.–11. Juni 1958, S. 64, Photokopie im Archiv des Arbeitsbereichs Geschichte und Politik der DDR am Institut für Sozialwissenschaften der Universität Mannheim.
55 Zit. nach: Einheit 1958/5, S. 673.
56 Zit. nach Konjunktur – Krise – Krieg. Thesen der Abteilungen Agitation/Propaganda u. Wissenschaften beim ZK der SED, in: Einheit 1958/12, S. 1795.
57 Vgl. W. Abelshauser, Wirtschaftsgeschichte der Bundesrepublik Deutschland 1945–1980, Frankfurt 1984, S. 126, Anm. 57.
58 Protokoll des V. Parteitages, Bd. 1, S. 148.
59 Zit. nach: »Tribüne« v. 7. 1. 1959.
60 Graffunder, S. 111, s. a. S. 129.
61 Vgl. ebd., S. 131 f.
62 Ebd.
63 Zit. nach: Durch Überzeugung alle Bauern für die LPG gewinnen, in: W. Ulbricht, Die Bauernbefreiung in der Deutschen Demokratischen Republik, Bd. 1, Berlin 1961, S. 669.
64 Vgl. Statistisches Jahrbuch der DDR 1959, Berlin 1960, S. 419 und 432 ff., sowie Statistisches Rundschreiben (des Bundesministers für Vertriebene, Flüchtlinge ... v. 12. 1. 1960), S. 6.
65 Vgl. Statistisches Jahrbuch der DDR 1960/1961, Berlin 1961, S. 403 ff.
66 Ebd., S. 261.
67 Ebd., S. 538.
68 Vgl. Protokoll des V. Parteitages, Bd. 1, S. 62 ff.
69 Damals wurden aufgrund einer Verordnung vom gleichen Tage über die »Ausgabe neuer Banknoten und die Außerkraftsetzung bisher gültiger Banknoten« alle umlaufenden Geldscheine für ungültig erklärt. Neues Geld wurde bis zu DM 300,– sofort ausgegeben, höherer privater Bargeldbesitz auf sein Zustandekommen überprüft und auf Bankkonten gutgeschrieben. Die Aktion war angesetzt worden, um Kontrolle über den inländischen Geldumlauf und die privat gesparte Kaufkraft zu erlangen sowie das in westlichen Banken und Wechselstuben liegende Ostgeld zu entwerten. Nach DDR-Angaben kostete diese die »Aktion Schiebertod« (Neues Deutschland) ca. 600 Millionen Mark.
70 Zit. nach: Dokumente zur Außenpolitik der Regierung der Deutschen Demokratischen Republik, Hg. Deutsches Institut für Zeitgeschichte, Berlin 1959, S. 76 ff.
71 Ebd., S. 79 ff.
72 Zit. nach: Dokumente zur Deutschlandpolitik der Sowjetunion, Bd. II, Hg. Deutsches Institut für Zeitgeschichte, Berlin, 1963, S. 691.

73 Vgl. ebd., S. 754.
74 Zit. nach: H. M. Catudal, Kennedy in der Mauer-Krise. Eine Fallstudie zur Entscheidungsfindung in USA, Berlin (West) 1981, S. 126.
75 Zit. nach W. Ulbricht, Erhöht die Marktproduktion, in: Neues Deutschland v. 19. 12. 1959. An dieser ZK-Tagung nahmen ausnahmsweise Vertreter der Blockparteien teil.
76 Die Kollektivierung ist übrigens eines der wenigen Kapitel der DDR-Geschichte, die DDR-Historiker noch immer linear nachzeichnen, obwohl Belletristik und Fernsehserien die Konflikte recht deutlich spiegeln.
77 Vgl. Catudal, S. 224 ff.
78 Zit. nach: E. Honecker, Aus meinem Leben, Berlin 1981[6], S. 203.
79 Vgl. Catudal, S. 226 f.
80 Zit. nach: Neues Deutschland v. 16. 6. 1961.

Kapitel IV

1 Tatsächlich hatte der »Industriekurier« am 2. September 1961 einen Abgesang auf die alten Träume veröffentlicht und u. a. geschrieben: »Eine Wiedervereinigung, wie sie sich jeder deutsche Patriot träumte – eine Wiedervereinigung mit Girlanden und wehenden Fahnen und siegreichem Einzug der Bundeswehr durchs Brandenburger Tor mit klingendem Spiel – eine solche Wiedervereinigung wird es auf absehbare Zeit nicht geben. Das ist eindeutig klargeworden, als die Westmächte nach dem 13. August sich darauf beschränkten, ihre Garantien für *Westberlin* allein zu erneuern. Wir werden uns auf lange Zeit mit dem *Nebeneinander* zweier deutscher Staaten abfinden müssen. Ob es mit der Zeit vielleicht zu einem echten Nebeneinander wird und nicht zu einem haßerfüllten Gegeneinander wie heute, hängt weniger von uns ab als von der Entwicklung in der Zone.«
2 Zit. nach: Geschichte der Sozialistischen Einheitspartei Deutschlands, Berlin 1978, S. 418.
3 Zit. nach: H. u. E. Mehls, Der 13. August. Illustrierte historische Hefte, Hg. Zentralinstitut für Geschichte bei der Akademie der Wissenschaften der DDR, Nr. 17, Berlin 1979, S. 3.
4 Zit. nach: R. Schroers, Aufstand für die Wiedervereinigung?, in: Merkur 16. 1962/4, S. 306 ff.
5 Zit. nach: GBl II, 55/1961, v. 25. 8. 1961, S. 343.
6 Vgl. Berliner Zeitung v. 30. 8. 1961; Leipziger Volkszeitung v. 31. 8. 1961.
7 Zit. nach: Neues Deutschland v. 1. 10. 1961.
8 Zit. nach: Volksstimme Magdeburg v. 26. 8. 1961.
9 Zit. nach: Junge Welt v. 17. 8. 1961.

10 Vgl. GBl I, 18/1961, S. 175 ff.
11 Vgl. Neues Deutschland v. 7. 9. 1961; Tribüne v. 12. 9. 1961.
12 Vgl. Statistisches Jahrbuch der DDR 1962, Berlin 1962, S. 432 ff.
13 Zit. nach: Neues Deutschland v. 28. 11. 1961.
14 Zit. nach: Programm der Kommunistischen Partei der Sowjetunion. Beschlossen vom XXII. Parteitag der KPdSU am 31. Oktober 1961, Moskau 1961, passim.
15 Zit. nach: S. Prokopp, Zur politischen u. sozialen Entwicklung der Intelligenz in der DDR (1955–1961), in: Jahrbuch für Geschichte 31, S. 153 ff.
16 Zit, nach: Neues Deutschland v. 24. 3. 1970.
17 Vgl. Geschichte der SED, S. 424.
18 So O. Reinhold, Imperialistischer Wirtschaftskrieg, in: Horizont 40/1978, S. 29.
19 Vgl. D. Nakath, Zur Geschichte der Handelsbeziehungen zwischen der DDR u. der BRD in der Endphase der Übergangsperiode 1958 bis 1961. Die Rolle des Handels bei der Zuspitzung des imperialistischen Wirtschaftskrieges gegen die DDR, in: Jahrbuch für Geschichte 31, S. 299 ff.
20 Vgl. S. Kupper, Der innerdeutsche Handel. Rechtliche Grundlagen, politische u. wirtschaftliche Bedeutung, Köln 1972.
21 Zit. nach: J. Roesler, Die Herausbildung der sozialistischen Planwirtschaft in der DDR, Berlin 1978, S. 340 f.
22 Vgl. Neues Deutschland v. 22. 1. 1963.
23 Zit. nach: Forum, Zeitung der Studenten u. der jungen Intelligenz, Hg. Zentralrat der FDJ, 22/1963, S. 4.
24 Dt. in: Ostprobleme, 21/1962, S. 661.
25 Zit. nach: Neues Deutschland v. 26. 11. 1961.
26 Zit. nach: ebd. v. 15. 12. 1962.
27 Zit, nach: ebd. v. 27. 3. 1962.
28 Vgl. die immer noch interessante Arbeit von E. Richert, Die DDR-Elite oder Unsere Partner von morgen?, Reinbek 1968, S. 60 ff. Apel beging 1965 Selbstmord. Das führte im Westen zu waghalsigen Spekulationen, die Richert – wohl zu Recht – bezweifelte.
29 Vgl. Ludz, Parteielite, passim.
30 J. Kuczynski, Dialog mit meinem Urenkel. Neunzehn Briefe u. ein Tagebuch, Berlin 1984^2, S. 53.
31 Zit. nach: E. Apel u. G. Mittag, Ökonomische Gesetze des Sozialismus u. neues ökonomisches System der Planung u. Leitung der Volkswirtschaft, Berlin 1964, S. 72.
32 Zit. nach: Programm der Sozialistischen Einheitspartei Deutschlands, in: Dokumente der SED, Bd. IX, Berlin 1965, S. 211 f.
33 Vgl. Richtlinie für das neue ökonomische System der Planung u. Leitung der Volkswirtschaft v. 11. Juli 1963, in: GBl II, 64/1963, S. 453 ff.

34 Zit. nach: Neues Deutschland v. 26. 6. 1963.
35 Zit. nach: ebd. v. 5. 2. 1964.
36 Vgl. Probleme des Perspektivplanes bis 1970, in: W. Ulbricht, Zum neuen ökonomischen System der Planung u. Leitung, Berlin 1967, S. 670.
37 Zit. nach: Neues Deutschland v. 25. 10. 1968.
37a Zit. nach: Genosse Walter Ulbricht: Bericht über die Beratung der Ersten Sekretäre der Zentralkomitees der kommunistischen und Arbeiterparteien und der Vorsitzenden der Ministerräte der Mitgliedländer des Rates für gegenseitige Wirtschaftshilfe [an die 3. Tagung des ZK der SED vom 29. Juli 1963], gedrucktes parteiinternes Material, S. 5 ff. – im Archiv des Arbeitsbereichs Geschichte und Politik der DDR am Institut für Sozialwissenschaften der Universität Mannheim.
38 Zit. nach: Neues Deutschland v. 24. 2. 1970.
39 Ebd.
40 Zit. nach: W. Ulbricht, Dem VI. Parteitag entgegen – Die Vorbereitung des VI. Parteitages der SED. Referat auf der 17. Tagung des ZK der SED, Berlin 1962, S. 20.
41 Zit. nach: Statut der Kommunistischen Partei der Sowjetunion, Moskau 1962, Art. 25.
42 Zit. nach: Statut der SED, in: »Neuer Weg«, Beilage zu Nr. 3/4 1962, Art. 27.
43 Vgl. Programm der Sozialistischen Einheitspartei Deutschlands, S. 171 ff.
44 Ebd., S. 234.
45 Vgl. das Referat Ulbrichts in: Protokoll der Verhandlungen des VII. Parteitages der Sozialistischen Einheitspartei Deutschlands, 17. bis 22. April 1967, Bd. 1, Berlin 1967, S. 25 ff. Vgl. auch: die Rede Ulbrichts auf der internationalen wissenschaftlichen Session: »100 Jahre ›Das Kapital‹« am 12. September 1967 in Berlin, in: Neues Deutschland v. 13. 9. 1967.
46 Zit. nach: ebd. v. 15. 11. 1970.
47 Vgl. M. Melzer, Anlagevermögen, Produktion u. Beschäftigung der Industrie im Gebiet der DDR vom 1936 bis 1978 sowie Schätzung des künftigen Angebotspotentials, Berlin (West) 1980, S. 74.
48 Vgl. H. Kuhrig, Die Gleichberechtigung der Frauen in der Deutschen Demokratischen Republik, Berlin 1973, S. 149.
49 Vgl. Zur gesellschaftlichen Stellung der Frau in der DDR, Hg. Wissenschaftlicher Beirat »Die Frau in der sozialistischen Gesellschaft« bei der Akademie der Wissenschaften der DDR, Leipzig 1978, S. 199.
50 Ebd., S. 204.
51 Die Zahlenangaben sind verschiedenen Statistischen Jahrbüchern entnommen. Vgl. zur Entwicklung der Qualifikationsstruktur zwischen

1955 und 1970 auch: Jahrbuch für Soziologie u. Sozialpolitik, Hg. Akademie der Wissenschaften der DDR, Berlin 1981, S. 399.
52 Vgl. Statistisches Jahrbuch der DDR 1965, S. 204 und 1972, S. 140.
53 Die Einkommensentwicklung bei LPG-Mitgliedern wird, da sie von den unterschiedlichen Erträgen der Genossenschaften abhängt, von der DDR-Statistik nicht mitgeteilt. 1959 noch galt ein Jahreseinkommen von DM 3400,– (vgl. Anm. 61, Kapitel 3) als akzeptabel. 1962 wurde das Mindesteinkommen der Mitglieder von LPGen des Typs III auf DM 3120,– festgesetzt. 1970 hatten nach Hans Immler (Agrarpolitik in der DDR, Köln 1971, S. 106) voll berufstätige LPG-Mitglieder ein jährliches Einkommen zwischen 5000,– und 8000,– Mark. Sie lagen damit im Durchschnitt noch unter dem Jahresverdienst vollbeschäftigter Produktionsarbeiter in den Volkseigenen Gütern (8200,– Mark).
54 Zit. nach: Dokumente der SED, Bd. IX, Berlin 1965, S. 679 ff.
55 Vgl. A. Freiburg u. C. Mahrad, FDJ. Der sozialistische Jugendverband der DDR, Opladen 1982, S. 90 ff.
56 Vgl. Statistische Jahrbücher der DDR 1967, S. 479; 1968, S. 473.
57 Vgl. G. Erbe, Arbeiterklasse u. Intelligenz in der DDR. Soziale Annäherung von Produktionsarbeiterschaft u. wissenschaftlich-technischer Intelligenz im Industriebetrieb?, Opladen 1982, S. 18 ff.
58 Vgl. dazu Erbe, S. 88 f.
59 Vgl. Statistisches Jahrbuch der DDR 1972, S. 57.
60 Vgl. P. C. Ludz, Die DDR zwischen Ost u. West. Politische Analysen 1961 bis 1976, München 1977, S. 38 ff.
61 Vgl. U. Siegel, Nationale Gruppen im Urteil Jugendlicher, in: Jugendforschung 1967/3, 4, S. 103 ff.
62 Der wohl sachkundigste Analytiker der Ost-West-Wanderung, Dietrich Storbeck, machte 1963 auf die Problematik des Flüchtlingsbegriffs aufmerksam. Er teilte zudem mit, daß die Zahl der Rück- und West-Ost-Wanderer zwischen 1952 und 1961 bei jährlich etwa 40000 gelegen habe, so daß der Wanderungs-Verlust der DDR von insgesamt drei Millionen Menschen seit der Staatsgründung um eine Zuwanderung von ca. 500000 vermindert worden sein dürfte. Vgl. D. Storbeck, Flucht oder Wanderung?, in: Soziale Welt 1963/2, S. 153 ff.
63 Vgl. O. Stammer, Sozialstruktur u. System der Werthaltungen in der Sowjetischen Besatzungszone Deutschlands (Erstdruck in Schmollers Jahrbuch 1/1956), in: ders., Politische Soziologie u. Demokratieforschung, Berlin (West) 1965, S. 208 ff., insbes. S. 254 ff.
64 Vgl. dazu H. Zimmermann, Probleme der Analyse bolschewistischer Gesellschaftssysteme, in: Gewerkschaftliche Monatshefte 1961/4, S. 193 ff.; P. C. Ludz, Offene Fragen der Totalitarismus-Forschung, in: Politische Vierteljahresschrift 1961/4, S. 319 ff.; M. Drath, Tota-

litarismus in der Volksdemokratie, Vorwort zu E. Richert, Macht ohne Mandat, Opladen 1958, S. XI ff.
65 Das zweite Deutschland. Ein Staat, der nicht sein darf, Gütersloh 1964.
66 Vgl. DDR-Handbuch, Hg. Bundesministerium für innerdeutsche Beziehungen, wissensch. Ltg. P. C. Ludz u. M. v. J. Kuppe, Köln 1979², S. 501. Die Kriminalitätsstatistik der DDR verzichtet auf den Ausweis politischer Delikte. Aus der Gesamtzahl der Straftaten (ca. 109 000) und der Subtraktion der ausgewiesenen nichtpolitischen Delikte (ca. 105 000) läßt sich – folgt man den Zahlen – für 1970 der Schluß ziehen, daß in diesem Jahr maximal 4000 Urteile aufgrund politischer Tatbestände ergingen. Vgl. Statistisches Jahrbuch der DDR 1971, S. 480f. Vgl. im übrigen: K. W. Fricke, Politik u. Justiz in der DDR. Zur Geschichte der politischen Verfolgung 1945–1968, Köln 1979.
67 Vgl. auch A. Grunenberg, Die gespaltene Identität. Gesellschaftliches Doppelleben in der DDR, in: W. Weidenfeld Hg., Die Identität der Deutschen, München 1983, S. 208 ff.
68 Vgl. Deutsche Lehrerzeitung (DDR), 1965 ff.
69 Vgl. G. Gaus, Wo Deutschland liegt, Hamburg 1983, S. 156 ff.
70 Zum damaligen Stand vgl. H. G. Bütow, Zur Entwicklung der Soziologie u. Sozialpsychologie in der DDR, in: Wissenschaft in der DDR. Einl. P. C. Ludz, München 1971, S. 166 ff.
71 Zit. nach: Demokratie u. Recht im neuen ökonomischen System der Planung u. Leitung der Volkswirtschaft, Berlin 1965, S. 174.
72 Havemann veröffentlichte seine Vorlesungen 1964 unter dem Titel »Dialektik ohne Dogma« bei Rowohlt.
73 Vgl. Plädoyer für eine neue KPD, in: DER SPIEGEL 52/1965.
74 Stefan Heym hat diesen Beitrag in eine Aufsatz-Sammlung aufgenommen. Vgl. Die Langeweile von Minsk, in: S. Heym, Wege u. Umwege. Streitbare Schriften aus fünf Jahrzehnten, Frankfurt 1983, S. 284.
75 Zit. nach: Neues Deutschland v. 16. 12. 1965. Wie seismographisch genau führende Kulturfunktionäre der SED die Debatten in der CSSR verfolgten und – intern – vor einem Übergreifen des »Kampfes gegen die Prinzipien des Marxismus-Leninismus« auf die DDR warnten, zeigen die Diskussionsbeiträge auf der 5. Plenartagung des ZK im Februar 1964. Sie wurden, wohl um den Eindruck einer Einmischung in CSSR-Angelegenheiten zu vermeiden, nicht veröffentlicht. Vgl. Bericht des Politbüros und Diskussionsbeiträge auf dem 5. Plenum des ZK der SED v. 3.–7. Februar 1964, gedrucktes parteiinternes Material, S. 23 ff. (Diskussions-Reden von Kurt Hager, Hanna Wolf, Alfred Kurella, Siegfried Wagner) – im Archiv des Arbeitsbereichs Geschichte und Politik der DDR (Mannheim).
76 Der Roman erschien 1969 – nachdem Bieler von Ostberlin nach Prag

und von dort in die Bundesrepublik gegangen war – in Hamburg unter dem Titel: Maria Morzeck oder Das Kaninchen bin ich.
77 Zit. nach: Neues Deutschland v. 16. 12. 1965.
78 Zit. nach: Für klare Konturen unserer Literatur. Erklärung des Vorstandes des Deutschen Schriftstellerverbandes, in: Neues Deutschland v. 14. 1. 1966.
79 Zit. nach: Neues Deutschland v. 13. 2. 1964.
80 Neue Deutsche Literatur 1965/3, S. 90. Vgl. auch M. Jäger, Kultur u. Kulturpolitik in der DDR, Köln 1982, S. 111.
81 Zit. nach: Neues Deutschland v. 18. 12. 1965.
82 Zit. nach: DDR–UdSSR. 30 Jahre Beziehungen 1949–1979, 1. Halbbd., Berlin 1982, S. 158 ff.
83 Zit. nach: Neues Deutschland v. 18. 10. 1964.
84 Zit. nach: ebd. v. 7. 10. 1964.
85 Zit. nach: Geschichte der Außenpolitik der DDR, Hg. Institut für Internationale Beziehungen Potsdam-Babelsberg, Berlin 1984, S. 209.
86 Vgl. Kommuniqué der Tagung des Beratenden Ausschusses der Teilnehmerstaaten des Warschauer Vertrages vom 19. bis 20. Januar 1965 in Warschau, in: Dokumente zur Außenpolitik der DDR 1965, Bd. XIII, Berlin 1969, S. 395 ff.
87 Vgl. Dokumente der Außenpolitik der DDR, Bd. XIV/1, Berlin 1970, S. 43 ff.
88 Ebd., S. 553 ff.
89 Vgl. Neues Deutschland v. 11. 2. 1966.
90 Diese Lesart enthält die 1984 veröffentlichte Geschichte der Außenpolitik der DDR (Anm. 85, S. 204), deren Autoren ohne Quellenangaben schreiben: »Die SPD-Führung hatte der SED zugesagt, auf dem Wege der Verständigung über Teilfragen, die Anerkennung der DDR durch die BRD herbeizuführen.«
91 Zit. nach: Neues Deutschland v. 26. 3. 1966.
92 Vgl. Dokumente des geteilten Deutschland. Quellentexte zur Rechtslage des Deutschen Reiches, der Bundesrepublik Deutschland u. der Deutschen Demokratischen Republik, Hg. I. v. Münch, Stuttgart 1976, S. 222 f.
93 Zit. nach: Dokumente der Außenpolitik der DDR, Bd. XIV/1, S. 285 ff.
94 Zit. nach: Neues Deutschland v. 24. 3. 1968.
95 Vgl. ebd. v. 21. 12. 1969
96 Zit. nach: ebd. v. 16. 6. 1970.
97 Zit. nach: Voßke, Ulbricht, S. 376.
98 Zit. nach: Geschichte der Sozialistischen Einheitspartei Deutschlands, Berlin 1978, S. 545.
99 Zit. nach: H. Beyer, Der historische Platz der 14. Tagung des ZK der SED (Dezember 1970) u. ihre Beschlüsse für die Festigung des Ver-

trauensverhältnisses zwischen Partei, Arbeiterklasse u. Volk, in: Wissenschaftliche Mitteilungen 1/1977, Hg. Historiker-Gesellschaft der DDR, S. 107ff.
100 Zit. nach: Neues Deutschland v. 10. 12. 1970.
101 Zit nach: ebd. v. 4. 5. 1971.
102 Vgl. ebd. v. 29. 1. 1971 u. 5. 5. 1971.

Kapitel V

1 Zit. nach: Dokumente der SED, Bd. XIII, Berlin 1974, S. 149.
2 Vgl. Protokoll der Verhandlungen des VIII. Parteitages der Sozialistischen Einheitspartei Deutschlands, 15. bis 19. Juni 1971 in Berlin, Bd. 1, Berlin 1971, S. 110.
3 Ebd., S. 287.
4 Ebd., S. 61f.
5 Ebd., S. 62.
6 Ebd.
7 Vgl. Programm der Sozialistischen Einheitspartei Deutschlands, in: Dokumente der SED, Bd. XVI, Berlin 1980, S. 39.
8 Vgl. K. Hager, Die entwickelte sozialistische Gesellschaft (Aufgaben der Gesellschaftswissenschaftler nach dem VIII. Parteitag der SED) in: Einheit 1971/11, S. 1203ff.
9 Zit. nach: Rechenschaftsbericht des Zentralkomitees der KPdSU an den XXIV. Parteitag der Kommunistischen Partei der Sowjetunion, Referent: L. I. Breschnew, Moskau/Berlin 1971, S. 56.
10 Vgl. Autorenkollektiv u. Ltg. von E. Kalbe, Geschichte der sozialistischen Gemeinschaft. Herausbildung u. Entwicklung des realen Sozialismus von 1917 bis zur Gegenwart, Berlin 1981, S. 392ff.
11 Zit. nach: Neues Deutschland v. 25. 4. 1975.
12 Vgl. Statistisches Jahrbuch der DDR 1979, S. 31.
13 Zit. nach: Bericht des Politbüros an die 5. Tagung des ZK, in: Neues Deutschland v. 28. 4. 1972.
14 Vgl. Statistische Jahrbücher der DDR 1972, S. 124; 1973, S. 113.
15 Zit. nach: Protokoll des VIII. Parteitages, S. 78ff.
16 Vgl. Statistisches Jahrbuch der DDR 1982, S. 47.
17 Zit. nach: Protokoll des VIII. Parteitages, S. 56.
18 Vgl. A. Kosing, Die nationale Lebensfrage des deutschen Volkes, Berlin 1962.
19 Zit. nach: A. Kosing, Nation in Geschichte u. Gegenwart. Studie zur historisch-materialistischen Theorie der Nation, Berlin 1976, S. 179.
20 Zit. nach: Neues Deutschland v. 13. 12. 1974.
21 Vgl. hierzu und zum folgenden: A. Köhler u. V. Ronge, »Einmal BRD – einfach«. Die Ausreisewelle im Frühjahr 1984, in: Deutschland

Archiv 1984/12, S. 128 ff.; dies. Ein Test auf die Wiedervereinigung. Die Reaktion der Bundesdeutschen auf die Übersiedlerwelle aus der DDR vom Frühjahr 1984, in: ebd., 1985/1, S. 52 ff.
22 Vgl. Köhler u. Ronge, in: ebd. 1985, S. 54.
23 Vgl. Statistische Jahrbücher der DDR 1979, S. 328; 1980, S. 330.
24 Vgl. H. Zimmermann, Machtverteilung u. Partizipationschancen. Zu einigen Aspekten des politisch-sozialen Systems der DDR, Manuskript, Februar 1982, S. 29.
25 Zit. nach: Neues Deutschland v. 18. 12. 1971.
26 H. L. Gremliza, Interview mit H. Kant, in: Literatur konkret Ausgabe Herbst 1979, S. 25, zit. nach: M. Jäger, Kultur. S. 164.
27 Vgl. Neues Deutschland v. 30. April 1974.
28 Vgl. ebd. v. 29./30. Mai 1976.
29 Zit. nach: ebd.
30 Zit. nach: ebd. v. 27. Juni 1975.
31 So Honecker auf dem IX. Parteitag. Vgl. Protokoll der Verhandlungen des IX. Parteitages der SED im Palast der Republik in Berlin, 18. bis 22. Mai 1976, Bd. 1, Berlin 1976, S. 64.
32 Vgl. auch für das folgende D. Cornelsen, Probleme der Westverschuldung der DDR, Reprint Nr. 101 des Instituts für Sozialwissenschaften der Universität Mannheim, Februar 1984.
33 Vgl. R. Brauer, Mit den Weltmärkten verbunden, Berlin 1983, S. 46.
34 Vgl. Statistisches Jahrbuch der DDR 1984, S. 239.
35 Das ist die Summe, die von der Bank für Internationalen Zahlungsausgleich (BIZ) aufgrund der Angaben der an sie meldenden Banken genannt wird. Rechnet man, wie das Deutsche Institut für Wirtschaftsforschung (Berlin-West), den damals 1,61 Milliarden Dollar betragenden Passivsaldo im innerdeutschen Handel hinzu, ergibt sich für Ende 1983 eine Gesamtverschuldung in Höhe von 6,7 Milliarden Dollar, zu der häufig noch ca. 10 bis 20% addiert werden: die mögliche Differenz zwischen BIZ-Angaben und Gesamtverschuldung (anderen Ausleihungen und Handelskrediten).
36 Welche Erfolge zwischen 1976 und 1980 erreicht wurden, läßt sich aus den DDR-Veröffentlichungen kaum erschließen. Das Deutsche Institut für Wirtschaftsforschung errechnete für die Jahre 1975 bis 1980 ein durchschnittliches Wachstum des Nationaleinkommens (dem Bruttosozialprodukt in etwa vergleichbar) von jährlich 4,1%, für die Jahre bis 1983 von 3,9%. Vgl. Handbuch der DDR-Wirtschaft, Hg. Deutsches Institut für Wirtschaftsforschung (DIW) Berlin, Reinbek 1984[4], S. 137. Für 1984 meldete die DDR (Neues Deutschland v. 19./20. 1. 1985) einen Zuwachs in Höhe von 5,5%.
37 Zit. nach: Protokoll der Verhandlungen des X. Parteitages der Sozialistischen Einheitspartei Deutschlands in Berlin, 11. bis 16. April 1981, Bd. 1, Berlin 1981, S. 64 ff.

38 Vgl. auch I. Fischer u. K. Hartmann, Industrieroboter im Sozialismus, Berlin 1983, S. 169.
39 Vgl. D. Politz, Erfahrungen u. Ergebnisse der umfassenden Rationalisierung zur Gewinnung von Werktätigen für neue Aufgaben im VEB Petrochemisches Kombinat Schwedt, in: wirtschaftswissenschaft 1984/4, S. 523 ff.
40 Vgl. D. Schneeweiß, Die Gewinnung von Arbeitskräften für neue Aufgaben – eine langfristig gültige strategische Aufgabe im Rahmen der sozialistischen Intensivierung, in: ebd., S. 1027 ff.
40a Zit. nach: A. Kretzschmar, Sozialistische Persönlichkeit und intensiv erweiterte Reproduktion, in: Deutsche Zs. f. Philosophie, 1985/1, S. 21 ff., S. 28
41 Vgl. auch für das folgende R. Henkys Hg., Die evangelischen Kirchen in der DDR, München 1982.
42 Vgl. D. Staritz, DDR: Herausforderung der achtziger Jahre, in: Die DDR vor den Herausforderungen der achtziger Jahre, 16. Tagung zum Stand der DDR-Forschung in der Bundesrepublik Deutschland, 24. bis 27. Mai 1983, Köln 1983, S. 21 ff.
43 13. Tagung des ZK der SED 11./12. Dezember 1980. Aus dem Bericht des Politbüros an die 13. Tagung des ZK der SED. Berichterstatter: Genosse G. Mittag, Berlin 1980, S. 35 f., vgl. auch: R. Brauer.
44 Zit. nach: 6. Tagung der Gemeinsamen Kommission der Ökonomen der UdSSR und der DDR zum Thema »Die wachsende Rolle des sozialistischen Weltsystems im revolutionären Weltprozeß – sozialökonomische Aspekte«, in: wirtschaftswissenschaft 1981/4, S. 394 f.
45 K. Steinitz, Zu einigen Aspekten der veränderten Reproduktionsbedingungen in der Volkswirtschaft der DDR, in: ebd., 1981/1, S. 14 ff.
46 Vgl. D. Cornelsen, Die Wirtschaft der DDR in den achtziger Jahren, in: Die DDR vor den Herausforderungen der achtziger Jahre, 16. Tagung zum Stand der DDR-Forschung in der Bundesrepublik Deutschland 24. bis 27. Mai 1983, Köln 1983, S. 33 ff.
47 Vgl. K. Belwe, Soziale Differenzierung in der wissenschaftlichen Intelligenz in der DDR-Diskussion, in: ebd., S. 106 ff.
48 So Otto Reinhold, in: 6. Tagung (Anm. 44), S. 395.
49 H. Steiner, Wissenschaftliche Schulen in den marxistisch-leninistischen Gesellschaftswissenschaften, in: Deutsche Zeitschrift für Philosophie (DZPh) 1981/2, S. 220 ff.
50 H. Hörnig u. G. Schirmer, Hoher Anspruch an Qualität u. Effektivität der marxistisch-leninistischen Gesellschaftswissenschaften, in: Einheit 1980/11, S. 1242.
51 Ebd., S. 1243.
52 Ebd., S. 1244.
53 M. Lötsch, Sozialstruktur u. Wirtschaftswachstum, Überlegungen zum Problem sozialer Triebkräfte des wissenschaftlich-technischen

Fortschritts, in: wirtschaftswissenschaft 1981/1, S. 56ff. Siehe jetzt auch: A. Kretzschmar, Soziale Unterschiede – unterschiedliche Persönlichkeiten? Berlin 1985.
54 Vgl. Belwe.
55 Vgl. Empfehlungen des Staatsrates zur Tätigkeit der Volksvertretungen ..., in: Neues Deutschland v. 19./20. 6. 1982.
56 Vgl. U. Ziegler (Rubrik Schwerpunkte), in: DDR Report 1982/8, S. 495f.
57 Zit. nach: Empfehlungen des Staatsrates.
58 Protokoll der Verhandlungen des X. Parteitages der SED, 11.–16. April 1981, Bd. 1, Berlin 1981, S. 126.
59 Nach Mitteilung der Parteien entwickelten sich ihre Mitgliederschaften wie folgt:

	1975	1977	1982
CDUD	100000	115000	125400
LDPD	70000	75000	83000
NDPD	80000	85000	91000
DBD	90000	92000	103000

Vgl. zum Problembereich Parteien und Massenorganisationen auch: D. Staritz, Neue Akzente in der SED-Bündnispolitik, in: DDR Report 1983/2, S. 70ff.
60 Zit. nach: mach mit, Zeitschrift für die Ausschüsse der Nationalen Front der DDR 1982/6, S. 45, vgl. auch: M. Scheler, Über die Vereinigung der gegenseitigen Bauernhilfe, in: Einheit 1984/6, S. 558ff.
61 Vgl. Die gesellschaftlichen Organisationen im politischen System des Sozialismus. Materialien des internationalen Symposiums in Potsdam-Babelsberg, Babelsberg 1982, S. 9.
62 Ebd., S. 11.
63 Zit. nach: R. Mand u. a., Aktuelle Probleme des Zusammenwirkens von sozialistischem Staat u. gesellschaftlichen Organisationen bei der weiteren Gestaltung der entwickelten sozialistischen Gesellschaft in der DDR, in: Staat u. Recht 1982/6, S. 500.
64 W. Weichelt, Das Politische System in den Klassenkämpfen der Gegenwart. Überlegungen aus staats- und rechtstheoretischer Sicht, in: DZPh 82, S. 1213ff.
65 W. Eichhorn, Entwicklung des politischen Systems. Philosophische Anmerkungen, in: DZPh 1982/10, S. 1189ff.
66 Ebd., S. 1198.
67 U.-J. Heuer, Recht u. Wirtschaftsleitung im Sozialismus. Von den Möglichkeiten u. von der Wirklichkeit des Rechts, Berlin 1982, S. 56ff.
68 Honecker im Schlußwort auf der 4. Tagung des ZK der SED, in: Neues Deutschland v. 25. 6. 1982.

Auswahlbibliographie

Die aufgeführten Titel geben einen Einblick in die Fülle der zur DDR-Entwicklung erschienenen Literatur. Beschränkt werden mußte u. a. die Auflistung zuweilen detailreicher Memoirenliteratur, zu verzichten war auf die DDR-Belletristik zur DDR-Geschichte, (mit wenigen Ausnahmen) auf die Sammlungen von Reden und Aufsätzen führender DDR-Politiker, auf Literatur zum Systemvergleich sowie auf die Aufnahme von Zeitschriftenaufsätzen. In der DDR widmen sich Themen der Zeitgeschichte insbesondere die *Zeitschrift für Geschichtswissenschaft,* die *Beiträge zur Geschichte der Arbeiterbewegung,* einzelne Ausgaben des *Jahrbuchs für Geschichte* sowie Fachzeitschriften wie *Staat und Recht,* wirtschaftswissenschaft oder die *Zeitschrift für Militärgeschichte.* In der Bundesrepublik sind es vor allem das *Deutschland Archiv,* die *Vierteljahrshefte für Zeitgeschichte,* der *DDR-Report,* das *Jahrbuch der Gesellschaft für Deutschlandforschung* sowie die *Deutschen Studien.* Zu speziellen Problemen finden sich bisweilen auch Arbeiten in den Periodika etwa der Historiker, Juristen oder Soziologen.

Bibliographien, Chroniken, Nachschlagewerke

Bibliographie selbständiger Publikationen zur Geschichte der örtlichen Arbeiterbewegung und Betriebsgeschichte 1971 bis 1979, Hg. Institut für Marxismus-Leninismus beim ZK der SED, Abt. Geschichte der örtlichen Arbeiterbewegung u. Betriebsgeschichte, Berlin 1980.

Bibliographie zur Deutschlandpolitik 1941 bis 1974; 1975 bis 1982, Frankfurt 1975/1983.

Buch, G., Namen u. Daten wichtiger Personen in der DDR, Berlin (West) 1982[3].

DDR-Handbuch, Hg. Bundesministerium für innerdeutsche Beziehungen u. Ltg. v. H. Zimmermann, 2 Bde., Köln 1985.

Deutsche Demokratische Republik, Leipzig 1984[2].

Geschichte der deutschen Arbeiterbewegung. Biographisches Lexikon, Hg. Institut für Marxismus-Leninismus beim ZK der SED, Berlin 1970.

Geschichte der deutschen Arbeiterbewegung, Teil III: 1945–1963, Hg. Institut für Marxismus-Leninismus beim ZK der SED, Berlin 1967.

Gesellschaftswissenschaftliche Literatur aus der Deutschen Demokratischen Republik. Auswahlbibliographie von 1976 bis 1983, Hg. Deutsche Staatsbibliothek, Berlin 1983.

Historische Forschungen in der DDR, Zeitschrift für Geschichtswissenschaft, Sonderhefte 1960, 1970 u. 1980.

Jahrbuch der Deutschen Demokratischen Republik, 6 Bde., Berlin 1956–1961.

SBZ-Biographie, Hg. Bundesministerium für gesamtdeutsche Fragen, Bonn 1961.
SBZ: die Sowjetische Besatzungszone Deutschlands in den Jahren ...; eine chronologische Übersicht, Hg. Bundesministerium für gesamtdeutsche Fragen, Berichtszeitraum: 1945–1962, Bonn 1956ff.
Schöneburg, K.-H. u. a., Vom Werden unseres Staates, Bd. 1: 1945–1949; Bd. 2: 1949–1955, Berlin 1966, 1968.
Unser Staat. DDR-Zeittafel 1949–1983, Hg. Akademie für Staats- u. Rechtswissenschaft der DDR, u. Ltg. v. U. Dähn, Berlin 1984.
Weber, H., u. Oldenburg, F., 25 Jahre SED. Chronik einer Partei, Köln 1971.
Weber, H., SED. Chronik einer Partei 1971–1976, Köln 1976.
Wörterbuch der Geschichte, Hg. H. Bartel u. a., 2 Bde., Berlin 1983.

Dokumente, Protokolle, Statistiken usw.

Beziehungen DDR–UdSSR 1949–1955. Dokumentensammlung, Hg. Ministerium für Auswärtige Angelegenheiten der DDR u. Ministerium für Auswärtige Angelegenheiten der UdSSR, 1. Halbband, Berlin 1975.
Die DDR-Verfassungen, Bearb. H. Roggemann, Berlin (West) 1980³.
Dokumente der Sozialistischen Einheitspartei Deutschlands, Bd. 1 ff., Berlin 1948ff.
Dokumente u. Materialien zur Geschichte der deutschen Arbeiterbewegung, Hg. Institut für Marxismus-Leninismus beim ZK der SED, Reihe III, Bd. 1, Berlin 1959.
Dokumente zur Außenpolitik der Regierung der Deutschen Demokratischen Republik, Hg. Deutsches Institut für Zeitgeschichte, Band 1 ff., Berlin 1954ff.
Dokumente zur Deutschlandpolitik, Hg. Bundesministerium für gesamtdeutsche Fragen, Bd. 1 ff., Frankfurt 1961 ff.
Dokumente zur Deutschlandpolitik der Sowjetunion, Hg. Deutsches Institut für Zeitgeschichte, 3 Bde., Berlin 1957, 1963, 1968.
Dokumente zur Kunst-, Literatur- u. Kulturpolitik der SED, Bd. 1: 1949–1970, Hg. E. Schubbe; Bd. 2: 1971–1974. Hg. G. Rüß; Bd. 3: 1975–1980, Hg. P. Lübbe, Stuttgart 1972, 1976, 1984.
Freier Deutscher Gewerkschaftsbund: Protokoll des ... Kongresses, Berlin 1946ff.
Geschichte des Staates u. des Rechts der DDR, Hg. Institut für Theorie des Staates u. des Rechts der Akademie der Wissenschaften der DDR, Bd. 1: 1945–1949; Bd. 2: 1949–1961, Berlin 1984.
Honecker, E., Reden u. Aufsätze, Bd. 1 ff., Berlin 1975ff.
Mampel S., Die sozialistische Verfassung der DDR. Berlin (West) 1982².

Materialien zum Bericht zur Lage der Nation, Hg. Bundesministerium für innerdeutsche Beziehungen, Bonn 1971, 1972, 1974.
v. Münch, I. Hg. Dokumente des geteilten Deutschland, 2 Bde., Stuttgart 1968, 1974.
Pieck, W., Reden u. Aufsätze, 1906–1953, 4 Bde., Berlin 1950–1955.
Protokoll der ... Parteitage u. Parteikonferenzen von KPD, SPD und SED seit 1945, Berlin 1946 ff.
Rilling, R. Hg., Sozialismus in der DDR, 2 Bde., Köln 1979.
Suckut, S. Hg., Blockpolitik in der SBZ/DDR 1945–1949. Die Sitzungsprotokolle des zentralen Einheitsfrontausschusses. Quellenedition, Köln 1985.
Statistisches Jahrbuch der Deutschen Demokratischen Republik, Hg. Zentralverwaltung für Statistik, Jg. 1 ff., Berlin 1956 ff.
Texte zur Deutschlandpolitik, Hg. Bundesministerium für gesamtdeutsche Fragen (später: Bundesministerium für innerdeutsche Beziehungen), Reihe I, Band 1–12, Bonn 1968–1973; Reihe II, Band 1 ff., ebd. 1975 ff.
Ulbricht, W., Zur Geschichte der deutschen Arbeiterbewegung. Aus Reden u. Aufsätze, Bd. 1–10, Berlin 1953 ff.
Um die Erneuerung der deutschen Kultur. Dokumente zur Kulturpolitik 1935–1949, Hg. G. Dietrich, Berlin 1983.
Um ein antifaschistisch-demokratisches Deutschland. Dokumente aus den Jahren 1945–1949, Berlin 1968.
Die Wahlen in der Sowjetzone, Hg. Bundesministerium für Gesamtdeutsche Fragen, Bonn 1964[6].
Zahlenspiegel Bundesrepublik Deutschland/Deutsche Demokratische Republik, Hg. Bundesministerium für innerdeutsche Beziehungen, Bonn 1983[2].

Biographien, Memoiren, Porträts, Erinnerungen

Brandt, H., Ein Traum, der nicht entführbar ist. Mein Weg zwischen Ost und West, München 1967.
Behrendt, A., Wilhelm Külz, Berlin 1968.
Conze, W., Jakob Kaiser. Politiker zwischen Ost u. West 1945–1949, Stuttgart 1969.
Doernberg, S., Befreiung 1945, Berlin 1975.
... einer neuen Zeit Beginn. Erinnerungen an die Anfänge unserer Kulturrevolution 1945–1949, Weimar 1980.
Die ersten Jahre. Erinnerungen an den Beginn der revolutionären Umgestaltungen, Hg. I. Schiel, Berlin 1979.
Fischer, G., Otto Nuschke, Berlin 1983.
Gradl, J. B., Anfang unter dem Sowjetstern. Die CDU 1945–1948 in der sowjetischen Besatzungszone Deutschlands, Köln 1981.

Gniffke, E. W., Jahre mit Ulbricht, Köln 1966.
Havemann, R., Fragen, Antworten, Fragen, München 1970.
Honecker, E., Aus meinem Leben, Berlin 1981.
Kampfgefährten-Weggenossen. Erinnerungen deutscher u. sowjetischer Genossen an die ersten Jahre der antifaschistisch-demokratischen Umwälzung in Dresden, Berlin 1975.
Kuczynski, J., Dialog mit meinem Urenkel, Berlin, Weimar 1984².
Leonhard, W., Die Revolution entläßt ihre Kinder, Köln, 1955 u.ö.
Lemmer, E., Manches war doch anders. Erinnerungen eines deutschen Demokraten, Frankfurt 1968.
Lippmann, H., Honecker. Porträt eines Nachfolgers, Köln 1971.
Loest, E., Durch die Erde ein Riß, Hamburg 1981.
Mayer, H., Ein Deutscher auf Widerruf, 2 Bde., Frankfurt 1982, 1984.
Selbmann F. Hg., Die erste Stunde. Porträts, Berlin 1969.
Stern, C., Ulbricht, Köln 1963.
Tjulpanow, S., Erinnerungen an deutsche Freunde u. Genossen, Berlin 1984.
Vereint sind wir alles. Erinnerungen an die Gründung der SED, Berlin 1971.
Voßke, H., Otto Grotewohl, Berlin 1979.
Voßke, H., u. Nitzsche, G., Wilhelm Pieck, Frankfurt 1975.
Voßke, H., Walter Ulbricht, Berlin 1983.
Wir sind die Kraft. Der Weg zur Deutschen Demokratischen Republik. Erinnerungen, Hg. Institut für Marxismus-Leninismus beim ZK der SED, Berlin 1959.

DDR-Geschichte

a) Gesamtdarstellungen

Childs, D., The GDR. Moscow's German Ally, London 1983.
DDR-Werden u. Wachsen. Zur Geschichte der Deutschen Demokratischen Republik, R. Badstübner u. a., Frankfurt 1975.
Geschichte der Deutschen Demokratischen Republik, R. Badstübner u. a., Berlin 1981.
Heitzer, H., DDR, Berlin 1984².
Weber, H., Geschichte der DDR, München 1985.

b) Einzelne Entwicklungsphasen

Badstübner, R., u. Heitzer, H. Hg., Die DDR in der Übergangsperiode 1945–1961, Berlin 1979.
Baring, A., Der 17. Juni 1953, Bonn 1957.

Doernberg, S., Die Geburt eines neuen Deutschland 1945–1949. Die antifaschistisch-demokratische Umwälzung u. die Entstehung der DDR, Berlin 1959².

Duhnke, H., Stalinismus in Deutschland. Die Geschichte der sowjetischen Besatzungszone, Köln 1955.

Erdmann, K. D., Das Ende des Reiches u. die Entstehung der Republik Österreich, der Bundesrepublik Deutschland u. der Deutschen Demokratischen Republik (= Gebhardt, Handbuch der deutschen Geschichte, Bd. 22), München 1980³.

Die Errichtung des Arbeiter- u. Bauernstaates der DDR 1945–1949, Hg. K.-H. Schöneburg, Berlin 1983.

Hurwitz, H., Demokratie u. Antikommunismus in Berlin nach 1945, 3 Bde., Köln 1983/1984.

Keiderling, G., Die Berliner Krise 1948/49, Berlin 1982.

Kleßmann, C., Die doppelte Staatsgründung. Deutsche Geschichte 1945–1955, Göttingen 1982.

Kölm, L., Die Befehle des Obersten Chefs der Sowjetischen Militäradministration in Deutschland 1945–1949, Humboldt-Universität, Diss., Berlin 1977.

Krisch, H., German Politics under Soviet Occupation, New York 1974.

Ludz, P. C.: Die DDR zwischen Ost und West, 1961–1976, München 1977.

Neef, H., Entscheidende Tage im Oktober 1949. Die Gründung der Deutschen Demokratischen Republik, Berlin 1984².

Nettl, J. P., Die deutsche Sowjetzone bis heute. Politik, Wirtschaft, Gesellschaft, Frankfurt 1953.

Revolutionärer Prozeß u. Staatsentstehung, Hg. Akademie der Wissenschaften der DDR, Berlin 1976.

Rühle, J., u. Holzweißig, G., 13. August 1961. Die Mauer von Berlin, Köln 1981.

Sandford, G., From Hitler to Ulbricht. The Communist Reconstruction of East Germany 1945–1946, Princeton 1983.

Spittmann, I., u. Fricke, K. W. Hg., 17. Juni 1953. Arbeiteraufstand in der DDR, Köln 1982.

Staritz, D., Die Gründung der DDR. Von der sowjetischen Besatzungsherrschaft zum sozialistischen Staat, München 1984.

Steininger, R., Deutsche Geschichte 1945–1961, 2 Bde., Frankfurt 1983.

Suckut, S., Die Betriebsrätebewegung in der Sowjetisch Besetzten Zone Deutschlands (1945–1948), Frankfurt 1982.

Sywottek, A., Deutsche Volksdemokratie. Studien zur politischen Konzeption der KPD 1935–1946, Düsseldorf 1971.

Weißleder, W., Wesen u. Funktion der Deutschen Wirtschaftskommission (DWK), Akademie der Wissenschaften der DDR, Forschungsbereich Gesellschaftswissenschaften, Diss. 1976.

Überblicksdarstellungen

Staat und Gesellschaft

Brokmeier, P., u. Rilling R., Hg., Beiträge zur Sozialismusanalyse, 3 Bde., Köln 1978–1981.
DDR-Bürgerinteressen als Staatspolitik, Hg. Akademie für Staats- u. Rechtswissenschaft der DDR, Berlin 1984.
Erbe, G., u. a., Politik, Wirtschaft u. Gesellschaft in der DDR, Opladen 1980².
Policymaking in the German Democratic Republic, Hg. K. v. Beyme u. H. Zimmermann, Aldershot 1984.
Rausch, H., u. Stammen, T., DDR. Das politische, wirtschaftliche und soziale System, München 1978⁴.
Richert, E., Das zweite Deutschland. Ein Staat, der nicht sein darf, Gütersloh 1964.
Sontheimer, K., u. Bleek, W., Die DDR. Politik-Gesellschaft-Wirtschaft, Hamburg 1979⁵.
Thomas, R., Modell DDR. Die kalkulierte Emanzipation, München 1982⁸.

SED

Beiträge zur Geschichte der Sozialistischen Einheitspartei Deutschlands, Hg. Institut für Gesellschaftswissenschaften beim ZK der SED, Berlin 1961.
Benser, G., Die KPD im Jahr der Befreiung. Vorbereitung u. Aufbau der legalen Kommunistischen Massenpartei (Jahreswende 1944/45 bis Herbst 1945), Berlin 1985.
Förtsch, E., u. R. Mann, Die SED, Stuttgart 1969.
Geschichte der deutschen Arbeiterbewegung, Hg. Institut für Marxismus-Leninismus beim ZK der SED, 8 Bde., Berlin 1966 (insb. Bde. 5–8).
Geschichte der SED, Hg. Autorenkollektiv beim Institut für Marxismus-Leninismus beim ZK der SED, Berlin 1978.
Jänicke, M., Der dritte Weg. Die antistalinistische Opposition gegen Ulbricht seit 1953, Köln 1964.
Ludz, P. C., Parteielite im Wandel. Funktionsaufbau, Sozialstruktur u. Ideologie der SED-Führung, Opladen 1968².
McCauly, M., Marxism-Leninism in the German Democratic Republic. The Socialist Unity Party, London 1979.
Moraw, F., Die Parole der »Einheit« u. die deutsche Sozialdemokratie, Bonn-Bad Godesberg 1973.

Stern, C., Porträt einer bolschewistischen Partei. Entwicklung, Funktion u. Situation der SED, Köln, Berlin 1957.
Weber, H., Die SED nach Ulbricht, Hannover 1974.
Zwanzig Jahre Sozialistische Einheitspartei Deutschlands, Hg. Parteihochschule »Karl Marx« beim ZK der SED, Berlin 1966.

Partei und Staatsapparat

Glaeßner, G.-J., Herrschaft durch Kader. Leitung der Gesellschaft u. Kaderpolitik in der DDR am Beispiel des Staatsapparates, Opladen 1977.
Neugebauer, G., Partei u. Staatsapparat in der DDR. Aspekte der Instrumentalisierung des Staatsapparates durch die SED, Opladen 1978.
Richert, E., Macht ohne Mandat. Der Staatsapparat in der Sowjetischen Besatzungszone Deutschlands, Köln 1963².
Richert, E., u. a., Agitation u. Propaganda. Das System der publizistischen Massenführung in der Sowjetzone, Berlin 1958.

Blockparteien, Massenorganisationen, Nationale Front

Agsten, R., u. Bogisch, M., LDPD auf dem Weg in die DDR. 1946–1949, Berlin 1974.
Agsten, R., u. Bogisch, M., Zur Geschichte der LDPD 1949–1952, Teile I u. II, Berlin 1982.
Dies. u. W. Orth, LDPD. 1945 bis 1961 im festen Bündnis mit der Arbeiterklasse und ihrer Partei, Berlin 1985.
Bündnispolitik im Sozialismus, Hg. H. Hümmler, Berlin 1981.
Freiburg, A., u. Mahrad, C., FDJ. Der sozialistische Jugendverband der DDR, Opladen 1982.
Geschichte der Freien Deutschen Jugend, Hg. Zentralrat der FDJ, Berlin 1982.
Geschichte des Freien Deutschen Gewerkschaftsbundes, Hg. Bundesvorstand des FDGB, Berlin 1982.
Die gesellschaftlichen Organisationen in der DDR. Stellung, Wirkungsrichtungen u. Zusammenarbeit mit dem sozialistischen Staat, Hg. Akademie für Staats- u. Rechtswissenschaft der DDR, Berlin 1980.
Krippendorff, E., Die Liberal-Demokratische Partei Deutschlands in der Sowjetischen Besatzungszone 1945/1948, Düsseldorf. o. J. (1961).
Lapp, P. J., Wahlen in der DDR, Berlin 1982.
Die Nationale Front der DDR, Hg. Parteihochschule »Karl Marx« beim ZK der SED/Lehrstuhl Geschichte der SED, Berlin 1984.
Schulmeister, K.-H., Auf dem Wege zu einer neuen Kultur. Der Kulturbund in den Jahren 1945–1949, Berlin 1977.

Staritz, D., Die National-Demokratische Partei Deutschlands 1948–1953. Ein Beitrag zur Untersuchung des Parteiensystems in der DDR, Diss., FU Berlin 1968.
Staritz, D., Zur Entstehung des Parteiensystems der DDR, in: ders. Hg.: Das Parteiensystem der Bundesrepublik, Opladen 1980².
Weber, H. Hg., Parteiensystem zwischen Demokratie u. Volksdemokratie. Dokumente u. Materialien zum Funktionswandel der Parteien und Massenorganisationen in der SBZ/DDR 1945–1950, Köln 1982.
Wernet-Tietz, B., Bauernverband u. Bauernpartei in der DDR. Die VdgB u. die DBD. Ein Beitrag zum Wandlungsprozeß des Parteiensystems der SBZ/DDR, Köln 1984.

Wirtschaft

Barthel, H., Die wirtschaftlichen Ausgangsbedingungen der DDR. Zur Wirtschaftsentwicklung auf dem Gebiet der DDR 1945–1949/50, Berlin 1979.
Geschichte der sozialistischen Gemeinschaft. Herausbildung u. Entwicklung des Sozialismus von 1917 bis zur Gegenwart, Hg. E. Kalbe, Berlin 1981.
Handbuch DDR-Wirtschaft, Hg. Deutsches Institut für Wirtschaftsforschung Berlin, Reinbek 1984⁴.
Krause, W., Die Entstehung des Volkseigentums in der Industrie der DDR, Berlin 1958.
Lentz, M., Die Wirtschaftsbeziehungen DDR–Sowjetunion 1945–1961, Opladen 1979.
Melzer, M., Anlagevermögen, Produktion u. Beschäftigung der Industrie im Gebiet der DDR von 1936 bis 1978 sowie Schätzungen des künftigen Angebotspotentials, Berlin (West) 1980.
Müller, H., u. Reißig, K., Wirtschaftswunder DDR, Berlin 1968.
Reinhold, O., Mensch u. Ökonomie im Sozialismus, Berlin 1983.
Roesler, J., Die Herausbildung der sozialistischen Planwirtschaft in der DDR, Berlin 1978.
Thalheim, K. C., Die Wirtschaftspolitik der DDR im Schatten Moskaus, Hannover 1979.
Die Volkswirtschaft der DDR, Hg. Akademie für Gesellschaftswissenschaften beim ZK der SED, Berlin 1979.

Außen- und Deutschlandpolitik

Axen, H., Zur Entwicklung der sozialistischen Nation in der DDR, Berlin 1973.
Belezki, V. N., Die Politik der Sowjetunion in den deutschen Angelegenheiten 1945–1976, Berlin 1977.

Bölling, K., Die fernen Nachbarn. Erfahrungen in der DDR, Hamburg 1983.

Bruns, W., Deutsch-deutsche Beziehungen, Opladen 1982³.

v. Butlar, W., Ziele u. Zielkonflikte der sowjetischen Deutschlandpolitik 1945–1947, Stuttgart 1980.

Dasbach-Mallinckrodt, A., Wer macht die Außenpolitik der DDR? Düsseldorf 1972.

Fritsch-Bournazel, R., u. a., Les Allemands au cœur de l'Europe, Paris 1984².

Gaus, G., Wo Deutschland liegt, Hamburg 1983.

Geschichte der Außenpolitik der DDR, Hg. Institut für internationale Beziehungen, Berlin 1984.

Hacker, J., Der Ostblock. Entstehung, Entwicklung u. Struktur 1939–1980, Baden-Baden 1983.

Hexelschneider, E., u. John, E., Kultur als einigendes Band? Eine Auseinandersetzung mit der These von der »einheitlichen deutschen Kulturnation«, Berlin 1984.

Jacobsen, H.-A., u.a. Hg., Drei Jahrzehnte Außenpolitik der DDR, München 1979.

Konsequenzen, Thesen, Analysen, Dokumente zur Deutschlandpolitik, Hg. H. Albertz u. a., Reinbek 1969.

Kopp, F., Kurs auf ganz Deutschland? Die Deutschlandpolitik der SED, Stuttgart 1965.

Kosing, A., Nation in Geschichte u. Gegenwart, Berlin 1976.

Nolte, E., Deutschland u. der Kalte Krieg, München 1974/Stuttgart 1985².

Quilitzsch, S., u. Crome, E., Die sozialistische Gemeinschaft zu Beginn der 80er Jahre, Berlin 1984.

Riege, G., Die Staatsbürgerschaft der DDR, Berlin 1982.

Schmid, G., Entscheidung in Bonn. Die Entstehung der Ost -u. Deutschlandpolitik 1969/70, Köln 1979.

Schmidt, W., Nation u. deutsche Geschichte in der bürgerlichen Ideologie der BRD, Frankfurt 1980.

Schulz, E., An Ulbricht führt kein Weg mehr vorbei, Hamburg 1967.

Venohr, W., Hg., Die deutsche Einheit kommt bestimmt, Bergisch Gladbach 1982.

Zehn Jahre Deutschlandpolitik. Die Entwicklung der Beziehungen zwischen der Bundesrepublik Deutschland u. der Deutschen Demokratischen Republik 1969 bis 1979, Hg. Bundesministerium für innerdeutsche Beziehungen, Bonn 1980.

Verschiedene Politikbereiche

Bichler, H., Landwirtschaft in der DDR, Berlin (West) 1981.
Dähn, H., Konfrontation oder Kooperation? Das Verhältnis von Staat u. Kirche in der SBZ/DDR 1945–1980, Opladen 1982.
Emmerich, W., Kleine Literaturgeschichte der DDR, Darmstadt 1984².
Forster, T. M., Die NVA. Kernstück der Landesverteidigung der DDR, Köln 1979⁵.
Fragen u. Antworten zum Wehrdienst, Hg. H. Lindner, Berlin 1984.
Fricke, K. W., Die DDR-Staatsicherheit, Köln 1984².
Fricke, K. W., Opposition u. Widerstand in der DDR, Köln 1984.
Gransow, V., Kulturpolitik in der DDR, Berlin (West) 1975.
Günther, K.-H., Das Bildungswesen der DDR, Berlin 1983.
Henkys, R., Die evangelischen Kirchen in der DDR, München 1982.
Holzweißig, G., Massenmedien in der DDR, Berlin (West) 1983.
Jäger, M., Kultur u. Politik in der DDR, Köln 1982.
Immler, H., Agrarpolitik in der DDR, Köln 1971.
Knauft, W., Katholische Kirche in der DDR, 1945–1980, Mainz 1980².
Koch, H., Grundlagen sozialistischer Kulturpolitik in der DDR, Berlin 1983.
Kuhirt, U. Hg., Kunst in der DDR 1945–1980, 2 Bde., Leipzig 1982/83.
Kulturrevolution in der DDR, Berlin 1981.
Lades, H., u. Burrichter, C., Produktivkraft Wissenschaft. Sozialistische Sozialwissenschaften in der DDR, Hamburg 1970.
Literarisches Leben in der DDR 1945–1960, Hg. I. Münz-Koenen, Berlin 1980².
Literatur der DDR, Hg. H. Haase u. a., Berlin 1977².
Marxistisch-leninistische Sozialpolitik, Hg. Gewerkschaftshochschule »Fritz Heckert« beim Bundesvorstand des FDGB, Berlin 1975.
Die NVA der DDR im Rahmen des Warschauer Paktes, Hg. J. Hacker u. a., München 1982.
Die NVA in der sozialistischen Verteidigungskoalition, 1955/56–1981, Berlin 1982.
Richert, E., »Sozialistische Universität«. Die Hochschulpolitik der SED, Berlin (West) 1967.
Schmitt, H.-J. Hg., Die Literatur der DDR, München 1983.
Staats- u. Rechtsgeschichte der DDR, Hg. Bereich Staats- u. Rechtsgeschichte der Sektion Rechtswissenschaft der Humboldt-Universität zu Berlin, Berlin 1983.
Streisand, J., Kulturgeschichte der DDR, Köln 1981.
Studiengruppe Militärpolitik Hg., Die Nationale Volksarmee. Ein Anti-Weißbuch zum Militär in der DDR, Reinbek 1976.
Zagatta, M., Informationspolitik u. Öffentlichkeit, Köln 1984.

Zur Entwicklung des sozialistischen Dorfes, Hg. M. Ebel u. a., Berlin 1984.
Zur Entwicklung des Volksbildungswesens in der Deutschen Demokratischen Republik 1946–1958, Hg. Kommission für deutsche Erziehungs- u. Schulgeschichte der Akademie der Pädagogischen Wissenschaften der DDR, 3 Bde., Berlin 1968 ff.

Sozialstruktur, Lebensweise

Böhme, I., Die da drüben. Sieben Kapitel DDR, Berlin (West) 1983.
Brämer, R., Anspruch u. Wirklichkeit sozialistischer Bildung. Beiträge zur Soziologie des DDR-Bildungswesens, München 1983.
Büscher, W., u. Wensierski, P., Null Bock auf DDR. Aussteigerjugend im anderen Deutschland, Hamburg 1984.
Bussiek, H., Die real existierende DDR, Frankfurt 1984.
Erbe, G., Arbeiterklasse u. Intelligenz in der DDR. Soziale Annäherung von Produktionsarbeiterschaft u. wissenschaftlich-technischer Intelligenz im Industriebetrieb?, Opladen 1982.
Gast, G., Die politische Rolle der Frau in der DDR, Düsseldorf 1973.
Grandke, A., Familienförderung als gesellschaftliche u. staatliche Aufgabe, Berlin 1981.
Hanke, H., Freizeit in der DDR, Berlin 1979.
Helwig, G., Frau u. Familie in beiden deutschen Staaten, Köln 1982.
Hoffmann, A., u. Mehlhorn, G., Ich bin Student, Berlin 1983.
Jahrbuch für Soziologie u. Sozialpolitik, Hg. Akademie der Wissenschaften der DDR/Institut für Soziologie und Sozialpolitik, Bd. 1 ff., Berlin 1980 ff.
Jaide, W., u. Hille, B., Jugend im doppelten Deutschland, Opladen 1977.
Jugel, M., u. a., Schichtarbeit u. Lebensweise, Berlin 1978.
Knecht, W., Das Medaillenkollektiv, Sport in der DDR, Berlin (West) 1978.
Lebensniveau im Sozialismus, Hg. G. Maunz, Berlin 1983.
Leitner, O., Rockszene DDR. Aspekte einer Massenkultur im Sozialismus, Reinbek 1983.
Ludz, P. C. Hg., Studien u. Materialien zur Soziologie der DDR, Opladen 1964.
Materialien des ... Kongresses der marxistisch-leninistischen Soziologie in der DDR, Hg. Wissenschaftlicher Rat für soziologische Forschung in der DDR, Berlin 1969 ff. (1974, 1980).
Menschik, J., u. Leopold, E., Gretchens rote Schwestern. Frauen in der DDR, Frankfurt 1974.
Riedel, H., Hörfunk u. Fernsehen in der DDR, Köln 1977.
Storbeck, D., Soziale Strukturen in Mitteldeutschland. Eine sozialstatisti-

sche Bevölkerungsanalyse im gesamtdeutschen Vergleich, Berlin (West) 1964.
VEB Nachwuchs. Jugend in der DDR, Hg. N. Haase u. a., Reinbek 1983.
Voigt, D., Soziologie in der DDR, Köln 1975.
Zur gesellschaftlichen Stellung der Frau in der DDR, Leipzig 1978.

Westliche DDR- und Kommunismusforschung

DDR- u. Deutschlandforschung in der Bundesrepublik Deutschland einschließlich Berlin (West). Institutionen wissenschaftlicher Forschung u. Kommunikation, Hg. Gesamtdeutsches Institut/Bundesanstalt für gesamtdeutsche Aufgaben, Bonn 1984.

Dissertationen u. Habilitationen auf dem Gebiet der Deutschlandforschung 1969 bis 1978. Hochschulschriften aus der Bundesrepublik Deutschland u. Berlin (West), Bearb. H. Hundegger, Hg. Gesamtdeutsches Institut/Bundesanstalt für gesamtdeutsche Aufgaben, Bonn 1980.

Glaeßner, G.-J., Sozialistische Systeme. Einführung in die Kommunismus- und DDR-Forschung, Opladen 1982.

Gransow, V., Konzeptionelle Wandlungen der Kommunismusforschung, Frankfurt 1980.

Mallinckrodt, A. M., Research on the GDR »auf englisch«. Researchers of East German Affairs and Their Studies in English-Language Countries, Washington D.C. 1984.

Meyer, G., Sozialistische Systeme, Opladen 1979.

... Tagung zum Stand der DDR-Forschung in der Bundesrepublik Deutschland, Referate, Köln 1970 ff. (bis 1979 als Sonderheft des »Deutschland Archivs«, seit 1980: Edition Deutschland Archiv, Reihe).

edition suhrkamp. Neue Folge

Abelshauser, Wirtschaftsgeschichte der Bundesrepublik Deutschland 1945–1980 241
Abish, Quer durch das große Nichts 163
Achebe, Ein Mann des Volkes 84
Achebe, Okonkwo oder das Alte stürzt 138
Afonin, Im Moor 96
Alter, Nationalismus 250
Alves, Neigung zum Fluß 83
Alves, Maanja 159
Ammann (Hg.), Randzonen 219
Antes, Poggibonsi 1979–1980 35
Arlati, Auf der Reise nach Rom 53
Aron/Kempf, Der sittliche Verfall 116
Backhaus, Marx und die marxistische Orthodoxie 43
Bade, Europäischer Imperialismus im Vergleich 271
Badura (Hg.), Soziale Unterstützung und chronische Krankheit 63
Barthes, Leçon/Lektion 30
Barthes, Das Reich der Zeichen 77
Barthes, Die Rauheit der Stimme 126
Barthes, Elemente der Semiologie 171
Barthes, Michelet 206
Bayrle, Rasterfahndung 69
Becher, Der rauschende Garten 187
Beckett, Flötentöne 98
Beckett, Mal vu mal dit/Schlecht gesehen schlecht gesagt 119
Benjamin, Moskauer Tagebuch 20
Benjamin, Das Passagen-Werk 200
Berding, Antisemitismus in Deutschland 1870–1980 257
Berghahn, Unternehmer und Politik in der Bundesrepublik 265
Bernhard, Die Billigesser 6
Beti, Remember Ruben 145
Biesheuvel, Der Schrei aus dem Souterrain 179
Blanchard/Koselleck/Streit, Taktische Kernwaffen 195
Blankenburg (Hg.), Politik der inneren Sicherheit 16
Blasius, Geschichte der politischen Kriminalität in Deutschland 1800–1980 242
Bloch, Abschied von der Utopie? 46
Bloch, Kampf – nicht Krieg 167
Blok, Die Mafia in einem sizilianischen Dorf 1860–1960 82
Böhmler, Drehbuch 91
Böni, Hospiz 4
Böni, Alvier 146
Böni, Der Johanniterlauf 198
Bohrer, Plötzlichkeit. Zum Augenblick des ästhetischen Scheins 58
Bohrer (Hg.), Mythos und Moderne 144

Bonß/Heinze (Hg.), Arbeitslosigkeit in der Arbeitsgesellschaft 212
Bornhorn, America oder Der Frühling der Dinge 25
Bornhorn, Der Film der Wirklichkeit 154
Botzenhart, Reform, Restauration, Krise 252
Brackert/Wefelmeyer (Hg.), Naturplan und Verfallskritik 211
Brandt (Hg.), Die Selbstbehauptung Europas 298
Brasch, Engel aus Eisen 49
Braun, Berichte von Hinze und Kunze 169
Brodsky, Der Tatbestand und seine Hülle 114
v. Bruch, Deutsche Universitäten 1734–1980 275
Bürger (Hg.), Zum Funktionswandel der Literatur 157
Bürger/Bürger/Schulte-Sasse (Hg.), Aufklärung und literarische Öffentlichkeit 40
Bürger/Bürger/Schulte-Sasse (Hg.), Zur Dichotomisierung von hoher und niederer Literatur 89
Bulla, Weitergehen 2
Buro/Grobe, Vietnam! Vietnam? 197
Buselmeier, Der Untergang von Heidelberg 57
Buselmeier, Radfahrt gegen Ende des Winters 148
Calasso, Die geheime Geschichte des Senatspräsidenten Dr. Daniel Paul Schreber 24
Carpentier, Stegreif und Kunstgriffe 33
Casey, Racheträume 70
Chi Ha, Die gelbe Erde und andere Gedichte 59
Condori Mamani, »Sie wollen nur, daß man ihnen dient ...« 230
Cortázar, Reise um den Tag in 80 Welten 45
Cortázar, Letzte Runde 140
Dedecius (Hg.), Ein Jahrhundert geht zu Ende 216
Der religiöse Faktor 147
Dippel, Die Amerikanische Revolution 1763–1787 263
Ditlevsen, Sucht 9
Ditlevsen, Wilhelms Zimmer 76
Ditlevsen, Gesichter 165
Doi, Amae – Freiheit in Geborgenheit 128
Dorst, Mosch 60
Duerr (Hg.), Versuchungen. Aufsätze zur Philosophie Paul Feyerabends. 1. Bd. 44
Duerr (Hg.), Versuchungen. Aufsätze zur Philosophie Paul Feyerabends. 2. Bd. 68
Duerr (Hg.), Die wilde Seele 235
Duras/Porte, Die Orte der Marguerite Duras 80
Duras, Sommer 1980 205
edition suhrkamp. Ein Lesebuch 300
Eisenbeis (Hg.), Ästhetik und Alltag 78
Elias, Der bürgerliche Künstler in der höfischen Gesellschaft 12
Enzensberger, Die Furie des Verschwindens 66
Erben/Franzkowiak/Wenzel (Hg.), Die Ökologie des Körpers 234

Erd (Hg.), Reform und Resignation. Gespräche über Franz L. Neumann 239
Esser, Gewerkschaften in der Krise 131
Esser/Fach/Väth, Krisenregulierung 176
Feyerabend, Erkenntnis für freie Menschen 11
Feyerabend, Wissenschaft als Kunst 231
Flemming, Deutscher Konservatismus 1780–1980 253
Foidl, Scheinbare Nähe 237
Frank, Der kommende Gott 142
Frank, Was ist Neostrukturalismus? 203
Frevert, Geschichte der deutschen Frauenbewegung 284
Furtado, Brasilien nach dem Wirtschaftswunder 186
Geyer, Deutsche Rüstungspolitik 1860–1980 246
Glöckler, Seitensprünge 36
Glotz (Hg.), Ziviler Ungehorsam im Rechtsstaat 214
Glück, Falschwissers Totenreden(t) 61
Goffmann, Geschlecht und Werbung 85
Good (Hg.), Von der Verantwortung des Wissens 122
Goytisolo, Dissidenten 224
Greschat, Politischer Protestantismus 288
Grimm, Deutsche Verfassungsgeschichte 1803–1980 272
Guldimann, Moral und Herrschaft in der Sowjetunion 240
Handke, Phantasien der Wiederholung 168
Hänny, Zürich, Anfang September 79
Hänny, Ruch 295
Hardtwig, Vereinswesen in Deutschland 1780–1980 282
Hart Nibbrig, Der Aufstand der Sinne im Käfig des Textes 221
Hart Nibbrig/Dällenbach (Hg.), Fragment und Totalität 107
Heider, Schülerprotest in der Bundesrepublik Deutschland 158
Heimann, Soziale Theorie des Kapitalismus. Theorie der Sozialpolitik 52
Held/Ebel, Krieg und Frieden 149
Hengst (Hg.), Kindheit in Europa 209
Hennig, Der normale Extremismus 162
Henrich, Fixpunkte der Kunst 125
Hentschel, Geschichte der deutschen Sozialpolitik 1880–1980 247
Heusler (Hg.), Afrikanische Schriftsteller heute 92
Hildesheimer, The Jewishness of Mr. Bloom/Das Jüdische an Mr. Bloom (Engl./Dt.) 292
Hinrichs, Die Französische Revolution 1789 280
Hochstätter, Kalt muß es sein schon lang 95
Hörisch, Gott, Geld und Glück 180

Hohendahl/Herminghouse (Hg.), Literatur der DDR in den siebziger Jahren 174

Jackson, Annäherung an Spanien 1898–1975 108

Jarausch, Deutsche Studenten 1800–1970 258

Jasper, Von der Auflösung der Weimarer Republik zum NS-Regime 270

Jendryschik, Die Ebene 37

Jestel (Hg.), Der Neger vom Dienst. Afrikanische Erzählungen 28

Jestel (Hg.), Das Afrika der Afrikaner. Gesellschaft und Kultur Afrikas 39

Johnson, Begleitumstände. Frankfurter Vorlesungen 19

Joyce, Ulysses 100

Joyce, Penelope. Das letzte Kapitel des »Ulysses« 106

Kaelble, Europäische Sozialgeschichte 1880–1980 285

Kahle (Hg.), Logik des Herzens. Die soziale Dimension der Gefühle 42

Kaltenmark, Lao-tzu und der Taoismus 55

Kamper/Wulf (Hg.), Die Wiederkehr des Körpers 132

Kamper/Wulf (Hg.), Das Schwinden der Sinne 188

Kenner, Ulysses 104

Kickbusch/Riedmüller (Hg.), Die armen Frauen 156

Kirchhoff, Body-Building 5

Klöpsch/Ptak (Hg.), Hoffnung auf Frühling. Moderne chinesische Erzählungen I 10

Kluge, Schlachtbeschreibung 193

Kluge, Neue Geschichten 294

Kluge, Die deutsche Revolution 1918/1919 262

Kluxen, Geschichte und Problematik des Parlamentarismus 243

Knopf (Hg.), Brecht-Journal 191

Koch, Intensivstation 173

Koebner (Hg.), »Mit uns zieht die neue Zeit« 229

Köhler u. a., Kindheit als Fiktion. Fünf Berichte 81

Kolbe, Hineingeboren. Gedichte 1975–1979 110

Kolbe, Abschiede und andere Liebesgedichte 178

Konrád, Antipolitik 293

Koppe, Grundbegriffe der Ästhetik 160

Krall, Schneller als der liebe Gott 23

Kraul, Das deutsche Gymnasium 1780–1980 251

Kris/Kurz, Die Legende vom Künstler 34

Kroetz, Nicht Fisch nicht Fleisch. Verfassungsfeinde. Jumbo-Track. Drei Stücke 94

Kroetz, Frühe Prosa/ Frühe Stücke 172

Kroetz, Furcht und Hoffnung der BRD 291

v. Kruedener, Deutsche Finanzpolitik 1871–1980 274

Kubin (Hg.), Hundert Blumen. Moderne chinesische Erzählungen II 10

Laederach, Fahles Ende kleiner Begierden 75

Laederach, In extremis 161
Langewiesche, Deutscher
 Liberalismus 286
Lao She, Das Teehaus 54
Lautmann, Der Zwang zur
 Tugend 189
Lee, Russisches Tagebuch
 194
Lehnert, Sozialdemokratie
 zwischen Protestbewegung
 und Regierungspartei
 1848–1983 248
Leibfried/Tennstedt (Hg.),
 Politik der Armut 233
Leisegang, Lauter letzte
 Worte 21
Lem, Dialoge 13
Leroi-Gourhan, Die Religio-
 nen der Vorgeschichte 73
Leutenegger, Lebewohl,
 Gute Reise 1
Lévi-Strauss, Mythos und
 Bedeutung 27
Lévi-Strauss/Vernant u. a.,
 Mythos ohne Illusion 220
Lezama Lima, Die Ausdrucks-
 welten Amerikas 112
Link-Salinger (Hyman) (Hg.),
 Signatur G. L.: Gustav
 Landauer im »Sozialist«
 113
Lönne, Politischer Katholizis-
 mus 264
Löwenthal, Mitmachen wollte
 ich nie 14
de Loyola Brandao, Kein
 Land wie dieses 236
Lüderssen (Hg.), V-Leute –
 Die Falle im Rechtsstaat
 222
Luginbühl, Die kleine explo-
 sive Küche 103
Lukács, Gelebtes Denken 88

Marechera, Das Haus des
 Hungers 62
Marschalck, Bevölkerungs-
 geschichte Deutschlands im
 19. und 20. Jahrhundert
 244
Martin/Dunsing/Baus (Hg.),
 Blick übers Meer 129
Marx, Enthüllungen zur
 Geschichte der Diplomatie
 im 18. Jahrhundert 47
de Mause, Grundlagen der
 Psychohistorie 175
Mayer, Versuche über die
 Oper 50
Mayröcker, Magische Blätter
 202
McKeown, Die Bedeutung der
 Medizin 109
Meier, Die Ohnmacht des
 allmächtigen Dictators
 Caesar 38
Menninghaus, Paul Celan.
 Magie der Form 26
Mercier, Beckett/Beckett 120
Mitterauer, Sozialgeschichte
 der Jugend 278
Möller, Deutsche Aufklärung
 1740–1815 269
Mooser, Arbeiterleben in
 Deutschland 1900–1970
 259
Morshäuser (Hg.), Thank you
 good night 227
Moser, Eine fast normale
 Familie 223
Moshajew, Die Abenteuer des
 Fjodor Kuskin 72
Müller-Schwefe (Hg.), Von
 nun an. Neue deutsche
 Erzähler 3
Muschg, Literatur als
 Therapie? 65

Nakane, Die Struktur der japanischen Gesellschaft 204

Ngugi wa Thiong'o, Verborgene Schicksale 111

Ngugi wa Thiong'o, Der gekreuzigte Teufel 199

Niederland, Folgen der Verfolgung: Das Überlebenden-Syndrom. Seelenmord 15

Office of Technology Assessment, Atomkriegsfolgen 296

Oppenheim, Husch, husch der schönste Vokal entleert sich 232

Paley, Veränderungen in letzter Minute 208

Paz, Suche nach einer Mitte 8

Paz, Der menschenfreundliche Menschenfresser 64

Paz, Zwiesprache 290

Pazarkaya (Hg.), Der große Rausch. Türkische Erzähler der Gegenwart 102

Pinget, Apokryph 139

Piven/Cloward, Aufstand der Armen 184

Platschek, Porträts mit Rahmen. Aufsätze zur modernen Malerei 86

Posener, Geschichte der Architektur im 20. Jahrhundert 207

Prokop, Medien-Wirkungen 74

Pruss-Kaddatz, Wortergreifung. Zur Entstehung einer Arbeiterkultur in Frankreich 115

Pusch (Hg.), Feminismus. Inspektion der Herrenkultur 192

Pusch, Das Deutsche als Männersprache 217

Rahnema (Hg.), Im Atem des Drachen. Moderne persische Erzählungen 93

Reif, Sozialgeschichte des deutschen Adels 277

Reulecke, Geschichte der Urbanisierung in Deutschland 249

Ribeiro, Unterentwicklung, Kultur und Zivilisation 18

Ribeiro, Die Brasilianer 87

Ribeiro, Sargento Getúlio 183

Rippel (Hg.), Wie die Wahrheit zur Fabel wurde 130

Rodinson, Die Araber 51

Rubinstein, Nichts zu verlieren und dennoch Angst 22

Rutschky (Hg.), Errungenschaften. Eine Kasuistik 101

Saage, Rückkehr zum starken Staat? 133

Schissler, Geschichte des preußischen Junkertums 273

Schleef, Die Bande 127

Schönhoven, Deutsche Gewerkschaften 1860-1980 287

Schröder, Die Englische Revolution 1640-1688 279

Schüler-Springorum (Hg.), Jugend und Kriminalität 201

Schwacke, Carte blanche 164

Schwarzer, Lohn: Liebe. Zum Wert der Frauenarbeit 225

Sebeok/Umiker-Sebeok, »Du kennst meine Methode« 121

Senghaas, Von Europa lernen 134

Sieder, Geschichte der Familie 276

Siemann, Die Revolution 1848/49 in Deutschland 266
Sinclair, Der Fremde 7
Sloterdijk, Kritik der zynischen Vernunft 99
Peter Sloterdijks »Kritik der zynischen Vernunft« 297
Sohn-Rethel, Soziologische Theorie der Erkenntnis 218
Sorescu, Abendrot Nr. 15 136
Staritz, Geschichte der DDR 1949–1984 260
Stein/Stein, Das koloniale Erbe Lateinamerikas 210
Steinweg (Red.), Der gerechte Krieg: Christentum, Islam, Marxismus 17
Steinweg (Red.), Das kontrollierte Chaos. Die Krise der Abrüstung 31
Steinweg (Red.), Unsere Bundeswehr? Zum 25jährigen Bestehen einer umstrittenen Institution 56
Steinweg (Red.), Hilfe + Handel = Frieden? Die Bundesrepublik in der Dritten Welt 97
Steinweg (Red.), Faszination der Gewalt. Politische Strategie und Alltagserfahrung 141
Steinweg (Red.), Die neue Friedensbewegung 143
Steinweg (Red.), Medienmacht im Nord-Süd-Konflikt 166
Steinweg (Red.), Vom Krieg der Erwachsenen gegen die Kinder 190
Steinweg (Red.), Rüstung und soziale Sicherheit 196
Steinweg (Red.), Kriegsursachen 238
Struck, Kindheits Ende. Journal einer Krise 123
Tabori, Unterammergau oder Die guten Deutschen 118
Tendrjakow, Sechzig Kerzen 124
Thompson, Die Entstehung der englischen Arbeiterklasse 170
Thränhardt, Geschichte der Bundesrepublik 1949–1984 267
Todorov, Die Eroberung Amerikas 213
Trevisan, Ehekrieg 41
Ullmann, Wirtschaftliche und politische Interessenverbände in Deutschland 1870–1980 283
Veil, Die Wiederkehr des Bumerangs 137
Vernant, Die Entstehung des griechischen Denkens 150
Veyne, Glaubten die Griechen an ihre Mythen? 226
Vobruba, Politik mit dem Wohlfahrtsstaat 181
Vogl, Hassler 182
Voigt (Hg.), Abschied vom Recht? 185
Wagner (Hg.), Literatur und Politik in der VR China 151
Walser, Selbstbewußtsein und Ironie. Frankfurter Vorlesungen 90
Wambach (Hg.), Der Mensch als Risiko 153

Wambach/Hellerich/Reichel (Hg.), Die Museen des Wahnsinns und die Zukunft der Psychiatrie 32

Wehler, Grundzüge der amerikanischen Außenpolitik 1750–1900 254

Wehler, Preußen ist wieder chic... 152

Weiss, Notizbücher 1971–1980. Zwei Bände 67

Weiss, Notizbücher 1960–1971. Zwei Bände 135

Weiss, Der neue Prozeß 215

Winkler, Die Verschleppung 177

Wippermann, Europäischer Faschismus im Vergleich 1922–1982 245

Wirz, Sklaverei und kapitalistisches Weltsystem 256

Witt, Die deutsche Inflation 1914–1924 268

Wollschläger liest »Ulysses« 105

Wünsche, Der Volksschullehrer Ludwig Wittgenstein 299

Wunder, Geschichte der deutschen Bürokratie 281

Wunder, Bäuerliche Gesellschaft in Deutschland 1524–1789 255

Ziebura, Weltwirtschaft und Weltpolitik 1922/24–1931 261

Zoll (Hg.), »Hauptsache, ich habe meine Arbeit« 228

Zschorsch, Glaubt bloß nicht, daß ich traurig bin 71

Zschorsch, Der Duft der anderen Haut 117